全国名特优新农产品
生产消费指南

（第三卷）

农业农村部农产品质量安全中心　编

中国农业科学技术出版社

图书在版编目（CIP）数据

全国名特优新农产品生产消费指南．第三卷 / 农业农村部农产品质量安全中心编．-- 北京：中国农业科学技术出版社，2022.11

ISBN 978-7-5116-5995-8

Ⅰ.①全… Ⅱ.①农… Ⅲ.①农产品－中国－指南 Ⅳ.① F724.72-62

中国版本图书馆 CIP 数据核字（2022）第 207884 号

责任编辑 史咏竹
责任校对 李向荣 贾若妍
责任印制 姜义伟 王思文

出 版 者 中国农业科学技术出版社
北京市中关村南大街 12 号 邮编：100081
电 话 （010）82105169（编辑室）（010）82109702（发行部）
（010）82109709（读者服务部）
网 址 https：// castp.caas.cn
经 销 者 各地新华书店
印 刷 者 北京地大彩印有限公司
开 本 210 mm × 290 mm 1/16
印 张 27
字 数 723 千字
版 次 2022 年 11 月第 1 版 2022 年 11 月第 1 次印刷
定 价 228.00 元

《全国名特优新农产品生产消费指南（第三卷）》编写人员

总 主 编 孔 亮

统筹主编 王子强 王为民 孔 巍 李清泽 姚文英

技术主编 张 锋 黄玉萍 焦必宁 徐东辉

副 主 编 杨 玲 高 芳 徐丽莉 路馨丹 龙婉蓉 谢 璇 徐 涛 张 刚 刘 斌 曾晓勇 陈国南 杨红东 刘成美 蔡 立 王 冉 梁自力 廖家富 熊 晨 钱琳刚 魏 澍 王慧智 姜 鹏 白 晨 王 超 周有祥 李晓飞 施 波 李瑞红 赵 越 许丽萍 云岩春 王党党 罗文彪 魏 钢 张凤娇 李松涛 吴宝霞 郭 萍 王雁楠 吴 倩 孙晓明 赵明明

主要编撰人员 周昌艳 傅建炜 高玉时 李 熠 刘 新 王 伟 穆迎春 胡传峰 刘 鑫 王忠亮 陈 璐 宋 涛 陈慧杰 石 聪 魏亦山 韩 琦 马 越 王 琦 孙艳秋 贾 楠 刘 姣 古丽米热·阿不都秀库尔 赵晓琴 黄建铁 董永华 吴伟荣 李 行 秦培伦 刘 廷 王 芳 董照锋 马志洲 郭宾玲 马文宏 谢晴晴 陈秀祥 李世轩 康 敏 雷薇薇 胥 雯 张天俊 王欣然

前言

PREFACE

全国名特优新农产品是指在特定区域（原则上以县域为单元）内生产、具备一定生产规模和商品量、具有显著地域特征和独特营养品质特色、有稳定的供应量和消费市场、公众认知度和美誉度高并经农业农村部农产品质量安全中心登录公告的农产品。大力推进名特优新农产品发展是推动品种培优、品质提升、品牌打造和标准化生产的重要实现途径，是促进特色产业提档升级、实现乡村振兴、产业兴旺的重要手段，是贯彻落实习近平总书记“走质量兴农之路，做好‘特’字文章，加快培育优势特色农业，打造高品质、有口碑的农业‘金字招牌’”重要指示精神的具体举措和生动实践。

自全国名特优新农产品名录登录工作启动以来，在各省（直辖市、自治区）及计划单列市农产品质量安全中心（站、办）与优质化业务技术工作机构、各相关农产品质量安全工作机构以及全国名特优新农产品营养品质评价鉴定机构的大力支持和配合下，得到社会各界高度关注，广大生产经营主体积极响应。目前全国名特优新农产品总数已达 2 806 个，推动了口感更好、品质更优、营养更均衡、特色更鲜明的高品质农产品供给能力提升，有效满足了个性化、多样化、高品质的消费需求，有力促进了优质农产品供需在更高水平上实现均衡，促进农业高质高效发展。

2021 年全国共有 24 个省（直辖市、自治区、计划单列市）及动物福利协会的 999 个产品纳入全国名特优新农产品名录，涉及种植、畜牧、渔业三大行业的初级农产品及产地初加工品。《全国名特优新农产品生产消费指南》前两卷的出版，得到广泛好评。为持续扩大全国名特优新农产品宣传，提高全国名特优新农产品的影响力，促进产销对接，充分发挥指导生产、引导消费的作用，应管理者、生产经营者、消费者等各方要求，农业农村部农产品质量安全中心决定继续组织编撰出版第三卷，优选收录2021年公布的999个产品中的400个名特优新农产品，包括水果、蔬菜、茶叶、粮、油、食用菌、中药材、肉、蛋、奶、鱼及初加工品等，按区域分布编辑成书，图文并茂，介绍主要产地、品质特征、环境优势、收获时间、推荐贮藏保鲜和食用方法以及市场销售信息等，为生产与消费提供科学指导。本书在编写过程中得到了各省级、地级、县级农产品质量安全（优质农产品）工作机构、全国名特优新农产品名录证书持有人，以及全国名特优新农产品营养品质评价鉴定机构的大力支持，在此表示衷心的感谢！

农业农村部农产品质量安全中心

2022年11月

目 录

CONTENTS

华北地区

东北地区

华东地区

华中地区

华南地区

西南地区

西北地区

附　录

华北地区

周庄食用菊花

登录编号：CAQS-MTYX-20210001

一、主要产地

北京市房山区琉璃河镇周庄村。

二、品质特征

周庄食用菊花花型大，重瓣，色泽艳丽，香味浓郁，水分适中，入口甘甜，无涩味，口感清脆细腻。

周庄食用菊花水分含量为90.5g/100g，维生素C含量为28.7mg/100g，铁含量为99.0mg/kg，3个特征指标均优于参照值。

三、环境优势

周庄村位于北京市房山区琉璃河镇，属暖温带半湿润季风大陆性气候区，日照充足，四季分明，年平均降水量600mm。周庄食用菊花产区海拔30m，年平均气温12℃，采摘期可达6个月。产地环境优良，土壤类型为褐土，土壤富硒；农业灌溉水质量良好，水质呈弱碱性，满足食用菊花优质化、绿色化、标准化生产条件。

四、收获时间

周庄食用菊花从9月上旬开始采收，最佳品质期从10月上旬至11月下旬。周庄食用菊花主要以设施生产为主，整个生产过程严格执行良好农业规范，积极推行全程标准化生产技术、水肥一体化技术、病虫害绿色防控技术和质量安全追溯技术，产品质量符合绿色食品标准，从生产源头保证了周庄食用菊花独特品质。

五、推荐贮藏保鲜和食用方法

【贮藏保鲜方法】①日晒或烘干，常温密封保存12个月。②冷藏，置于5℃可冷藏保鲜30天。

【食用方法】①菊花火锅：据史料记载，慈禧太后钟爱菊花，“慧田菊花宴”复原了慈禧太后喜欢的万寿菊花锅，是货真价实的“御膳房”味道。菊花和羊肉一起食用，对虚寒体质的人群有食疗效果，并且有助延缓或预防动脉硬化。②芙蓉菊花：将蛋清加入盐、味精、菊花花瓣，放入锅中小火快炒装盘，再用菊花点缀。③菊花沙拉：将主料改刀备用，加入橄榄油、黑胡椒、盐、红酒、醋调成油醋汁倒入碗中拌匀即可。

六、市场销售信息

北京慧田蔬菜种植专业合作社　联系人：王　雷　联系电话：13811301069

北京周庄蔬菜种植专业合作社　联系人：孙海红　联系电话：13716927159

慧田农庄微店　联系人：王诗慧　联系电话：13718107933

供稿：房山区农业农村局　佟海姣

房山区农业环境和生产监测站　张丽博

登录编号：CAQS-MTYX-20210221

密云荆花蜂蜜

一、主要产地

北京市密云区高岭镇、不老屯镇、北庄镇、冯家峪镇、太师屯镇、大城子镇。

二、品质特征

密云荆花蜂蜜呈琥珀色，常温下呈黏稠流体状，有荆花香味，口感甜润，不腻。低温下易结晶，结晶后呈乳白色或琥珀色，结晶细腻，含之即化。

密云荆花蜂蜜总黄酮含量为 1.69mg/100g，总酚酸含量为 192.36mg/100g，脯氨酸含量为 439.75mg/kg，羟甲基糠醛含量为 19.69mg/kg，均显著高于同类产品参照值。同时，水分含量仅为 18%。

三、环境优势

密云区位于北京市东北部，是首都重要饮用水源基地和生态涵养区，自然地貌特征为“八山一水一分田”，全区林木覆盖率达 73.63%，生态质量全市排名第一。域内有华北地区最大的人工湖——密云水库，水体质量始终稳定保持在国家二类饮用水标准；空气质量二级和好于二级天数连续 4 年保持在 80% 以上，空气中负氧离子含量高于市区 40 倍，“净水、净土、净气”的产地环境为蜜蜂养殖、蜂蜜生产创造了优越的条件。荆花蜜产地为密云水库上游及深山区，林木生态覆盖率超过 90%，其土层深厚肥沃、水分充足，昼夜温差大，有利于促进荆花蜜的分泌，孕育了独具密云特色的荆花蜜。

四、收获时间

每年 6—8 月收获，最佳品质期为 8 月。

五、推荐贮藏保鲜和食用方法

【贮藏保鲜方法】密封保存，宜放在阴凉、干燥、清洁、通风、温度 5 ～ 10℃，空气相对湿度不超过 75% 的环境下。

【食用方法】建议直接食用，或冷藏后食用，热水冲泡水温 40 ～ 60℃。

六、市场销售信息

北京京纯养蜂专业合作社　联系人：张佳奇　联系电话：15901517130

北京奥金达农业科技发展有限公司　联系人：李　伟　联系电话：13910904303

供稿：密云区农业服务中心　于　欢

密云百花蜂蜜

登录编号：CAQS-MTYX-20210222

一、主要产地

北京市密云区石城镇黄峪口村、冯家峪镇西口外村。

二、品质特征

密云百花蜂蜜呈琥珀色，常温下呈黏稠流体状，清香甜润。低温下易结晶，结晶后呈浅琥珀色，结晶细腻，含之即化。

密云百花蜂蜜钙含量为 6.4mg/100g，镁含量为 3.8mg/100g，淀粉酶值为 11.6mL/（g·h），羟甲基糠醛含量为 19.69mg/kg，均显著高于同类产品参照值。同时，水分含量仅为 19.5%。

三、环境优势

密云区位于北京市东北部，是首都重要饮用水源基地和生态涵养区，境内总面积 2 229.45km^2，自然地貌特征为“八山一水一分田”，全区林木覆盖率达 73.63%，生态质量全市排名第一。域内有华北地区最大的人工湖——密云水库，最大水面面积 188km^2、最大库容 43.75 亿 m^3，水体质量始终稳定保持在国家二类饮用水标准；空气质量二级和好于二级天数连续 4 年保持在 80% 以上，空气中负氧离子含量高于市区 40 倍，“净水、净土、净气”的产地环境为蜜蜂养殖、蜂蜜生产创造了优越的条件。百花蜜产地为密云区石城镇和冯家峪镇，位于密云水库上游及深山区，林木生态覆盖率超过 90%，其土层深厚肥沃、水分充足，昼夜温差大，有利于促进百花蜜的分泌，孕育了独具密云特色的百花蜜。

四、收获时间

每年 8—9 月收获，最佳品质期为 9 月。

五、推荐贮藏保鲜和食用方法

【贮藏保鲜方法】密封保存，宜放在阴凉、干燥、清洁、通风、温度 5 ~ 10℃，空气相对湿度不超过 75% 的环境下。

【食用方法】建议直接食用，或冷藏后食用，热水冲泡水温 40 ~ 60℃。

六、市场销售信息

北京惠生养蜂专业合作社　联系人：饶仕忠　联系电话：18601370182

北京保峪岭养蜂专业合作社　联系人：董　莹　联系电话：13716020773

供稿：密云区农业服务中心　于　欢

登录编号：CAQS-MTYX-20210223

北辰欧米伽 3 鸡蛋

一、主要产地

养殖基地位于天津市北辰区，东邻华北河，西邻果园，北邻农业园区，南邻农田。

二、品质特征

北辰欧米伽 3 鸡蛋感官品质上乘，蛋黄大小适中，轮廓清晰。平均重量 50g，水分低、更富有胶原蛋白、入口清爽，味香不腻，余味绵长。

北辰欧米伽 3 鸡蛋 ω-3 多不饱和脂肪酸达 0.256mg/100g，锌含量 1.43mg/100g，硒含量 29.6μg/100g，优于参照值。

三、环境优势

北辰欧米伽 3 鸡蛋出产于智能化、规模化的蛋鸡养殖场，周边环境无污染，交通方便。鸡舍环境良好，环保洁净，鸡舍设备引自德国大荷兰公司，鸡舍温度控制系统、喂料系统、饮水系统、照明系统、鸡粪收集输送系统、鸡蛋收集系统均由自动化中央控制中心控制。

四、收获时间

全年均可收获，并且全年任意时段均为最佳品质期。

五、推荐贮藏保鲜和食用方法

【贮藏保鲜方法】一般在 2 ～ 5℃时，鸡蛋的保质期为 40 天左右。

【食用方法】水煮鸡蛋、鸡蛋羹、炒鸡蛋等。

六、市场销售信息

天津金亚麻农业科技有限公司　联系人：牛树海　联系电话：18020081576

供稿：北辰区农业发展服务中心

万荣三白瓜

登录编号：CAQS-MTYX-20210005

一、主要产地

山西省运城市万荣县南张乡、裴庄乡。

二、品质特征

万荣三白瓜果面具棱沟，表皮绿白或翡翠色，间有细网纹和条带；果肉有乳白、淡黄、深黄等色，肉质分硬瓤和沙瓤两种；种子呈长卵圆形，平滑；果瓤脆嫩，味甜多汁。

万荣三白瓜总酸（以柠檬酸计）含量为0.62g/kg，钙含量为7.42mg/100g，钾含量为125mg/100g，均优于参照值。

三、环境优势

万荣三白瓜生产区位于万荣县中部，地貌类型为黄土高原台地，地形平坦开阔，属井水灌溉区，产地土壤的pH值为7.0～7.8，土壤90%为褐土。万荣三白瓜产地属干旱半干旱地区，四季分明，属典型的大陆性季风气候，年降水量500mm左右，多集中于7—9月，年平均气温12.9℃，年平均日照时数2 792.4h，无霜期190天左右，初霜期出现在10月下旬，为三白瓜的生长提供了有利条件。

四、收获时间

每年9月收获，最佳品质期为11月。

五、推荐贮藏保鲜和食用方法

【贮藏保鲜方法】从收获开始可以贮存到翌年4月，贮存温度在15℃左右。

【食用方法】鲜食，拌入白糖或蜂蜜食用，口感更好。

六、市场销售信息

万荣县润沃农业开发有限公司　联系电话：13834940206

万荣县明月三白瓜合作社　联系电话：13293995222

供稿：万荣县农业农村局　高国平

登录编号：CAQS-MTYX-20210006

垣曲小米

一、主要产地

山西省运城市垣曲县解峪乡、长直乡、古城镇、历山镇、皋落乡 5 乡镇 12 个行政村。

二、品质特征

垣曲小米色泽金黄光亮，颗粒均匀饱满，有小米固有的自然清香味；蒸后米粒完整金黄、软而不黏结，口味醇香黏糯，食味好。熬粥后米油浓厚，黏度大，口感香甜。

垣曲小米蛋白质含量为 9.7g/100g，脂肪含量为 2.6g/100g，维生素 B_1 含量为 0.4mg/100g。

三、环境优势

垣曲属暖温带季风型大陆气候，四季分明，年平均气温 13.5℃，年均降水量 631mm，无霜期 230 天，年均日照时长达 2 150h。谷子种植地块大多位于丘陵沟壑地带，昼夜温差大，日照充足。这种气候特性决定了垣曲小米生长周期长、利于干物质积累、病虫害少的特点。

垣曲小米的种植区域集中在海拔 300 ～ 600m 的传统耕作地带，周边生态环境良好，土质肥沃，土壤通透性与保水性好，可以很好地保证谷子生长发育。加之土著品种“疙瘩谷”为千百年优胜劣汰自然形成的稳定优质品种，使得垣曲小米品质优良，特点是米粒小、色泽金黄、晶莹剔透，米质软、易煮烂、易吸收，熬粥米油浓厚，黏度大，口感香甜，是本地传统营养食品。

四、收获时间

每年 9 月收获，最佳品质期为 9 月。

五、推荐贮藏保鲜和食用方法

【贮藏保鲜方法】 常温干燥通风处贮藏。

【食用方法】 小米粥、小米焖饭、腊肠鸡蛋炒小米等。

六、市场销售信息

垣曲县运通种植专业合作社　联系电话：15534815173

垣曲县绿美益商贸有限公司　联系电话：15582903160

垣曲县志银种植专业合作社　联系电话：13753975008

山西舜兴干果产业发展有限公司　联系电话：13835955777

垣曲县圣威种植专业合作社　联系电话：13994961297

供稿： 垣曲县农业农村局　韩龙

临县枣花蜂蜜

登录编号：CAQS-MTYX-20210226

一、主要产地

山西省吕梁市临县克虎镇、丛罗峪镇、碛口镇、曲峪镇、大禹乡。

二、品质特征

临县枣花蜂蜜，色泽透亮，呈琥珀色、铁红色，质地黏稠，入口有浓浓枣花香，滋味甜腻，回味浓厚香甜，具有中草药芳香味。

临县枣花蜂蜜营养丰富，内含丰富的葡萄糖、果糖和多种矿物质，是一款天然滋补品。淀粉酶值为 22.1mL/（g·h）、脯氨酸含量为 292.8mg/kg，两种指标均优于参照值。

三、环境优势

临县位于晋西，属温带大陆性季风气候，地处黄河中游、吕梁山西侧，依山靠水，四季分明，昼夜温差大。全年平均日照时间 2 807h、平均气温 11℃，无霜期 160 天左右，县内温差明显，年平均降水量 518.8mm，适宜养殖蜜蜂。受季风影响，一年四季分明，春季干旱、多风、少雨，夏季炎热、雨量集中，秋季较为温凉湿润，冬季寒冷、干燥、少雪，给临县红枣的生长提供了卓越的天然条件。临县 82 万亩（1 亩 ≈667m^2，全书同）红枣和独特的气候造就了全国独一无二的枣花蜜蜜源地。

四、收获时间

每年 6 月中旬到 7 月下旬收获，最佳品质期为 7 月。

五、推荐贮藏保鲜和食用方法

【贮藏保鲜方法】置于阴凉干燥处保存，避免阳光长时间照射；冷藏保存效果更佳。

【食用方法】① 温水冲服，可搭配柠檬。② 和面包一起食用。

六、市场销售信息

临县黄河养蜂专业合作社
联系电话：13753388631
山西蜜源地蜂业有限公司
联系电话：13803432977
临县晋蜂园食品专业合作社
联系电话：15003581399

供稿：临县农业农村局　武婷婷
临县黄河养蜂专业合作社　刘春明

登录编号：CAQS-MTYX-20210227

平遥鸡蛋

一、主要产地

山西省晋中市平遥县遮胡村、朱坑村。

二、品质特征

平遥鸡蛋呈规则椭圆形，蛋壳褐色、坚固、光滑；单重 58.8g；蛋清清澈、透明、淡黄色，浓蛋白黏稠；蛋黄居中，黄色，轮廓清晰。

平遥鸡蛋蛋白质含量为 12.3g/100g，胆固醇含量为 222mg/100g，硒含量为 0.29mg/kg。

三、环境优势

平遥鸡蛋的产区“国青禽业科技养殖示范园区”是农业农村部蛋鸡标准化示范场、大连商品交易所鸡蛋交割厂库之一，现存栏蛋鸡 70 万羽，可年产鲜鸡蛋 8 500 吨。养殖单位采用四列六层层叠式笼养设备和 AC2000 环境控制系统，鸡舍内喂料、饮水、集粪、集蛋实现了全程智能化微电脑控制；采用荷兰进口的 MOBA2500 型鸡蛋收集、分级设备，出厂前对鸡蛋进行清洗、消毒、裂纹检验，确保了安全、营养。鸡舍周围绿树环绕，三面环沟，空气清新，远离村庄和公路主干道，符合养殖区防疫要求，是蛋鸡生长的理想选址。

四、收获时间

全年均为收获期，最佳品质期亦为全年。

五、推荐贮藏保鲜和食用方法

【贮藏保鲜方法】大头朝上，置于冰箱冷藏。鲜蛋忌与生姜、洋葱同放，因为生姜和洋葱有强烈气味，易透进蛋壳上的小气孔，使鲜蛋变质。

【食用方法】水煮蛋、蒸蛋羹、荷包蛋、煎鸡蛋、炒鸡蛋等。

六、市场销售信息

山西平遥国青禽业股份有限公司　联系电话：0354-5756666

供稿：平遥县农业农村局　张　婧
山西平遥国青禽业股份有限公司　冀勇龙

临猗苹果

登录编号：CAQS-MTYX-20210230

一、主要产地

山西省运城市临猗县北辛乡卓逸村、北马村、王申村，东张镇百里营村、红旗村、次凡村，三管镇梁家庄村、陆喜营村、新庄村，角杯乡西张吴村、过卓村。

二、品质特征

临猗苹果果个儿大、外形端正，果皮红、质地硬，甜脆爽口，香气浓郁。

临猗苹果可溶性固形物含量为 13.7%，维生素 C 含量为 5.06mg/100g，总黄酮含量为 1.22%，钾含量 119mg/100g，均高于参照值。

三、环境优势

临猗地处我国苹果四大产区之一的黄土高原，地势平坦，气候温和，土壤肥沃，属暖温带大陆性气候，光照充足，降水充沛，无霜期长，昼夜温差大，全年平均日照时数 2 272h，年平均降水量 512mm，无霜期 210 天，农业生产条件得天独厚，是农业农村部规划的苹果生产优势区域县之一，在国家级特优区重点品种苹果的布局范围内，素有“中华果都”之美誉。

四、收获时间

每年 10 月下旬霜降前后开始采摘，最佳品质期为 11 月。

五、推荐贮藏保鲜和食用方法

【贮藏保鲜方法】冷藏温度控制在 –1 ～ 0.5℃，空气相对湿度控制在 85% ～ 95%。

【食用方法】鲜食。

六、市场销售信息

临猗县王万保果品种植专业合作社　联系电话：13703593363

临猗县大林果品种植专业合作社　联系电话：13994990798

临猗县富一方果品专业合作社　联系电话：13935967126

供稿：临猗县农业农村局　师朝霞

登录编号：CAQS-MTYX-20210231

临猗西瓜

一、主要产地

山西省运城市临猗县牛杜镇镇西村、杨中村，嵋阳镇下朝村。

二、品质特征

临猗西瓜形状近球形，外形美观，新鲜整洁，果形端正，瓜瓤鲜红，甘甜爽口。西瓜发育充分，成熟适度，具有适应于市场或储存要求的成熟度。

临猗西瓜维生素C含量为10.1mg/100g，钾含量为130mg/100g，总酸含量为1.20g/kg，可溶性固形物为11.6%。

三、环境优势

临猗县属暖温带大陆性气候，一年四季分明。春季干旱多风，夏季雨量比较集中，秋季一般多连阴雨天气，冬季雪雨稀少。年平均气温在13.9～12.6℃，全年日照时数为2 272h，10℃以上的年活动积温在4 500℃以上。昼夜温差大，全年无霜期约210天，年平均降水量449.6mm。临猗气候条件有利于西瓜的生长发育、开花结果，昼夜温差大有利于提高临猗西瓜的果实含糖量。

四、收获时间

采摘时间为5月中旬至6月下旬，最佳品质期为6月。

五、推荐贮藏保鲜和食用方法

【贮藏保鲜方法】适宜在通风干燥处贮藏，13℃左右可存放14～21天，也可冷藏。

【食用方法】鲜食。

六、市场销售信息

山西禾雨农作物种植专业合作社

联系电话：15935986060

临猗县雷红家庭农场

联系电话：13934389800

供稿：临猗县农业农村局　师朝霞

万荣油桃

登录编号：CAQS-MTYX-20210233

一、主要产地

山西省运城市万荣县荣河镇周王村、贾村乡大甲村。

二、品质特征

万荣油桃果实呈端正圆形，果实缝合线明显，果皮颜色红黄相间，果肉为黄色，果核小，质地紧密，清香甘甜，清脆可口。

万荣油桃可滴定酸含量为0.3%，可溶性固形物含量为13.0%，铁含量为0.65mg/100g，钾含量为199mg/100g。

三、环境优势

万荣县位于稷王山和孤峰山至黄河与汾河交汇处的三级峨嵋岭台地，县内油桃种植区域海拔400～800m，土层深厚，富含有机质和矿物质营养元素，地下水和引黄灌溉水资源充沛、水利条件便利，区域处于暖温带气候，年平均气温12.9℃，年平均降水量486mm，无霜期190天左右，光照时间长，昼夜温差大，发展油桃种植的环境气候条件优越。多年来，以荣河、贾村等乡镇为核心的油桃种植业稳步发展，所产油桃外观靓丽、口感脆甜、硬度适中、品质优良，持续远销全国各地及周边各国，已经形成了比较突出的区域产业优势和品牌优势。

四、收获时间

每年6月收获，最佳品质期为6月。

五、推荐贮藏保鲜和食用方法

【贮藏保鲜方法】冷藏。

【食用方法】鲜食。

六、市场销售信息

万荣县习文果业专业合作社

联系电话：15935952612

万荣县大甲老兵果业专业合作社

联系电话：13834950160

供稿：万荣县农业农村局　高国平

登录编号：CAQS-MTYX-20210234

万荣大米

一、主要产地

山西省运城市万荣县荣河镇、光华乡和裴庄镇的20个村。

二、品质特征

万荣大米米粒椭圆形，表面光滑、洁白。蒸煮后米饭洁白，结构紧密较完整，有黏性，软硬适中，有淡淡的清香滋味；冷饭较松散，硬度适中。

万荣大米钙含量为7.49g/100g，胶稠度为77mm，直链淀粉（干基）为18.2%，均高于参照值。

三、环境优势

万荣县位于山西省西南部，黄河沿县境西边南下。县境西北至西南约有37km长的河岸线，黄河与汾河在此交汇，河槽陆地面积达10多万亩，可耕种滩涂面积达5万亩以上，属典型冲积平原区，土壤肥沃，灌排方便，特别有利于优质水稻种植。县域处于暖温带半干旱大陆性气候，年平均气温12.9℃，无霜期190天左右，日照时间长，昼夜温差大，水稻生长周期长达7个月，气候条件特别适宜于优质粳米种植。

四、收获时间

每年11月收获，最佳品质期为12月。

五、推荐贮藏保鲜和食用方法

【贮藏保鲜方法】干燥环境下贮藏，或冷藏。

【食用方法】煮饭、熬粥。

六、市场销售信息

万荣县茂发谷物种植专业合作社　联系电话：18935092887

万荣县万泉惠民农作物种植专业合作社　联系电话：13453392549

供稿：万荣县农业农村局　高国平

原平紫皮大蒜

登录编号：CAQS-MTYX-20210546

一、主要产地

山西省原平市西镇乡南阳村、阳房村。

二、品质特征

原平紫皮大蒜外有膜质鳞皮，剥去鳞皮，内有 6 ～ 10 个紫皮蒜瓣。蒜头直径约 5cm，每头新鲜大蒜重 43 ～ 45g，剥去紫皮和透明薄膜后，即见白色、肥厚发亮的蒜瓣，有浓烈的蒜臭，味辛辣。

原平紫皮大蒜维生素 C 含量为 9.50mg/100g，蛋白质含量为 6.76mg/100g，大蒜素含量为 0.26%。

三、环境优势

原平紫皮大蒜产地区域位于滹沱河原平段西岸滩地，海拔 800 ～ 900m，土壤类型为硫酸盐盐化潮土，pH 值为 8.4，有机值含量 14.045g/kg，全氮含量 0.822g/kg，有效磷含量 22mg/kg，速效钾含量 111mg/kg，土壤中盐分以氯化物、硫酸盐混合型为主，土壤湿润且肥沃，适合大蒜生长所需。属温带大陆性气候，四季分明，年降水量 450 ～ 500mm，年平均气温 8.4℃，无霜期 179 天左右，年平均日照时数达 2 764.2h，气候特点适宜春播紫皮大蒜生长和养分积累。

四、收获时间

每年 7—8 月收获，最佳品质期为 7 月。

五、推荐贮藏保鲜和食用方法

【贮藏保鲜方法】大蒜可进行分级编辫，编好的大蒜挂在阴凉通风处保存；也可冰箱冷藏。

【食用方法】炒菜、炖肉、拌凉菜、腌制醋蒜等。

六、市场销售信息

山西石鼓农业科技股份有限公司

联系电话：13903509485

山西省原平市源渊种植专业合作社

联系电话：15635023199

供稿：原平市农业农村局　亢银平

登录编号：CAQS-MTYX-20210548

灵境莜麦

一、主要产地

山西省五台县灵境乡28个村。

二、品质特征

灵境莜麦属高筋莜麦，籽粒呈纺锤形，腹沟明显，籽粒长0.55～1.10cm，宽0.20～0.45cm，千粒重30～35g，籽粒白黄色，籽粒整齐且饱满，出粉率达95%以上，加工的面粉呈白黄色，筋度高，口感好，吃水多。

灵境莜麦粗纤维含量为1.29g/100g，蛋白质含量为12.2g/100g，脂肪含量为8.8g/100g，谷氨酸含量为2 630mg/100g。

三、环境优势

五台山区气候寒冷，无霜期短，仅110天，粮食作物只能种大豆、莜麦、马铃薯。莜麦在五台县大部分乡镇均有种植，而特别以灵境莜麦为最好。五台群众素有“灵境颗子，豆村面”的说法。灵境乡地处山腰，土层厚，地质肥，通风好，日照足，所产莜麦皮薄、饱满、出面率高、吃水性强，面白味美。

四、收获时间

每年9月收获，最佳品质期为9月。

五、推荐贮藏保鲜和食用方法

【贮藏保鲜方法】干燥处常温保存。

【食用方法】可用手推成“莜面窝窝儿”“猫耳朵儿”，还可搓成“鱼鱼儿”，压饸饹，擦“硬旦”，拌“抉垒”，包饺子等。

六、市场销售信息

五台县五台山台珍特产有限公司　联系电话：13835080602

五台县东冶镇爱青小杂粮种植专业合作社　联系电话：13453026725

五台县高洪口乡清水河玉米加工专业合作社　联系电话：13753026352

供稿：五台县农业农村局　韩建宏

繁峙牛肉

登录编号：CAQS-MTYX-20210549

一、主要产地

山西省忻州市繁峙县砂河镇后河村、金山铺乡农发村。

二、品质特征

繁峙牛肉肌间脂肪分布均匀，牛肉色泽红润，肉质鲜嫩，脂肪呈白色，肌纤维致密，有韧性，富有弹性，煮熟后汤汁澄清，纤维细嫩，肉质松软可口。

繁峙牛肉蛋白质含量为19.44%，锌含量为32.77mg/kg，α–亚麻酸占总脂肪酸含量的0.2%，亚油酸占总脂肪酸含量的4.6%，花生四烯酸占总脂肪酸含量的1.7%，均优于类比参照值。

三、环境优势

繁峙县位于晋北东部，北靠恒山，南依五台山，滹沱河贯穿全境。年太阳总辐射能为604kJ/cm^2，属于太阳辐射能高值区。繁峙县天然草场145万亩，地处北纬39°黄金肉牛养殖带，是华北地区较好的夏季牧场。繁峙肉牛夏季6—8月在草场放牧，其余时间在平川区圈养。天然草场海拔2 200～3 048m，牧草丰富耐践踏，干物质含量高，肉牛采食后增膘快，俗称“油草”，牧草中有以黄芪为主的中药材70余种，可提高肉牛的免疫力。平川区是以黍子、谷子、大豆等为主的优质小杂粮种植区，其秸秆是春秋冬季肉牛的优质饲料。

四、收获时间

全年均可收获，最佳品质期亦为全年。

五、推荐贮藏保鲜和食用方法

【贮藏保鲜方法】–18℃保存12个月，–4℃冷藏储存4天。

【食用方法】小炒牛肉、红烧牛肉面、番茄炖牛腩等。

六、市场销售信息

山西省繁峙县天河牧业有限公司

联系电话：15110342942

繁峙县活畜牧业有限公司

联系电话：15135033966

供稿：繁峙县农业农村局　郑竹胜

山西省繁峙县天河牧业有限公司

何　海

登录编号：CAQS-MTYX-20210553

寿阳玉露香梨

一、主要产地

山西省晋中市西洛镇常村。

二、品质特征

寿阳玉露香梨果实类圆形，果面光洁细腻具蜡质。阳面着红晕或暗红色纵向条纹，果皮黄绿色，果皮薄、果心小，具有鲜嫩汁多、肉质酥脆、含糖高等特点，果肉细腻，脆甜无渣，口感极佳。

寿阳玉露香梨维生素 C 含量为 5.35mg/100g，可滴定酸含量为 0.21%，钾含量为 102mg/100g，磷含量为 10.2mg/100g，水分含量为 86.2%。

三、环境优势

寿阳玉露香梨种植区域寿阳县西洛镇常村属半干旱丘陵山区，总面积 16.4km^2，气候条件独特，海拔 1 000m 左右，年平均气温 8.1℃，日照时间长，昼夜温差大，糖分积累高。土质条件优越，为典型的黄土高原地貌，土层深厚，土壤肥沃，有机质含量高，远离工业污染源。独特的地域优势造就了寿阳玉露香梨的优秀品质，广受消费者好评。

四、收获时间

每年 9 月收获，最佳品质期为 9 月。

五、推荐贮藏保鲜和食用方法

【贮藏保鲜方法】冷藏适宜温度 0 ～ 1℃。

【食用方法】鲜食；可加工成梨干、秋梨膏等。

六、市场销售信息

寿阳县玉露香梨科技有限公司　联系电话：13995414882

供稿：寿阳县农业农村局　庞广生
寿阳县现代农业产业发展中心　李爱红

太谷壶瓶枣

登录编号：CAQS-MTYX-20210554

一、主要产地

山西省晋中市太谷区小白乡沙子地村。

二、品质特征

壶瓶枣呈长倒卵形，中间稍细，形状似壶，大小均匀，端正齐整，平均单果重为 16.6g；果面光滑，果皮薄，深红色，色泽鲜亮，分布均匀；果肉肥厚、核小，肉质呈白色，口感细腻、酥脆，味甜汁多。可食率高达 95.7%。

壶瓶枣维生素 C 含量为 246.5mg/100g，钙含量为 22.855mg/100g，锌含量为 2.18mg/100g。

三、环境优势

山西省晋中市太谷区位于黄土高原，独特的日照、水肥、温差条件适合壶瓶枣和其他枣树的生长、结果。太谷壶瓶枣开花期为 5—6 月，其间充沛的雨水、强烈的光照、适宜的气温，4℃左右的温差，保证了太谷壶瓶枣所特有的品质。9 月中旬太谷壶瓶枣进入脆熟期，遇雨就会裂果，恰好此时太谷地区进入少雨期，减少了太谷壶瓶枣的裂果，且果实含糖量增加，干物质饱满。

四、收获时间

鲜枣采收期为 9 月中下旬，干枣采收期为 10 月上中旬。最佳品质期为 9 月。

五、推荐贮藏保鲜和食用方法

【贮藏保鲜方法】放入冰箱冷藏，或晒成干枣可长时间保存。

【食用方法】鲜食、煮粥、煲汤，也可制成醉枣等休闲零食。

醉枣制作方法：挑选无裂缝的鲜枣，用软布（不能沾水）擦干净表面，高度酒浸泡，放置密封的罐中，1～2 个月后即可食用。

六、市场销售信息

太谷区兴谷枣业有限公司　联系电话：18635471119

供稿：太谷区农业农村局　张立夫

登录编号：CAQS-MTYX-20210555

芮城菊花

一、主要产地

山西省运城市芮城县学张乡斜口村、董原村，西陌镇西陌村。

二、品质特征

芮城菊花呈片状近圆形，直径 2.2 ~ 3.2cm，花瓣密实，色泽微黄，花蕊金黄，气味芳香。冲泡后花瓣散开，朵形鲜活美观，汤色微黄，清澈、明亮，菊香淡雅，滋味甘鲜。

芮城菊花营养丰富，绿原酸含量为 1.07%、木樨草苷含量为 0.210%、钾含量为 2 600mg/100g、锌含量为 4.18mg/100g、铜含量为 1.48mg/100g、必需氨基酸总量为 3 360mg/100g，优于参照值。

三、环境优势

芮城地势北高面阳坡，呈阶梯状分布，属暖温带大陆性季风气候。最高海拔 1 993.8m，最低海拔 302m，全年平均气温 12.8℃，年均降水量 513mm。芮城菊花种植区域主要在沿山和垣上一带，土层厚 20 ~ 60cm，土壤多为褐土，质地为壤土，耕性良好，pH 值为 6.5 ~ 8.2，特殊的土壤适合生长菊花。

四、收获时间

采摘期是每年 9 月下旬至 11 月下旬，最佳品质期为 10 月。

五、推荐贮藏保鲜和食用方法

【贮藏保鲜方法】建议在 3 ~ 5℃的保鲜库中密封、避光存放，也可以用铁罐密封保存。

【食用方法】菊花茶：取菊花放入茶杯中，加入 95℃开水约七八分满，盖上盖子浸泡 3 ~ 5min，趁热直接饮用，喝至剩下 1/3 时再加开水冲泡，使茶汤浓度均匀。可同时添加枸杞增强保健效果。

六、市场销售信息

芮城县天鸿中药材专业合作社　联系电话：13994853066

芮城县天人菊业开发有限公司　联系电话：13903598858

供稿：芮城县农业农村局　李小东　杨自成

夏县辣椒

登录编号：CAQS-MTYX-20210556

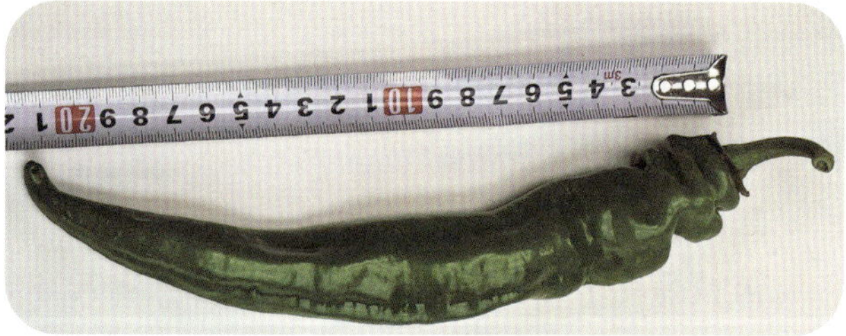

一、主要产地

山西省运城市夏县南大里乡、裴介镇和瑶峰镇3个乡镇的上董村、疙瘩村、社西村、中留村、四辛庄等16个村。

二、品质特征

夏县辣椒皮薄、肉厚脆，辣味浓烈，果面有褶皱，为螺丝椒系列。辣椒长度20cm以上，粗度2cm以上，深绿色，色泽光亮。

夏县辣椒钙含量为11.4mg/100g，钾含量为240mg/100g，维生素C含量为59.9mg/100g，辣椒素含量为14.2mg/100g，总胡萝卜素含量为28.6mg/100g，蛋白质含量为0.94g/100g。

三、环境优势

夏县地处暖温带，属大陆性半湿润季风气候区，气候温和，年平均气温12.8℃，无霜期为205天左右，年日照时长为2 293.4h。冬季多干冷少雪，平均气温为–5℃；夏季高温高湿，平均气温25.1℃。生态环境优良，气候温和，很适合辣椒生长。栽植区域土质为透气性极佳的砂壤土，有机质含量高，加之清洁的地下水灌溉，能够使辣椒充分生长，肉厚且辣味浓，品质达到最优。

四、收获时间

每年6—9月收获，最佳品质期为5月。

五、推荐贮藏保鲜和食用方法

【贮藏保鲜方法】冷藏保鲜。

【食用方法】①辣椒拌小葱：辣椒和小葱各半，切碎搅拌均匀，撒适量盐、味精，加少量香油，搅拌后即可食用。②辣椒蒜泥：辣椒和新鲜蒜瓣（比例根据个人口味确定）切碎放入捣蒜器具中加适量盐捣烂，即可食用。③炒食：辣椒炒鸡蛋或辣椒炒肉等。

六、市场销售信息

夏县董青蔬菜瓜果种植专业合作社　联系电话：13134697886

山西省运城市夏县瑶峰镇小辛庄村　联系电话：15035063263

夏县壮路蔬菜研究所

联系电话：13700595709

夏县良丰种业有限公司

联系电话：13934102833

供稿：夏县农业农村局

登录编号：CAQS-MTYX-20210557

绛县山楂

一、主要产地

山西省运城市绛县南樊镇郑柴村、槐泉村，安峪镇郇王村、孙王村，古绛镇北杨村、中杨村等。

二、品质特征

绛县山楂果个儿大，颗粒饱满，果形齐整，核小肉厚，大小均匀，平均单果重为19.1g，横径3.6cm，纵径3cm，可食率高达87.0%；果皮色泽红艳，着色均匀；果肉酸中带甜，清新可口。

绛县山楂可溶性固形物含量为15.3%，还原糖含量为7.44g/100g，维生素C含量为41.85mg/100g，可滴定酸含量为2.92%。

三、环境优势

绛县山楂生产区位于绛县中部的古绛镇与横水镇，以及东北部安峪镇、南樊镇，属黄土高原区，土层深厚，光照充足，雨量适中，无霜期长，海拔高，昼夜温差大，是山楂生产的黄金带。平均温度为11.4℃，土壤属中性或微碱性土质，有机质含量高，磷、钾、硼、锌、硒等中微量元素丰富，独特的土壤条件和山区小气候造就了绛县山楂个大均匀，果面鲜艳、口感甜酸、营养丰富的特点。

四、收获时间

每年10月上旬收获，最佳品质期为10月。

五、推荐贮藏保鲜和食用方法

【贮藏保鲜方法】保存于通风干燥处，也可冷藏。

【食用方法】鲜食，山楂粥，山楂枸杞茶；可加工成山楂片、山楂糕、糖果、蜜饯、冰糖葫芦、山楂酱、罐头、果脯、果丹皮、山楂汁、山楂饮料、山楂酒等。

六、市场销售信息

绛县懿德诺食品有限公司　联系电话：13453902057

绛县特色农产品发展协会　联系电话：13734286088

山西弘和农业科技有限公司

联系电话：13191195210

山西晋达康谷科技有限公司

联系电话：13935907966

绛县正泰山楂种植专业合作社

联系电话：13934886772

供稿： 绛县农业农村局　郝新来

绛县大樱桃

登录编号：CAQS-MTYX-20210558

一、主要产地

山西省运城市绛县古绛镇西吴村、申王坡村，安峪镇下柏村、东三涧村，南樊镇、史村、吉峪村，横水镇东录村、西录村、新庄村、西灌底村等。

二、品质特征

绛县大樱桃颜色艳丽，着色均匀，果面洁净有光泽，中大型果，果形端正、齐整，香味浓郁，果肉饱满，质地软中带脆，口感酸甜多汁，清新爽口。

绛县大樱桃固酸比为68.91，维生素C含量为13.1mg/100g，钾含量为269mg/100g，钙含量为11mg/100g。

三、环境优势

绛县属温带大陆性气候，四季分明，阳光充足，年均日照2 280h左右，年均气温11.4℃，年降水量569.6mm左右，山区气温低于平川和丘陵区，全年无霜期182天。绛县大樱桃生产区位于绛县中部，地貌类型为黄土台垣区，土壤类型以石灰性褐土为主。土壤结构良好，水稳性团粒结构为20%～40%；耕层土壤总孔隙度为41.8%～53.2%，pH值为8.05～8.55，有机质含量为12.7～30.1g/kg。独特的土壤、气温、光照条件为绛县大樱桃的生长提供了有利条件，具备树体健壮、果枝寿命长、花芽充实、坐果率高、果实成熟早、着色好等特点。

四、收获时间

每年3月下旬至6月上旬收获，最佳品质期为5月。

五、推荐贮藏保鲜和食用方法

【贮藏保鲜方法】新鲜樱桃平铺存放，亦可放入冰箱冷藏贮存。

【食用方法】直接鲜食，或用于制作樱桃果酱、樱桃果酒等。

六、市场销售信息

绛县特色农产品发展协会　联系电话：13743286088

绛县史之源樱桃庄园　联系电话：13613590796

山西弘和农业科技有限公司　联系电话：13133095210

绛县傲绿无公害农副产品专业合作社　联系电话：13994851170

山西晋达康谷农业科技有限公司　联系电话：13935907966

供稿：绛县农业农村局　郝新来

登录编号：CAQS-MTYX-20210238

武川黄芪

一、主要产地

内蒙古自治区呼和浩特市武川县西乌兰不浪镇什拉图村，哈拉合少乡公忽洞村、大庙村，二份子乡奎素村、大青山坝顶村。

二、品质特征

武川黄芪呈圆形片状，直径 1.0 ～ 1.3cm，有纵皱纹，表皮为黄白色，内部为淡黄色，有放射状纹理，味微甜。

武川黄芪水溶性浸出物为 20.7%，毛蕊异黄酮葡萄糖苷含量为 0.024%，黄芪甲苷含量为 0.128%，均高于参照值，满足《中华人民共和国药典》要求。

三、环境优势

武川县位于东经 110°31′ ～ 111°53′，北纬 40°47′ ～ 41°23′，海拔在 1 800 ～ 2 200m。以温带大陆性季风气候为主，空气流动性好，常年冷凉，昼夜温差较大，年平均气温 3.0℃。日光充足，光能源极其丰富，年降水量在 350mm 左右。黄芪是一种多年生豆科草本植物，喜凉，耐干旱，喜砂壤土，怕涝。位于内蒙古自治区中部、阴山北麓的武川，以其独特的自然风貌为黄芪提供了良好的生长发育条件。

四、收获时间

每年 10 月下旬收获，最佳品质期为 12 月。

五、推荐贮藏保鲜和食用方法

【贮藏保鲜方法】密封冷藏。

【食用方法】①黄芪肉汤：将黄芪 20g 洗净，与切成小块的猪瘦肉 150g 一起放入砂锅内，加适量水，小火慢炖 2h，加适量食盐。②黄芪茶：把黄芪放水里浸泡 15 ～ 20min，然后泡水饮用。

六、市场销售信息

呼和浩特市武川县可镇电子商务产业园　联系人：王树文　联系电话：13848929645

供稿：武川县农畜产品质量安全中心　罗洪琴

武川肉牛

登录编号：CAQS-MTYX-20210239

一、主要产地

内蒙古自治区呼和浩特市武川县可可以力更镇福如东村、西乌兰不浪镇、后古营村等。

二、品质特征

武川肉牛肌肉有光泽，肉色深红，脂肪呈乳白色，有大理石花纹；外表微干，不黏手。具有牛肉固有的气味，无肉眼可见异物。

其牛肉肌间脂肪含量为0.8%，必需氨基酸占总氨基酸的35.63%，不饱和脂肪酸占总脂肪酸的53.5%，均高于参照值；剪切力及胆固醇占比亦优于参照值。

三、环境优势

武川县地处内蒙古自治区中部，南部是阴山山脉的中段大青山区，北部地貌呈波状高原，海拔1 600～2 200m。日照充足，多风少雨，四季分明。平均气温3.0℃，年均无霜期110天，无极端高温和低温天气，属中温带大陆性气候。经检测，大气、水、土壤都达到绿色食品、有机食品环境要求，环境清洁无污染，自然条件适合肉牛养殖。

四、收获时间

全年皆可出栏，最佳品质期亦为全年。

五、推荐贮藏保鲜和食用方法

【贮藏保鲜方法】牛肉在–20～–18℃冷冻温度下可长期保存，短期保鲜温度要求为–4～–1℃。

【食用方法】酱牛肉、胡萝卜土豆炖牛肉等。

六、市场销售信息

武川县可镇福如东村委会上鱼得水沟村　联系人：李俊辉　联系电话：13947127105

供稿：武川县农畜产品质量安全中心　罗洪琴

登录编号：CAQS-MTYX-20210242

扎兰屯黑麦面粉

一、主要产地

内蒙古自治区呼伦贝尔市扎兰屯市浩饶山镇西平台村，扎兰屯市庙山林场。

二、品质特征

扎兰屯黑麦面粉色泽发黑，有黑褐色小麦麸皮颗粒，颗粒较小，面粉筋度大，具有小麦粉固有的色泽和清香气味。

扎兰屯黑麦面粉湿面筋含量为31.5%，淀粉含量为66.8%，人体所必需的氨基酸含量为1%，硒元素含量为4.4μg/100g。

三、环境优势

扎兰屯黑小麦生产基地位于北纬48°，生态环境优良。雨热同季，雨量充沛且集中在7—8月。土壤肥沃，有机质含量高。该地区光照充足，气候冷凉，病害轻，生育期短，农药施用量极少。

四、收获时间

一般在8—9月收获，最佳品质期为全年。

五、推荐贮藏保鲜和食用方法

【贮藏保鲜方法】低温、干燥、通风储存。

【食用方法】黑面馒头、黑面水饺、手擀面条等。

六、市场销售信息

呼伦贝尔市蒙古牧香生态农业有限责任公司　联系人：刘洪志　联系电话：18804704166

扎兰屯市达斡尔鸿巍农畜有限责任公司　联系人：张　威　联系电话：13704704679

供稿：扎兰屯市绿色产业发展中心　王桂玲

扎兰屯沙果干

登录编号：CAQS-MTYX-20210243

一、主要产地

内蒙古自治区呼伦贝尔市扎兰屯市大河湾镇六道沟村，成吉思汗镇新民村。

二、品质特征

扎兰屯沙果干外皮呈红色，果肉为金黄色，果干平均直径约3cm，果干肉质柔韧，有嚼劲，具有淡淡的果香味，酸甜可口。

扎兰屯沙果干总糖含量为71.5g/100g，水分含量为16.8%，维生素C含量为39.5mg/100g，可溶性固形物74.2%，检测值均高于同类产品的参照值。

三、环境优势

扎兰屯市地处呼伦贝尔市南端，背倚大兴安岭，面眺松嫩平原，是国家重点风景名胜区。境内森林面积118.71万hm^2，森林覆盖率达70.04%，植被完整，生态环境良好。该地区光照时间长，昼夜温差大，益于沙果营养物质的积累。该地区气候冷凉，沙果病害轻，农药施用量极少，是沙果的理想产地。制作扎兰屯沙果干的沙果来自扎兰屯市绿色食品原料沙果标准化生产基地，是地理标志产品。

四、收获时间

每年9—10月收获，最佳品质期为全年。

五、推荐贮藏保鲜和食用方法

【贮藏保鲜方法】低温冷藏。

【食用方法】开袋即食；泡水饮用，生津止渴；还可用于制作蛋糕馅料等。

六、市场销售信息

扎兰屯市珍果食品有限责任公司　联系人：李静伟　联系电话：13948806663

呼伦贝尔市成源食品责任公司　联系人：陈修成　联系电话：13354816566

供稿：扎兰屯市绿色产业发展中心　王桂玲

登录编号：CAQS-MTYX-20210244

扎兰屯白菜

一、主要产地

内蒙古自治区呼伦贝尔扎兰屯市达斡尔乡满都村，高台子镇近郊村。

二、品质特征

扎兰屯白菜单株重约 2.5kg，外叶倒卵圆形，具有外叶浓绿、内叶鲜黄、口感鲜嫩、结球结实、整修良好的特性。

扎兰屯白菜可溶性糖含量 1.79%，硒含量 0.62μg/100g，维生素 C 含量 21.5mg/100g，水分含量 95.63%。

三、环境优势

扎兰屯市地处呼伦贝尔市南端，背倚大兴安岭，面眺松嫩平原，是国家风景名胜区。境内森林面积 118.71 万 hm^2，森林覆盖率达 70.4%，植被完整，生态环境良好。该地区属于中温带大陆性季风气候，光照充足，雨热同季，雨量充沛且集中在 7—8 月，土壤肥沃，有机质含量高。该地区气候冷凉，环境优良，是一块没有污染的绿色净土，是种植白菜的理想之地。

四、收获时间

每年 7 月 10 日至 10 月 8 日收获，最佳品质期为 9 月。

五、推荐贮藏保鲜和食用方法

【贮藏保鲜方法】白菜最佳贮藏方法为窖藏，控制温度 0℃，相对湿度 85% ～ 90%。

【食用方法】醋溜大白菜、猪肉白菜炖豆腐粉条、辣白菜等。

六、市场销售信息

扎兰屯市满都红果蔬种植农民专业合作社　联系人：徐继霞　联系电话：13722025551

呼伦贝尔喜润现代农业发展公司　联系人：刘善意　联系电话：15705088388

供稿：扎兰屯市绿色产业发展中心　王桂玲

科右前旗苍术

登录编号：CAQS-MTYX-20210245

一、主要产地

内蒙古自治区兴安盟科右前旗索伦镇、巴日嘎斯台乡欣龙村。

二、品质特征

科右前旗苍术为不规则块状或结节状圆柱形，表面灰棕色，除去外皮黄棕色，直径 1 ～ 4cm，断面散有黄棕色油室。味微辛、苦，香气较淡。

科右前旗苍术的水分含量为 10.9%，灰分为 6.2%，苍术素含量为 0.45%，满足《中华人民共和国药典》要求。

三、环境优势

科右前旗地处内蒙古自治区兴安盟中西部，属大陆性季风气候，特征显著，四季分明，年平均气温 4℃，无霜期 130 天，年平均降水量 420mm，光照充足，春秋昼夜温差大，种植基地周边无重工业，水源充足无污染，空气清新，植被丰富，这些良好的种植环境都有利于保证科右前旗苍术的品质。

四、收获时间

每年秋季收获，从种到收需要 4 年。最佳品质期为全年。

五、推荐贮藏保鲜和食用方法

【贮藏保鲜方法】阴凉干燥处贮藏。

【食用方法】科右前旗苍术有燥湿健脾，祛风散寒功效，内服，每次煎服 5 ～ 10g。

六、市场销售信息

科右前旗索伦勇鑫源种植专业合作社　联系人：翟武平　联系电话：13948273508

内蒙古优智农农业开发有限公司　联系人：马　熠　联系电话：15144822454

供稿：科尔沁右翼前旗农畜产品质量安全检测中心　杨丽清

登录编号：CAQS-MTYX-20210251

科右前旗奶皮子

一、主要产地

内蒙古自治区兴安盟科尔沁右翼前旗乌兰毛都苏木敖力斯台嘎查。

二、品质特征

科右前旗奶皮为乳黄色奶饼，色泽均匀，厚度0.2～0.4cm，重量约130g，其表面似蜂窝状，硬度适中，不油不腻，味道鲜美，带有淡淡的奶香味。

科右前旗奶皮子蛋白质含量为18.6g/100g，脂肪含量为43.7g/100g，硒含量为15μg/100g，亚油酸占总脂肪的2.08%，不饱和脂肪酸占总脂肪酸的3.75%，必需氨基酸含量为5.79g/100g，均高于参照值。

三、环境优势

科右前旗位于兴安盟中西部，区域范围为东经119°49′15″～119°49′49″，北纬46°22′25″～46°49′36″，南连突泉县、科尔沁右翼中旗和吉林省白城地区，北接呼伦贝尔、新巴尔虎左鄂温克自治旗和扎兰屯市，东北临扎赉特旗，西靠锡林郭勒盟东乌珠穆沁旗，西北部与蒙古国接壤，面积26 784km^2。属大陆性季风气候，特征显著。境内牧场宽阔，牧草种类丰富，周边无重工业，空气洁净，水源充足，有利于三河奶牛的生长，牛奶中的蛋白质含量更高，做出的奶皮子营养价值高，口感好。

四、收获时间

全年均有生产，最佳品质期亦为全年。

五、推荐贮藏保鲜和食用方法

【贮藏保鲜方法】冷冻保存。

【食用方法】开袋即食，也可泡在蒙古奶茶中食用。

六、市场销售信息

科尔沁右翼前旗特润奶制品加工专业合作社

联系人：金　花　联系电话：15104849866

供稿：科尔沁右翼前旗农畜产品质量安全检测中心　杨丽清

科右前旗鳙鱼

登录编号：CAQS-MTYX-20210253

一、主要产地

内蒙古自治区兴安盟科右前旗察尔森镇察尔森水库。

二、品质特征

科右前旗鳙鱼全长约60cm，单体重约3.0kg，背面为暗褐色，有黑色细斑，腹部为灰白色，肌肉组织有弹性，鱼鳞颜色为银色，其鳞片细而紧密，有光泽。

科右前旗鳙鱼脂肪含量为0.7%，钙含量为89.7mg/100g，蛋白质含量为15.4%，鲜味氨基酸占总氨基酸比例的27.74%，不饱和脂肪酸占总脂肪酸的24.75%，均优于参照值。

三、环境优势

科右前旗位于兴安盟中西部，属大陆性季风气候，特征显著。周边无重工业，空气洁净，水源充足。察尔森水库位于洮儿河中游，为东北地区五大水库之一，是嫩江支流洮儿河上唯一一座控制性水利枢纽。洮儿河流经科尔沁草原，水质清新，达到国家一类水质标准，上游流域为林区和半农半牧区，土质肥沃，素有“草原明珠”之称。水库水质清新，适合鳙鱼自然生长，生产的鳙鱼味道鲜美。

四、收获时间

每年5—9月生产，最佳品质期为6月。

五、推荐贮藏保鲜和食用方法

【贮藏保鲜方法】鲜活产品，现宰现加工，以保证味道鲜美。购买宰杀后的鳙鱼应立即速冻保鲜。

【食用方法】鳙鱼炖豆腐、剁椒鱼头等。

六、市场销售信息

科右前旗森淼水产有限责任公司

联系人：佟海江

联系电话：15004821333

供稿：科尔沁右翼前旗农畜产品质量安全检测中心　杨丽清

登录编号：CAQS-MTYX-20210257

察右中旗荞麦面

一、主要产地

内蒙古自治区乌兰察布市察右中旗宏盘乡大庙村。

二、品质特征

察右中旗荞麦面外观颜色为灰白色，粒度较小，手感略涩，具有荞麦面固有的色泽和气味。

察右中旗荞麦面蛋白质含量为12.7%、维生素B_1含量为0.34mg/100g、总黄酮含量为180mg/100g、谷氨酸含量为2 170mg/100g，均高于类比参照值；脂肪含量为1.4%，低于类比参照值。

三、环境优势

察右中旗地处阴山北麓，内蒙古自治区乌兰察布市中部，处于北纬41°60′～41°29′24″，东经111°55′45″～112°49′51″，总面积4 190.2km^2，是典型的中温带大陆性气候，气候冷凉，昼夜温差大，年平均气温为1.3℃，活动积温高，日照时间长，年均日照时数为3 088h，年降水量300～400mm，无霜期90～100天，能够有效满足荞麦对温度、光照和水分的需求。

四、收获时间

每年10月收获，最佳品质期为10月。

五、推荐贮藏保鲜和食用方法

【贮藏保鲜方法】应该低温、干燥、避光、通风环境下贮藏。

【食用方法】①凉拌荞面：将荞麦面粉和成面团后，用压面机压成细条，煮熟放入凉水中冷却，然后捞出控干水分，加入少许食用油及其他佐料。②荞麦面条：可用荞麦面粉加水和成面团，压平后切成细面条，用开水大火煮开捞出，加入热汤即可食用。③荞面凉粉：把荞麦面“打”成稀糊，晾凉后面糊凝成一坨。吃时切成条，加入醋、香菜及其他佐料。

六、市场销售信息

察哈尔右翼中旗乌中宏大粮油加工厂

联系人：李四清　联系电话：15848459771

供稿：察哈尔右翼中旗农畜产品质量安全中心　刘美玲

察右中旗胡麻油

登录编号：CAQS-MTYX-20210258

一、主要产地

内蒙古自治区乌兰察布市察右中旗宏盘乡大庙村。

二、品质特征

察右中旗胡麻油呈棕红色，外观微浊，有胡麻油固有的气味和滋味，无杂质，无沉淀物，无结晶物。

察右中旗胡麻油不饱和脂肪酸占总脂肪酸的 69.3%，α– 维生素 E 含量为 3.21mg/100g，亚油酸含量为 14.926%，酸价和过氧化值分别为 0.74mg/g 和 0.03g/100g。

三、环境优势

察右中旗土地总面积 4 190.2m^2，气候冷凉，昼夜温差大，降水多集中在 6—8 月，年均气温 1.3℃左右，雨热同期，光照充足，作物生长季节日照时间平均每天可达 10h 左右，农作物光合作用旺盛，特别适宜耐瘠、耐寒、耐旱、喜光、日照长，对土壤适应性强的作物，是胡麻生长的最佳自然环境。

四、收获时间

每年 10 月收获，最佳品质期为 10 月。

五、推荐贮藏保鲜和食用方法

【贮藏保鲜方法】胡麻油应该在低温、通风、避光条件下保存。开瓶之后将胡麻籽油储存在冰箱中低温保存，在尽可能短的时间内将油用完，并注意每次用完之后将瓶盖盖好。

【食用方法】胡麻油既可以炒菜，也可用于低温煎炸食物。胡麻油还可与辣椒油、香油及花椒油等多种调味品放在一起制成料汁，用于拌凉菜。此外，也可在煲好的汤里放入胡麻油调味。

六、市场销售信息

察哈尔右翼中旗乌中宏大粮油加工厂　联系人：李四清　联系电话：15848459771

供稿：察哈尔右翼中旗农畜产品质量安全中心　刘美玲

登录编号：CAQS-MTYX-20210262

临河草鱼

一、主要产地

内蒙古自治区巴彦淖尔市临河区白脑包镇、乌兰图克镇。

二、品质特征

临河草鱼单个重量约 2.4kg，外表呈灰白色，其体型为梭形，背部青灰色，腹部银白色，鱼鳞颜色为灰色，其鳞片紧密，有光泽。

临河草鱼低脂肪高蛋白，脂肪含量 4.4%、蛋白质含量 16.8%。此外，硒含量 15μg/100g、谷氨酸 + 天冬氨酸（鲜味氨基酸）占总氨基酸比例的 27.18%，不饱和脂肪酸占总脂肪酸比例的 68.41%，均高于参照值。

三、环境优势

巴彦淖尔市属典型的温带大陆性气候。巴彦淖尔市临河区水资源丰富，适宜草鱼的生长发育。巴彦淖尔市临河区双喜水产养殖专业合作社成立于 2012 年 2 月，社员 131 户，试验示范基地近 1 000 亩。合作社社员水产养殖面积达到 6 000 亩，2002 年获无公害农产品认证，2009 年被农业部授予“农业部水产健康养殖示范场”称号。在鱼饲料、鱼药和养殖用水处理上，按照《水产品质量安全管理规定》和无公害水产品要求，确保水产品无公害。

四、收获时间

全年均可收获，最佳品质期为 3 月。

五、推荐贮藏保鲜和食用方法

【贮藏保鲜方法】清除内脏、腮，清洗干净后，放在凉爽通风处（0℃左右最佳，亦可冷藏，这个过程称作“排酸”），能使口味达到最佳。如需长时间存放，可用塑料袋包装冷冻，但口感稍差。如需要远途运输，采用保温箱加冰保存。

【食用方法】红烧草鱼、清蒸草鱼等。

六、市场销售信息

巴彦淖尔市临河区双喜水产养殖专业合作社　联系人：石挨喜　联系电话：13314789677

临河区运久农民专业合作社　联系人：李建光　联系电话：14794889677

供稿：临河区农畜产品质量安全中心　解玉琴

五原白梨儿脆香瓜

登录编号：CAQS-MTYX-20210263

一、主要产地

内蒙古自治区巴彦淖尔市五原县隆兴昌镇、胜丰镇、天吉泰镇、复兴镇、新公中镇、银定图镇、塔尔湖镇、巴彦套海镇、和胜乡、荣丰办事处、丰裕办事处。

二、品质特征

五原白梨儿脆香瓜瓜形端正，呈纺锤形，大小均匀，平均重量约为480g，瓜皮色泽明亮，底色呈黄色泛白，表面覆有绿色条纹，瓜瓤呈淡黄色，皮薄肉厚，果肉细嫩，口感香甜。

五原白梨儿脆香瓜口感甜脆，营养丰富，每100g白梨儿脆香瓜含维生素C 41.8mg，可溶性糖6.28g，天冬氨酸45mg，钾282mg，总酸0.18%，可溶性固形物含量为10.3%。各项指标高于同类产品参照值，总酸优于参照值，具有清热解暑、增加食欲、除烦止渴等功效。

三、环境优势

五原县南邻黄河，地处河套平原腹地，地势平坦，土地耕作层为灌淤层，耕作性好，含钾量高，对糖和淀粉的积累非常有利。五原县水源充沛，灌溉便利，全县有五大干渠，9条分干渠，135条农渠，密如蛛网的毛渠灌溉着全县土地，每年引黄河水量10亿～11.6亿 m^3。当地光能丰富、日照充足、昼夜温差大、降水量少而集中，利于糖分积累。独特的气候条件，适宜白梨儿脆香瓜的生长，并且远离污染，产品品质尤佳。

四、收获时间

每年4—9月收获，最佳品质期为7月。

五、推荐贮藏保鲜和食用方法

【贮藏保鲜方法】可冷藏保存1周。

【食用方法】鲜食。

六、市场销售信息

五原县古郡田园农民专业合作社　联系人：韩福胜　联系电话：13847860699

五原县胜丰镇新红村晏安和桥香蜜瓜农民专业合作社　联系人：张建军　联系电话：13154782866

五原县胜丰镇新丰村庙壕香蜜瓜农民专业合作社　联系人：辛计小　联系电话：13394852681

内蒙古瑞祥农贸有限责任公司　联系人：曹　帅　联系电话：13190866662

五原县套海镇科兴农民专业合作社　联系人：王新刚　联系电话：15204780473

五原县塔尔湖镇惠泽农民专业合作社　联系人：王志军　联系电话：13948889815

内蒙古黄金纬度食品有限责任公司　联系人：王聚甫　联系电话：13544196862

供稿：五原县绿色产业发展中心　李艳兵

登录编号：CAQS-MTYX-20210264

五原麒麟西瓜

一、主要产地

内蒙古自治区巴彦淖尔市五原县隆兴昌镇、胜丰镇、天吉泰镇、复兴镇、新公中镇、银定图镇、塔尔湖镇、巴彦套海镇、和胜乡、荣丰办事处、丰裕办事处。

二、品质特征

五原麒麟西瓜瓜形端正呈圆球形，个头中等，单果重约 4.2kg，瓜皮纹路清晰鲜亮，底色呈深绿色，条纹较宽呈墨绿色，果肉呈鲜红色，肉质沙绵多汁，甘甜爽口。

五原麒麟西瓜口感香甜，营养丰富，每 100g 麒麟西瓜富含维生素 C 10.9mg，钾 152.3mg，总酸（以苹果酸计）0.09%，可溶性固形物含量为 9.8%。各项指标高于同类产品参照值，总酸优于参照值，具有清热解暑、排毒养颜、除烦止渴等功效。

三、环境优势

五原县南邻黄河，地处河套平原腹地，地势平坦，土地耕作层为灌淤层，耕作性好，含钾量高，对糖和淀粉的积累非常有利。五原县水源充沛，灌溉便利，全县有五大干渠，9 条分干渠，135 条农渠，密如蛛网的毛渠灌溉着全县土地，每年引黄河水量 10 亿～11.6 亿m^3。当地光能丰富、日照充足、昼夜温差大、降水量少而集中，利于糖分积累。独特的自然环境，适宜麒麟西瓜的生长，并且远离污染，产品品质尤佳。

四、收获时间

每年 8—10 月收获，最佳品质期为 9 月。

五、推荐贮藏保鲜和食用方法

【贮藏保鲜方法】可冷藏保存 1 个月、常温保存半个月。

【食用方法】鲜食。

六、市场销售信息

内蒙古新品格农业种植有限责任公司　联系人：贾俊明　联系电话：13947381617

五原县套海镇科兴农民专业合作社　联系人：王新刚　联系电话：15204780473

五原县古郡田园农民专业合作社　联系人：韩福胜　联系电话：13847860699

内蒙古黄金纬度食品有限责任公司　联系人：王聚甫　联系电话：13544196862

供稿：五原县绿色产业发展中心　李艳兵

磴口香瓜

登录编号：CAQS-MTYX-20210265

一、主要产地

内蒙古自治区巴彦淖尔市磴口县补隆淖镇黄土档村二社。

二、品质特征

磴口香瓜瓜形端正呈纺锤形，平均质量约为200g，瓜皮呈淡黄色部分带有绿色条纹，瓜皮表面洁净光滑，果肉呈乳白色，皮薄肉厚，果肉细嫩，口感脆甜，并伴有浓郁的香味。

磴口香瓜总酸含量为0.106%、维生素C含量为29.6mg/100g、可溶性固形物含量为7.8%、天冬氨酸含量为54mg/100g、谷氨酸含量为160mg/100g。

三、环境优势

磴口县属北温带大陆性季风气候，冬寒漫长，春秋短暂，夏季炎热、降水量少、气候干燥、风沙多、日照充足、昼夜温差大，无霜期136～144天。年平均气温为7.6℃，年日照时数为3 209.5h。植物生长期积温约为3 300℃，生长期昼夜温差14.5℃。昼夜温差大、活动积温高，有利于磴口香瓜的糖分积累，是种植磴口香瓜最理想的条件。磴口县地处黄河西岸，乌兰布和沙漠东部边缘，北靠阴山，灌溉用水是无污染的黄河水，独特的地理优势和气候特征为磴口香瓜的生产提供了极为优越的自然条件。

四、收获时间

每年6—7月收获，最佳品质期为7月。

五、推荐贮藏保鲜和食用方法

【贮藏保鲜方法】室内维持室温16～18℃，保持阴凉通风的环境，可保存20～25天。放入冰箱贮藏，可以延长香瓜的保鲜期，冷藏适宜温度为2～4℃，相对湿度80%～85%。

【食用方法】建议鲜食。

六、市场销售信息

磴口县绿家苑种植农民专业合作社

联系人：李建平　联系电话：13284780993

供稿：磴口县绿色产业发展中心　常　月

登录编号：CAQS-MTYX-20210266

纳林甜瓜

一、主要产地

内蒙古自治区巴彦淖尔市磴口县纳林套海农场。

二、品质特征

纳林甜瓜瓜形呈椭圆形，单瓜重约 2.1kg，瓜皮有凸起浅褐色不规则条纹，瓜皮呈绿色，瓜瓤呈深黄色，瓜肉鲜嫩，香甜多汁。

纳林甜瓜钾含量为 265mg/100g，总酸含量为 0.066%，维生素 C 含量为 14mg/100g，可溶性固形物含量为 12.6%，天冬氨酸含量为 77mg/100g。

三、环境优势

纳林套海农场位于磴口县境内，南与磴口县沙金巴音温都尔嘎查相连，北和沙金苏木小关井相望，西与包尔盖农场接壤，东与乌兰布和农场相望。土层深厚，土壤肥沃，含有大量有机质；植物生长期活动积温约为 3 300℃，生长期昼夜温差 14.5℃。年平均气温为 7.6℃，年日照 3 000h 以上，气候干燥，昼夜温差大，无霜期长，全年无霜期 136 ～ 144 天；水源丰富，年降水量 160mm 左右，虽干旱少雨，但黄河穿区而过，灌溉方便。这种复杂的地理条件特质，使得纳林甜瓜具有独特的品质特性，深受消费者喜欢。

四、收获时间

每年 7—8 月收获，最佳品质期为 8 月。

五、推荐贮藏保鲜和食用方法

【贮藏保鲜方法】室内储存宜选择放在阴凉通风的地方，在干净的地面铺上秸秆并在周围撒上石灰粉，将套上发泡网袋的甜瓜交错摆放，可存放 20 天左右。也可放入冷藏库保存，保持 4 ～ 5℃，相对湿度 80% 左右，可延长甜瓜保存期。

【食用方法】建议鲜食，也可榨汁。一般人群均可食用，但脾胃虚寒和糖尿病患者不宜食用。

六、市场销售信息

磴口县农垦纳林套海农场有限责任公司　联系人：郑　谦　联系电话：15247826625

供稿：磴口县绿色产业发展中心　常　月

磴口山药

登录编号：CAQS-MTYX-20210267

一、主要产地

内蒙古自治区巴彦淖尔市磴口县沙金套海苏木巴音温都尔嘎查。

二、品质特征

磴口山药外观新鲜，粗细较均匀，单根重约 250g，长 45 ～ 50cm，直径 2 ～ 4cm，其外皮为土黄色，色泽均匀，断面为白色，粉性足。

磴口山药维生素 C 含量为 12.7mg/100g，硒含量为 5.5μg/100g，锌含量为 1.8mg/100g，蛋白质含量为 2.02g/100g，总酸含量为 0.094%。

三、环境优势

磴口县位于巴彦淖尔市西南部，地理坐标为北纬 40°09′ ～ 40°57′，东经 106°09′ ～ 107°10′。年平均气温为 7.6℃，极端最高气温 38.2℃，极端最低气温 -34.2℃，植物生长期的活动积温约为 3 100℃，生长期昼夜温差 14.5℃，无霜期 136 天，年平均降水量 144.5mm，年均蒸发量 2 397.6mm，年平均日照时数 3 210h。山药喜欢肥沃、疏松、排灌方便的砂壤土，磴口县特殊的沙漠环境与气候有利于山药生长。

四、收获时间

每年 10 月下旬至 11 月收获，最佳品质期为 11 月。

五、推荐贮藏保鲜和食用方法

【贮藏保鲜方法】室内通风保存。冰箱保存时，温度保持在 1 ～ 4℃。

【食用方法】①山药烧肉：将五花肉切小方块，山药、青椒、胡萝卜切块，大蒜去皮、生姜拍扁；热锅倒油烧至八成热，放入五花肉翻炒至变色微出油且表皮发黄；放入豆瓣酱翻炒出香味，再放入大蒜、生姜、山药和胡萝卜翻炒；倒入适量生抽翻炒，倒入一大碗清水煮开；放入适量盐搅拌均匀，小火煮至汤汁浓稠；放入青椒翻炒即可出锅。②山药炒木耳：干木耳提前用温水泡发；山药去皮切成薄片，切好的山药片浸泡在水中，并加几滴白醋；青椒切成小块备用；泡发好的木耳撕成小朵；锅中水烧开，加盐，把山药片焯水；山药片捞出后把木耳和青椒也一起焯下水；热锅热油放入山药片翻炒，放入木耳和青椒，并加盐翻炒均匀。加少许虾粉翻炒出锅。③山药排骨汤：排骨切段洗净，黑木耳泡发洗净；山药去皮，切滚刀块，放在淡盐水中浸泡；葱切段，姜切片，备用；将排骨放入半锅冷水中，放两片姜，煮开，大火烧煮 3min 后，关火后捞出；另起锅，烧开水，放入排骨，下入剩余姜片和大葱，加白醋，煮开后转小火；待排骨汤炖至 30min 后，加入山药、黑木耳，小火再炖 20min；加盐调味，关火盛出即可。

六、市场销售信息

磴口县益亨种养殖农民专业合作社　联系人：刘　莉　联系电话：18847883833

供稿：磴口县绿色产业发展中心　常　月

登录编号：CAQS-MTYX-20210268

磴口鲤鱼

一、主要产地

内蒙古自治区巴彦淖尔市磴口县巴镇沙拉毛道嘎查、纳林套海农场。

二、品质特征

磴口鲤鱼个体重约2.8kg，其身体侧扁，肉质紧实，有弹性；鱼鳞颜色为金色，其鳞片紧密，有光泽。

磴口鲤鱼硒含量为29μg/100g，蛋白质含量为17.8%，脂肪含量为0.2%，鲜味氨基酸占总氨基酸比例含量为27.89%。鲜味氨基酸占总氨基酸比例、硒含量、蛋白质含量均高于参照值，且其低脂肪形成原因可能与磴口鲤鱼口粮中碳水化合物较低有关。

三、环境优势

磴口县位于巴彦淖尔市西南部，地理坐标为北纬40°09′～40°57′，东经106°09′～107°10′。年平均气温为7.6℃，极端最高气温38.2℃，极端最低气温-34.2℃。磴口县东依黄河，北靠阴山，西环乌兰布和沙漠。磴口县水资源丰富，黄河流经磴口县52km，河套灌区水利大动脉总干渠及乌审干渠横穿县境而过，黄河水侧渗丰富，同时由于古地理环境及黄河改道，使磴口县地下水资源十分丰富，年径流量310亿m^3，黄河年均流量在580～1 600m/s，乌兰布和沙漠分布着160多处沙漠湖泊。充沛的水资源和灌排系统为磴口鲤鱼提供了良好的养殖条件。

四、收获时间

每年4—10月捕捞，最佳品质期为全年。

五、推荐贮藏保鲜和食用方法

【贮藏保鲜方法】建议捕获后尽早食用。

【食用方法】清蒸鲤鱼、糖醋鲤鱼、红烧鲤鱼等。

六、市场销售信息

磴口县顺通农牧业开发有限公司　联系人：刘建平　联系电话：15004786888

巴彦淖尔市纳林湖农林水产科技有限公司　联系人：韦春江　联系电话：18847811999

供稿：磴口县绿色产业发展中心　常　月

小佘太香菇

登录编号：CAQS-MTYX-20210273

一、主要产地

内蒙古自治区巴彦淖尔市乌拉特前旗小佘太镇大十份子村、乌梁素海二点。

二、品质特征

小佘太香菇菌盖稍扁平，菇形规整，表面呈深褐色，菌褶呈乳白色；厚度 0.8 ~ 0.9cm，菌盖直径 4.0 ~ 5.0cm，菌柄与菌盖边缘有白色丝膜相连，伴有鲜香菇特有的沁人香气，菌肉紧实，口感弹韧。

小佘太香菇蛋白质值为 3.7%，灰分值（绝干）为 7.5%，膳食纤维为 8.14g/100g，磷值为 104mg/100g，均高于参照值。

三、环境优势

乌拉特前旗位于河套平原东端，东邻包头，西接五原，南至黄河，北与乌拉特中旗接壤，地势平坦，京藏高速、110 国道、包兰铁路穿境而过。全旗有三大干渠，直口渠道 446 条，支渠 19 条，毛渠 427 条，密如蛛网的渠道灌溉着全旗土地，净灌溉面积 56.02 万亩。当地气候属典型的温带大陆气候，光能丰富、日照充足、昼夜温差大，属高原性小气候，空气清新无污染，全年日照时数 3 210.8 ~ 3 305.8h。独特的地域条件，温度适宜，使得当地香菇的产量高，质量也好，肉厚、细嫩、鲜美，食之有爽口感。

四、收获时间

每年 5 月 20 日到 10 月 20 日收获，最佳品质期为全年。

五、推荐贮藏保鲜和食用方法

【贮藏保鲜方法】香菇吸水性强，不宜受光照，吸附性较强，容易发生氧化，因此，宜保存于干燥、避光处，最好能低温、密封单独贮存。

【食用方法】香菇烩毛豆、香菇烧胡萝卜等。

六、市场销售信息

乌拉特前旗民福旺养殖专业合作社　联系人：赵天民　联系电话：13847854969

供稿： 乌拉特前旗农畜产品质量安全中心　张　俊

登录编号：CAQS-MTYX-20210277

乌拉特后旗酸白菜

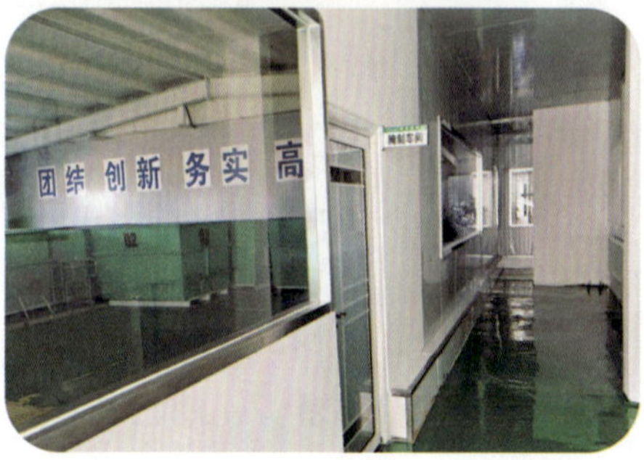

一、主要产地

内蒙古自治区巴彦淖尔市乌拉特后旗巴音镇团结二社、团结三社。

二、品质特征

乌拉特后旗酸白菜颜色自然，菜叶呈淡黄色，具有自然的酸味及发酵香气，口感酸脆鲜嫩，无异味。

乌拉特后旗酸白菜膳食纤维含量为 1.3g/100g，维生素 C 含量为 138mg/100g，pH 值 3.72，乳酸含量为 0.87g/100mL。

三、环境优势

乌拉特后旗酸白菜产地位于内蒙古自治区巴彦淖尔市黄河以北阴山以南北纬 40° ～ 41° 的河套平原黄金纬度种植带，得益于河套地区丰富的黄河水及地下水井灌滴水资源，年日照超 3 300h，昼夜温差达 13 ～ 14℃，小麦收割后气温降低，为麦后复种大白菜提供了非常适宜的生长环境。

四、收获时间

全年均可收获，最佳品质期为 9 月。

五、推荐贮藏保鲜和食用方法

【贮藏保鲜方法】避光常温保存或冷藏保存。

【食用方法】酸菜焖面、烩酸菜、酸菜火锅等。

六、市场销售信息

绿兆源呼和浩特市区域经销商　联系人：王嘉明　联系电话：15847796789

绿兆源包头市办事处区域经销商　联系人：敖　强　联系电话：15049302223

绿兆源包头临河办事处　联系人：张朕嘉　联系电话：13947807364

供稿：乌拉特后旗绿色产业统筹发展中心　敖云塔娜

乌拉特后旗骆驼奶

登录编号：CAQS-MTYX-20210279

一、主要产地

内蒙古自治区巴彦淖尔市乌拉特后旗获各琦苏木、巴音前达门苏木、乌盖苏木、潮格温都尔镇、巴音宝力格镇、呼和温都尔镇。

二、品质特征

乌拉特后旗骆驼奶外观为乳白色的液体，有浓郁的新鲜奶香味，外观稠度较大，无肉眼可见的杂质。

乌拉特后旗骆驼奶蛋白质含量为3.88g/100g，钙含量为175mg/100g，不饱和脂肪酸占总脂肪酸的百分比为33.25%，均高于同类参照值，乳糖含量为2.37g/100g，低于参照值，乳糖较低，适合于乳糖不耐受人群。

三、环境优势

乌拉特后旗骆驼奶主要产地在阴山北部的牧区。产区季节分明，寒暑剧变，风多雨少，属中温带大陆性气候。海拔150～1 000m。年降水量40～250mm，蒸发量2 800～3 200mm。年均光照长达3 300h，年均活动积温2 400h，无霜期110天，平均温度4.7℃，日温差11～12℃。产地属于高原荒漠化草原类型，草层不高，由东向西禾草逐渐减少，灌木增多。土壤主要为棕色钙土以及淡棕色荒漠土，土壤组成结构松散，石砾与砂质含量较高。

四、收获时间

全年均可收获，最佳品质期为4月。

五、推荐贮藏保鲜和食用方法

【贮藏保鲜方法】鲜驼奶：2～6℃保存，保质期5天，-18℃冷冻保存30天。驼酸奶：2～6℃保存，保质期21天。全脂驼乳粉：常温阴凉保存，保质期24个月。

【食用方法】可以做成驼奶粉，温水冲服；可以做驼酸奶，冷藏口感佳；鲜驼奶可加热饮用。

六、市场销售信息

临河区王府商业街南口英格苏驼奶体验店　联系人：刘　悦　联系电话：0478-7802226

英格苏驼奶产品体验中心　联系人：王兴业　联系电话：4000471988

供稿：乌拉特后旗绿色产业统筹发展中心　敖云塔娜

登录编号：CAQS-MTYX-20210559

赛罕番茄

一、主要产地

内蒙古自治区呼和浩特市赛罕区金河镇河湾村、根堡村、毫沁营村、巴彦街道太平庄村、部独利村、添密湾村、黄合少镇集贤村。

二、品质特征

赛罕番茄果色为红色，果面无茸毛，果顶形状圆平，果肩形状微凹，果肉颜色为红色；表皮色泽均匀、光洁，果形圆润无筋棱。果腔充实，果实坚实，果肉肉质口感沙，风味甜，汁多爽口，有清香味。

赛罕番茄果维生素 C 含量为 20.3mg/100g，总酸含量为 0.42%，可溶性固形物含量为 5.4%，番茄红素含量为 41.2mg/kg。

三、环境优势

赛罕区位于呼和浩特市区东南部，属于内蒙古高原地区，是典型的蒙古高原温带大陆性气候，四季气候变化明显，年温差大，日温差也大，无霜期为 113 ～ 134 天，年平均降水量为 335.2 ～ 534.6mm，主要集中在 6—8 月。番茄主要以设施种植为主，温度在 12 ～ 35℃，生产基地选择地下水位较低、土层深厚疏松的壤土，有机质含量、养分含量、温度可以满足番茄种植的要求，大量施用农家肥和有机肥，品质好。

四、收获时间

每年 3—11 月收获，最佳品质期为 4 月。

五、推荐贮藏保鲜和食用方法

【贮藏保鲜方法】常温下保存，不建议冷藏。将番茄蒂朝下摆放在室温下保存，能防止空气进入番茄，也能防止番茄中的水分从蒂的疤痕处散发，能保存大约 1 周左右。

【食用方法】番茄炒蛋、番茄牛肉、砂糖番茄等。

六、市场销售信息

呼和浩特市昊美果蔬专业合作社

联系人：马来喜　联系电话：13848710529

呼和浩特市宝丽鑫农牧业专业合作社

联系人：邢俊峰　联系电话：15661098212

呼和浩特市万鑫种植专业合作社

联系人：赵栓柱　联系电话：15661019898

供稿：呼和浩特市赛罕区农牧水利局　周　勇

北得力图红树莓

登录编号：CAQS-MTYX-20210561

一、主要产地

内蒙古自治区呼和浩特市土默特左旗北什轴乡北得力图村。

二、品质特征

北得力图红树莓果实为聚合小浆果，圆形，纵径 2.5cm，平均果重 6.9g（带花托），每果由 20 ～ 50 枚小果组成，每单果内有种子 1 枚。果实成熟为鲜红色，亮丽透明，味甜酸适口。

北得力图红树莓可溶性固形物含量为 11.3%，总酸含量为 1.81%，维生素 C 含量为 34.2mg/100g，可溶性糖含量为 5.64%，总黄酮含量为 16mg/100g。

三、环境优势

北得力图村树莓种植位于北纬 40°26′ ～ 40°56′、东经 110°47′ ～ 111°48′，树莓鲜果和深加工产品市场面向“呼包鄂”经济圈，并辐射东北及华北地区，种植园交通优势明显，有 3 条公路环绕种植园，便于产品运输。

四、收获时间

每年 7 月中旬至 9 月末收获，最佳品质期为 8 月。

五、推荐贮藏保鲜和食用方法

【贮藏保鲜方法】① 冷藏：将树莓放入已经洗净的包装盒装，再用保鲜膜把它包起来，直接放入冰箱的冷藏室，树莓能保持 2 ～ 3 天不变质。② 冷冻：先把树莓洗净，并用厨房纸将其表面的水分吸干，然后放入冰箱或冰柜的冷冻层，吃时取出化开。

【食用方法】鲜食、制作果酱或酿酒等。

六、市场销售信息

土默特左旗新裕康特种果业种植农民专业合作社　联系人：王志国　联系电话：15034932080

供稿：土默特左旗农牧业综合服务保障中心　王健风

登录编号：CAQS-MTYX-20210562

土默特左旗黑小麦

一、主要产地

内蒙古自治区呼和浩特市土默特左旗塔布赛乡北园子村。

二、品质特征

土默特左旗黑小麦颗粒呈卵形，百粒重约 3.91g，粒色为黑褐色，颗粒饱满整齐、粒质坚硬。

土默特左旗黑小麦蛋白质含量为 12.8%，锌含量为 3.36mg/100g，不饱和脂肪酸占总脂肪酸的 75.5%，维生素 B_1 含量为 0.42mg/100g，膳食纤维含量为 9.35g/100g。

三、环境优势

土默特左旗黑小麦产区主要分布在北园子村，地处于大青山南麓，位于富饶的土默川平原上。该地无霜期为 133 天，年均 10℃以上日数为 157 天，年均活动积温 2 917℃，年均降水量为 379mm，年日照时数为 2 952h，海拔 1 000m，凉爽适宜。另外，北园子村地处黑河故道，大部分为黑土，土地肥沃，地势平缓，非常适宜种植黑小麦。特殊的气候、地理条件为土默特左旗黑小麦的品质积累创造了最佳条件，造就了其蛋白质、湿面筋较高，且锌、必需氨基酸占总氨基酸比例高于参照值等特点。

四、收获时间

每年 4 月上旬播种，8 月上旬收获，为一年一熟作物。最佳品质期为 9 月。

五、推荐贮藏保鲜和食用方法

【贮藏保鲜方法】通风良好，使空气流通；湿度干爽，湿度愈小，面粉含水量也减小，理想的空气相对湿度为 60% ～ 70%；储存理想温度为 18 ～ 24℃；环境洁净可减少害虫的滋生；环境没有异味，减少从空气及储藏材料中吸收异味。

【食用方法】黑小麦春饼、黑小麦馒头、黑麦软欧包等。

六、市场销售信息

土默特左旗润兵农业专业种植合作社　联系人：周林霞
联系电话：13948310903

土默特左旗润兵农业专业种植合作社　联系人：周志兵
联系电话：13804717418

供稿：土默特左旗农牧业综合服务保障中心　王健风

和林马铃薯淀粉

登录编号：CAQS-MTYX-20210564

一、主要产地

内蒙古自治区呼和浩特市和林格尔县城关镇、黑老夭乡昆都仑村。

二、品质特征

和林马铃薯淀粉色泽洁白，有结晶光泽，颗粒度小。

和林马铃薯淀粉富含多种人体所必需的营养物质，其中，每 100g 淀粉含灰分 0.23g、水分 16.8g、蛋白质 0.13g。

三、环境优势

和林格尔县马铃薯主要种植于北纬 41° 的和林格尔县黑老夭乡，海拔 1 000m 以上，全年干旱少雨，昼夜温差大，属于无污染火山灰地质，日照充足，秋季早寒易冻，冬季漫长寒冷。土壤以砂质土壤为主，非常适宜马铃薯的种植。得天独厚的气候环境，生长出的优质马铃薯，为和林马铃薯淀粉的生产加工奠定了基础。和林格尔县借助国家发展农业、农产品加工的利好政策，在龙头企业的引导下成立马铃薯产业协会，使广大农民加入产业化发展经营中。通过马铃薯产业协会科技引导、示范带动，大大提高了农产品的商品转化率，引导农民调整产业结构。

四、收获时间

每年 9—10 月收获，最佳品质期为 9 月。

五、推荐贮藏保鲜和食用方法

【贮藏保鲜方法】适宜存放在阴凉干燥的地方。

【食用方法】制作马铃薯淀粉粉条，或烹饪时用于勾芡。

六、市场销售信息

内蒙古华欧淀粉工业股份有限公司　联系人：孟逸飞　联系电话：15024985228

供稿：和林格尔县农畜产品质量安全中心　王利平

登录编号：CAQS-MTYX-20210567

和林沙棘果汁

一、主要产地

内蒙古自治区呼和浩特市和林格尔县盛乐经济园区三铺村。

二、品质特征

和林沙棘果汁为瓶装果汁，单瓶净含量为300mL，果汁颜色为橘黄色，味道酸甜爽口，具有沙棘果汁特有的香味，无分层，无涨瓶。

和林沙棘果汁每100g含有维生素48.2mg、总糖7.4g、总酸2.38g，均高于参照值。

三、环境优势

和林沙棘主要种植于和林县东南部的黑老夭乡和新店子镇的高山上，位于晋蒙交界，北纬42°，三面环山，平均海拔1 000m以上，这里空气清新、气候宜人、日照充足、昼夜温差大，水土纯净、土质优良、人口稀少、没有农药化肥和工业等污染。也正是高原纯天然、无污染的环境，使生长在和林的沙棘，营养成分和活性物质均优于平原沙棘。

四、收获时间

每年9—12月收获，最佳品质期为全年。

五、推荐贮藏保鲜和食用方法

【贮藏保鲜方法】沙棘果汁适宜存放在阴凉干燥处。

【食用方法】①沙棘果粉：将沙棘果汁冷冻后用干燥器干燥，烘干成颗粒状，最后用搅拌器搅拌均匀即可。②沙棘柠檬果汁：可以加柠檬汁数滴，防止果汁迅速氧化；亦可加入少许食盐，抗氧化的同时，增加甜度；还可视个人口味，加入适量白糖、糖浆或蜂蜜。

六、市场销售信息

和林格尔县盛乐经济园区成长大道　联系人：李永宏　联系电话：13704711177

和林格尔县盛乐经济园区西夭子村　联系人：张建春　联系电话：15848110135

供稿：和林格尔县农畜产品质量安全中心　王利平

和林鲤鱼

登录编号：CAQS-MTYX-20210571

一、主要产地

内蒙古自治区呼和浩特市和林格尔县城关镇樊家夭村、新店子镇前夭子村。

二、品质特征

和林鲤鱼个体重约 1.7kg，体长约 34cm，外表呈青灰色，鱼鳞颜色为金色，鳞片紧密，有光泽，肉质紧实有弹性。

和林鲤鱼蛋白质含量为 19.4%，鲜味氨基酸占总氨基酸比例为 26.89%，亚油酸占总脂肪酸比例为 23.9%，钙含量为 102.4mg/100g，均高于参照值。其低脂肪形成原因可能与和林鲤鱼口粮中碳水化合物较低有关。

三、环境优势

和林鲤鱼产地属于樊家夭盆地，地势平坦、气候温和、光照充足、雨量充沛、水源集中，有河流流经此地，和林格尔县内的养殖池内有 20 余眼自流泉眼，可无限制补充用水。该地区年平均气温在 6.2℃左右，年日均气温在 5℃以上的持续时间为 195 天左右，年日均气温 0℃以上持续的时间为 233 天左右，非常有利于鲤鱼生长；养殖池水面开阔，平均水深 4m 以上，最大水深 10m，非常有利于鲤鱼越冬。和林鲤鱼养殖场远离污染企业，村庄稀少，人员不集聚，保证了养殖场的天然、生态养殖环境。和林格尔县独特的地理环境决定了和林鲤鱼肉质鲜美、营养丰富。

四、收获时间

4—11 月间都有捕捞，最佳品质期为全年。

五、推荐贮藏保鲜和食用方法

【贮藏保鲜方法】和林鲤鱼应放在凉爽通风处，如长时间存放，须冷冻。

【食用方法】清蒸鲤鱼、红烧鲤鱼等。

六、市场销售信息

和林格尔县城关镇樊家夭村　联系人：王伟超　联系电话：15248151616

和林格尔县新店子镇胶泥湾　联系人：高昌在　联系电话：13674751598

供稿：和林格尔县农畜产品质量安全中心　王利平

登录编号：CAQS-MTYX-20210572

东园葡萄

一、主要产地

内蒙古自治区包头市东河区沙尔沁镇莎木佳村、东园村、鄂尔格逊村、公积板村。

二、品质特征

东园葡萄外观新鲜洁净，葡萄紧密度适中，整齐度好，粒大而均匀，果皮呈紫红色，果肉呈淡黄绿色，皮薄肉嫩，酸甜适口。

东园葡萄可溶性固形物含量为18.4%，总糖含量为17.0%，维生素C含量为6.30mg/100g，天冬氨酸含量为44mg/100g，甘氨酸含量为32mg/100g。

三、环境优势

东园葡萄产地东河区沙尔沁镇莎木佳村被誉为“葡萄之乡”，地处东经110°，北纬40°，属于中温带半干旱大陆性气候，年平均气温7℃，无霜期135天左右，年降水量380mm。沙尔沁镇莎木佳村属于大青山冲积扇平原，土壤肥沃且沥水性好，水源充足，并且有大青山天然屏障形成的独特小气候，在葡萄生长季节，内陆气候昼夜温差较大，日照时间长，有利于葡萄糖分的集聚，口感极佳。

四、收获时间

每年9—10月收获，最佳品质期为9月。

五、推荐贮藏保鲜和食用方法

【贮藏保鲜方法】①葡萄不要清洗，直接把用报纸包起来放在阴凉处保存，可以放置3～5天。②葡萄用保鲜膜密封，放在阴凉处保存。③冷藏保存。葡萄不要清洗，放入冰箱冷藏室，温度0℃左右，可以保存至1周。④喷洒果蔬保鲜剂保鲜后，将其放入冰箱冷藏室，可以保存1个月。

【食用方法】鲜食、酿制果汁、制作蜜饯等。

六、市场销售采购信息

包头市沁园蔬菜水果产销专业合作社　联系人：吴文国　联系电话：13947202700

包头市润泽园农牧民专业合作社　联系人：张胜利　联系电话：13947276901

供稿：东河区农牧局　孙佳佳

登录编号：CAQS-MTYX-20210576

土默川大杏

一、主要产地

内蒙古自治区包头市土默特右旗美岱召镇、沟门镇旧 110 国道沿线。

二、品质特征

土默川大杏呈圆球形，单颗重约 4.76g，其色泽金黄带红晕，果形端正，成熟饱满，果肉松软，香甜可口。

土默川大杏维生素 C 含量为 14.8mg/100g，总酸含量为 0.93%，β－胡萝卜素含量为 2 710μg/100g，可溶性糖含量为 6.32%。

三、环境优势

土默特右旗位于内蒙古自治区中南部，东与土默特左旗、托克托县毗邻，南隔黄河与准格尔旗、达拉特旗相望，西和包头市郊区相连，北与固阳县、武川县接壤。地处中温带，干旱与半湿润交错带，属温带大陆性气候。四季分明，光照充足，雨热同期，尤其美岱召镇、沟门镇沿山一带，昼夜温差较大、为高品质大杏生长提供了良好的生态条件。

四、收获时间

每年 7—8 月收获，最佳品质期为 7 月。

五、推荐贮藏保鲜和食用方法

【贮藏保鲜方法】筛除表面有损伤和成熟度较高的杏，选择表面较硬适宜存贮的果实，放置在阴凉处或者冰箱保鲜层直接冷藏。

【食用方法】①鲜食。②晾晒杏干：去核，用平分法一分两半，高温天置于阴凉处风干晾晒 1 周，晾晒成杏干。

六、市场销售信息

土默特右旗美岱召镇诚浩种养殖专业合作社　联系人：董瑞青　电话：15149351399

土默特右旗瑞元农民专业合作社　联系人：程志瑞　电话：15047240333

供稿：土默特右旗农牧局　董和平

土默川胡麻

登录编号：CAQS-MTYX-20210577

一、主要产地

内蒙古自治区包头市土默特右旗双龙镇、将军尧镇。

二、品质特征

土默川胡麻呈扁椭圆形，颜色为黑褐色，有光泽；其大小均匀，长 4mm，千粒重约 6.91g。具有胡麻固有的颜色和气味。

土默川胡麻脂肪含量为 41.4%，蛋白质含量为 24.2%，亚油酸占总脂肪酸的比例为 12.85%，单不饱和脂肪酸占总脂肪酸的比例为 33.58%，鲜味氨基酸占总氨基酸的比例为 33.27%，各项营养指标值均高于或优于参照值。

三、环境优势

土默特右旗，简称土右旗，位于内蒙古自治区中南部，黄河北岸，呼和浩特市、包头之间。东与土默特左旗、托克托县毗邻，南隔黄河与准格尔旗、达拉特旗相望，西和包头市郊区相连，北与固阳县、武川县接壤。土右旗地处中温带，干旱与半湿润交错带，属温带大陆性气候。这里四季分明，光照充足，雨热同期，为喜温、喜光照的胡麻提供了良好的生长环境。

四、收获时间

每年的 9—10 月收获，最佳品质期为 10 月。

五、推荐贮藏保鲜和食用方法

【贮藏保鲜方法】胡麻榨成油后，适宜在玻璃容器、瓷罐中密闭贮存，宜避光。

【食用方法】胡麻油可用于炒菜、凉拌蔬菜、调制色拉或者淋在汤中，还可以在炒菜出锅前淋入作为明油使用。胡麻油与液体乳酪、酸奶或甜炼乳混合，配以葡萄干、干果颗粒等配料，制出的甜品风味极佳，且利于人体对钙、天然维生素 E 和维生素 A 的消化吸收。胡麻油还可以与适量花生酱、可可酱、椰酱等混匀后涂抹在面包片上食用。

六、市场销售信息

内蒙古双有食品有限公司　联系人：赵天喜　联系电话：15304711887

土默特右旗心畅农民专业合作社　联系人：杨根心　联系电话：15848794279

供稿：土默特右旗农牧局　董和平

登录编号：CAQS-MTYX-20210579

固阳莜麦

一、主要产地

内蒙古自治区包头市固阳县金山镇、怀朔镇、下湿壕镇、银号镇、西斗铺镇、兴顺西镇。

二、品质特征

固阳莜麦外观呈浅褐色，百粒重约 2.12g，其大小均匀，籽实长 0.6 ～ 1cm，颗粒饱满，具有莜麦固有的气味，有淡淡的麦香味。

固阳莜麦中蛋白质含量为 15.7%，粗纤维含量为 0.6g/100g，谷氨酸 + 天冬氨酸（鲜味氨基酸）含量为 3 520g/100g，直链淀粉含量为 17.4%。

三、环境优势

固阳县地处内蒙古自治区中西部，阴山北麓，属温带大陆性干旱半干旱季风气候，气温偏低、降水少、光照充足，温差大是其最明显的气候特征。无霜期为 69 ～ 177 天，年平均降水量为 291.1mm，年平均日照时数 2 989h，莜麦已成为内蒙古的优质特色作物，当地种植面积占中国的 40% 以上。固阳的水土气候与自然生态环境，非常适合优质莜麦的种植与生产。

四、收获时间

每年 8—10 收获，最佳品质期为 10 月。

五、推荐贮藏保鲜和食用方法

【贮藏保鲜方法】阴凉干燥处保存。

【食用方法】凉拌莜麦面、莜麦面蒸饺等

六、市场销售信息

内蒙古蒙降三高食品有限责任公司 联系人：刘海贵 联系电话：0472-2550538

内蒙古优丰乡源农民专业合作社 联系人：王永强 联系电话：15034758458

内蒙古永盛祥农牧业发展有限公司 联系人：王永胜 联系电话：13674720556

供稿：固阳县农牧局

固阳县农畜产品质量安全中心 王冬梅

达茂黄芪

登录编号：CAQS-MTYX-20210581

一、主要产地

内蒙古自治区包头市达尔罕茂明安联合旗（简称达茂旗）石宝镇、小文公乡、西河乡、乌克镇。

二、品质特征

达茂黄芪为斜切面片状，其表面呈淡黄色，外表有褐色斑点，断面外层为白色，中部为淡黄色，有放射状纹理，味甘，有生豆气。

达茂黄芪水分含量占比6.76%，水溶性浸出物含量占比38.8%，灰分含量占比3.8%；毛蕊异黄酮葡萄糖苷含量占0.036%，黄芪甲苷含量占比0.107%。内在品质水分、灰分优于参照值，水溶性浸出物、毛蕊异黄酮葡萄糖苷、黄芪甲苷高于参照值，满足《中华人民共和国药典》要求。

三、环境优势

黄芪优质产区主要集中在北纬40°～42°的区域。达茂旗地处北纬41°的内蒙古山地和草原深处，土壤和水无污染，鲜有土壤病害，且气候冷凉、日照强烈、昼夜温差大、通风好。结合黄芪的历史产区和生产特性，达茂旗适宜种植黄芪。

四、收获时间

每年10月中旬到11月上旬收获，最佳品质期为全年。

五、推荐贮藏保鲜和食用方法

【贮藏保鲜方法】冷凉、干燥条件贮藏。

【食用方法】用黄芪粉冲水代茶饮，也可以将黄芪粉加入水煮或是加入汤中，常用量是9～30g。黄芪还可用于制作滋补药膳，如猪肉炖黄芪。

六、市场销售信息

达茂旗天创中药材科技有限公司　联系人：张月旺

联系电话：15049326528

供稿：达茂旗畜牧水产服务中心　孟　蕊

达茂旗天创中药材科技有限公司　张月旺

登录编号：CAQS-MTYX-20210582

达茂小米

一、主要产地

内蒙古自治区包头市达尔罕茂明安联合旗（简称达茂旗）乌克镇二里半村。

二、品质特征

达茂小米色泽呈金黄色，米粒大小均匀；其外观鲜黄明亮，无明显感官色差；千粒重约2.26g，粒形饱满完整，散发着小米特有的自然清香气味；蒸后，米粒完整金黄，软而不黏结，米饭香味浓郁；煮粥，米、汤融合，汤色淡黄纯正，有香味。

达茂小米蛋白质含量为9.3%，直链淀粉含量为23.0%，锌含量为3.35mg/100g，硒含量为5.0μg/100g，谷氨酸含量为2 070mg/100g，必需氨基酸占总氨基酸的比例为39.05%。蛋白质、直链淀粉、锌含量较高，且硒、谷氨酸、必需氨基酸占总氨基酸高于参照值。

三、环境优势

达茂旗位于北纬41°20′～42°40′，东经109°16′～111°25′。地处大青山西北内蒙古高原地带，南部属丘陵区，中、西有低山陡坡，北部属高平原台区，间有开阔原野，平均海拔1 367m。河网密度约0.8km/m^2，日平均径流量150万m^3。属温带半干旱大陆性气候，年均日照时数为3 100h，年太阳辐射总量6 000J/m^{2}以上。达茂小米种植基地主要以淡碱地为主，施肥主要以有机肥和农家肥为主，成就达茂小米粒形饱满完整的特色。达茂旗昼夜温差大有利于达茂小米的糖分累积，口感适宜。

四、收获时间

每年9月底至10月初收获，最佳品质期为10月。

五、推荐贮藏保鲜和食用方法

【贮藏保鲜方法】通风常温贮藏。

【食用方法】小米南瓜粥、小米海参粥、小米蒸排骨等。

六、市场销售信息

内蒙古天边草原农牧业有限公司　联系人：杜稀蜓　联系电话：13337032188

达茂旗西口子农牧业专业合作社　联系人：杜双林　联系电话：15049333111

供稿：达茂旗畜牧水产服务中心　孟　蕊

内蒙古天边草原农牧业有限公司　杜稀蜓

达茂厚皮甜瓜

登录编号：CAQS-MTYX-20210583

一、主要产地

内蒙古自治区包头市达尔罕茂明安联合旗（简称达茂旗）乌克镇、巴音敖包苏木、百灵庙镇。

二、品质特征

达茂厚皮甜瓜的瓜形呈椭圆形，单瓜重约 1.3kg，瓜皮表面绿色，有网纹，瓜瓤鲜嫩呈淡黄色，肉质细软，香甜可口。

达茂厚皮甜瓜可溶性固形物含量为 9.10%，可溶性糖含量为 6.74%，总酸含量为 0.039%，钾含量为 187.1mg/100g，谷氨酸 + 天冬氨酸（鲜味氨基酸）含量为 198mg/100g。

三、环境优势

达茂旗位于北纬 41°20′ ～ 42°40′，东经 109°16′ ～ 111°25′。地处大青山西北内蒙古高原地带，南部属丘陵区，中、西有低山陡坡，北部属高平原台区，间有开阔原野，平均海拔 1 367m。河网密度约 0.8km/m^2，日平均径流量 150 万 m^3。属温带半干旱大陆性气候，年均日照时数为 3 100h，年太阳辐射总量 6 000J/m^2 以上，日照时间长、昼夜温差大，造就了达茂甜瓜的糖分含量高、肉质细软、香甜可口的特点。

四、收获时间

每年 8 月底至 9 月收获，最佳品质期为 9 月。

五、推荐贮藏保鲜和食用方法

【贮藏保鲜方法】冷藏保存。

【食用方法】直接食用，或制作缤纷酸奶水果沙拉、西米香瓜粥等。

六、市场销售信息

内蒙古天边草原农牧业有限公司　联系人：杜稀蜓　联系电话：13337032188

达茂旗西口子农牧业专业合作社　联系人：杜双林　联系电话：15049333111

供稿：达茂旗畜牧水产服务中心　孟　蕊
内蒙古天边草原农牧业有限公司　杜稀蜓

登录编号：CAQS-MTYX-20210587

阿鲁科尔沁旗绿豆

一、主要产地

内蒙古自治区赤峰市阿鲁科尔沁旗天山镇、天山口镇、新民乡、先锋乡。

二、品质特征

阿鲁科尔沁旗绿豆粒大颗均，色泽明亮，深绿有光；性喜温暖，耐旱，适应性强，生长期短；具有豆味浓香、好煮易烂的特点。

阿鲁科尔沁旗绿豆蛋白质含量为 24.0 ～ 24.5g/100g，脂肪含量为 1.02 ～ 1.14g/100g，维生素 E 含量为 2.56 ～ 3.54mg/100g，维生素 B_1 含量为 0.11 ～ 0.23mg/100g，钙含量为 107 ～ 113mg/100g，磷含量为 343 ～ 364mg/100g，钾含量为 1 120mg/100g。绿豆具有重要的保健和药用价值，其清热、解毒、性甘凉。

三、环境优势

阿鲁科尔沁旗北依大兴安岭山脉，南临西拉木伦河畔，耕地主要分布在中西部及南部的沿河两岸，山间谷地及丘陵缓坡地带，土壤类型主要是栗钙土、灰色草甸土，土壤 pH 值在 8 左右，偏碱。属温带半干旱大陆性气候区系，其特征是春季干旱多风，夏季温热而多雨，秋季低温而霜早，冬季寒冷少雪而漫长，日光充足，活动积温高，年日照时数 2 700 ～ 3 100h，无霜期 95 ～ 140 天，年降水量 300 ～ 400mm。

四、收获时间

每年 8 月末收获，最佳品质期为全年。

五、推荐贮藏保鲜和食用方法

【贮藏保鲜方法】产品单独存放，入库前清理仓库并消毒处理，定期检查、通风，避免发生霉变。真空包装效果更佳。

【食用方法】绿豆沙、绿豆粥等，还可用来生绿豆芽。

六、市场销售信息

赤峰市蒙天购销有限公司　联系人：霍经理　联系电话：18304995177

内蒙古汇源农业开发有限公司　联系人：魏志刚　联系电话：13948693213

阿鲁科尔沁旗农丰杂粮有限公司　联系人：李耀文　联系电话：13847647811

供稿：阿鲁科尔沁旗农牧局　李鹏飞

阿鲁科尔沁旗牛肉

登录编号：CAQS-MTYX-20210588

一、主要产地

内蒙古自治区赤峰市阿鲁科尔沁旗巴彦温都尔苏木塔林花嘎查、阿日呼布嘎查、玛尼图嘎查。

二、品质特征

阿鲁科尔沁牛肉肌肉为鲜红色，有光泽，脂肪呈乳白色，外表微干，切面湿润，不黏手；肉质富有弹性，韧性强，指压后凹处立即恢复；具有牛肉特有的气味。烹熟后的牛肉，芳香四溢、油而不腻、质嫩爽口、口齿留香、色味俱佳、其味无穷。

阿鲁科尔沁旗牛肉胆固醇含量为 32.7mg/100g，不饱和脂肪酸占总脂肪酸的 54.1%，缬氨酸含量为 990mg/100g，剪切力为 49.02N，肌间脂肪为 3.2%。

三、环境优势

阿鲁科尔沁旗地处温带大陆性气候，是大兴安岭中山山地向科尔沁沙地过渡带。阿鲁科尔沁草原原始游牧系统被确定为中国重要农业文化遗产，蒙元文化独具特色。

四、收获时间

全年均可出栏，最佳品质期亦为全年。

五、推荐贮藏保鲜和食用方法

【贮藏保鲜方法】把牛肉盖上保鲜膜直接放入冷藏室保鲜，这种方法只适用于保存 1 ～ 2 天。须保存两天以上时，分块用保鲜膜包裹后冷冻保存。

【食用方法】牛肉羹、炖牛肉、五香牛肉等。

六、市场销售信息

阿鲁科尔沁旗塔林花牧业合作社　联系人：敖日格勒　联系电话：15104762212

阿鲁科尔沁旗额高娃绿色食品有限公司　联系人：额高娃　联系电话：17747077087

阿鲁科尔沁旗致富道路牧业养殖专业合作社　联系人：特格西巴亚尔　联系电话：13948169852

供稿：阿鲁科尔沁旗农牧局　李鹏飞

登录编号：CAQS-MTYX-20210589

巴林左旗林东南国梨

一、主要产地

内蒙古自治区赤峰市巴林左旗林东镇索布嘎村。

二、品质特征

巴林左旗林东南国梨单果重约80g，果形端正，近圆形，果面底色为黄色略带红晕，果梗短粗，果心较小。鲜果肉乳白色，质地脆嫩，果肉细嫩，口感微甜。

巴林左旗林东南国梨可溶性固形物含量为15.6%，总糖含量为10.2g/100g，锌含量为2.27mg/kg，粗纤维含量为0.92g/100g。

三、环境优势

巴林左旗地处内蒙古自治区赤峰市北部，巴林左旗南国梨种植范围南北长约128km，东西宽约52km。属中温带半干旱的森林草原气候类型，年平均气温在5.3℃左右，年平均降水量大于380mm，而且集中于农作物生长季节。该地区气候冷凉，种植季节日照长，昼夜温差大，降水较集中，土质肥沃，有天然的森林和草场，独特的环境与资源很适宜种植南国梨等果树。

四、收获时间

每年9月20日左右收获，最佳品质期为9月。

五、推荐贮藏保鲜和食用方法

【贮藏保鲜方法】0～4℃冷藏。

【食用方法】鲜食或制作南国梨干。

六、市场销售信息

巴林左旗胡月海种植专业合作社

联系人：胡月海　联系电话：18947367180

巴林左旗相良水果种植专业合作社

联系人：刘相良　联系电话：15104815098

供稿：巴林左旗农牧局　李松林

巴林右旗葵花

登录编号：CAQS-MTYX-20210591

一、主要产地

内蒙古赤峰市巴林右旗宝日勿苏镇、西拉沐沦苏木、查干诺尔镇、大板镇、巴彦塔拉苏木、幸福之路苏木、查干沐沦苏木、巴彦琥硕镇、索博日嘎镇、赛罕街道、达尔罕街道。

二、品质特征

巴林右旗葵花子颗粒饱满，籽实较长，为长卵形，顶端稍尖，基部较宽；籽实主色为黑色，白色条纹在边缘；籽实长约 2.5cm，百粒重约 21.69g；籽仁颗粒饱满，有嚼劲；油香可口。

巴林右旗葵花的蛋白质含量为 24.8g/100g，锌含量为 4.06mg/100g，谷氨酸＋天冬氨酸（鲜味氨基酸）含量为 7 790mg/100g，亚油酸占总脂肪酸的 70.79%，脂肪含量为 44.4g/100g。

三、环境优势

巴林右旗位于赤峰市北部，地处西拉沐沦河北岸，大兴安岭南段山地，东经 118°15′～120°05′，北纬 43°12′～44°27′，是中温带型大陆性气候区，冬季漫长寒冷，夏季短促而降雨集中，且水热同期，全旗历年平均气温 5.8℃，年日照时数 2 900～3 000h，无霜期 137 天左右，属温带季风型大陆性气候，年降水量的地理分布受地形影响十分明显，不同地区差别很大，年平均降水量 358mm。向日葵喜温又耐寒，有较强的耐盐碱能力，巴林右旗活动积温高，昼夜温差大，光照充足，独特的气候条件十分适合种植向日葵。

四、收获时间

一般在每年 10 月上中旬收获，最佳品质期为 10 月。

五、推荐贮藏保鲜和食用方法

【贮藏保鲜方法】晒干后，在通风干燥的库房内常温贮藏，同时采取防潮、防虫、防鼠措施。

【食用方法】生食（直接食用）或者熟食（炒），还可以用来榨油。

六、市场销售信息

巴林右旗巴彦塔拉苏木文全农牧业机械专业合作社　联系人：郭文全　联系电话：13754166018

巴林右旗佰吉纳农牧业机械专业合作社　联系人：姚显民　联系电话：15048377788

内蒙古坝林短角有机农业发展有限公司　联系人：张志军　联系电话：13847603286

供稿：巴林右旗农牧局　孙宏业

登录编号：CAQS-MTYX-20210592

大板香瓜

一、主要产地

内蒙古赤峰市巴林右旗大板镇莫日古其格村、大板村、新立村、红星村，查干诺尔镇羊场村、二八地村西拉沐沦苏木西拉沐沦村。

二、品质特征

大板香瓜呈椭圆形或纺锤形，平均单果重430g左右，瓜皮乳白色且覆有绿色条纹，瓜瓤乳白色，皮薄肉厚，脆嫩多汁，香甜爽口，香味浓郁，风味突出，品质极佳。

大板香瓜的维生素C含量为23mg/100g、可溶性固形物含量为12.8%、总酸含量为0.036%、钾含量为177mg/100g、天冬氨酸含量为49mg/100g，各项主要指标均优于同类产品参照值。

三、环境优势

巴林右旗位于赤峰市北部，地处西拉沐沦河北岸，大兴安岭南段山地，东经118°15′～120°05′，北纬43°12′～44°27′。属中温带大陆性气候区，冬季漫长寒冷，夏季短促而降雨集中，且水热同期，

全旗历年平均气温5.8℃，年日照时数2 900～3 000h，无霜期137天左右，年降水量分布受地形影响十分明显，不同地区差别很大，年平均降水量358mm。在大板香瓜生长季节和果实成熟期雨量小、空气干燥、光照充足、活动积温高、昼夜温差大，极有利于大板香瓜的着色和糖分积累。独特的气候条件，使巴林右旗大板香瓜更具地方特色，口感好。同时，得天独厚的气候、水分、光照和土壤结构使得大板香瓜病害发病率低。

四、收获时间

一般在每年6中下旬到7月初为采收的最佳时期，最佳品质期为6月。

五、推荐贮藏保鲜和食用方法

【贮藏保鲜方法】常温保存或者冷藏。

【食用方法】清洗干净后直接食用。

六、市场销售信息

巴林右旗呼和腾日农畜产品专业合作社　联系人：李　祥　联系电话：18904767261

巴林右旗祥泰农业专业合作社　联系人：王振军　联系电话：13948162473

巴林右旗大板香瓜种植专业合作社　联系人：卢建成　联系电话：13722165495

供稿：巴林右旗农牧局　阿茹罕

林西番茄

登录编号：CAQS-MTYX-20210595

一、主要产地

内蒙古自治区赤峰市林西县大营子乡和平村。

二、品质特征

林西番茄在其独特的生长环境下，果色为红色，果实横切面为圆形，单果重约110g，果肉颜色为红色，果肉口感沙，有清香味。其外观圆润，表皮光滑，富有弹性，汁水丰满，酸甜可口。

林西番茄维生素C含量为25.1mg/100g、可溶性固形物含量为5.6%，总酸含量为0.395%。

三、环境优势

主产区地处中温带，属半干旱大陆性季风气候，冬季漫长且寒冷，夏季短暂而温热，昼夜温差较大，风沙干旱严重，雨热同季，降水少而集中，日照充足，年平均气温2.2℃，年日照时数2 900h，年降水量360～380mm，无霜期120天。

四、收获时间

全年均为收获期，最佳品质期为11月。

五、推荐贮藏保鲜和食用方法

【贮藏保鲜方法】番茄宜放在遮光的地方，成熟果实可在1～2℃存放，绿熟果和微熟果要求在10～13℃贮藏，置于冰箱冷藏室有利于番茄的保鲜。

【食用方法】①鲜食：凉拌，亦可制作成沙拉食用。②熟食：可做成多种美味菜肴，如番茄牛肉等。

六、市场销售信息

内蒙古赤峰市林西县林西沐阳机械农民专业合作社　联系人：张　兵　联系电话：13804763273

供稿：林西县农牧局　李相奎

登录编号：CAQS-MTYX-20210596

克什克腾马铃薯

一、主要产地

内蒙古自治区赤峰市克什克腾旗宇宙地镇、经棚镇、芝瑞镇、万合永镇、红山子乡、土城子镇、新开地乡。

二、品质特征

克什克腾马铃薯个头均匀，单薯质量约270g，外皮颜色为黄色，外观新鲜，成熟度好；芽眼数量少，芽眼较浅；煮熟后口感绵软酥烂，具有马铃薯特有香味，味道浓厚。

克什克腾马铃薯淀粉含量为14.8%，维生素C含量为21.8mg/100g，粗纤维含量为0.5g/100g，还原糖（以葡萄糖计）含量为0.18g/100g。

三、环境优势

克什克腾旗地处东经116°21′～118°26′，北纬42°23′～44°15，是典型的大陆性季风气候，年平均气温达2～4℃，气候冷凉，昼夜温差大，日照充足，降雨充沛，年均降水量达250～500mm，雨热同季，10℃以上的年活动积温1 500～2 900℃，无霜期90～150天。耕地资源丰富，实有耕地面积157万亩，土壤以黑钙土和栗钙土类型为主，土壤有机质含量高，平均含量达18.9g/kg，所生产的马铃薯表面光滑，薯形整齐，干物质含量高，深受广大消费者和种植户的欢迎。

四、收获时间

每年8—10月收获，最佳品质期为全年。

五、推荐贮藏保鲜和食用方法

【贮藏保鲜方法】本产品适宜沟藏、窖藏、通风库贮藏、冷藏等。

【食用方法】适宜炒、蒸、炸、煮等多种家常食用方法。

六、市场销售信息

克什克腾旗农发蔬菜种植专业合作社　联系人：冀　伟　联系电话：15304763099

克什克腾旗凝心聚力农牧业农民专业合作社　联系人：李显军　联系电话：18747603170

供稿：克什克腾旗农牧局　迟亚菲、李德林

克什克腾昭乌达肉羊

登录编号：CAQS-MTYX-20210598

一、主要产地

内蒙古自治区赤峰市克什克腾旗浩来呼热苏木、白音查干苏木、达尔罕乌拉苏木、乌兰布统苏木、达来诺日镇、红山子乡、芝瑞镇、经棚镇、宇宙地镇、万合永镇、新开地乡、土城子镇、同兴镇。

二、品质特征

克什克腾昭乌达肉羊肌肉色泽鲜艳，为暗红色，脂肪呈乳白色，肉质紧密，有紧实感，有韧性，指压凹陷后能快速恢复，肉质表面微湿润，不黏手，具有羊肉正常气味。昭乌达羊肉具有鲜而不腻、嫩而不膻、肥美多汁、爽滑绵软等特性。

克什克腾昭乌达肉羊的羊肉剪切力为 28.60N，胆固醇含量为 42.7mg/100g，总不饱和脂肪酸含量为 5.14%，谷氨酸 + 天冬氨酸（鲜味氨基酸）含量为 5 030mg/100g。

三、环境优势

克什克腾旗总面积 20 673km^2，属中温带大陆性季风气候，夏季短促温凉，冬季漫长寒冷。拥有天然草牧场 2 656 万亩，其中可利用天然草场 2 200 万亩。饲草资源丰富，自然环境优越，适合昭乌达肉羊的半舍饲养殖方式。昭乌达肉羊适应性能强，生长速度快。6 ～ 9 月龄育肥羔羊日增重达到 135g；昭乌达肉羊体型较大，成年公羊体重 95kg，母羊 55kg；在北方寒冷环境条件下，母羊繁殖率达到 135% 以上。昭乌达肉羊羊肉品质保持了蒙古羊草原风味特色，蛋白质含量高于蒙古羊，脂肪含量低于蒙古羊，更加适合当前消费者健康营养需求。克什克腾旗现有昭乌达肉羊核心育种场 1 家，2021 年利用胚胎移植技术选育优质昭乌达肉羊 600 只；此外，有扩繁场 2 家，标准化生产基地 8 家，生产能力强，带动效益广，是克什克腾旗朝阳产业。

四、收获时间

每年 5—12 月出栏，最佳品质期为全年。

五、推荐贮藏保鲜和食用方法

【贮藏保鲜方法】-1 ～ 0℃短时间贮藏，也可在 -18℃以下冷冻贮藏。

【食用方法】蒸、煮、炒、炸等多种家常食用方法。也可用于烧烤、涮，风味更佳。

六、市场销售信息

内蒙古草原金峰畜牧有限公司　联系人：张宝财　联系电话：13634764375

内蒙古好鲁库德美羊业有限公司　联系人：姚秀国　联系电话：17747602288

供稿：克什克腾旗农牧局　迟亚菲、李德林

登录编号：CAQS-MTYX-20210599

牛家营子桔梗

一、主要产地

内蒙古自治区赤峰市喀喇沁旗牛家营子镇。

二、品质特征

牛家营子桔梗呈圆柱形或略呈纺锤形，下部渐细，部分有分支，有扭曲，长 5 ～ 20cm，直径 0.8 ～ 2cm，表皮黄棕色或灰棕色，有纵扭皱沟，并有横长的皮孔样斑痕及支根痕，上部有横纹。质脆，断面不平坦，形成层环棕色，皮部黄白色，有裂隙。气微香，味甘。

牛家营子桔梗水分含量为 7.20%，灰分为 3.6%，醇溶性浸出物含量为 18.1%，桔梗皂苷含量为 0.12%。水分、灰分优于参照值，醇溶性浸出物、桔梗皂苷高于参照值，满足《中华人民共和国药典》要求。

三、环境优势

牛家营子地势平坦，土地集中连片，多为褐土，土壤透水性、透气性良好，不易水土流失，主种植区地处锡伯河下游河谷平川区，土壤为冲积而成，有机质含量高，土层深厚肥沃。灌溉水源多为地下水，水质优良。喀喇沁旗属于中温带大陆性季风气候，海拔在 450m ～ 1 890m，年日照 2 700 ～ 3 000h，年均温 3.5 ～ 7℃，年降水量 450mm 左右，年平均相对湿度 55%，无霜期 95 ～ 145 天，四季分明、雨热同季、昼夜温差大，气候水文自然条件优越，适合桔梗的生产。

四、收获时间

每年 10 月收获，最佳品质期为全年。

五、推荐贮藏保鲜和食用方法

【贮藏保鲜方法】干桔梗建议存放于干燥容器内，置于通风干燥处。桔梗酱菜建议冷藏保存。

【食用方法】可用于制作桔梗酱菜，亦可入药。

六、市场销售信息

赤峰市冯氏桔梗食品有限公司　联系人：冯志伟　联系电话：13704767849

赤峰荣兴堂药业有限责任公司　联系人：于　荣　联系电话：0476-3818968

内蒙古蒙缘堂药业科技有限公司　联系人：张洪波　联系电话：13848966678

供稿：喀喇沁旗农产品质量安全监督管理站　赵丽丽

牛家营子北沙参

登录编号：CAQS-MTYX-20210600

一、主要产地

内蒙古自治区赤峰市喀喇沁旗牛家营子镇。

二、品质特征

牛家营子北沙参呈细长圆柱形，长 15 ～ 30cm，直径 0.3 ～ 1cm，表面淡黄白色，略粗糙，有细纵皱纹和纵沟，并有棕黄色点状突起细根痕。质脆、易折断，断面皮部浅黄白色，木部黄色。气微香，味微甘。

牛家营子北沙参多糖含量为 27.8%，水分含量为 8.50%，灰分为 2.8%，水溶性浸出物含量为 51.0%，总香豆素含量为 0.974mg/g，多糖、水溶性浸出物、总香豆素均高于参照值，水分、灰分优于参照值。

三、环境优势

牛家营子地势平坦，土地集中连片，多为褐土，土壤透水性透气性良好，不易水土流失，主种植区地处锡伯河下游河谷平川区，土壤为冲积而成，有机质含量高，土层深厚肥沃。灌溉水源多为地下水，水质优良。喀喇沁旗属于温带大陆性季风气候，海拔在 450 ～ 1 890m，年日照 2 700 ～ 3 000h，年均气温 3.5 ～ 7℃，年降水量 450mm 左右，年平均相对湿度 55%，无霜期 95 ～ 145 天，四季分明、雨热同季、昼夜温差大，气候水文自然条件优越，适合北沙参的生产。

四、收获时间

每年 10 月收获，最佳品质期为全年。

五、推荐贮藏保鲜和食用方法

【贮藏保鲜方法】干北沙参存放于干燥容器内，置于通风干燥处。

【食用方法】北沙参可入药，亦也用于制作药膳，如北沙参炖鸡汤。

六、市场销售信息

赤峰荣兴堂药业有限责任公司　联系人：于　荣　联系电话：0476-3818968

内蒙古蒙缘堂药业科技有限公司　联系人：张洪波　联系电话：13848966678

喀喇沁旗冯家种植养殖专业合作社　联系人：冯志伟　联系电话：13704767849

供稿：喀喇沁旗农产品质量安全监督管理站　赵丽丽

登录编号：CAQS-MTYX-20210602

宝龙山炒米

一、主要产地

内蒙古自治区通辽市科左中旗宝龙山镇以及周边乡镇。

二、品质特征

宝龙山炒米色泽呈金黄色，米粒直径 1.5 ～ 1.9mm，千粒重约 4.12g，米粒大小均匀，粒形饱满，外观鲜黄明亮，无明显感官色差，散发着炒米固有的香味。

宝龙山炒米蛋白质含量为 12.2g/100g，淀粉含量为 80.9%，谷氨酸含量为 2 880mg/100g，锌含量为 3.41mg/100g，均高于参照值。

三、环境优势

科左中旗处于温带大陆性季风气候区内，其主要特点是四季分明。春季回暖快，刮风日数多，风速大，气候干燥；夏季炎热，雨热基本同步；秋季短暂，降温快；冬季漫长，寒冷寡照。境内流经新开河、辽河、乌力吉木仁河。地下水资源比较丰富，全旗年均地下水储量约 17.62 亿 m^2，可采用量 3.68 亿 m^2。科左中旗处在西辽河和松辽平原的过渡地带，总的地势是西北高、东南低，海拔高度为 120 ～ 230m。地貌类型是沙丘、坨沼、平原成堆积地形，最显著的特点是沙地分布广泛，由于风积的作用，形成了固定、半固定沙丘与丘间平地镶嵌分布。全旗土壤类型主要是草甸土和风沙土、风沙土和栗钙土相间分布，耕地土壤以冲积性黑土、黑五花土、白五花土为主，土质肥沃，富含微量元素。科左中旗的土壤和气候条件非常适合糜子（炒米的原粮）的生长。

四、收获时间

糜子收获期为每年 10 月，最佳品质期为 11 月。

五、推荐贮藏保鲜和食用方法

【贮藏保鲜方法】贮藏方法：放在阴凉干燥处贮藏保鲜。

【食用方法】加白糖和黄油，用开水泡 1 ～ 2min 即可食用；加白糖和牛奶即可食用；也可以直接食用。

六、市场销售信息

科左中旗蒙达炒米有限责任公司　联系人：包格日乐　联系电话：13948142629

科左中旗苏力德民族食品有限公司　联系人：包格日乐　联系电话：13948142629

供稿：科尔沁左翼中旗农产品质量安全中心　白铁柱

科左中旗肉牛

登录编号：CAQS-MTYX-20210604

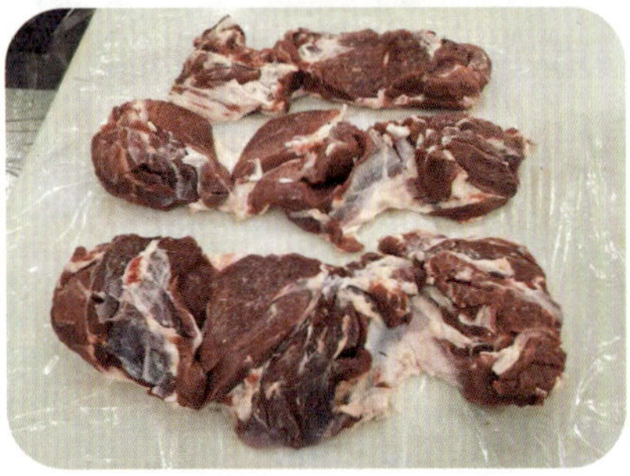

一、主要产地

内蒙古自治区通辽市科左中旗宝龙山镇西宝龙嘎查、花吐古拉镇工业园区。

二、品质特征

科左中旗肉牛肌肉有光泽，色深红，脂肪呈乳白色；鲜肉外表微干，不黏手，指压后的凹陷可恢复；煮熟后，肉汤澄清透明，肉质松软可口，滋味鲜美。

科左中旗肉牛鲜肉不饱和脂肪酸占总脂肪酸百分比为52.1%，蛋白质含量为21.8%，肌间脂肪含量为3.2%，剪切力为49.02N，胆固醇含量为32.7mg/100g，上述指标均优于参照值。

三、环境优势

科左中旗位于科尔沁草原腹地，科尔沁草原位于北纬42°～45°黄金畜牧带上。这里气候温暖、降水充沛、草原宽阔、水草丰美、远离污染，是科尔沁牛自由生长的天堂。科左中旗处于温带大陆性季风气候区内，四季分明。春季回暖快，刮风日数多、气候干燥；夏季炎热、雨热基本同步；秋季短暂、降温快；冬季漫长、寒冷寡照。境内流经新开河、辽河、乌力吉木仁河。地下水资源比较丰富，土质肥沃，富含微量元素。科左中旗的自然条件非常适合科左中旗肉牛的生长。

四、收获时间

全年均可出栏，最佳品质期为11月。

五、推荐贮藏保鲜和食用方法

【贮藏保鲜方法】–18℃冷藏。

【食用方法】红烧牛肉、煎牛肉、小炒牛肉等。

六、市场销售信息

通辽市科左中旗澳丰粮油食品有限责任　联系人：闫　莉　联系电话：15947443999

通辽市哈林肉业有限公司　联系人：黄　俊　联系电话：13301320926

供稿：科尔沁左翼中旗农产品质量安全中心　白铁柱

昆区小麦粉

登录编号：CAQS-MTYX-20210573

一、主要产地

内蒙古自治区包头市昆都仑区昆北街道办事处前口子村。

二、品质特征

昆区小麦粉色泽白净，颗粒度小，筋度大，具有小麦粉固有的色泽和气味。

昆区小麦粉蛋白质含量为13.2%、湿面筋含量为32.6%，锌含量为0.82mg/100g，不饱和脂肪酸占总脂肪酸比例为75.83%、谷氨酸占总氨基酸比例为37.45%。

三、环境优势

昆都仑区位于内蒙古自治区西部，阴山脚下，黄河北岸，昆都仑河畔。昆都仑区因河得名，昆都仑河流经昆都仑区境内，河西是以包头钢铁（集团）公司为主的工业区，河东为居民区，是包头市经济、文化和科教中心。昆都仑区东与青山区接壤，北、西、南与九原区为邻，东西长14.4km，南北宽8.4km，昆都仑区位于土默川与后套平原之间，东经109°50′，北纬40°34。北依阴山，南临黄河。大青山、乌拉山之间的昆都仑河流经境内，注入黄河。区域总面积301km^2，其中建成区面积72km^2。小麦产自内蒙古河套地区，河套地区地处黄河流域，土地环境优良，昼夜温差大，光照时间长，盛产高筋度、高蛋白的硬质小麦。河套地区有“塞北粮仓”之称，是全国闻名的商品粮基地。

四、收获时间

每年8月收获，最佳品质期亦为8月。

五、推荐贮藏保鲜和食用方法

【贮藏保鲜方法】阴凉、干燥、通风处保存。

【食用方法】制作饺子、面条、馒头、花卷等。

六、市场销售信息

包头宏基面粉有限公司　联系人：岳　雷　联系电话：15394729919

供稿：包头市昆都仑区农牧局　崔巧玲
包头宏基面粉有限公司　岳　雷

登录编号：CAQS-MTYX-20210605

开鲁塞外红苹果

一、主要产地

内蒙古自治区通辽市开鲁县。

二、品质特征

开鲁县塞外红苹果又名鸡心果、锦绣海棠等，果形上大下小，似鸡心（故又名鸡心果），单果重 50 ～ 80g，果粉明显，果皮较薄，果实硬度大，口感特殊，果肉淡黄，肉质紧脆，多汁，酸甜适口，并伴有浓郁的香味。

开鲁塞外红苹果可溶性固形物含量 17.08g/100g，可溶性总糖含量 14.4g/100g，总酸含量 0.707%，维生素 C 含量 14.6mg/100g。

三、环境优势

开鲁县位于北纬 43° ～ 44°，属典型的大陆性气候，四季分明。春季干旱，多风少雨雪，气温回升较快；夏季短促而炎热，降水集中，雨热同季；秋季凉爽，降水较少；冬季漫长寒冷。活动积温高，降水集中，光能资源丰富，地下水资源充足，土壤肥沃，非常适合塞外红苹果的生长，且口感独特，为北方果品中的佳品。

四、收获时间

每年 8 月下旬开始着色，9 月中下旬收获，最佳品质期为 10 月。

五、推荐贮藏保鲜和食用方法

【贮藏保鲜方法】常温可贮 15 天，1 ～ 2℃恒温可贮藏 2 ～ 3 个月。

【食用方法】生食为最佳，亦可榨汁、制作果脯。

六、市场销售信息

开鲁县盛隆果树培育专业合作社　联系人：陶占富　联系电话：18604756291

开鲁县荣山果蔬种植专业合作社　联系人：纪风山　联系电话：13789750500

内蒙古赛上红农业技术开发有限公司　联系人：庄丽媛　联系电话：15771504666

开鲁县鑫华生态果树种植专业合作社　联系人：刘春艳　联系电话：15149929525

内蒙古他拉干绿色农业发展有限公司　联系人：马凤清　联系电话：15661678811

供稿： 开鲁县农畜产品质量安全中心　陈学慧、王　娜

扎鲁特小米

登录编号：CAQS-MTYX-20210607

一、主要产地

内蒙古自治区通辽市扎鲁特旗鲁北镇、黄花山镇、香山镇、巨日合镇、嘎亥图镇、乌力吉木仁苏木、查布嘎图苏木、道老杜苏木、前德门苏木、乌额格其苏木、巴彦塔拉苏木、香山农场、乌日根塔拉农场、乌额格其牧场。

二、品质特征

扎鲁特小米色泽金黄，米粒大小均匀，粒形饱满，散发着小米固有的自然清香气味；蒸后，米粒完整，软而不黏结，香味浓郁；煮粥，米、汤融合，汤色淡黄纯正，有香味。

扎鲁特小米蛋白质含量为 9.64%，总淀粉含量为 75.3%，直链淀粉含量为 21.6%，谷氨酸含量为 1 920mg/100g，苯丙氨酸含量为 520mg/100g，上述指标均高于参照值。

三、环境优势

扎鲁特旗地处大兴安岭南麓，属内蒙古高原向松辽平原过渡地带，位于乌拉盖草原、乌珠穆沁草原和科尔沁草原交界处。扎鲁特旗四季分明，光照充足，年均日照时数 2 882.7h，日照时间长；年均气温 6.6℃，温差大；无霜期中南部较长，北部较短，平均 139 天；年均降水量 382.5mm，年均湿度 49%，年均风速 2.7m/s。境内有较大河流 9 条，支流 49 条，分属嫩江和辽河两大水系。扎鲁特旗处于粮食作物耕种黄金带上，土壤为栗钙黑壤土，土层深厚，肥力中等，有机质含量 1.5% 以上，pH 值 7 左右。

四、收获时间

每年 9 月下旬收获，最佳品质期为 9 月。

五、推荐贮藏保鲜和食用方法

【贮藏保鲜方法】扎鲁特小米在收获后，先期以原粮谷子的形态贮存，此法贮存时间相对较长。

【食用方法】小米饭炒牛肉干、枸杞红枣小米粥等。

六、市场销售信息

扎鲁特旗友刚粮食种植专业合作社　联系人：冯友刚　联系电话：13947500570

扎鲁特旗双盈粮食种植专业合作社　联系人：张　海　联系电话：13940425966

扎鲁特旗青旺种植专业合作社　联系人：贾宝柱　联系电话：13948754968

供稿：扎鲁特旗农畜产品质量安全中心　胡斯乐图

登录编号：CAQS-MTYX-20210608

达拉特鲜食玉米

一、主要产地

内蒙古自治区鄂尔多斯市达拉特旗王爱召镇新民堡村、树林召镇张天营子村。

二、品质特征

达拉特鲜食玉米每根长约19cm，外观呈白色或浅黄色，其颗粒完整、饱满，口感软糯、香甜，具有玉米固有的香味。蛋白质含量为5.20%，总淀粉含量为24.8%，赖氨酸含量为140mg/100g，含量均高于同类产品的平均值，产品呈现独特的外观和营养特征。

三、环境优势

达拉特鲜食玉米产区位于北纬40°，是玉米的黄金种植地带，美丽富饶的达拉特旗处于黄河的几字湾内，基地位于沙漠与盐碱滩结合的平整土地，周边交通方便，无重工业，土壤疏松透气，空气清新，整个基地以集中连片方式生产。种植、生产加工企业严格执行农产品质量安全标准，落实生产质量管理体系，凭借科学、规范的种植、生产模式确保种植的玉米品质优良。产品籽粒透明、柔软清香、甜糯适口，被消费者称赞为“健康沙漠玉米”。

四、收获时间

每年8—9月收获，最佳品质期为9月。

五、推荐贮藏保鲜和食用方法

【贮藏保鲜方法】速冻玉米产品–20℃以下冷冻保存，真空玉米产品常温避光保存。

【食用方法】速冻玉米产品和真空玉米产品均可蒸食或用微波炉加热食用。

六、市场销售信息

内蒙古王爱召农业观光有限公司　联系人：王　艳　联系电话：15134863483

内蒙古真金种业科技有限公司　联系人：白国庆　联系电话：13484779088

供稿：达拉特旗农畜产品质量安全中心　王　静

鄂尔多斯市农畜产品质量安全中心　苏震东

达拉特黄河鱼

登录编号：CAQS-MTYX-20210609

一、主要产地

内蒙古自治区鄂尔多斯市达拉特旗树林召镇、中和西镇、恩格贝镇、昭君镇、展旦召苏木、王爱召镇、白泥井镇、吉格斯太镇。

二、品质特征

达拉特黄河鱼为鲤鱼，新鲜个体重 1.8 ～ 4kg，体长 35 ～ 60cm，身体侧扁而腹部圆，外表呈青灰色，鱼鳞为金色，鳞片紧密，有光泽，肉质紧实有弹性。

达拉特黄河鱼肉质细嫩、鲜美，具有高蛋白质、高不饱和脂肪酸、高鲜味氨基酸、高矿物质的营养特点。其蛋白质含量为 18.6%，鲜味氨基酸占总氨基酸的比例为 27.35%；亚油酸占总脂肪酸比例为 31.4%，钙含量为 99.1mg/100g，均高于同类产品，呈现独特的品质特征。

三、环境优势

达拉特旗农业基础设施完善，土地、能源、劳动力资源丰富，黄河过境 190 余 km，地下水、黄河水、地表水年可用水量 6.3 亿 m^3，资源与区位组合条件良好，并且农业生产区域内没有重工业及严重污染主体，具备发展优质绿色农业的优越条件。达拉特旗黄河鱼的核心生产区为黄河流经的 8 个苏木、镇，养殖用水大部分引用黄河水，补充小部分深井水；养殖水面宽广，密度低，引用的河水中富含浮游生物，伴以粗放饲养方式，所生产的鱼体大、肥硕，颜色金黄，肉质紧密劲道，适合各种烹饪方式，其味鲜美。

四、收获时间

全年均可捕捞，最佳品质期为 10 月。

五、推荐贮藏保鲜和食用方法

【贮藏保鲜方法】鲜活鱼用专用水箱存放；宰杀的鱼可在 0 ～ 2℃保存 24h，不适合冷冻保存。

【食用方法】炸鱼块、家炖鲤鱼等。

六、市场销售信息

达拉特旗鑫博生态有限责任公司　联系人：李耀清　联系电话：13904775657

鄂尔多斯市沿河兴昌农业开发有限公司　联系人：李晓瑞　联系电话：18847702345

供稿：达拉特旗农畜产品质量安全中心　王　静

鄂尔多斯市农畜产品质量安全中心　苏震东

登录编号：CAQS-MTYX-20210610

准格尔山杏

一、主要产地

内蒙古自治区鄂尔多斯市沙圪堵镇福路村、特拉沟门村，薛家湾镇西黑岱村，暖水乡圪秋沟村等。

二、品质特征

准格尔山杏呈球形，表皮为金黄色，果实大小均匀，单果重约11g，果皮光滑，果肉松软多汁，口感甘甜爽口。

准格尔山杏维生素C含量为24.5mg/100g，可溶性固形物含量为14.3%，铁含量为1.31mg/100g，β－胡萝卜素含量为322μg/100g，均高于参照值。

三、环境优势

准格尔旗位于内蒙古自治区西南部、鄂尔多斯市东部，地处晋陕蒙三省（区）交界处，素有“花果之乡”的美誉，属典型的黄土高原丘陵沟壑山区，林果产业曾是山区农民重要收入来源。因为准格尔旗位于高纬度、高海拔的鄂尔多斯高原东部，虽气候干旱，但日照时间长，满足杏叶光合作用需要，昼夜温差大，利于杏果营养成分积淀；这里地处内蒙古高原和黄土高原结合部，虽土地贫脊，但丘陵起伏，沟壑纵横，向阳背阴处种杏树，避风防冻，利于开花坐果。准格尔特殊的气候地理环境造就了山杏独特的营养品质。

四、收获时间

每年7月中上旬收获，最佳品质期为7月。

五、推荐贮藏保鲜和食用方法

【贮藏保鲜方法】准格尔山杏可冷藏保存，也可暂存于阴凉、干燥、通风处。

【食用方法】山杏可直接食用，杏仁还可用来制作杏仁露。

六、市场销售信息

内蒙古高原杏仁露有限公司　联系人：乔文斌　联系电话：0477-4778450、18547777320

供稿：鄂尔多斯市农畜产品质量安全中心　苏震东
准格尔旗农畜产品质量安全监督管理站　钱贵君、秦晓燕

布尔陶亥蒿召赖猪肉

登录编号：CAQS-MTYX-20210611

一、主要产地

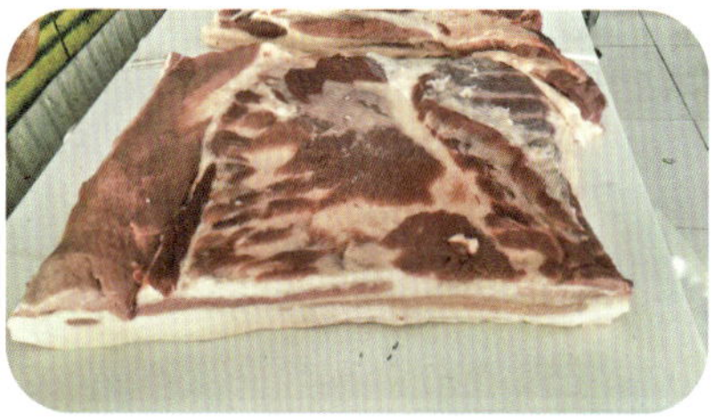

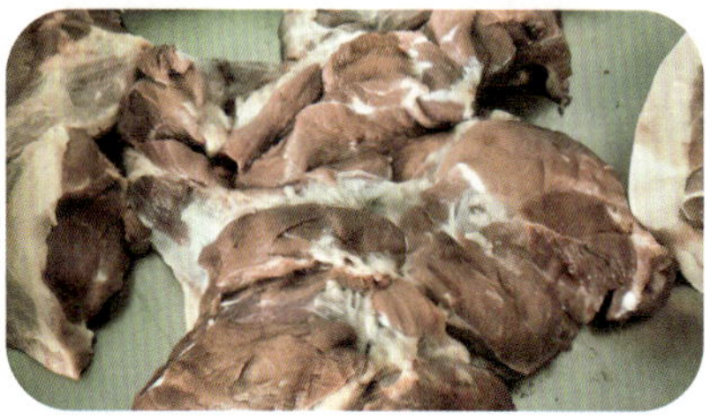

内蒙古自治区鄂尔多斯市准格尔旗布尔陶亥苏木蒿召赖嘎查。

二、品质特征

布尔陶亥蒿召赖猪肉的肌肉色为暗红色，有光泽，脂肪呈乳白色；外表及切面湿润，不黏手；肉质紧密，有坚实感；具有鲜猪肉正常气味，无异味；煮沸后，肉汤澄清透明，具有猪肉香味。

布尔陶亥蒿召赖猪肉蛋白质含量为22g/100g、天冬氨酸含量为2 000mg/100g，赖氨酸含量为1 800mg/100g，亮氨酸含量为1 620mg/100g，钙含量为7.43mg/100g，铁含量为6.15mg/100g，多不饱和脂肪酸占总脂肪酸的13.95%，亚油酸占总脂肪酸的11.59%，均高于参照值；胆固醇含量为41.2mg/100g、脂肪含量为9.4g/100g，均优于参照值。

三、环境优势

蒿召赖嘎查位于准格尔旗布尔陶亥苏木南侧，为丘陵沙地，耕地面积5 728亩，其中水浇地2 000多亩；有林地4.04万亩，人工种草1.63万亩，大小牲畜1万多只，无工矿企业，没有污染，是一个典型农牧业村。蒿召赖嘎查是一个生猪养殖大村，有30多年养猪历史，多数养殖户以种植玉米为主，兼种紫花苜蓿、苦麻菜等优质牧草，猪的饲料相当充足丰富。

四、收获时间

全年均可出栏，最佳品质期为全年。

五、推荐贮藏保鲜和食用方法

【贮藏保鲜方法】真空保鲜或 –18℃低温冷冻保存。

【食用方法】红烧肉、鱼香肉丝、猪骨烩酸菜等。

六、市场销售信息

准格尔旗蒿召赖雄风养猪专业合作社

联系人：王治军　联系电话：15849788945

供稿： 鄂尔多斯市农畜产品质量安全中心
苏震东
准格尔旗农畜产品质量安全监督管理站
钱贵君、秦晓燕

登录编号：CAQS-MTYX-20210614

伊金霍洛旗羊肉

一、主要产地

内蒙古自治区鄂尔多斯市伊金霍洛旗苏布尔嘎镇、红庆河镇。

二、品质特征

伊金霍洛旗羊肉的肉质细、色泽鲜艳，脂肪呈乳白色，肌纤维致密、坚实、有弹性，具有细嫩多汁、鲜香爽口、香味浓郁、口感怡人、风味独特等特征，广受赞誉。

伊金霍洛旗羊肉剪切力为36.6N，胆固醇含量为51.9mg/100g，蛋氨酸含量为480mg/100g，不饱和脂肪酸占总脂肪酸的51.2%。

三、环境优势

伊金霍洛旗地处鄂尔多斯高原东南部、毛乌素沙地东北边缘，自然地理环境独具特色，平均海拔在1 000～1 500m，年日照时间为2 700～3 200h，年平均气温在5.3～8.7℃，降水量年平均在300～400mm，属典型的温带大陆性气候。在半荒漠半草原的原生态放养过程中，羊吃当地独有的白地椒、红地椒、红花草等中药材，以及苲蒴、莎莪、发菜等天然草原牧草，喝天然无污染山泉水，因此肉质鲜嫩，入口有明显的草香，没有膻味，味道鲜美，是羊肉中的极品。

四、收获时间

存栏1.27万只，全年均有出栏，最佳品质期为全年。

五、推荐贮藏保鲜和食用方法

【贮藏保鲜方法】①将鲜羊肉用塑料薄膜紧紧地包裹后，在-15℃以下密闭冷冻。②风干法保存鲜羊肉，冬季将鲜羊肉挂在背阴处，风干后食用。

【食用方法】炖羊肉等。

六、市场销售信息

内蒙古驼铃农牧业发展有限公司　联系人：马文义　联系电话：13624779777

伊金霍洛旗建飞养羊厂　联系人：郝建飞　联系电话：15648728888

伊金霍洛旗子义种养殖农民专业合作社　联系人：折子义　联系电话：13947773179

供稿：伊金霍洛旗农畜产品质量安全中心　赵志宏、哈斯其其格
　　　鄂尔多斯市农畜产品质量安全中心　苏震东

扎兰屯蜂蜜

登录编号：CAQS-MTYX-20210616

一、主要产地

内蒙古自治区呼伦贝尔扎兰屯市浩饶山镇西平台村、蘑菇气镇杨树沟村。

二、品质特征

扎兰屯蜂蜜，常温下呈淡黄色黏稠流体状，且有少部分结晶，具有很浓的花草香味，其味道甜润，口感爽口柔和。

扎兰屯蜂蜜维生素 C 含量为 13.8mg/100g，天冬氨酸含量为 20mg/100g，总黄酮含量为 2mg/100g，总糖含量为 80.6%，均远高于参照值。

三、环境优势

扎兰屯市地处呼伦贝尔市南端，背倚大兴安岭，面眺松嫩平原，是国家重点风景名胜区。境内森林面积 118.71 万 hm^2，覆盖率达 70.04%，山川起伏，植被完整，地域辽阔，生态环境良好。花草种类繁多，主要有苕条、黄芪、赤芍、桔梗等，大多集中在 7—8 月开放；油菜、葵花种植面积大，范围广。得天独厚的自然环境和优势，非常有利于蜜蜂采蜜。

四、收获时间

每年 7—9 月收获，最佳品质期为 8 月。

五、推荐贮藏保鲜和食用方法

【贮藏保鲜方法】常温保存。

【食用方法】①蜂蜜冲水：将蜂蜜用适量温开水冲匀即可饮用，但蜂蜜不能用超过 60℃的水冲泡，否则蜂蜜中活性物质将失去活性。②柠檬蜂蜜水：将柠檬榨成柠檬汁，然后加入蜂蜜和适量温开水冲匀即可；也可先用开水将干柠檬片泡成柠檬水，等水温降到 40℃时再加入适量蜂蜜。③红枣蜂蜜水：将红枣洗干净后切成两半并加开水冲泡，等水温降到 40℃时加入适量蜂蜜即可饮用；也可小火将红枣煮至软烂并放温后加入适量蜂蜜。

六、市场销售信息

扎兰屯市远大蜂业农民专业合作社　联系人：马宝龙　联系电话：15049026868

供稿：扎兰屯市绿色产业发展中心　王桂玲

登录编号：CAQS-MTYX-20210621

莫力达瓦大米

一、主要产地

内蒙古自治区呼伦贝尔市莫力达瓦达斡尔自治旗的尼尔基镇、西瓦尔图镇、汉古尔河镇等。

二、品质特征

莫力达瓦大米的米粒呈半纺锤形或长形，百粒重约2.1g；米粒表面光滑，洁净度好，整体颜色呈白色半透明状；米质坚实，耐压性好；米饭口感软糯，香气浓郁。

莫力达瓦大米的碱消值为6.08级，锌含量为1.7mg/100g，硒含量为4.3μg/100g，均高于参照值；直链淀粉含量为19.9%，处于优质粳米范围；胶稠度为97mm，优于参照值，属于一级品。

三、环境优势

莫力达瓦大米产区的年日照时数2 500～2 800h，无霜期125天，昼夜温差大，农作物生长期最高最低温差可达10℃以上，有利于有机物的积累；土壤为具有一级肥力的天然黑土地，水资源丰富，周边均为农牧业种植养殖，无任何工业污染，土质好，生产出的水稻品质好，造就了万亩绿色良田。

四、收获时间

每年的10月收获，最佳品质期为11月。

五、推荐贮藏保鲜和食用方法

【贮藏保鲜方法】以稻谷储存，现吃现加工；家庭储存的大米要放在阴凉、通风、干燥处，避免高温、光照。

【食用方法】大米饭、大米粥等。

六、市场销售信息

莫旗武坤水稻种植专业合作社　联系人：杨庚伟　联系电话：15249458888

莫旗富方米业有限责任公司　联系人：陈德富　联系电话：13947066118

供稿：莫力达瓦达斡尔族自治旗农畜产品质量安全中心　王　佳

鄂伦春赤芍

登录编号：CAQS-MTYX-20210623

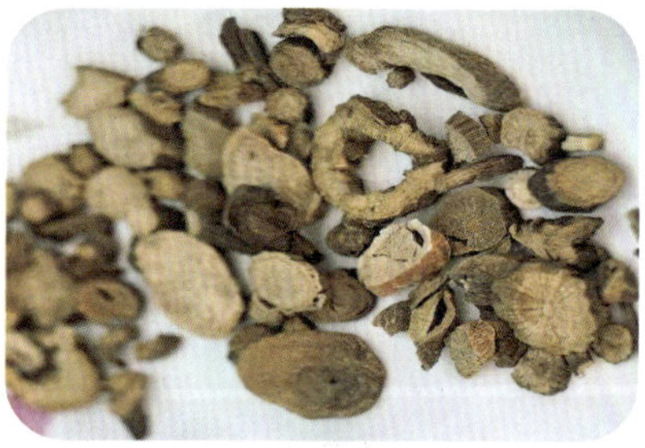

一、主要产地

内蒙古自治区呼伦贝尔市鄂伦春自治旗大杨树镇、诺敏镇、古里乡、乌鲁布铁镇、宜里镇等。

二、品质特征

鄂伦春赤芍呈圆柱形，稍弯曲，长 30 ～ 40cm，直径 1.0 ～ 2.5cm；其表面为棕褐色，表面粗糙有纵沟皱纹，质硬而脆，易折断，断面粉白色或粉红色；味微苦，有酸涩味。

鄂伦春赤芍灰分测定值为 5.94%；水溶性浸出物为 44.2%；芍药苷含量为 31 400mg/kg，均优于参照值，满足《中华人民共和国药典》要求。

三、环境优势

鄂伦春自治旗位于大兴安岭南麓，嫩江西岸，东经 121°55′～126°10′，北纬 48°50′～51°25′。北与黑龙江省呼玛县以伊勒呼里山为界，东与黑龙江省嫩江县隔江相望，南与莫力达瓦达斡尔族自治旗、阿荣旗接壤，西与根河市、牙克石市为邻。鄂伦春自治旗属于寒温带半湿润大陆性季风气候，四季变化显著。年均气温在 –2.7 ～ –0.8℃，自西向东递增，7 月气温最高，平均为 17.9 ～ 19.8℃，最高达 37.5℃，无霜期平均为 95 天。风速较小，年均风速 1.8 ～ 2.9m/s。年降水量 459.3 ～ 493.4mm。鄂伦春自治旗没有大型的工业企业，土壤、大气和水资源都没有受到污染，为种植中草药提供了先决条件。

四、收获时间

每年 8—9 月收获，最佳品质期为 11 月。

五、推荐贮藏保鲜和食用方法

【贮藏保鲜方法】赤芍一般用麻袋包装，贮存于通风干燥处，温度 30℃以下，相对湿度 70% ～ 75%，商品安全水分 12% ～ 14%。忌与藜芦混存。

【食用方法】赤芍可入药，能行瘀、止痛、凉血、消肿。

六、市场销售信息

鄂伦春自治旗百合盛世中草药有限公司　联系人：崔晓琼　联系电话：18147044144

鄂伦春自治旗大杨树北方药业科技开发有限责任公司　联系人：孟祥玲　联系电话：13848082918

鄂伦春自治旗广诚种植农民专业合作社　联系人：陈广诚　联系电话：15204579994

供稿：鄂伦春自治旗农畜产品质量安全中心　肖　岩

登录编号：CAQS-MTYX-20210624

鄂伦春防风

一、主要产地

内蒙古自治区呼伦贝尔市鄂伦春自治旗大杨树镇、诺敏镇、古里乡、乌鲁布铁镇、宜里镇等。

二、品质特征

鄂伦春防风呈长圆柱形，下部渐细，长 18 ～ 25cm，直径 0.8 ～ 1.8cm，表面为棕黄色，粗糙有皱纹；其质地较松、易折断，断面为黄色，有裂隙，味微甘。

鄂伦春防风灰分为 6.24%，酸不溶性灰分为 0.4g/100g，醇溶性浸出物为 21.8%，升麻素苷 +5-O- 甲基维斯阿米醇甘含量为 0.62%，上述指标优于参照值，满足《中华人民共和国药典》要求。

三、环境优势

鄂伦春自治旗位于大兴安岭南麓，嫩江西岸，东经 121°55′ ～ 126°10′，北纬 48°50′ ～ 51°25′。北与黑龙江省呼玛县以伊勒呼里山为界相连，东与黑龙江省嫩江县隔江相望，南与莫力达瓦达斡尔族自治旗、阿荣旗接壤，西与根河市、牙克石市为邻。鄂伦春自治旗属于寒温带半湿润大陆性季风气候，四季变化显著。年均气温在 –2.7 ～ –0.8℃，自西向东递增，7 月气温最高，平均为 17.9 ～ 19.8℃，最高达 37.5℃，无霜期平均为 95 天。风速较小，年均风速 1.8 ～ 2.9m/s。年降水量 459.3 ～ 493.4mm。鄂伦春自治旗没有大型的工业企业，土壤、大气和水资源都没有受到污染，为种植中草药提供了先决条件。

四、收获时间

每年 10—11 月收药，最佳品质期为 11 月。

五、推荐贮藏保鲜和食用方法

【贮藏保鲜方法】贮藏于通风、阴凉、干燥处。温度 30℃以下，相对湿度 70% ～ 75%，一般可贮存 2 ～ 3 年。

【食用方法】可入药，也可用于制作药膳。

六、市场销售信息

鄂伦春自治旗百合盛世中草药有限公司　联系人：崔小琼　联系电话：18147044144

鄂伦春自治旗广诚种植农民专业合作社　联系人：陈广诚　联系电话：15204579994

鄂伦春自治旗大杨树北方药业科技开发有限责任公司　联系人：孟祥玲　联系电话：13848082918

供稿：鄂伦春自治旗农畜产品质量安全中心　肖　岩

阿尔山寒地沙棘

登录编号：CAQS-MTYX-20210625

一、主要产地

内蒙古自治区兴安盟阿尔山市天池镇。

二、品质特征

阿尔山寒地沙棘果外观为椭圆形，直径 4 ～ 6mm，与豌豆粒大小相当，颜色呈橘黄色，果肉新鲜多汁，酸甜爽口，具有沙棘果特有气味。

阿尔山寒地沙棘果总黄酮含量为 40mg/100g，总酸含量为 1.844g/100g，可溶性固形物含量为 7.9%，硒含量为 1.6μg/100g，均优于参照值。

三、环境优势

阿尔山市自然资源丰富，土质肥沃，土壤无污染，水资源充裕，水质良好。阿尔山市土壤类型主要为灰色森林土、棕色针叶林土、暗棕壤、黑钙土草甸土等，有机质含量 7% ～ 13%，自然肥力较高，而且土层厚，包括火山地貌、温泉群地貌、冰臼地貌、花岗岩石林地貌；全年降水充沛，境内有 15 条河流，主要河流有哈拉哈河、洮儿河等。阿尔山市属寒温带大陆性季风气候，常年寒冷湿润，冬长无夏，春秋相连，年均日照时数 2 468h，年均气温 -3.1℃，10℃以上年活动积温 1 865℃，无霜期 95 天左右，年均降水量 448.8mm，冬季降雪 38.6mm，年平均湿度为 70%。阿尔山自然环境优越，森林覆盖率达 80% 以上，绿色植被率达 95%，是国家后备林木资源的绿色宝库。

四、收获时间

每年 11 月收获，最佳品质期为 11 月。

五、推荐贮藏保鲜和食用方法

【贮藏保鲜方法】贮藏温度以 1 ～ 5℃为宜，湿度应保持在 90%～ 95%。结冰季节采收的沙棘果，则可用少量水洒在果实堆上，把果实封冻起来。沙棘果可放进干净的容器，封上保鲜膜放进冰箱冷藏保存，可放 1 周左右。

【食用方法】洗净后直接食用，也可制作成果汁饮料或沙棘酱。

六、市场销售信息

阿尔山寒地沙棘协会　联系人：洪　涛、王喜泉　联系电话：15034876666、13624897999

阿尔山农牧技术推广中心

联系人：张玉宝　联系电话：13948977591

供稿：阿尔山市农牧技术推广中心　张玉宝、吴旭东

登录编号：CAQS-MTYX-20210627

科右中旗小米

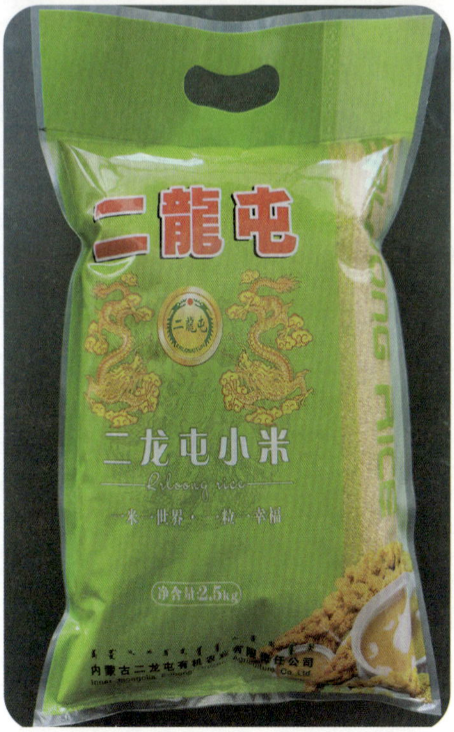

一、主要产地

内蒙古自治区兴安盟科尔沁右翼中旗额木庭高勒苏木。

二、品质特征

科右中旗小米色泽金黄，千粒重约2.19g，外观鲜黄明亮，米粒大小均匀，粒形饱满完整，散发着小米特有的自然清香气味。蒸后，米粒完整，软而不黏结；煮后，米汤融合，松软可口，不回生，香味诱人。

科右中旗小米锌含量为3.24mg/100g，蛋白质含量为9.55%，直链淀粉含量为21.2%，赖氨酸含量为180mg/100g，并富含脂肪、胡萝卜素、维生素、无机盐等。

三、环境优势

额木庭高勒苏木素有“小米之乡”之称，地处科尔沁草原腹地，大兴安岭南麓。属中温带大陆性气候，年降水量在350～380mm，年平均温3.0～4.0℃，最高气温38℃、最低气温-30℃，无霜期120～140天。额木庭河又称“有药的河”，河两岸自然生态环境好，天然植被丰富，河水里蕴含多种矿物质。额木庭河水量充沛，流域面积大，两岸土地肥沃，土壤有机质含量高，气候适宜，生态环境优越，非常适于谷子的种植。这里是山水相间、河谷遍布的低山区，海拔500m左右，山的坡度在20°左右，自然生态环境好，土质肥沃，有栗钙土、黑钙土、暗棕土等类型的土壤。特有的水土、气候等诸多自然因素孕育了科右中旗小米独特的品质。

四、收获时间

每年10月收获，最佳品质期为10月。

五、推荐贮藏保鲜和食用方法

【贮藏保鲜方法】放在阴凉、干燥、通风较好的地方。

【食用方法】小米粥、小米饭等。

六、市场销售信息

科右中旗山虎种养殖专业合作社　联系人：何淑花　联系电话：15248262216

内蒙古二龙屯有机农业有限责任公司　联系人：王丽华　联系电话：15004824759

供稿：科尔沁右翼中旗农畜产品质量安全中心　范琦智

翰嘎利大银鱼

登录编号：CAQS-MTYX-20210629

一、主要产地

内蒙古自治区兴安盟科尔沁右翼中旗翰嘎利水库。

二、品质特征

翰嘎利大银鱼长 8 ～ 10cm，个体重约 10g，其体长而身扁，全身呈银白色，半透明状，无鳞片，鳍呈灰白色；肌肉组织紧密有弹性，鱼体完整。因夜间捕捞，体内无食物残渣，可不去内脏食用。熟制后，肉质细嫩，味道鲜美。

翰嘎利大银鱼脂肪含量为 0.7%，钙含量为 155mg/100g，硒含量为 10μg/100g，天冬氨酸占总氨酸的比例为 10.14%、谷氨酸占总氨基酸的比例为 16.94%，脂肪含量低，均优于标准值。

三、环境优势

翰嘎利水库是嫩江支流霍林河水系下游一座中型水库，水库总占地面积 55.9km^2。这里水草丰美，水质清新，无任何污染。水生植物和底栖生物量较多，浮游生物量较大，天然饵料丰富，且水深适宜，有利于鱼类繁殖生长。水库水体交换量大，周边为沙丘草场，水库底部均为沙质。各种鱼类靠摄食天然饵料自然生长，不投饵、不施肥、不用药，无任何污染。

四、收获时间

每年 9—11 月收获，最佳品质期为 9 月。

五、推荐贮藏保鲜和食用方法

【贮藏保鲜方法】冷冻保存。

【食用方法】银鱼鸡蛋羹、炸银鱼、银鱼汤等。

六、市场销售信息

科尔沁右翼中旗翰嘎利水库事务服务中心　联系人：青　春　联系电话：13948224529

供稿：科尔沁右翼中旗农畜产品质量安全中心　范琦智

登录编号：CAQS-MTYX-20210630

突泉绿豆

一、主要产地

内蒙古自治区兴安盟突泉县杜尔基镇五四村、解放村、和平村、明星村、五一村，水泉镇水泉村、龙胜村、合发村，太平乡五星村、太本村、曙光村，九龙乡十家子村、新丰村、长春岭村。

二、品质特征

突泉绿豆为短圆柱形，大小均匀、颗粒饱满，百粒重约 8.42g，质地坚实，耐压性好；籽粒表面光滑，颗粒整体呈绿色且有光泽，易保存。

突泉绿豆的蛋白质含量为 27.0%（干基），总淀粉含量为 52.3%，膳食纤维含量为 7.98g/100g，谷氨酸 + 天冬氨酸（鲜味氨基酸）含量为 6 880mg/100g，灰分值为 3.1%，均优于参照值，散发着自然的清香，口感软糯，是难得的佳品。

三、环境优势

突泉县地处东经 121°59′39″，北纬 45°38′18″，处于温带大陆性季风气候区，立体气候特征明显，四季分明，地区差异显著，年平均气温大部地区为 4 ～ 6℃，无霜期大部地区为 135 天左右，年均降水量在 400mm 左右。土壤类型和土被结构呈多样性，土壤以黑土、黑钙土、栗钙土为主，土地肥沃，pH 值适中，有机质含量高。生育期昼夜温差大、光照充足、降水充沛的自然条件特别有利于绿豆的生长。绿豆在当地具有悠久的生产历史，依托突泉县为全国绿色食品标准化生产基地（50 万亩绿豆原料基地）的优势，绿豆产业对促进当地生态农业发展、增加农民收入有着重要意义。

四、收获时间

每年 9 月中下旬收获，最佳品质期为 9 月。

五、推荐贮藏保鲜和食用方法

【贮藏保鲜方法】①可以把绿豆放入干净、干燥、密封的容器中，放到冰箱或干燥、阴凉、避光的地方。②将适量的花椒用纱布包好，将绿豆放入保鲜袋里，放入花椒包，系紧袋口。③把绿豆放在阳光下晒一下，然后放进保鲜袋里再加几个蒜头，系紧袋口。

【食用方法】绿豆粥、绿豆糕、绿豆芽等。

六、市场销售信息

突泉县洪源贸易有限公司　联系人：刘　磊　联系电话：18004829779

内蒙古金辉粮油贸易有限公司　联系人：徐鸿菲　联系电话：18648229789

突泉县鑫丰农副产品购销专业合作社　联系人：徐长福　联系电话：13804795848

供稿：突泉县农畜产品质量服务中心　刘怡娴

阿巴嘎策格（酸马奶）

登录编号：CAQS-MTYX-20210632

一、主要产地

内蒙古自治区锡林郭勒盟阿巴嘎旗别力古台镇。

二、品质特征

酸马奶又称策格，是用马奶经过发酵而制成的一种健身饮料，也是蒙古族地区用来治疗一些疾病的良药。在锡林郭勒草原上，酸马奶已有 2 000 余年的历史。阿巴嘎策格（酸马奶）外观为淡青色，味道微酸而带甜，酸甜适中，具有酸马奶固有的香味。

阿巴嘎策格（酸马奶）脂肪含量为 0.8g/100g，乳糖含量为 1.46g/100g，钙含量为 684mg/kg，维生素 A 含量为 26.8μg/100g，亚油酸占总脂肪酸的百分比为 8.88%，鲜味氨基酸占总氨基酸的百分比为 28.94%，均优于参照值。

三、环境优势

阿巴嘎旗地处内蒙古高原东部，地势总体由东向西倾斜，海拔 960 ～ 1 500m，属于温带半干旱大陆性气候，四季分明，各具特色。全旗总面积 2.75 万 km^2，其中可利用草场面积 2.48 万 km^2，植被属于半干旱草原类型。近年来，阿巴嘎旗以全盟打造“中国马都”品牌为平台，利用得天独厚的区域优势和丰富的马资源优势，通过政策扶持，积极带动牧民发展阿巴嘎黑马、竞技马养殖培育，大力推进马奶及马产品加工产业。阿巴嘎黑马原名僧僧黑马，以毛色乌黑发亮、奔跑风驰电掣、体态英姿飒爽而闻名，被农业农村部确认为优良畜禽遗传资源，与铁蹄马、乌审马、乌珠穆沁马并称内蒙古四大名马。2020 年牧业年度，全旗马匹数量达到 2.13 万匹，其中阿巴嘎黑马 8 137 匹。全旗养马户达到 857 户，黑马核心群 20 户。全旗策格加工户达到 90 余户，年加工策格 300t 以上。

四、收获时间

每年 6—8 月收获，最佳品质期为 6 月。

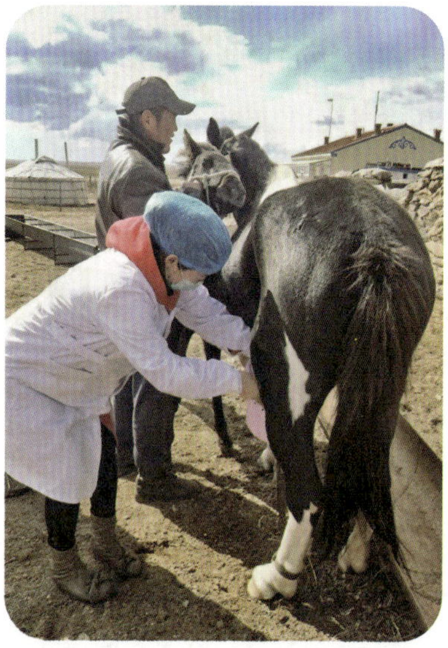

五、推荐贮藏保鲜和食用方法

【贮藏保鲜方法】瓶装酸马奶 -5 ～ 0℃冷冻避光保存，可存放 6 个月。常温解冻后可能存在少量沉淀，摇匀即饮。

【食用方法】开盖直接饮用。酸马奶味道较酸，冷藏饮用口感更佳。首次饮用或肠胃不好的人可将酸马奶放至常温后再饮用，避免着凉。

六、市场销售信息

阿巴嘎旗照富经贸有限责任公司　联系人：乔晓宏　联系电话：13514791837

供稿：阿巴嘎旗农牧和科技局　宝力格

登录编号：CAQS-MTYX-20210633

太仆寺旗莜麦粉

一、主要产地

内蒙古自治区锡林郭勒盟太仆寺旗千斤沟镇。

二、品质特征

太仆寺旗莜麦粉的颜色为灰白色，质地较粗糙，粗粒感较强，手感略涩，有淡淡的莜麦香味。

太仆寺旗莜麦粉的总淀粉含量为70.3%，直链淀粉含量为16.2%，粗纤维含量为5.6%，苏氨酸含量为280g/100g，必需氨基酸占总氨基酸的百分比为31.02%，均高于参照值。莜面中含有钙、磷、铁、核黄素等多种营养元素，膳食纤维含量高，还含有一种特殊物质亚油酸，对人体新陈代谢具有明显功效。

三、环境优势

太仆寺旗地处阴山北麓、浑善达克沙地南缘，海拔1 300～1 800m，年平均气温2.4℃，年平均降水量近400mm，无霜期100天左右；气候高寒干旱，昼夜温差大，光照充足，无霜期短，雨热同季。属于北纬41° 莜麦的种植黄金带，地理过渡带、农牧交错带、黄金生长带“三带合一”的特殊条件，又使太仆寺旗成为裸燕麦的发源地、世界最优质燕麦主产区。耐寒耐旱的莜麦是太旗的特色经济作物。

四、收获时间

9—10月收获莜麦粒，在加工厂经过炒制后，研磨为莜麦粉打包入库。最佳品质期为10月。

五、推荐贮藏保鲜和食用方法

【贮藏保鲜方法】莜麦粉装在透气强的布袋或纸袋中，扎紧袋口，放于干燥通风避光处，常温可保存3～6个月。

【食用方法】蒸莜面（“莜面窝窝儿”“莜面鱼鱼儿”）、莜面山药丸子、炒莜面等。

六、市场销售信息

内蒙古四海农牧科技有限公司　联系人：刘志刚
联系电话：18004712789

供稿：太仆寺旗农产品质量安全检验检测站　闫佰旭

乌拉盖乌牛肉

登录编号：CAQS-MTYX-20210636

一、主要产地

内蒙古自治区锡林郭勒盟乌拉盖管理区哈拉盖图农牧场、乌拉盖牧场、贺斯格乌拉牧场、巴音胡硕镇。

二、品质特征

乌拉盖乌牛肉鲜肉为鲜红色，有光泽，脂肪呈乳白色，外表微干，切面湿润，不黏手；肉质富有弹性，肌纤维韧性强，指压后凹处立即恢复；煮熟后，肉汤澄清透明，脂肪团聚于表面，肉质柔软多汁，滋味鲜美。

乌拉盖乌牛肉鲜肉的蛋白质含量为23.4%，胆固醇含量为55.4mg/100g，剪切力为47.55N，鲜味氨基酸占总氨基酸的27.44%，不饱和脂肪酸占总脂肪酸的58.11%，均优于参照值。

三、环境优势

乌拉盖管理区地处内蒙古东部，锡林郭勒盟、兴安盟和通辽市三盟市的交界处，动植物种类繁多，有“天边草原”的美誉。总面积5 013km^2，属森林草原向典型草原过渡地带，以典型草原为主，草原可利用面积4 618km^2。动植物种类繁多，野生植物800多种，以木科豆科为主，有中草药200多种，草质量优良，无污染，已达到绿色食品和有机食品生产条件。年产无污染有机天然饲草3亿kg以上、人工饲草1亿kg以上，可满足年饲养7.3万头肉牛饲草需求。

四、收获时间

牛犊4～6月龄时断奶，饲养至18～28月龄时屠宰，此时肉质鲜嫩，口感最佳，每年屠宰高峰期为9—12月。最佳品质期为全年。

五、推荐贮藏保鲜和食用方法

【贮藏保鲜方法】鲜牛肉于–10℃保存，10～14天内食用口感最佳。

【食用方法】煎牛排、烤牛肉等。

六、市场销售信息

乌拉盖管理区义昌德肉食品二店　联系人：春文立　联系电话：13947966412

供稿：乌拉盖管理区农牧技术推广中心　国　庆

登录编号：CAQS-MTYX-20210644

鄂伦春金莲花

一、主要产地

内蒙古自治区呼伦贝尔市鄂伦春自治旗大杨树镇、诺敏镇、古里乡、乌鲁布铁镇、宜里镇等。

二、品质特征

鄂伦春金莲花呈不规则皱缩状，花形完整，外观呈金黄色，萼片呈花瓣状，卵圆形或倒卵形，近基部有蜜槽；其香气浓郁，味微苦。

鄂伦春金莲花水分含量为6.6%，牡荆苷含量为0.18%，均优于参照值。

三、环境优势

鄂伦春自治旗位于大兴安岭南麓，嫩江西岸，东经121°55′～126°10′，北纬48°50′～51°25′，北与黑龙江省呼玛县以伊勒呼里山为界，东与黑龙江省嫩江县隔江相望，南与莫力达瓦达斡尔族自治旗、阿荣旗接壤，西与根河市、牙克石市为邻。鄂伦春自治旗属于寒温带半湿润大陆性季风气候，四季变化显著。年均气温在–2.7～–0.8℃，自西向东递增。7月气温最高，平均为17.9～19.8℃，最高温度达37.5℃，无霜期平均95天。风速较小，年均风速1.8～2.9m/s。年降水量459.3～493.4mm。鄂伦春自治旗没有大型的工业和加工企业，土壤、大气和水资源都没有受到污染，为种植中草药提供了先决条件。

四、收获时间

每年7—8月收获，最佳品质期为8月。

五、推荐贮藏保鲜和食用方法

【贮藏保鲜方法】自然晾干后保存。

【食用方法】金莲花茶。

六、市场销售信息

鄂伦春自治旗蒙鑫中药材有限公司　联系人：赵光宏　联系电话：13732863777

鄂伦春自治旗瑞腾种植专业合作社　联系人：邓香燕　联系电话：13236724900

鄂伦春自治旗百合盛世中草药有限公司　联系人：崔小琼　联系电话：18147044144

供稿：鄂伦春自治旗农畜产品质量安全中心　肖　岩

凉城小米

登录编号：CAQS-MTYX-20210646

一、主要产地

内蒙古自治区乌兰察布市凉城县麦胡图、蛮汉镇、岱海镇、六苏木镇。

二、品质特征

凉城小米色泽金黄，千粒重约2.56g，外观鲜黄明亮，米粒大小均匀，粒形饱满完整，散发着小米特有的自然清香气味。

凉城小米的蛋白质含量为10.6%，脂肪含量为4.2g/100g，硒含量为6.8μg/100g、谷氨酸含量为2 010mg/100g。蛋白质、脂肪、直链淀粉含量较高，谷氨酸和硒的含量高于参照值。

三、环境优势

凉城县属于温带半干旱大陆性季风气候，这里海拔高，气候冷凉，昼夜温差大，年平均气温2～5℃，雨热同期，降水多集中在6—8月，年平均降水量150～450mm，日照时间长，日照时间平均每天可达10h，农作物光合作用强，特别适合抗旱、抗寒、耐瘠、耐盐碱作物生长。因当地大气、土壤、水源没有污染，土壤中富含钙、磷、钾等植物生长所需的营养元素，所以当地小米种植过程中很少施用或者不施化肥和农药，种出的小米大多数都是绿色有机产品。凉城县种植小米具有得天独厚的自然条件和生态环境优势，是小米种植的黄金区域。

四、收获时间

每年9月底收获，最佳品质期为9月。

五、推荐贮藏保鲜和食用方法

【贮藏保鲜方法】凉城小米要密封保存，放在阴凉、干燥、通风较好的地方。

【食用方法】红糖小米粥、小米南瓜粥、小米面粉等。

六、市场销售信息

内蒙古乌兰察布市凉城县世纪粮行有限公司　联系人：张明旺　联系电话：0474-4207255

供稿：凉城县农畜产品质量安全中心　安晓磊

登录编号：CAQS-MTYX-20210647

凉城黄米面粉

一、主要产地

内蒙古自治区乌兰察布市凉城县鸿茅镇、麦胡图镇、六苏木镇、岱海镇。

二、品质特征

凉城黄米面粉色泽淡黄，颗粒度小，有甜味，具有黄米面固有的色泽和气味。

凉城黄米面蛋白质含量为9.85%，脂肪含量为1.9g/100g，硒含量为4.6μg/100g，谷氨酸含量为2 080mg/100g，营养丰富。

三、环境优势

凉城县属中温带半干旱大陆性季风气候，这里海拔高，气候冷凉，昼夜温差大，平均气温2～5℃，雨热同期，降水量多集中在6—8月，光照充足且日照时间长，平均每天可达10h左右，农作物光合作用强，特别适合抗旱、抗寒、耐瘠、耐盐碱作物生长。当地大气、土壤、水源没有污染，土壤中富含钙、磷、钾等植物生长所需的营养元素，所以当地黍子种植过程中很少施用或者不施用化肥和农药，种植出的黍子大多数是绿色食品和有机产品。凉城县种植黍子具有得天独厚的自然条件和生态环境优势，是种植黍子的黄金区域。

四、收获时间

每年9月收获，最佳品质期为9月。

五、推荐贮藏保鲜和食用方法

【贮藏保鲜方法】凉城黄米面粉要密封保存，放在阴凉、干燥的地方。

【食用方法】①素糕：素糕不经过油炸工序，做好后可沾胡麻油食用或蘸上肉菜一起食用。②油炸糕：有甜、咸两种口味，分别配以精致的红豆、马铃薯和韭菜等为馅料，别具特色，更有风味。

六、市场销售信息

乌兰察布市凉城县世纪粮行有限公司　联系人：张明旺　联系电话：0474-420725

供稿：凉城县农畜产品质量安全中心　安晓磊

察右前旗奶酪

登录编号：CAQS-MTYX-20210649

一、主要产地

内蒙古自治区乌兰察布市察右前旗平地泉镇。

二、品质特征

察右前旗奶酪呈乳白色，其质地均匀，组织细腻，口感酥香柔软，不油不腻，自身散发出清新的奶香与淡淡的酸味。

察右前旗奶酪蛋白质含量为 25.4g/100g，钙含量为 172.5mg/100g，硒含量为 18μg/100g，赖氨酸含量为 1 980mg/100g，酪氨酸含量为 1 440g/100g，均高于同类参照值。

三、环境优势

乌兰察布市位于北纬 39°37′～43°28′，总面积 5.4 万km^2，是国际公认的黄金奶源带。乌兰察布市地形自北向南由蒙古高原、乌兰察布丘陵、阴山山脉、黄土丘陵四部分组成，拥有辉腾锡勒草原、杜尔伯特草原、格根塔拉草原等。乌兰察布草原生长着 1 000 多种饲用植物，其中饲用价值高的就有 100 多种，尤其是羊草、羊茅、冰草、无芒雀麦、披碱草、野黑麦、黄花苜蓿、野豌豆、野车轴草等禾本和豆科牧草，是著名的优良牧草。乌兰察布草原日照充分，有利于植物的光合作用，丰富的植被，尤其是独特的饲草资源，富含奶牛所需的粗蛋白、粗脂肪、钙、磷等多种营养素，为奶牛提供了优质的营养。

四、收获时间

全年均可生产，最佳品质期为全年。

五、推荐贮藏保鲜和食用方法

【贮藏保鲜方法】2～25℃常温储存，冷藏口感更佳。

【食用方法】①开袋即食：咀嚼或含食。②煎奶酪：取适量无水黄油，用平板锅融化，文火将奶酪块煎至金黄后食用。③泡奶茶：奶酪块放入内蒙古酥油奶茶中食用。

六、市场销售信息

内蒙古正北方乳业有限责任公司　联系人：王君如

联系电话：18047104358

供稿：察哈尔右翼前旗农畜产品质量安全检验检测站　王慧娟

登录编号：CAQS-MTYX-20210658

五原贝贝南瓜

一、主要产地

内蒙古自治区巴彦淖尔市五原县隆兴昌镇、胜丰镇、天吉泰镇、复兴镇、新公中镇、银定图镇、塔尔湖镇、巴彦套海镇、和胜乡、荣丰办事处、丰裕办事处。

二、品质特征

五原贝贝南瓜为扁圆形，单瓜重约240g；瓜面较粗糙，外观颜色为墨绿色，其色泽较均匀；瓜肉颜色为橙黄色，其肉质细腻，口感软糯清甜。

五原贝贝南瓜维生素C含量为58.2mg/100g，β–胡萝卜素含量为3 320μg/100g，锌含量为0.65mg/100g，淀粉含量为19.8%，可溶性固形物含量为8.8%。

三、环境优势

五原县南邻黄河，地处河套平原腹地，地势平坦，土地耕作层为灌淤层，耕作性好，含钾量高；水源充沛，灌溉便利；光能丰富，日照充足，昼夜温差大，降水量少而集中。

四、收获时间

每年7—10月收获，最佳品质期为10月。

五、推荐贮藏保鲜和食用方法

【贮藏保鲜方法】常温保存3个月。

【食用方法】蒸南瓜、炒南瓜、南瓜米饭等。

六、市场销售信息

内蒙古瑞祥农贸有限责任公司　联系人：曹　帅　联系电话：13190866662

五原县古郡田园农民专业合作社　联系人：韩福胜　联系电话：13847860699

五原县胜丰镇新红村晏安和桥香蜜瓜农民专业合作社　联系人：张建军　联系电话：13154782866

供稿：五原县绿色产业发展中心　李艳兵

阿拉善左旗肉苁蓉

登录编号：CAQS-MTYX-20210660

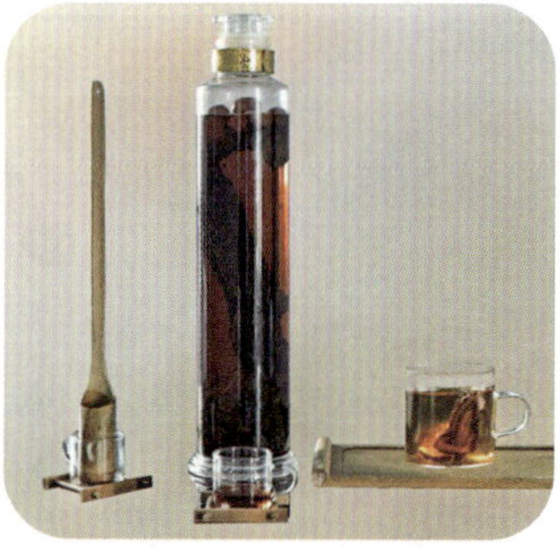

一、主要产地

内蒙古自治区阿拉善盟阿拉善左旗巴彦浩特镇、吉兰泰镇、敖伦布拉格镇、宗别立镇、银根苏木、乌力吉苏木、巴彦诺日公苏木。

二、品质特征

阿拉善左旗肉苁蓉个体较大，长度约30cm，每根重230～350g；外观呈扁圆柱形，稍弯曲，表面为棕褐色，表面为覆瓦状排列的肉质鳞叶，质硬而微有柔性，不易折断；断面为棕褐色，味道微甜。

阿拉善左旗肉苁蓉中醇溶性浸出物含量为65.6%，松果菊苷含量为0.35%，毛蕊花糖苷含量为0.05%，水分含量为9.7%，灰分为4.4%，均优于参照值，满足《中华人民共和国药典》要求。

三、环境优势

阿拉善左旗位于东经103°21′～106°51′，北纬37°24′～41°52′，属温带荒漠干旱区，为典型的大陆性气候，境内有腾格里、乌兰布和两大沙漠，以干旱少雨、日照充足、蒸发强烈为主要特点。海拔高度800～1 500m，年降水量80～220mm，年蒸发量2 900～3 300mm。年日照时间3 316h，年平均气温7.2℃，无霜期150天左右。产区地域辽阔，无污染，适合肉苁蓉寄生植物（梭梭）的生长和繁育，这些特殊的自然条件，加上人工培育，使阿拉善左旗肉苁蓉成为独具地方特色的地理标志产品。

四、收获时间

每年4—5月和9—10月收获，最佳品质期为10月。

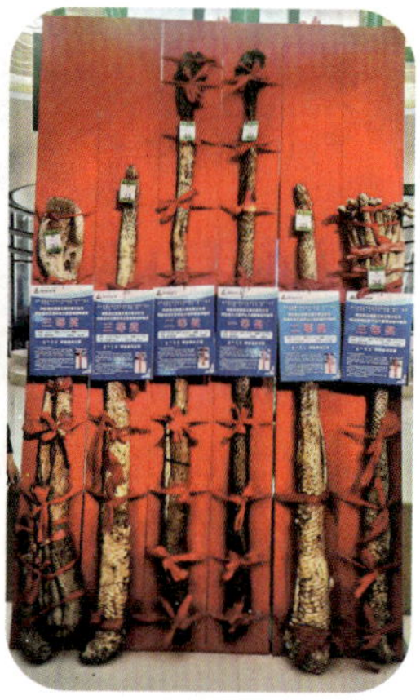

五、推荐贮藏保鲜和食用方法

【贮藏保鲜方法】新鲜肉苁蓉需贮存在-5～0℃的保鲜库中，装入带网眼的周转筐放置储存架上，可贮存30天左右，存放时间不宜过长。晒干后的肉苁蓉装袋密封，放置在通风干燥、阴凉、避光的地方保存即可。

【食用方法】肉苁蓉可用于炖肉、泡茶、泡酒、煮粥、煲汤等。

六、市场销售信息

阿拉善盟大漠魂特产商贸有限责任公司　联系人：曾祥俊　联系电话：13948061110

内蒙古曼德拉生物科技有限公司　联系人：刘丽云　联系电话：15248838689

内蒙古阿拉善苁蓉集团有限责任公司　联系人：李　鹤　联系电话：18604832684

供稿：阿拉善盟大漠魂特产商贸有限责任公司　曾祥俊
内蒙古曼德拉生物科技有限公司　刘丽云

登录编号：CAQS-MTYX-20210661

阿拉善左旗锁阳

一、主要产地

内蒙古自治区阿拉善盟阿拉善左旗巴彦浩特镇、吉兰泰镇、敖伦布拉格镇、宗别立镇、巴润别立镇、温都尔勒图镇、银根苏木、乌力吉苏木、巴彦诺日公苏木、额尔克哈什哈苏木、超格图呼热苏木。

二、品质特征

阿拉善左旗锁阳属多年生肉质寄生草本，寄生在白刺属植物的根部，大部分埋于沙土中。全株呈圆柱形，微弯曲，其表面为红棕色，高 15 ～ 100cm，表面粗糙，晾干后具有明显纵沟和不规则凹陷，质硬难折断，味甘而涩。

阿拉善左旗锁阳中醇溶性浸出物含量为 15.2%，水分含量为 9.4%，灰分为 7.0%，均优于参照值，满足《中华人民共和国药典》要求。

三、环境优势

阿拉善左旗位于东经 103°21′ ～ 106°51′，北纬 37°24′ ～ 41°52′，属温带荒漠干旱区，为典型的大陆性气候，境内有腾格里、乌兰布和两大沙漠，以干旱少雨、日照充足、蒸发强烈为主要特点。海拔高度 800 ～ 1 500m，年降水量 80 ～ 220mm，年蒸发量 2 900 ～ 3 300mm。日照时间 3 316h，年平均气温 7.2℃，无霜期 150 天左右。产区地域辽阔，无污染，适合锁阳寄生植物（白刺）的生长和繁育，这些特殊的自然条件，加上人工培育，使阿拉善左旗锁阳成为独具地方特色的地理标志产品。

四、收获时间

每年 4—5 月和 10—11 月收获，最佳品质期为 11 月。

五、推荐贮藏保鲜和食用方法

【贮藏保鲜方法】晾干或阴干。新鲜锁阳在 –8 ～ 5℃微冷冻条件下保存 21 天左右。

【食用方法】纯天然锁阳，其吃法多样，以生吃为最佳，还可用于沏茶、泡酒、熬粥、煲汤，或者制作锁阳饼、锁阳糖等。

六、市场销售信息

阿拉善左旗塔本阿勒达沙生产业有限责任公司　联系人：额尔登础鲁　联系电话：13948050620

阿拉善盟大漠魂特产商贸有限责任公司　联系人：曾祥俊　联系电话：13948061110

内蒙古阿拉善苁蓉集团有限责任公司　联系人：李　鹤　联系电话：18604832684

阿拉善盟尚容源生物科技股份有限公司　联系人：李　璐　联系电话：18248306626

供稿：阿拉善左旗塔本阿勒达沙生产业有限责任公司　额尔登础鲁
阿拉善左旗农畜产品质量安全中心　哈斯高娃

阿拉善左旗小米

登录编号：CAQS-MTYX-20210662

一、主要产地

内蒙古自治区阿拉善盟阿拉善左旗巴润别立镇孟根塔拉嘎查、塔塔水嘎查、白石头嘎查、沙日霍德嘎查、岗格嘎查，嘉尔嘎勒赛汉镇乌兰恩格嘎查。

二、品质特征

阿拉善左旗小米色泽金黄，米粒大小均匀，外观鲜黄明亮，千粒重约2.36g，粒形饱满完整，散发着小米特有的自然清香气味；蒸后，米粒完整金黄，软而不黏结；煮后，米、汤融合，汤色淡黄纯正，有香味。

阿拉善左旗小米锌含量为2.14mg/100g，蛋白质含量为11.4%，直链淀粉含量为20.6%，硒含量为5.3μg/100g，谷氨酸含量为2 115mg/100g。

三、环境优势

阿拉善左旗位于东经103°21′～106°51′，北纬37°24′～41°52′，属温带荒漠干旱区，为典型的大陆性气候，境内有腾格里、乌兰布和两大沙漠，以干旱少雨、日照充足、蒸发强烈为主要特点。海拔高度800～1 500m，年降水量80～220mm，年蒸发量2 900～3 300mm，年日照时间3 316h，年平均气温7.2℃，无霜期150天左右。独特的自然环境适宜谷子生长，所产小米品质优良。

四、收获时间

每年9月中下旬收获，最佳品质期为9月。

五、推荐贮藏保鲜和食用方法

【贮藏保鲜方法】谷子保存于阴凉、干燥、通风处。小米的保存要求通风良好、干爽、温度18～24℃、环境洁净、离墙离地。

【食用方法】小米粥、小米饭、炒小米、小米蛋糕等。

六、市场销售信息

阿拉善左旗巴润别立镇维喜沙漠节水农民专业合作社　联系人：曾德成　联系电话：18748313992

供稿：阿拉善左旗巴润别立镇维喜沙漠节水农民专业合作社　许晓明
阿拉善左旗农畜产品质量安全中心　哈斯高娃

东北地区

法库鸡蛋

登录编号：CAQS-MTYX-20210284

一、主要产地

辽宁省沈阳市法库县叶茂台镇西二台子村。

二、品质特征

法库鸡蛋外壳比普通鸡蛋光滑细腻，打到盘里，蛋黄较普通鸡蛋色泽发黄，蛋清比普通鸡蛋色泽发黄并且黏稠，弹性好，口感佳。

法库鸡蛋蛋白质含量为 13.2g/100g，维生素 E 含量为 2.48mg/100g，硒含量为 35μg/100g。

三、环境优势

法库县叶茂台镇西二台子村自然环境优越，属山间平原地貌，土质肥沃，林木葱郁，地下水资源丰富，没有任何污染源，周围没有噪声，鸡场建设于高坡地段，鸡舍后面地势明显高于鸡舍顶端，鸡场整体建设前低后高，朝阳背风，不积存雨水，为蛋鸡提供了良好的养殖环境。

四、收获时间

全年均可生产，最佳品质期亦为全年。

五、推荐贮藏保鲜和食用方法

【贮藏保鲜方法】避光保存。

【食用方法】炒、煮都可以。

六、市场销售信息

法库县淑云蛋鸡专业合作社　联系人：董淑云　联系电话：13889869837

供稿：法库县农业农村局

登录编号：CAQS-MTYX-20210285

梨树九月青豆角

一、主要产地

吉林省梨树县梨树镇、喇嘛甸镇、四棵树乡、十家堡镇等县域全境。

二、品质特征

梨树九月青豆角豆荚长而扁管状，宽度、厚度均匀，单荚4～5粒，荚宽2～3cm，荚长15～18cm，种子成熟时呈白色带有褐纹，椭圆形。梨树九月青豆角质脆身软，色泽青绿，光泽透明，无筋无柴，口感清香，开锅即熟，适口性强，味道鲜美，品相俱佳，堪称蔬菜中的肉类。

梨树九月青豆角蛋白质含量为3.17g/100g，维生素C含量为25.3mg/100g，钾含量为2 174mg/kg，钙含量为663mg/kg。

三、环境优势

梨树县位于吉林省西南部，地处松辽平原腹地，位于世界“三大黑土带”和“黄金玉米带”上。梨树县属北温带半湿润大陆季风性气候，四季分明，雨热同季，作物生长期日照、降水较充足，雨热同步，年均日照时数2 644.2h，其中露地作物生长季节4—9月的日照时数为1 435.5h，平均每天日照8h。作物生长季气温日差较大，活动积温为2 989℃。夏季高温多雨，域内水利设施齐全，境内有二龙湖水库及东辽河等多条河流，水资源充足。地下水水量充沛、水质清澈、无污染。土壤以黑钙土、砂壤土和轻碱土居多，为梨树九月青豆角种植提供了得天独厚的自然条件。

四、收获时间

全年均有上市，大量上市期为5—10月，最佳品质期为7月。

五、推荐贮藏保鲜和食用方法

【贮藏保鲜方法】可以采用冷藏和气调贮藏两种方式进行。适宜的贮藏温度条件是9～12℃，空气相对湿度为95%。

【食用方法】焖煮，适宜搭配猪肉、猪排或其他肉类以及玉米进行炖煮，味道鲜美可口，独具特色。

六、市场销售信息

梨树县成胜农场　联系电话：15843473266

梨树县华兴蔬菜专业合作社　联系电话：15843478666

梨树县东平安农民专业合作社　联系电话：13654341888

供稿：梨树县农业农村局　于　浩

梨树县园艺特产管理站　崔四川

华东地区

南汇甜瓜

登录编号：CAQS-MTYX-20210286

一、主要产地

上海市浦东新区新场镇、书院镇、祝桥镇、大团镇、泥城镇。

二、品质特征

南汇甜瓜外观圆整，果实球形，果皮光滑有透明感，果肉香甜醇美。

南汇甜瓜可溶性固形物含量为13.0%，粗纤维含量为0.2%，水分含量为93.0g/100g，果肉厚度4.1cm。

三、环境优势

南汇甜瓜产地浦东平原是由长江和钱塘江冲积交汇而成，紧靠东海，土壤以砂壤为主，土质疏松，土壤肥沃，pH值在7.0～7.5。经过科技人员和广大瓜农30余年的生产、实践，摸索出一套比较科学的生产操作方法，勤施地基肥、巧施出藤肥、重施结瓜肥，保证了南汇甜瓜的优良品质。

四、收获时间

每年4—6月收获，最佳品质期为4月。

五、推荐贮藏保鲜和食用方法

【贮藏保鲜方法】在常温下存放在通风阴凉处。

【食用方法】鲜食，采摘后2～3天内食用。

六、市场销售信息

上海桃咏桃业专业合作社　联系人：陆　峰　联系电话：13331996968

上海浦东周兰粮食专业合作社　联系人：周国民　联系电话：13701722403

上海庭娆果蔬专业合作社　联系人：乔　占　联系电话：15921911868

上海田博瓜果专业合作社　联系人：刘　仁　联系电话：13818818069

上海拓园果蔬专业合作社　联系人：潘华军　联系电话：15821223553

上海越亚农产品种植专业合作社　联系人：应　雄　联系电话：13917042323

上海森洋果蔬专业合作社　联系人：董晓英　联系电话：13524274098

上海星光果蔬种植专业合作社　联系人：沈　军　联系电话：13301999126

上海开循果蔬种植专业合作社　联系人：金　建　联系电话：15900800868

上海团农农家乐专业合作社　联系人：乔美红　联系电话：13671868104

供稿：上海市浦东新区农协会　厉建飞

登录编号：CAQS-MTYX-20210287

南汇 8424 西瓜

一、主要产地

上海市浦东新区书院镇、祝桥镇、惠南镇、川沙新镇、泥城镇。

二、品质特征

南汇 8424 西瓜果实圆球形，绿色底覆盖有青黑色条纹，果皮较薄。果肉粉红色，质地细松脆，纤维少，糖度高，梯度小，汁水多，口感爽。

南汇 8424 西瓜可溶性固形物含量为 11.6%，果皮厚度为 1.1cm，水分含量为 92.5g/100g，维生素 C 含量为 5.95mg/100g，上述指标均优于参照值。

三、环境优势

南汇 8424 西瓜的生产地理环境优越，是由长江和钱塘江冲积交汇而成的平原，紧靠东海之滨，为年轻地域。土壤以砂壤为主，土质疏松，土壤肥沃，pH 值一般在 7.0 ～ 7.5。在当地特有的水土、气候等区域环境下，经过南汇瓜农的辛劳付出，辟建出了规模化的南汇 8424 西瓜生产基地。

四、收获时间

每年 5—8 月收获，最佳品质期为 6 月。

五、推荐贮藏保鲜和食用方法

【贮藏保鲜方法】常温下存放在通风阴凉处。

【食用方法】最佳食用期为采收后 2 ～ 3 天内，最多不超过 7 天。切开后的西瓜，常温放置不宜超过 1h。

六、市场销售信息

上海田博瓜果专业合作社　联系人：刘　仁　联系电话：13818818069

上海绿妮瓜果专业合作社　联系人：朱春荣　联系电话：13002152283

上海越亚农产品种植专业合作社　联系人：应　雄　联系电话：13917042323

上海昌汇瓜果专业合作社　联系人：刘检长　联系电话：13817949228

上海桂峰果蔬专业合作社　联系人：刘海燕　联系电话：15901816770

上海拓园果蔬专业合作社　联系人：潘华军　联系电话：15821223553

上海浦东周兰粮食专业合作社　联系人：周国民　联系电话：13801722403

上海李氏蔬果专业合作社　联系人：李喜国　联系电话：13671512578

上海谷东农副产品专业合作社　联系人：唐强荣　联系电话：18964355998

上海金花湾果蔬种植专业合作社　联系人：马硕存　联系电话：15800959234

供稿：上海市浦东新区农协会　厉建飞

南汇水蜜桃

登录编号：CAQS-MTYX-20210288

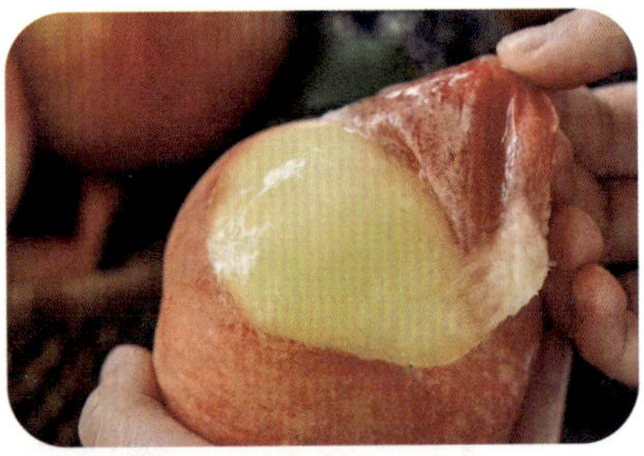

一、主要产地

上海市浦东新区大团镇、新场镇、川沙新镇、书院镇、万祥镇、老港镇、惠南镇、祝桥镇。

二、品质特征

南汇水蜜桃果顶圆平，缝合线浅，果形圆整、美观、硕大，肉质嫩厚且汁多，皮易剥离，香味浓，纤维少。

南汇水蜜桃果实硬度为 8.02kg/cm²，可溶性固形物含量为 10.8%，可滴定酸含量为 0.03%，维生素 C 含量为 4.11mg/100g，水分含量为 89.8%，均优于相关参照值。

三、环境优势

浦东拥有独特的自然条件：长江与钱塘江交汇形成的黄泥土和粉黄土混合砂壤土质，土层肥沃、中性偏碱，东临大海，年降水量在 1 200 ～ 1 400mm，造就了南汇水蜜桃特有的风味与品质。南汇水蜜桃所在的浦东新区在 2017 年成为第一批中国特色农产品优势区。

四、收获时间

每年 7—8 月收获，最佳品质期为 7 月。

五、推荐贮藏保鲜和食用方法

【贮藏保鲜方法】将水蜜桃用保鲜膜或保鲜袋包裹，存放于冰箱冷藏室内，一般可以存放 7 天。水蜜桃冷藏前不能用水清洗，否则会损伤表皮绒毛，影响桃子表皮色泽和品质。

【食用方法】鲜食。

六、市场销售信息

上海新凤蜜露果蔬专业合作社　联系人：陈志刚　联系电话：13801923108

上海申凤桃业专业合作社　联系人：张　晖　联系电话：13386028208

上海桃咏桃业专业合作社　联系人：陆　峰　联系电话：13331996968

上海南汇团星瓜果专业合作社　联系人：王华虎　联系电话：15900622556

上海浦东新区川沙甜得来优质桃基地发展中心　联系人：施盛波　联系电话：15821477318

上海越亚农产品种植专业合作社　联系人：应　雄　联系电话：13917042323

上海晓枫果蔬专业合作社　联系人：吴纪文　联系电话：13916535861

上海甜津津果业专业合作社　联系人：方佳丽　联系电话：15821249310

上海苗荟农产品专业合作社　联系人：刘苗会　联系电话：13816866499

上海滨海实业发展有限公司　联系人：何惠霞　联系电话：15800905347

供稿：上海市浦东新区农协会　厉建飞

登录编号：CAQS-MTYX-20210289

佘山水蜜桃

一、主要产地

上海市松江区佘山镇。

二、品质特征

佘山水蜜桃果形端正，平均单果重 300g，色泽微红，皮薄肉细、口味甘纯、甜中带鲜、汁液饱满。

佘山水蜜桃维生素 C 含量为 6.14mg/100g，果实硬度为 4.80kg/cm^2，可溶性固性物含量为 10.8%，可滴定酸含量为 0.14%，均优于相关参照值。

三、环境优势

佘山地区山多，山坡地多，低洼地多，青紫泥多。据土壤普查资料显示，山坡地黄壤土富含矿物质，低洼地青紫泥土壤有机质含量高达 3.6%。土壤氮、磷、钾含量分别达到 210 ～ 240mg/kg、20mg/kg、120mg/kg，田间持水量在 58.6% 左右。土壤保肥、保水能力强，适宜水蜜桃生长，有利于提高桃子的内在质量，形成皮薄肉细、口味甘纯、甜中带鲜的品质。佘山桃生产基地周边环境设施良好，毗邻农田，离生产加工企业较远，且周边无污染源。

四、收获时间

每年 7—10 月收获，最佳品质期为 8 月。

五、推荐贮藏保鲜和食用方法

【贮藏保鲜方法】冰箱冷藏室贮存，口感较好。

【食用方法】直接食用，或将水蜜桃洗净切块加冰糖煮，做成水蜜桃罐头，也可将水蜜桃切碎与酸奶混合制成水蜜桃奶昔。

六、市场销售信息

“信瑜果业”微信商城　联系人：金　娟　联系电话：13816217970

供稿：松江区佘山镇农业服务中心　张　林

马陆葡萄

登录编号：CAQS-MTYX-20210667

一、主要产地

上海市嘉定区马陆镇大裕村、大宏村、戬浜村、立新村、陈村村。

二、品质特征

马陆葡萄品种较多，葡萄成熟后，果实形状规则，果粉均匀，色泽鲜艳，果粒圆或椭圆，皮薄，多汁味浓，有玫瑰香、草莓香或茉莉香，口感好。

阳光玫瑰葡萄单串果穗重 600～800g，单粒重 10～12g，口感香甜，无酸涩感，具有阳光玫瑰特有的浓郁香味。阳光玫瑰葡萄含可溶性固形物含量为 16.2%，总酸含量为 1.74g/kg，维生素 C 含量为 3.24mg/100g，果糖含量为 7.4g/100g，葡萄糖含量为 7.2g/100g。

巨峰葡萄单串果穗重 500～700g，粒重 13～15g，颜色紫红到紫黑，果粉厚，果肉软，汁多味甜，风味浓郁纯正，具有草莓香味。巨峰葡萄含可溶性固形物含量为 17.2%，总酸含量为 2.80g/kg，维生素 C 含量为 3.97mg/100g，果糖含量为 7.1g/100g，葡萄糖含量为 8.1g/100g。

三、环境优势

马陆葡萄产地位于嘉定区，土壤耐旱耐涝，抗逆性强，有利于葡萄植株稳定生长；淡水资源丰富，有遍布的“四旁”林、生态林，对净化水质、保护土壤、净化空气起到了十分重要的作用；嘉定区属于亚热带季风气候，气候温和，日照充足，四季分明。

四、收获时间

每年 7—10 月收获，最佳品质期为 8 月。

五、推荐贮藏保鲜和食用方法

【贮藏保鲜方法】未洗过的葡萄，可以放到冰箱中贮藏；没有条件的可以放在阴冷的储藏室或保鲜盒中。

【食用方法】鲜食。

六、市场销售信息

马陆葡萄地标展示馆　联系人：樊江锋　联系电话：13122807383

上海马陆葡萄主题公园　联系人：王素青　联系电话：18017699126

上海农家苑葡萄有限公司　联系人：沈　晨　联系电话：18918605815

供稿：嘉定区马陆镇农业服务中心　苏　淳

登录编号：CAQS-MTYX-20210668

浦东葡萄

一、主要产地

上海市浦东新区周浦镇、新场镇、书院镇、川沙新镇镇、泥城镇、祝桥镇、大团镇。

二、品质特征

浦东葡萄外观穗型标准，果形饱满，平均果穗重500g左右，色泽一致，粒重均匀，香甜汁多，糖度适宜。

浦东葡萄可溶性固形物含量为18.7%，总酸含量为1.70g/kg，果糖含量为3.91mg/100g，优于参照值。

三、环境优势

浦东种植地是由长江和钱塘江冲积交汇而成，紧靠东海之滨，为年轻地域。土壤以砂土为主，土质疏松、土壤肥沃、pH值一般在7.0～7.5。浦东葡萄在稳定种植面积的同时，陆续引进夏黑、巨玫瑰、阳光玫瑰等优良品种，其中阳光玫瑰设施种植面积占全市设施种植面积的1/4。

四、收获时间

每年6—10月收获，最佳品质期为9月。

五、推荐贮藏保鲜和食用方法

【贮藏保鲜方法】放入冰箱冷藏或常温下存放在阴凉通风处。

【食用方法】采收后宜马上放入冰箱内冷藏，食用前30～60min拿出来清洗后品尝风味较佳，最佳品尝期5天内。

六、市场销售信息

上海平棋葡萄种植专业合作社　联系人：叶竞荣　联系方式：13816937477

上海桃咏桃业专业合作社　联系人：陆　峰　联系方式：13331996968

上海御郊农业专业合作社　联系人：张勤美　联系方式：13816986896

上海生清果蔬种植专业合作社　联系人：乔华平　联系方式：13917228687

上海山臻果蔬专业合作社　联系人：李小高　联系方式：13061739221

上海润堡生态蔬果专业合作社　联系人：杨华鑫　联系方式：13311602518

上海纯绿果蔬专业合作社　联系人：陈焕高　联系方式：13701845328

上海千绿果蔬专业合作社　联系人：邵莉华　联系方式：13524042993

上海仁全果蔬专业合作社　联系人：吴占伟　联系方式：13122826311

上海李氏蔬果专业合作社　联系人：李喜国　联系方式：13671512578

供稿：上海市浦东新区农协会　厉建飞

南汇蜜梨

登录编号：CAQS-MTYX-20210669

一、主要产地

上海市浦东新区老港镇、合庆镇、航头镇、祝桥镇、大团镇、惠南镇、新场镇。

二、品质特征

南汇蜜梨果实近圆形，个体大，平均单果重300g，最大单果重达500g，果实为绿色，套袋果为黄色，果面光滑，果皮薄。果心小，果肉白色鲜嫩，水分足，甜度高。

南汇蜜梨可溶性固形物含量为12.5%，维生素C含量为5.78mg/100g，总酸含量为1mg/kg，葡萄糖含量为5.0g/100g，均优于相应的参照值。

三、环境优势

浦东平原是由长江和钱塘江冲积交汇而成，紧靠东海之滨，为年轻地域。土壤以砂土为主，土质疏松、土壤肥沃。在这种独特的水土条件下，南汇翠冠梨成为南汇梨果的主角。

四、收获时间

每年7—9月收获，最佳品质期为8月。

五、推荐贮藏保鲜和食用方法

【贮藏保鲜方法】可储存在冰箱冷藏室内，温度控制在4℃左右，存放期不超过10天。

【食用方法】为更好地品尝梨果的风味，建议直接削皮品尝。

六、市场销售信息

上海桃源科技发展有限公司　联系人：倪文清　联系方式：13818142819

上海南汇零珊果蔬专业合作社　联系人：朱安强　联系方式：13052096838

上海地杰蔬果专业合作社　联系人：顾　旦　联系方式：13916552061

上海农夫果园　联系人：盛忠良　联系方式：18521398088

上海星光果蔬种植专业合作社　联系人：沈　军　联系方式：13301999126

上海醉妃缘蔬果专业合作社　联系人：郁福官　联系方式：15026831331

上海歆香蔬果专业合作社　联系人：周　军　联系方式：18149724772

上海冠香果蔬专业合作社　联系人：华建明　联系方式：13818152788

上海张磊果蔬专业合作社　联系人：张　磊　联系方式：13501807864

上海良元农产品专业合作社　联系人：王　婉　联系方式：13817915575

供稿：上海市浦东新区农协会　厉建飞

登录编号：CAQS-MTYX-20210670

金山卫蜜梨

一、主要产地

上海市金山区金山卫镇横召村。

二、品质特征

金山卫蜜梨属砂梨系，果实近圆形，果形指数 0.96，黄绿色，果面洁净。果肉雪白色，肉质细嫩、柔软多汁、化渣，石细胞极少，味浓甜，有果香味，果核小。

金山卫蜜梨可溶性固形物达到 12.8%，可溶性总糖为 12.5%，均高于参照值。

三、环境优势

金山卫镇为滨海地区，地势平坦，土地肥沃，良田广阔，河道纵横，是上海粮棉油主要产地之一，境内气候宜人，四季分明，降雨充沛，日照较多，自然条件优越，对农作物生长非常有利。近年来镇政府重视农业的招商引资，重点打造特色农业，加大科教兴农投入力度，大力推进农业组织化、规模化、智能化经营。横召村是金山卫镇郊野休闲产业带的一个分支，与周边其他种植户形成了横召村休闲观光采摘带，打造了一个真正意义的绿色梨设施种植基地，为乡村振兴添砖加瓦。

四、收获时间

每年 7 月下旬至 9 月上旬收获，最佳品质期为 8 月。

五、推荐贮藏保鲜和食用方法

【贮藏保鲜方法】梨果采收后，还带有大量的田间热量，加上呼吸旺盛，放出的热量很多，因此必须经过预冷，才可正式进行贮藏。可移至清凉处，自然通风，再进行冷藏。冰箱保存适宜的温度是 -1 ～ 1℃，最高不超过 5℃，保存时间最好不超过 5 天，放入之前不要水洗。梨放在冰箱里容易变坏多数是由于温度不适宜导致的，所以要注意调好温度。

【食用方法】削皮即食，也可用于制作冰糖蒸梨。

六、市场销售信息

上海善晨果蔬种植专业合作社　联系人：朱善陈　联系电话：15202101021

供稿：金山卫镇农业农村服务中心　周　力
上海善晨果蔬种植专业合作社　朱善陈

廊下蘑菇

登录编号：CAQS-MTYX-20210671

一、主要产地

上海市金山区廊下镇。

二、品质特征

双孢蘑菇子实体中等大，菌盖宽 5 ～ 12cm，初半球形，后平展，白色，光滑，略干渐变黄色，边缘初期内卷；菌肉白色，厚；无开伞，无裂纹，菌柄中粗直短；口感嫩滑，味道清香。

双孢蘑菇内不溶性膳食纤维含量为 2.24g/100g，蛋白质含量为 2.87g/100g，赖氨酸含量为 120mg/100g。

三、环境优势

廊下镇位于上海的西南角，金山区的中部，镇区面积 46.87km^2，是国家现代农业产业园和金山现代农业园区的所在地，食用菌种植面积 32.53 万 m^2（占地面积约 700 亩），其生态环境良好，远离工矿区和公路、铁路干线，避开生活垃圾、医院、工厂等污染源。在产业方面，农业生产占地面积比例高，工业生产也以农产品加工为主，周边 5km 范围内无污染源，环境监测均符合要求，布局有序，地块平整，排灌条件良好。

四、收获时间

全年均可收获，最佳品质期为全年。

五、推荐贮藏保鲜和食用方法

【贮藏保鲜方法】冷藏保存。

【食用方法】①炒食：蘑菇切片，炒锅倒少许油，放葱、蒜爆香，下入蘑菇片煸炒，放一点水、生抽、盐继续翻炒至蘑菇变软。②煮汤：锅里一层薄油，蘑菇倒扣锅里小火煎 60s，煎至有一点点焦黄即可，再将蘑菇翻过来，汤汁会煎出来，等到蘑菇变软，加入清水煮 5min，放入适量盐，撒上葱花、香菜即可出锅。③煎食：蘑菇去蒂，平底锅烧热，放少许油，蘑菇口朝下煎，轻轻晃动锅，煎均匀，蘑菇口一面煎黄后，把蘑菇翻过来，小火继续煎，煎熟后放少许盐、胡椒粉即可。

六、市场销售信息

上海联中食用菌专业合作社　联系人：丁文峰　联系电话：13905830312

供稿：金山区廊下镇农业农村服务中心　孙燕琼

登录编号：CAQS-MTYX-20210672

淀山湖黄桃

一、主要产地

江苏省苏州市昆山市淀山湖镇红星村、永新村。

二、品质特征

淀山湖黄桃果实新鲜、洁净。果形端正，近圆形，大小均一。果皮黄色，表面附着一层短绒毛，果香浓郁。果肉金黄色，近核处呈红色，果肉质密而韧，果汁丰富。

淀山湖黄桃可溶性固形物含量为12.5%，可滴定酸含量为0.77%，维生素C含量为9.05mg/100g，类胡萝卜素含量为50.4mg/100g。

三、环境优势

淀山湖镇属长江三角洲太湖平原，境内地势平坦，自西南向东北略呈倾斜，自然坡度较小，土壤类型为湖积母质，肥沃疏松，保肥性能良好，通透性强，肥力中偏上。该地域水量充沛，年平均降水量1 052mm，降水主要集中在6—8月，占全年降水量的60%。吴淞江、娄江横穿东西，有淀山湖、阳澄湖、澄湖、傀儡湖等41个湖泊，河道密布，主要干支河流62条，桃园灌溉条件便利。该地域属亚热带季风性湿润气候，四季分明，气候温和，光照充足，年平均气温15.2℃，年均日照时数1 789.2h，年均无霜期239天，空气质量优良。生产基地环境优越，周边为绿色食品原料基地和自然村落，有绿化带，无工矿污染源。

四、收获时间

每年8月上中旬收获，最佳品质期为1月。

五、推荐贮藏保鲜和食用方法

【贮藏保鲜方法】淀山湖黄桃冷藏不宜清洗，因为黄桃洗过之后容易损伤外皮，引发变质发黑。建议放冰箱冷藏的黄桃，用保鲜袋密封包好，既可以减少水分的流失，又可以避免受冰箱里气味重的食物影响。

【食用方法】淀山湖黄桃罐头、淀山湖黄桃沙拉、淀山湖黄桃蛋挞等。

六、市场销售信息

昆山淀山湖红星果品基地　联系人：曹春晖　联系电话：0512-57481468

昆山市淀山湖镇永新村农地股份专业合作社　联系人：李志华　联系电话：0512-57050229

昆山市淀山湖镇双护季绿园农业专业合作社　联系人：徐　亮　联系电话：0512-57481147

供稿：淀山湖镇人民政府　娄丽娟

江苏省农业科学院　韩　琦、吕　悦

溧水红标鸡

登录编号：CAQS-MTYX-20210673

一、主要产地

江苏省南京市溧水区东屏街道和平村。

二、品质特征

公鸡体形强壮优美，母鸡体形匀称秀美。公鸡和母鸡均冠形大，金黄色羽毛，黑喙，黑脚，抗病力强，适应环境能力强，生长速度快，饲料转化率高。

溧水红标鸡皮薄，皮下无过多脂肪，肌肉富有弹性，肉色微黄、有光泽，肉质嫩软，口感结实而细腻，保留了土鸡风味。富含多种人体所需的不饱和脂肪酸，其中，亚油酸占总脂肪酸23.2%，花生四烯酸占3.0%，α－亚麻酸占1.5%，DHA占0.4%，均优于同类产品。

三、环境优势

溧水区属北亚热带季风气候，四季分明，夏季湿热多雨，冬季寒冷干燥。年平均气温16.0℃，年平均相对湿度77%，年平均降水量1 147.0mm，年平均雨日124天，年平均日照时数1 969.0h，年平均无霜期224天。养殖场水源使用自来水，种植近8万株桂花树，以生态环保、种植养殖相结合的建设理念，利用自然绿色的天然屏障隔离圈舍、净化空气，形成低碳排放、近乎零污染的养殖环境。溧水红标鸡在森林环境养殖，养殖过程严格遵循标准，大大提高了该品种的抗病能力，育雏期成活率99.6%。

四、收获时间

主要出栏时间为春、秋、冬季。主要出栏饲养日龄为70天、90天、100天、120天等。最佳品质期为全年。

五、推荐贮藏保鲜和食用方法

【贮藏保鲜方法】分为冷鲜产品及冷冻产品，多为单只塑封包装，有效隔绝空气，冷鲜产品保存时间不超过3天，冷冻产品保存时间可达2年。

【食用方法】适合各式料理烹饪，如白切、烤制、炖汤、热炒、三杯鸡、烧烤、油炸等。

六、市场销售信息

红标鸡农场　联系电话：025-56205028

供稿：溧水区农业农村局　袁丹丹

登录编号：CAQS-MTYX-20210009

陶山甘蔗

一、主要产地

浙江省温州市瑞安市陶山镇及周边桐浦镇和马屿镇。

二、品质特征

陶山甘蔗属热带甘蔗栽培原种，具有株高茎粗，根系发达，含糖量高、产量高等特点，营养丰富，含多种维生素，药用价值高，具有止呕利尿、润燥醒酒等功效。

陶山甘蔗水分含量高达89.4%，可溶性固形物含量达16.8%，还原糖含量为4.4mg/g，各项参数均明显优于同类其他产品。

三、环境优势

瑞安位于浙江东部区域，属亚热带海洋季风气候，全年平均温度为18℃，年降水量在1 110～2 200mm，主要集中在春雨（3—4月）、梅雨（5—6月）和热带风暴（8—9月）等时期，降水量分别占到年度的18.3%、26.0%、26.2%，基本满足全市农田灌溉所需，形成了典型的江南水乡特色。全年日照时数1 200～1 950h，无霜期275天，鲜明的四季，充足的光照，造就了瑞安鱼米之乡。

四、收获时间

每年11月中下旬（小雪）开始采收，霜冻前采收完毕，最佳品质期为11月。

五、推荐贮藏保鲜和食用方法

【贮藏保鲜方法】阴凉处避光储存或冰箱冷藏。

【食用方法】鲜食或制糖。

六、市场销售信息

瑞安市陶山甘蔗专业合作社　联系人：狄优霞　联系方式：13967783889

瑞安市瑞陶甘蔗专业合作社　联系人：沈建君　联系电话：15058988681

瑞安市蔗礼农业专业合作社　联系人：林成可　联系方式：15356295828

供稿： 瑞安市农业农村局　吴　宇

瑞安市陶山镇甘蔗协会　何维健

庆元黄精

登录编号：CAQS-MTYX-20210015

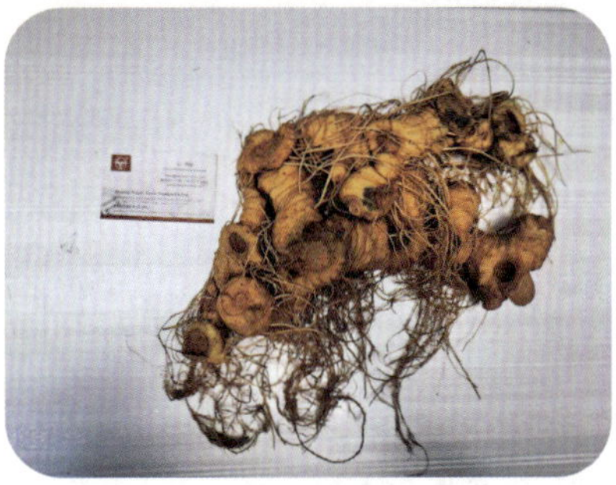

一、主要产地

浙江省丽水市庆元县隆宫乡。

二、品质特征

庆元黄精形状不规则，呈长条结节块状，长短不等，平均单个重 29.6g，表面黄褐色，口感微甜。

庆元黄精多糖含量 9.4%，浸出物 72.9%，灰分 3.2%，优于同类产品，具有补气养阴、健脾、润肺、益肾之功效。

三、环境优势

庆元县位于浙江省西南部，东经 118°50′～119°30′，北纬 27°25′～27°51′，气候属亚热带季风区，温暖湿润，四季分明，地形属浙西南中山区，地势由东北向西南倾斜，有溪谷、盆地、丘陵、低山、中山等多种地貌，无霜期短，昼夜温差大，其自然生态环境得天独厚，山地资源非常丰富，具备中药材种植的独特优势。

四、收获时间

全年均可收获，最佳品质期为全年。

五、推荐贮藏保鲜和食用方法

【贮藏保鲜方法】常温贮藏。

【食用方法】黄精茶、黄精芝麻丸、黄精脯等。

六、市场销售信息

庆元县御竹香农林专业合作社　联系电话：15215778567

丽水卢福堂生物科技有限公司　联系电话：15257817788

供稿：庆元县农业农村局　吴倩倩

登录编号：CAQS-MTYX-20210016

庆元甜桔柚

一、主要产地

浙江省丽水市庆元县竹口镇。

二、品质特征

庆元甜桔（橘）柚果形高扁圆、端正，单果重 200 ～ 300g，果皮金黄光洁；果肉橙黄，质地柔嫩多汁，甜爽适口，风味佳。

庆元甜桔柚总糖含量大于 10%，总酸含量小于 0.6%，可溶性固形物含量大于 12%，维生素 C 含量大于 15mg/100g，营养丰富。

三、环境优势

庆元是一个“九山半水半分田”的山区县，森林覆盖率达到 86.7%，2004 年国家环境监测总站根据卫星遥感数据对全国 2 348 个县（市、区）的生态环境综合指数进行排序，庆元县名列第一，是名副其实的“中国生态环境第一县”。

庆元属亚热带季风区，温暖湿润，四季分明，冬无严寒，夏无酷暑。年平均气温 18℃，年平均降水量 1 746.9mm，无霜期 255 天，年平均日照时数 1 729h。县域内的土壤类型为红壤、黄壤、水稻土等，pH 值 5 ～ 6，有机质含量高，土层深厚肥沃，通透性良好。庆元县在浙江省规划中被列为柑橘优势区。基地主要是选择背风向阳，海拔低于 350m，坡度 25° 以下，土层深厚肥沃的缓坡地种植。品种以无籽甜桔柚为主，严格执行甜桔柚地方标准，建立全程可追溯系统。常年坚持绿色生产，以草治草，以草治虫，以施有机肥为主，果品全部采用人工套袋、物理灭虫。全县无工业企业，无任何污染。气候温暖湿润，冬暖夏凉，昼夜温差大，十分有利于果品养分的积累。

四、收获时间

庆元甜桔柚 2 月开花、5 月成长、12 月成熟。最佳品质期为 12 月。

五、推荐贮藏保鲜和食用方法

【贮藏保鲜方法】果品耐贮运，在常温下储藏期达 5 个月，供应期延长，可错开果品过剩季节。

【食用方法】切开即食。

六、市场销售信息

庆元县志东果业有限公司　联系人：朱志东　联系方式：13967072271

庆元县外婆家水果专业合作社　联系人：杨宽英　联系方式：13375883261

庆元县金蜜果农业发展有限公司　联系人：吴丽平　联系方式：13905784032

供稿：庆元县农业农村局　吴倩倩

庆元香菇

登录编号：CAQS-MTYX-20210017

一、主要产地

浙江省丽水市庆元县所属的濛洲街道、松源街道、屏都街道、黄田镇、竹口镇、荷地镇、左溪镇、百山祖镇、贤良镇、五大堡乡、岭头乡、张村乡、淤上乡、安南乡、隆宫乡、举水乡、龙溪乡、江根乡、官塘乡19个乡镇（街道）191个行政村。

二、品质特征

庆元香菇朵形圆整，厚薄适中，纹理自然，组织致密，香气浓郁。鲜菇菌盖呈淡褐色至褐色，菌褶乳白略带浅黄色，菌盖直径不小于3cm，菌盖厚度不小于0.8cm，肉质鲜爽脆嫩；干菇菌盖褐色，菌褶米黄色，菌盖直径不小于2cm，菌盖厚度不小于0.3cm，泡发后肉质厚实有嚼劲。

庆元香菇鲜菇中蛋白质含量3.4g/100g，氨基酸总量2.8g/100g；干菇中蛋白质含量不低于20.0%，麦角甾醇（$C_{28}H_{44}O$）含量0.724%，粗多糖含量不低于4.2%，氨基酸含量不低于16.0%。

三、环境优势

庆元县地处浙江省西南部，属亚热带季风气候，全年气候温暖湿润，雨量充沛，四季分明，年平均气温17.4℃，无霜期245天，年平均日照时数1 729.0h，昼夜温差大，适宜香菇催蕾、原基分化、子实体生长发育和营养物质的积累。庆元降雨充沛，年平均降水量1 760mm，溪流纵横，生产用水主要为地表水，水质优良，符合香菇生产用水要求，保障了香菇品质与安全。

四、收获时间

秋冬菇出菇期为9月至翌年4月；夏菇出菇期为4—9月。最佳品质期为全年。

五、推荐贮藏保鲜和食用方法

【贮藏保鲜方法】香菇装入保鲜盒放入冰箱2～4℃冷藏，可存放15天左右。

【食用方法】蚝油香菇等。

六、市场销售信息

浙江百兴食品有限公司　联系电话：18906780513

浙江元康食品有限公司　联系电话：13587142755

庆元县高川源食用菌专业合作社　联系电话：15925780126

浙江庆元墨泉斋农耕文化发展有限公司　联系电话：15990800060

浙江华御食品有限公司　联系电话：13906880717

浙江江源菇品有限公司　联系电话：15105889081

浙江万成食业有限公司　联系电话：13905784059

供稿：庆元县食用菌产业中心　毛景秀、邵志华

登录编号：CAQS-MTYX-20210018

庆元灰树花

一、主要产地

浙江省丽水市庆元县黄田镇、岭头乡、荷地镇、安南乡共4个乡镇。

二、品质特征

庆元灰树花子实体肉质，菌柄短呈珊瑚状分枝，重叠成丛，丛宽25～60cm；菌盖生于末端，呈扇形，直径2～7cm，颜色呈灰色至浅褐色。肉质脆嫩，具有灰树花独特香味。

庆元灰树花营养价值高，富含多糖、维生素，维生素 B_1（干基）含量1.74mg/100g，麦角甾醇（$C_{28}H_{44}O$）（按干燥品计）含量0.896%。

三、环境优势

庆元县地处浙江省西南部，属亚热带季风气候，全年气候温暖湿润，雨量充沛，四季分明，年平均气温17.4℃，无霜期245天，年平均日照时数1 729.0h，昼夜温差大，适宜灰树花营养物质的积累。庆元降雨充沛，年平均降水量1 760mm，溪流纵横，生产用水主要为地表水，水质优良，均为一类或二类，符合灰树花生产用水要求，保障了灰树花品质与安全。

四、收获时间

灰树花一年采收两季，分别在4月和10月。最佳品质期为全年。

五、推荐贮藏保鲜和食用方法

【贮藏保鲜方法】新鲜灰树花2～4℃冷藏，可储存15天左右。

【食用方法】灰树花炖鸡汤：灰树花冷水泡发，洗净后焯水，鸡腿焯水，炖锅里放入灰树花、鸡腿排、葱、姜，加冷水炖煮1h，放入葱花、枸杞，加入适量食盐调味即可。

六、市场销售信息

浙江方格药业有限公司　联系电话：15988012948

庆元县绿尔佳食品有限公司　联系电话：15355588191

庆元县来山里农业科技有限公司　联系电话：15857803643

庆元县禾帝农产品专业合作社　联系电话：13777695341

庆元县蔡章平家庭农场　联系电话：15925780270

供稿：庆元县食用菌产业中心　毛景秀、邵志华

桐乡董家茭白

登录编号：CAQS-MTYX-20210290

一、主要产地

浙江省嘉兴市桐乡市乌镇镇，以董家村为中心向四周辐射，包含金牛村、南王村、元丰村、皂林村等多个村。

二、品质特征

桐乡董家茭白外形粗壮匀称，表皮光滑洁白，肉质鲜嫩无渣，微甜爽口清香。

桐乡董家茭白总糖含量为2.6%，蛋白质含量为1.4%，粗纤维含量为0.8%，维生素C含量 为7.3mg/100g。

三、环境优势

乌镇地处浙江北部杭嘉湖平原腹地、桐乡市北端，地势平坦，无一山丘，河流纵横交织，属典型的江南水网平原。乌镇属典型的亚热带季风气候，温暖湿润，雨水丰沛，日照充足，无霜期长，具有冬冷夏热、春暖秋凉、四季分明的特点。常年平均气温16.5℃，年平均降水量1 246.7mm，无霜期243.4天。乌镇境内土壤以江、海、湖相沉积物形成的水稻土为主，土质以中壤为主，土层深厚，土壤肥沃，熟化程度高，保肥性能好，有机质含量2%以上，中性偏酸，肥沃的土壤非常适宜董家茭白种植。

四、收获时间

每年收获两季，分别在4—6月和9—11月。最佳品质期为5月。

五、推荐贮藏保鲜和食用方法

【贮藏保鲜方法】采收后包装，可存放于专用冷库，库内温度保持在0～3℃。

【食用方法】①红烧茭白：茭白洗净，切成滚刀块。热锅凉油下锅翻炒，倒入适量生抽、老抽、糖、清水，烧开收汁后倒入水淀粉勾芡，出锅装盘。②茭白煎蛋：茭白切丁，4个鸡蛋打入碗中，加适量盐、味精打散，将茭白丁倒入鸡蛋液中搅拌均匀。热锅凉油下蛋液，底部略微定型焦黄时将鸡蛋翻面，煎至金黄，倒入一点水，水烧干后出锅装盘。

六、市场销售信息

桐乡市董家茭白专业合作社　联系电话：13586438763

浙江新地里农产品有限公司

供稿：桐乡市农业农村局

登录编号：CAQS-MTYX-20210292

龙泉黑木耳

一、主要产地

浙江省龙泉市八都镇等 18 个乡镇（街道）（除岩樟乡外）。

二、品质特征

龙泉黑木耳耳片完整、均匀，最大直径约为 2.4cm，厚度约为 0.7cm，耳瓣自然卷曲，正面呈黑褐色，有光泽，背面呈灰白色，质硬而脆，具有黑木耳特有的气味。

龙泉黑木耳干湿比 1∶13，总糖含量为 53.6%，蛋白质含量为 11%，指标优于同类产品。

三、环境优势

龙泉是江浙之巅，凤阳山主峰 1 929m，是长江三角洲第一高峰；龙泉是瓯江、闽江、乌溪江三江之源，素有“浙南林海”之美称，森林覆盖率达 84.4%，空气质量优良率保持 99.5% 以上，细颗粒物（PM2.5）年均值仅 20μg/m^3 左右，负氧离子浓度最高达 12 万个 /cm^3，被誉为“中国天然氧吧”和“全国百佳深呼吸小城”，是国家森林城市和国家级生态示范区。龙泉市属于亚热带季风气候，温暖湿润，四季分明，不同海拔区域小气候丰富多彩，昼夜温差大，全年光热水同步好，极为有利于黑木耳生长。龙泉地表水 32 亿 m^3（占水资源 88%），达国家一类、二类水标准的占 94%，好山好水好空气，造就了龙泉黑木耳的优异品质。

四、收获时间

每年 11 月至翌年 4 月，最佳品质期为 3 月。

五、推荐贮藏保鲜和食用方法

【贮藏保鲜方法】阴凉干燥处贮藏。

【食用方法】凉拌黑木耳、木须肉等。

六、市场销售信息

浙江龙泉晨光食品有限公司　联系电话：13906885643

浙江龙泉芳野食品有限公司　联系电话：13906785732

浙江天和食品有限公司　联系电话：13905785176

供稿：龙泉市农业农村局

桐乡蜜梨

登录编号：CAQS-MTYX-20210674

一、主要产地

浙江省嘉兴市桐乡市石门镇殷家漾村、屠甸镇汇丰村。

二、品质特征

桐乡蜜梨果实近圆形，果皮呈黄褐色或青绿色，果点较小，平均单果重大于360g，横径大于85cm，果肉白色，质地脆嫩爽口，汁多甘甜。

桐乡蜜梨维生素C含量为7.74mg/100g，可溶性固形物含量为11.8%，可滴定酸含量为0.07%，果实硬度为6.0kg/cm²，上述指标优于同类产品参照值。

三、环境优势

蜜梨生长势较西洋梨、白梨等弱，适应于南方温暖而多雨的气候，一般可耐 –23℃以上的低温。桐乡地处杭嘉湖平原腹地，交通发达，气候环境为亚热带季风气候，全年雨水充沛，光照充足，土壤肥沃，非常适合种植蜜梨。桐乡所产的蜜梨，核小肉厚、质细嫩爽、汁丰味甜，经过多年来的发展，已在嘉兴地区富有美名，每年吸引大量顾客购买。

四、收获时间

每年7月收获，最佳品质期为7月。

五、推荐贮藏保鲜和食用方法

【贮藏保鲜方法】冷藏。

【食用方法】①削皮直接食用。②翠冠梨洗净去皮，切块，加水炖煮，做成糖水翠冠梨。

六、市场销售信息

桐乡市石门镇殷家漾蜜梨专业合作社　联系人：陆学良　联系方式：15990319187

桐乡市乌镇青果庄园有限公司　联系人：朱振华　联系方式：18805837111

供稿：桐乡市农业农村局

登录编号：CAQS-MTYX-20210677

路桥枇杷

一、主要产地

浙江省台州市路桥区桐屿街道小稠村、东明村、凉溪村、民主村、盐岙村。

二、品质特征

路桥枇杷果实椭圆形或圆形，平均单果重约 46 克。果顶圆钝，果面橙红色，锈斑少，皮厚韧，易剥离。果肉橙红色，致密、厚度适中，汁液中等，淡甜。

路桥枇杷可溶性固形物高达 12.2%，可食率为 69.6%，总酸含量为 0.12g/100mL，固酸比为 101∶1。

三、环境优势

主要种植区为沿山丘陵地带，海拔高度在 5～120m，土壤质地为黄壤，平均厚度 1m 以上，pH 值 6.5 左右。灌溉用水主要以山地小水库、积水塘、积水池内所积蓄的雨水为主；平原地区以内地河道水灌溉。气候属亚热带季风气候区，冬夏季长，春秋季短，四季分明，雨水充足，空气湿润，光照适宜，年平均气温 17.5℃，7 月和 8 月最热，平均气温分别 28.1℃和 27.7℃；1 月最冷，平均气温 6.8℃；无霜期可达 262 天。受海洋性季风影响，路桥区降水充沛，年均降水量 1 533mm，蒸发量 1 283.7mm，相对湿度 80%；年平均日照时数 1 742h，大于 10℃年活动积温 5 521.3℃。生产区域东西长 13.3km，南北宽 18.8km。

四、收获时间

每年 5—6 月收获，最佳品质期为 5 月。

五、推荐贮藏保鲜和食用方法

【贮藏保鲜方法】可暂存于阴凉、干燥、通风处。

【食用方法】可直接剥皮鲜食。可制成枇杷罐头、枇杷膏等。

六、市场销售信息

台州市路桥绿园果品专业合作社　联系人：徐普顺　联系电话：13957656798

台州市路桥绿然果品专业合作社　联系人：任建荣　联系电话：18806573883

浙江大红袍水果专业合作社　联系人：谢建勇　联系电话：13566819288

供稿：路桥区农业农村和水利局　吴才华

庐江大米

登录编号：CAQS-MTYX-20210020

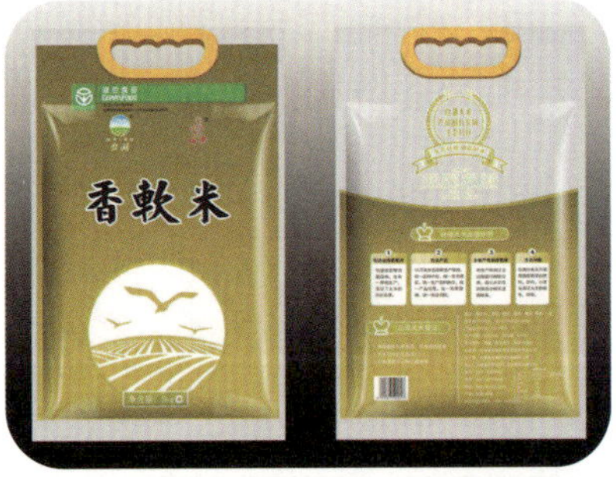

一、主要产地

安徽省合肥市庐江县白湖镇、白山镇、矾山镇、郭河镇、金牛镇、柯坦镇、乐桥镇、龙桥镇、庐城镇、罗河镇、泥河镇、盛桥镇、石头镇、汤池镇、同大镇、万山镇、冶父山镇17个镇和台湾农民创业园的229个行政村（社区）。

二、品质特征

庐江大米粒形明显小于普通粳米，米色蜡白。蒸煮后，米饭洁白，有清香气味，结构紧密完整，口感软糯、有嚼劲，滋味清香，微甜。

庐江大米胶稠度为81mm，硒含量为36mg/100g，钙含量为10.3mg/100g，锌含量为2.26mg/100g。

三、环境优势

庐江县地处皖中，北濒巢湖，南近长江，西依大别山脉，具有得天独厚的自然资源。庐江县属亚热带季风气候区，四季分明，寒暑明显，平均气温为16.2℃，年均降水量1 262.9mm，年均日照时数1 794.3h，无霜期301天，尤其适合水稻种植生产，年粮食种植面积200多万亩。庐江是以粮食生产为主的生产大县，自古有“鱼米之乡”之称，9次荣获全国粮食生产先进县称号。

四、收获时间

每年10月中旬至11月上旬收获，最佳品质期为10月。

五、推荐贮藏保鲜和食用方法

【贮藏保鲜方法】放置于阴凉干燥处存储。

【食用方法】直接蒸煮做主食，也可以制作锅巴、寿司等。

六、市场销售信息

安徽省白湖农场集团有限责任公司　联系人：张立新　联系电话：0551-87522866、18155103698

庐江县新民粮油有限公司　联系人：方伟青　联系电话：13329250166

安徽辉隆万乐米业有限公司　联系人：吴　斌　联系电话：15240184366

供稿：庐江县农业农村局　张宏俊

登录编号：CAQS-MTYX-20210021

肥东大米

一、主要产地

安徽省合肥市肥东县包公镇、石塘镇、张集乡等 10 个乡镇下辖的 131 个村。

二、品质特征

肥东大米米粒细长、半透明、有光泽，蒸煮后饭粒洁白，表面有油光，富有弹性，入口香甜，口感绵软略黏，回味甘醇，凉后仍能保持良好口感，不回生，具有稻米的气味。

肥东大米直链淀粉含量为 13.4%，胶稠度为 92mm，垩白粒率为 10%，垩白度为 0.8%，上述指标优于同类产品参照值。

三、环境优势

肥东县地处皖中腹地，大别山东缘余脉纵穿东部，南濒中国五大淡水湖之一的巢湖，依山傍水，土地肥沃，河渠交错，江淮分水岭从西往东横贯中北部，将全县分为淮河和长江两大水系。肥东大米产区属北亚热带季风性气候，年平均温度 15.5℃，年降水量 940mm，无霜期 234 天，气候温和，四季分明，雨量适中，光照充足。独特的气候及地理环境造就了肥东大米优秀的品质。

四、收获时间

收获期为 9—12 月，最佳品质期为 10 月。

五、推荐贮藏保鲜和食用方法

【贮藏保鲜方法】放置于阴凉干燥处存储，可放入大蒜、八角、花椒等驱虫。

【食用方法】锅巴、蛋炒饭、皮蛋瘦肉粥等。

六、市场销售信息

合肥市新禾米业有限公司　联系人：周　阳　联系电话：13856965566

合肥龙腾米业有限公司　联系电话：15375306677

合肥年华米业有限公司　联系人：许昌乐　联系电话：13696777741

供稿：肥东县农业农村局　沙宗权

无为草龟

登录编号：CAQS-MTYX-20210022

一、主要产地

安徽省芜湖市无为市陡沟镇红星村、泉塘镇泉塘社区、泥汊镇保安村。

二、品质特征

无为草龟龟体长椭圆形，背甲纹路清晰，3条纵棱明显；背甲棕黄色，2龄以上多呈灰褐色；腹甲平坦，呈黑色；颈部、四肢呈灰黑色。

无为草龟蛋白质含量为16.04g/100g，粗脂肪含量为4.69g/100g，亚油酸占总脂肪酸比例为29.22%，α-亚麻酸占总脂肪酸比例为1.85%，营养丰富，是高级滋补品和食疗佳品。

三、环境优势

无为市地处皖中，地貌总体特征是“山环西北，水骤东南”，大体可分为平原区和低山丘陵区，低圩平原以东部圩区为主，沿西河延伸到西部，海拔10m左右。临江滨湖，位于巢湖和长江之间，境内河湖纵横交错，水网发达，湿地众多，水生生物资源极为丰富。水源上游及沿途没有工矿污染源，水质优良、纯净，是无为草龟养殖的优质水源。全市年平均气温15.8℃，年际变动在15.1～16.9℃，变幅1.8℃。年平均降水量1 170.5mm，平均年雨日为126.6天。年平均空气相对湿度81%，年际间和季节间变化不大，一年中有8个月（3—10月）空气相对湿度不低于80%，十分适合无为草龟的生长繁衍。

四、收获时间

每年10月收获，最佳品质期为10月。

五、推荐贮藏保鲜和食用方法

【贮藏保鲜方法】无为草龟屠宰分割后，真空包装成速冻龟肉，-18℃冷冻贮藏。

【食用方法】红烧龟肉、砂锅龟肉汤等。

六、市场销售信息

成都江氏山货贸易有限公司　联系人：江洪军　联系电话：18982051978

山东济南鹏展水产有限公司　联系人：曹小果　联系电话：18660111829

深海蓝鲸深海海鲜大酒店　联系人：蒋　杰　联系电话：13105727266

供稿：无为市农业农村局　张　晨

安徽蓝田农业集团有限公司　项旭东

登录编号：CAQS-MTYX-20210023

涂山石榴

一、主要产地

安徽省蚌埠市禹会区长青乡上洪村、下洪村、涂山村、杜郢村、石巷村。

二、品质特征

涂山石榴果实近圆形，大果型；果面完好，果皮薄；果实饱满，籽粒红色，汁液多；味酸甜，硬籽。

涂山石榴可溶性糖含量为11.24%，维生素C含量为10.42mg/100g，可溶性固形物15.5%，总酸含量为0.34%，均优于同类参照值。

三、环境优势

禹会区隶属于蚌埠市淮河南岸，境内涂山雄踞淮河东南岸，地处北亚热带至暖温带的过渡带，兼有南北方气候特点，属暖温带半湿润季风气候区，适宜石榴的生长。涂山石榴主要分布在涂山周边，面积达1万余亩，这里气候温暖、潮湿、阳光充足、通风良好，土质略带黏性，为富含石灰质的砂壤土，这些气候与土壤条件都适合优质的石榴生长。涂山风景区拥有极为丰富的历史文化资源，相传早在4 000多年前大禹就在此劈山导淮，召会诸侯，娶妻生子，成为中华文明的发祥地之一。

四、收获时间

每年10月上旬至12月底收获，最佳品质期为11月。

五、推荐贮藏保鲜和食用方法

【贮藏保鲜方法】采收后冷库保鲜贮藏。

【食用方法】鲜食。

六、市场销售信息

蚌埠涂上石榴装业合作社　联系人：蔡灵芳　联系电话：13956372618

蚌埠市涂山村富民石榴专业合作社　联系人：王传龙　联系电话：18895668899

蚌埠市洪涂石榴种植专业合作社　联系人：石鹏昌　联系电话：13305525677

供稿：禹会区农业农村水利局　陈素芳

五河螃蟹

登录编号：CAQS-MTYX-20210024

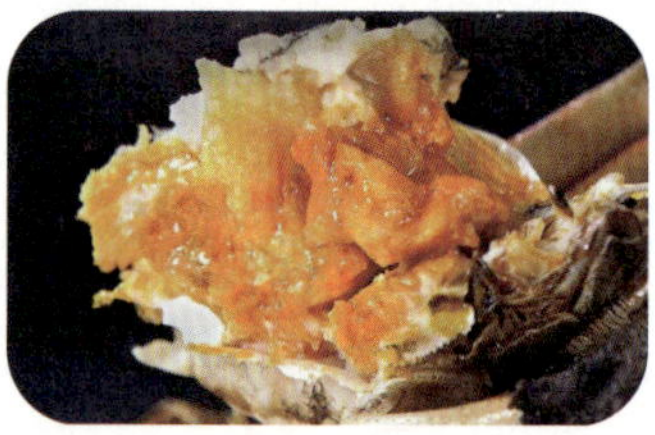

一、主要产地

安徽省蚌埠市五河县城关镇、沱湖乡、申集镇、双庙镇、头铺镇、武桥镇、小圩镇、新集镇、浍南镇、临北乡、东刘集镇、大新镇、小溪镇等14个乡镇199个村。

二、品质特征

五河螃蟹青壳、白肚、金爪、褐螯，甲壳坚硬、光洁，头胸甲隆起，额齿和侧齿尖锐，中央缺壳较深；1对螯足呈钳状，掌节密生褐色绒毛；4对步足完整，前后缘长有棕色绒毛；活动有力，反应敏捷。

五河螃蟹营养丰富，蛋白质含量17.6g/100g，钙含量1 770mg/kg，铁含量32.8mg/kg，锌含量59.2mg/kg，均大于同类参照值；脂肪含量0.9g/100g，小于同类参照值。

三、环境优势

五河县位于淮北平原东南部，大部分是冲积平原，属北亚热带与南暖温带过渡的季风气候区，四季分明、季风气候显著、气候温和、光照充足、雨量适中、无霜期长。五河县境内有淮河、浍河、崇河、潼河、沱河5条河流；境内有沱湖、香涧湖、天井湖3个天然湖泊，有樵子涧中型水库1座及小型水库34座。五河螃蟹主要生长在湖泊区域及周边，水草茂盛、水质优良，生态环境较好。

四、收获时间

每年10月至翌年1月捕捞，最佳品质期为11月。

五、推荐贮藏保鲜和食用方法

【贮藏保鲜方法】①冰箱保存：选活力旺盛的大闸蟹，把蟹脚捆起来以减少体力消耗，然后放在冰箱的冷藏柜，温度保持5～10℃，盖上湿毛巾，一般可保存5～7天。②塑料桶/盆保存：选活力旺盛的大闸蟹放入塑料桶/盆中，不能层叠，加水至大闸蟹身高的一半，起到保湿作用，桶/盆无须加盖，一般可保存5～7天。

【食用方法】清蒸、辣炒螃蟹、水煮河蟹等。

六、市场销售信息

五河县盛堂水产养殖专业合作社　联系人：朱凡堂　联系电话：15955225386

五河县顺源水产养殖专业合作社　联系人：岳喜高　联系电话：13170026777

安徽省上殿湖水产养殖有限公司　联系人：杨晓凤　联系电话：13170026777

安徽省润博农业科技有限公司　联系人：车　芹　联系电话：13865054331

供稿：五河县农业农村局　王志刚

五河县农业农村局水产技术推广站　王本龙

登录编号：CAQS-MTYX-20210025

夏集糯米

一、主要产地

安徽省淮南市毛集实验区夏集镇、毛集镇、焦岗湖镇。

二、品质特征

夏集糯米米粒白色不透明，呈短圆形；蒸煮后米饭香气明显，油润光洁，黏性强，结构紧密，口感爽滑，软硬度适中，有嚼劲，有淡淡的香味和甜味，冷却后口感黏弹性好。

夏集糯米锌含量为1.21mg/100g，铁含量为0.962mg/100g，胶稠度为90mm，碱消值6.2级，优于同类产品参照值，符合二级优质糯米质量标准。

三、环境优势

夏集糯米产地位于淮河两岸，平均海拔19～25m，土壤肥沃，土壤有机质含量0.84%～1.3%，pH值为7.7～8.5。毛集实验区气候温和，降水资源丰富，光照充足，昼夜温差大，年日照时数平均2 000h以上，年平均温度为15.1℃，无霜期210～220天左右，农作物生长期长，病虫害轻，有利于干物质积累；产地有焦岗湖等丰富的湖泊资源，又有淮河自流灌溉，水质良好，既可灌溉又可淤地肥田，非常适合糯稻生长，是我国优质糯稻种植区域。

四、收获时间

每年9月中下旬收获，最佳品质期为全年。

五、推荐贮藏保鲜和食用方法

【贮藏保鲜方法】糯米贮藏重点是在阴凉、通风、干燥处密封储存。①常规贮藏法：主要采用干燥、自然低温、密闭的方法，将大米码垛、通风后，再密闭贮藏。②低温贮藏法：低温贮藏是大米保鲜的有效途径。

【食用方法】糯米粥：先把糯米提前放在冷水中浸泡半小时，然后放入锅中加水煮粥。煮粥过程中，用勺子沿同一方向不断搅动，这样煮出的糯米粥口感特别好；也可以根据需要，加入红枣、葡萄干、南瓜、冰糖等配料。煮糯米粥时，要一次性放足清水，不能在煮制过程中加水，否则会影响糯米粥的口感。

六、市场销售信息

淮南市洪图粮贸有限公司　联系人：洪海旭　联系电话：18949687555

淮南市光成米业有限公司　联系人：万跃飞　联系电话：15955420888

供稿：毛集实验区农业发展局

博望大米

登录编号：CAQS-MTYX-20210026

一、主要产地

安徽省马鞍山市博望区。

二、品质特征

博望大米呈米白色，椭圆粒形，半透明状，饭粒晶莹透亮有油光，饭味清香适口，入口柔软，不黏口，凉饭不易回生，具有稻米的香味。

博望大米营养价值丰富，直链淀粉（干基）含量为 14.4%，蛋白质含量为 7.2%，胶稠度为 88mm，垩白度为 1%，脂肪含量为 1.1g/100g，以上品质特征均优于同类产品参照值。

三、环境优势

博望区地处安徽东部，北倚横山，南濒石臼湖，地势北高南低，境内有九河一湖。受东部亚热带季风气候影响，为湿润农业气候区。年平均气温一般为 16.4℃左右，年降水量一般在 1 087.6mm。年日照时数平均为 2 109.9h，无霜期平均为 234 天。光、热、水资源都比较丰富，土壤肥沃，生态环境优越，适宜优质稻米生产。

四、收获时间

每年 10—11 月收获，最佳品质期为 11 月。

五、推荐贮藏保鲜和食用方法

【贮藏保鲜方法】应存放在阴凉、干燥、易通风的地方，储存在冰箱冷藏室口感更佳。

【食用方法】蒸米饭、煮粥。

六、市场销售信息

马鞍山市农腾生态科技发展有限公司　联系人：王德淦　联系电话：18605552635

马鞍山市新临农贸实业有限责任公司　联系人：陶功臣　联系电话：13605559659

马鞍山市丹阳湖水产养殖专业合作社　联系人：邵六海　联系电话：13855562318

马鞍山市品新水产养殖专业合作社　联系人：汪　正　联系电话：13365557133

供稿：博望区农业农村水利局　端　鹏

登录编号：CAQS-MTYX-20210028

和县辣椒

一、主要产地

安徽省马鞍山市和县历阳镇、乌江镇、西埠镇、功桥镇、善厚镇等共计9个镇82个行政村。

二、品质特征

和县辣椒为牛角型，果肩平，果尖钝，外形敦实，果长15～18cm，最大横径6～7cm。果实鲜红，果面光滑，果肉致密硬度高，口感微辣，鲜美爽口。

和县辣椒具有较高营养价值，每100g果肉中维生素C含量为170mg，镁含量为17.3mg，钾含量为199mg。

三、环境优势

和县地处皖东，濒临长江，境内山水资源丰富，生态环境优越，“青山绿水到江沿，土地一半是良田”，享有“中国蔬菜之乡”美誉。和县属于亚热带湿润性季风气候区，年平均气温15.7℃，年平均日照时数2 126h，无霜期232天，年平均降水量1 006mm。生产地域内土质为砂质壤土，耕作层深18～20cm，pH值6.5～7.5，适合生产优质辣椒。土壤中有效硫、有效锌、有效铁、有效锰、有效铜等含量均达丰富水平，其中速效钾平均含量在76～129mg/kg，有利于和县辣椒通体鲜红、肉质厚等品质的形成。

四、收获时间

收获期为11月下旬至翌年4月，最佳品质期为1月。

五、推荐贮藏保鲜和食用方法

【贮藏保鲜方法】直接放至阴凉处或冰箱冷藏，或制作成辣椒酱密封保存。

【食用方法】作为鲜食菜用，烹饪炒菜。此外，可加工为辣椒酱、辣椒粉、泡椒等产品。

六、市场销售信息

安徽省和县济洪蔬菜种植有限责任公司　联系人：管必武　联系电话：13865289245

马鞍山绿九湾瓜果蔬菜种植有限公司　联系人：杨　兵　联系电话：18055525888

和县绿源蔬菜种植有限责任公司　联系人：王继红　联系电话：18255515501

安徽新源农业科技有限公司　联系人：夏新发　联系电话：18956510008

马鞍山市怡和园农业发展有限公司　联系人：邵义和　联系电话：18205550807

供稿：和县蔬菜技术指导服务站　张金龙

含山大米

登录编号：CAQS-MTYX-20210029

一、主要产地

安徽省马鞍山市含山县陶厂镇、运漕镇、环峰镇、铜闸镇等。

二、品质特征

含山大米米粒表面光滑，色泽清白，有光泽，呈半透明状，大小均匀，丰满光滑。蒸煮后，具有特有的清香味和甜味，饭粒结构紧密、完整性好、具有明显的光泽，米饭滑爽、有黏性，不黏牙且具有嚼劲。

含山大米维生素 B_1 含量为 0.26mg/100g，钙含量为 12.23mg/100g，锌含量为 1.99mg/100g，胶稠度为 83mm，上述指标均优于同类产品参照值。

三、环境优势

含山县位于长江下游北岸，东与和县接壤，西与巢湖市相连，南与芜湖市无为县以裕溪河相隔，北接滁州市全椒县，地形西北高东南低，群山环抱，丘圩交错。境内有裕溪河、牛屯河和得胜河等河流，地表水质优良。含山县属北亚热带湿润性季风气候，四季分明，季风明显，气候温和，日照充足，年平均气温为 15.6℃，年平均日照时数 2 216h，土壤熟化程度高，土层较深厚，自然肥力较高，通透性好，保水保肥性较强，特别适合水稻生长。

四、收获时间

每年 11 月收获，最佳品质期为 11 月。

五、推荐贮藏保鲜和食用方法

【贮藏保鲜方法】低温储存。

【食用方法】将大米淘洗干净后，按照米：水 =1：1.1 兑水浸泡 10min 后蒸煮，建议使用电饭煲蒸煮。

六、市场销售信息

含山大米官方旗舰店　联系人：司女士　联系电话：18315500227

供稿：含山县农业农村局

登录编号：CAQS-MTYX-20210031

黟县香榧

一、主要产地

安徽省黄山市黟县宏村镇泗溪村、洪星乡大星村、长春村等。

二、品质特征

黟县香榧产品颗粒匀称完整，壳薄仁满，外壳棕黄，果仁米黄色，光泽度好，具有香榧固有而独特的天然香味，肉质细嫩，酥松爽口，后味鲜爽清口。

黟县香榧不饱和脂肪酸占总脂肪酸的85.5%，高于参照值（82.7%）；油酸占总脂肪酸的39.8%，远高于参照值（33.3%）；蛋白质含量为12.4%，高于参照值（12.0%）。

三、环境优势

黟县是徽文化发源地之一，号称“世外桃源，画里乡村”。黟县地处中亚热带北缘，属亚热带湿润季风气候区，具有气候温和、四季分明、雨量充沛和季节变化明显的特点。黄山余脉由东北向西南横贯黟县中部，形成新安江（南）和青弋江（北）的天然分水岭，中间高，南北低，山与盆地兼而有之，是较为典型的“八山半水一分田、半分道路和庄园”山区县之一。土壤发育层次分明，在较为完整的植被的影响下，土壤的肥力较高，土壤有机质含量不低于4.0%，土壤pH值为5.0～6.5。水资源丰富，生态环境优异，森林覆盖率高达84.7%，空气质量优良率95%以上。黟县优异的生态环境，优质的光温水土条件，为黟县香榧创造了优越的生长条件，形成独特而优良的品质特征。

四、收获时间

每年10—11月收获，最佳品质期为11月。

五、推荐贮藏保鲜和食用方法

【贮藏保鲜方法】干燥、阴凉处常温贮藏。

【食用方法】开袋即食。

六、市场销售信息

黄山市黟县宏村天然食品厂　联系人：郑连军　联系电话：13365599999

黟县龙潭果业有限公司　联系人：殷正龙　联系电话：13705598650

供稿： 黟县农业农村技术服务中心　张志骏

滁菊（南谯区）

登录编号：CAQS-MTYX-20210032

一、主要产地

安徽省滁州市南谯区大柳镇、施集镇、珠龙镇。

二、品质特征

滁菊是中国“四大名菊”之首，其花瓣层次多、洁白如玉，花蕊硕大金黄，素有“金心玉瓣，翠蒂天香”之美誉。开水冲泡后，芳香馥郁、汤色黄亮，花瓣晶莹似玉，花蕊金黄，入口绵香怡人。

滁菊（南谯区）的总多酚含量4.65g/100g，绿原酸含量0.43g/100g，3,5-O-二咖啡酰基奎宁酸含量1.12g/100g，均高于同类其他产品。

三、环境优势

滁菊（南谯区）主要生长于安徽省滁州市琅琊山山脉和皇甫山山脉，生长环境属于北亚热带向暖温带过渡的湿润气候区，气候温和，雨量充沛，土壤富含麦饭石、绢云母等非金属矿物质以及大量对人体有益的微量元素。

四、收获时间

每年11—12月收获，最佳品质期为11月。

五、推荐贮藏保鲜和食用方法

【贮藏保鲜方法】干燥、避光、防异味、低温（18℃以下）保存。

【食用方法】取菊花5～8朵放入杯中，先用开水冲泡数秒，将水倒去，然后用沸水冲泡2～3min后即可饮用，一般可泡3～4次。

六、市场销售信息

安徽菊泰滁菊草本科技有限公司　联系人：汪世国　联系电话：0550-3069919、18855029888

滁州市金玉滁菊生态科技有限公司　联系人：朱　明　联系电话：0550-3039918、13956281932

供稿：南谯区农业农村局
赵春梅

登录编号：CAQS-MTYX-20210033

砀山水蜜桃

一、主要产地

安徽省宿州市砀山县玄庙镇、良梨镇、砀城镇、李庄镇、周寨镇、唐寨镇、程庄镇、曹庄镇、官庄镇、朱楼镇、砀山果园场、砀山园艺场等地。

二、品质特征

砀山水蜜桃果形圆，果顶平，缝合线浅，两侧对称，单果重 270 ～ 330g，果皮红艳，底色乳黄，大红着色占果面 90% 以上，皮韧易剥，果肉乳白色，汁多鲜甜，果味浓郁，离核。

砀山水蜜桃可溶性固形物含量为 10.5%，总酸含量为 0.29%，铁含量为 0.35%，锌含量为 0.17%，上述指标优于同类产品参照值。

三、环境优势

砀山县是全国水果十强县之一、全国果蔬加工第一大县、国家级出口果蔬质量安全示范区，被吉尼斯纪录认定为世界最大连片生态果园产区。位于黄淮海平原的南部、安徽省最北端，地处皖、苏、鲁、豫四省七县交界处，是长江三角洲城市群、中原经济区、徐州都市圈重要节点城市。砀山县境地势平坦，系黄河冲积而成，境内中部略高，南北稍低。砀山平畴沃野，四季分明，气候温和、雨量适中，光照充足，无霜期较长。独特的自然环境、适宜的土壤和气候条件使得砀山水蜜桃具有优越的品质。

四、收获时间

每年 6—7 月收获，最佳品质期为 7 月。

五、推荐贮藏保鲜和食用方法

【贮藏保鲜方法】保鲜膜覆盖，冰箱冷藏，可储存 1 周。

【食用方法】直接鲜食。

六、市场销售信息

安徽农垦集团砀山果园场有限公司　联系人：陈加红　联系电话：13855788557

砀山县紫荆堂果业专业合作社　联系人：田　忠　联系电话：18949968711

砀山县丑石水果苗木种植专业合作社　联系人：史先群　联系电话：13721262698

供稿：砀山县农产品质量安全监管中心　冯恒林

泗县山芋

登录编号：CAQS-MTYX-20210034

一、主要产地

安徽省宿州市泗县大路口乡、丁湖镇、草沟镇、泗城镇、黑塔镇等乡镇56个行政村。

二、品质特征

泗县山芋（番薯）呈纺锤形，单果重278～585g，红皮白肉，口感香甜，栗子味浓。

泗县山芋可溶性固溶物含量为9.5%，总糖含量为4.0g/100g，维生素C含量为28.0mg/100g，淀粉含量为22%，上述指标优于同类产品参照值。

三、环境优势

泗县是国家商品粮基地之一，位于安徽省东北部，黄淮海平原南端，襟连沿海，背靠中原，与江苏徐州、宿迁接壤，地处淮河生态经济带核心区，是安徽的东北门户。泗县农林牧生产条件得天独厚，年降水量895.6mm，年均气温14.3℃，属暖温带半温润季风气候，四季分明，光照充足，雨量适中，雨热同期。泗县山芋产区为平原，土质为砂姜黑土，土层深厚，疏松透气、排水良好，适宜优质山芋的生长。

四、收获时间

每年8—11月收获，最佳品质期为10月。

五、推荐贮藏保鲜和食用方法

【贮藏保鲜方法】棚窖贮藏；切片晒干保存：山芋切片，放在向阳、干燥、通风的地方晾晒，晒干后，放在室内干燥处保存，食用前用水浸泡。

【食用方法】①煮山芋：将山芋清洗干净，放入锅中，加入适量水煮熟后食用。②烤山芋：将山芋洗净沥干，放在烤箱里小火慢烤，烤熟后食用。③山芋米粥：锅里加水放入适量大米、小米和山芋一起煮，开锅后再煮30min即可。

六、市场销售信息

安徽泗州薯业有限公司　联系人：王振好　联系电话：18855719703

泗县国刚家庭农场　联系人：彭国刚　联系电话：13955775594

泗县慧佳农业有限公司　联系人：高　慧　联系电话：13855791186

供稿：泗县农业农村局　庄小林

登录编号：CAQS-MTYX-20210035

霍邱芡实

一、主要产地

安徽省六安市霍邱县城西湖乡、石店镇、宋店乡、三流乡、孟集镇、新店镇、河口镇、白莲乡、邵岗乡、潘集镇、夏店镇、范桥镇等乡镇。

二、品质特征

霍邱芡实鲜果呈小球形，均匀饱满，直径约11mm，外壳灰绿色，坚硬，壳厚约1mm。

霍邱芡实干物质含量为52.1g/100g，蛋白质含量为5.96g/100g，脂肪含量为0.2g/100g，碳水化合物含量为45.5g/100g，总灰分为0.41g/100g，品质优良。

三、环境优势

霍邱是国家首批商品粮基地县、优质油菜生产基地县、畜牧水产生产重点县，许多产品和资源具有“国强省冠”之誉。霍邱地处安徽省西北部，大别山北麓，淮河中游南岸，属于亚热季风气候，四季温和，雨量适中，光照充足，四季分明。县内有沣河、找母河、牛角河、窖湾河、高塘河等多条河流，拥有城东湖、城西湖、姜家湖三大湖泊，是优良的淡水供应基地、水产养殖宝地。

四、收获时间

每年8—10月收获，最佳品质期为9月。

五、推荐贮藏保鲜和食用方法

【贮藏保鲜方法】冷藏即可。

【食用方法】①将鲜芡实放入锅里煮5～8min至出水分。去除外壳，直接食用芡实仁。②干芡实打碎甚至可以直接打成粉末，用来熬粥或者冲服煮汤。

六、市场销售信息

霍邱县永放芡实种植专业合作社　联系人：王亚飞　联系电话：13805644887

霍邱县通达农业科技有限公司　联系人：何光泽　联系电话：18356439999

霍邱县王红芡实种植家庭农场　联系人：王　红　联系电话：18110679122

霍邱县瑞硕杨氏商贸有限公司　联系人：杨永国　联系电话：18110679122

供稿：霍邱县农村农业局　缪　赞

金寨猕猴桃

登录编号：CAQS-MTYX-20210037

一、主要产地

安徽省六安市金寨县梅山镇徐冲村、小南京村、清水村和龙湾村，青山镇尧塘村和汤店村，双河镇街道村、双河村和河西村，古碑镇司马村、黄集村、陈冲村和南畈村，吴家店镇吴家店村、飞机场村和古堂村，斑竹园镇金山村和漆店村，槐树湾乡上码头村和杨桥村，南溪镇花园村等地区。

二、品质特征

金寨猕猴桃果实近圆柱形，单果重 123 ～ 134g，果皮黄褐色、着色均匀，被毛细短且少，果心小，果肉黄绿色或红色，酸甜可口。

金寨猕猴桃维生素 C 含量为 66.7mg/100g、可溶性固形物含量为 15.5%（后熟期）、钙含量 29.0mg/100g。

三、环境优势

金寨县是国家级生态示范县、中国长寿之乡，地貌呈中山、低山、丘陵、盆地和河谷平原相间分布，气候温和，雨量充沛，光照充足，土壤呈现酸性或微酸性，水资源丰富、森林覆盖率达 75%，是猕猴桃最佳生长自然带，全县野生猕猴桃分布面积 20 多万亩。2007 年，金寨县建立了首个国家野生猕猴桃原生态保护区。独特、优越的自然环境造就了金寨猕猴桃优良的品质，广受消费者青睐。

四、收获时间

每年 9 月上旬至 11 月上旬收获，最佳品质期为 11 月。

五、推荐贮藏保鲜和食用方法

【贮藏保鲜方法】置于阴凉处储藏，当环境温度超过 20℃时，转置于冰箱冷藏，保鲜温度为 1 ～ 5℃。

【食用方法】①将熟透、果肉变软的猕猴桃清洗干净，削皮切块后直接食用。②猕猴桃可和酸奶搭配在一起吃，把熟透、果肉变软的猕猴桃清洗干净，去皮，得到的果肉放在料理机中搅成泥状，取出后淋上适量的酸奶，吃的时候调匀，或者把那些比较硬的猕猴桃再去掉果皮以后，切成片状摆放在盘子中，淋上适量酸奶，吃的时候调匀即可。

六、市场销售信息

金寨县天堂寨果业有限公司　联系人：孙　总　联系电话：18756918888

安徽夏园农业科技有限公司　联系人：夏　园　联系电话：13385680599

供稿：金寨县农业农村局　张显兵

登录编号：CAQS-MTYX-20210038

金寨红薯

一、主要产地

安徽省六安市金寨县梅山镇、吴家店镇、桃岭乡、长岭乡、果子园乡、沙河乡、油坊店乡、古碑镇、南溪镇、麻埠镇、花石乡、燕子河镇、天堂寨镇、张冲乡、全军乡、槐树湾乡、青山镇、汤家汇镇、斑竹园镇、双河镇、白塔畈镇、关庙乡、铁冲乡 23 个乡镇的 219 个行政村。

二、品质特征

金寨红薯（番薯）薯块光滑，薯皮紫红色，薯肉黄色，熟食香味浓郁、软面香甜、少丝。

金寨红薯淀粉含量为 23.0g/100g，维生素 C 含量为 37.9mg/100g，可溶性总糖含量为 6.64%，蛋白质含量为 1.10g/100g，粗纤维含量为 0.9%。

三、环境优势

金寨县地处鄂豫皖三省结合部，大别山山脉由西南向东北贯穿全境，境内群山起伏，河流纵横，生态环境优越，森林覆盖率达到 75% 以上，是国家级生态示范县、中国长寿之乡。金寨县昼夜温差大、雨水充沛、土壤肥沃，有利于红薯糖分和营养成分的积累。金寨红薯是金寨本地特色品种，种植历史悠久，独特的自然环境造就了金寨红薯优良的品质，广受市场青睐。

四、收获时间

每年 7—10 月收获，最佳品质期为全年。

五、推荐贮藏保鲜和食用方法

【贮藏保鲜方法】窖藏；保鲜库储藏；冰箱贮藏。

【食用方法】烤红薯、蒸红薯、红薯干、香蕉红薯饼等。

六、市场销售信息

金寨县富东生态农业有限公司　联系人：朱先富　联系电话：13470851000、0564-7766788

供稿：金寨县农业农村局　张显兵

皖西白鹅（裕安区）

登录编号：CAQS-MTYX-20210039

一、主要产地

安徽省六安市裕安区19个乡镇均有养殖，其中固镇镇是“全国羽绒名镇”“白鹅之乡”。

二、品质特征

皖西白鹅全身羽毛白色，胫、蹼均为橘红色，胴体美观，毛孔较细，皮肤黄色，肉色鲜亮，表皮紧致有弹性。

皖西白鹅蛋白质含量为22.1g/100g，微量元素锌含量为15.0mg/kg，鲜味氨基酸天门冬氨酸含量为2.1g/100g，必需氨基酸总量为7.3g/100g，含量均高于同类参照值。

三、环境优势

裕安区位于安徽省中西部，大别山北麓，六安市区以西，属亚热带季风气候，年均降水量在900～1 400mm，年均温度15.5℃，年均日照时数2 225.6h，无霜期200天，气候温和、雨量充沛。辖区内主要农作物为水稻、小麦、玉米、山芋等，同时水草丰茂，牧草优良，为皖西白鹅饲料重要来源。皖西白鹅于1981年作为安徽省的优良地方鹅种被正式列入《中国家禽品种志》，裕安区为其发源地和核心产区，在当地有400多年的饲养历史。

四、收获时间

常年供应，每年11—12月是品质最佳时期。

五、推荐贮藏保鲜和食用方法

【贮藏保鲜方法】新鲜鹅肉及其产品冷藏或冷冻，腊鹅常温、阴凉、通风保存。

【食用方法】新鲜鹅肉可以用卤汁卤制，还可用于制作腊鹅或红烧。

六、市场销售信息

安徽展羽生态农业开发有限公司　联系人：江卫军　联系电话：15855282222

六安市裕安区固腊香家家庭农场　联系人：黄子宏　联系电话：15855276888

六安市裕安区固镇镇裕富家庭农场　联系人：杨道玉　联系电话：18063090818

供稿：裕安区农业农村局　郝大丽

登录编号：CAQS-MTYX-20210040

旌德香榧

一、主要产地

安徽省宣城市旌德县白地镇高甲村、洪川村，旌阳镇柳溪村，俞村镇俞村村、凫阳村、芳岱村，蔡家桥镇林场，三溪镇双河村，兴隆镇大礼村。

二、品质特征

旌德香榧呈橄榄形或梭形，基部有两只对称榧眼，外壳薄、呈棕褐色或棕黄色、棱纹浅而光滑；内有黑色果衣，包裹金黄色果仁；大小均匀，壳面洁净，果仁饱满，味具芳香，仁肉松脆，富有独特的天然风味。

旌德香榧蛋白质含量为 13.80g/100g，脂肪含量为 59.00g/100g，脂肪酸值为 59.02g/100g，油酸占总脂肪酸的 42.60%，亚油酸占总脂肪酸的 47.10%。

三、环境优势

旌德县位于安徽省东南部、黄山北麓，四面环山，属皖南北部山地丘陵山间盆地地貌。旌德县属亚热带湿润季风气候，四季分明，气候温和，雨量充沛，光照适中。年平均气温 15.2℃，昼夜温差大，全年无霜期 232.3 天，年平均日照时数 1 719.5h，年降水量 1 200 ～ 1 500mm。香榧生产基地位于平均海拔在 600m 以上的高山，常年云雾缭绕，土层深厚且肥沃，土壤为砂页岩、花岗岩成土母质，适宜香榧树生长，所产果实为香榧上品。

四、收获时间

每年 9 月上旬至下旬收获，最佳品质期为 11 月。

五、推荐贮藏保鲜和食用方法

【贮藏保鲜方法】低温、避光处存放。温度超过 20℃时，冷库冷藏。

【食用方法】剥壳即食。

六、市场销售信息

安徽省丰谷香榧有限公司　联系人：黄国忠　联系电话：13856375111

旌德县丰谷香榧家庭农场　联系人：王凤菊　联系电话：13865386336

供稿：旌德县农业农村水利局

五河小龙虾

登录编号：CAQS-MTYX-20210293

一、主要产地

安徽省蚌埠市五河县城关镇、新集镇、小溪镇、双忠庙镇、小圩镇、东刘集镇、头铺镇、大新镇、武桥镇、朱顶镇、浍南镇、申集镇、沱湖乡、临北乡共14个乡镇。

二、品质特征

五河小龙虾个体红润，虾腹白净，壳薄肉厚，饱满紧实，肉质柔嫩，口感鲜甜。

五河小龙虾品质优良，蛋白质含量为19.0g/100g，鲜味氨基酸含量为4420mg/100g，EPA（二十碳五烯酸）占总脂肪酸的8.34%，DHA（二十二碳六烯酸）占总脂肪酸的1.13%，维生素E含量为14.6mg/kg，上述指标优于同类产品参照值。

三、环境优势

五河县有“鱼米水乡”美誉，地处安徽省北部、淮河中下游，因境内淮河、浍河、漴河、潼河、沱河五水汇聚而得名，淮河横贯全境，大部分是冲积平原。受东部季风气候影响，属暖温带过渡型季风气候，为半湿润农业气候区。四季分明，季风气候显著，气候温和，雨量适中，光照充足，无霜期长，光、热、水资源都比较丰富。水质优良，饵料丰富，具有良好的水产养殖环境，为鱼、虾、蟹的生长提供了良好的物质基础，水产品种类多、品质好。

四、收获时间

每年4月上旬至5月下旬收获，最佳品质期为5月。

五、推荐贮藏保鲜和食用方法

【贮藏保鲜方法】保鲜冷藏或冷冻储藏。

【食用方法】蒜蓉小龙虾、十三香小龙虾、啤酒小龙虾等。

六、市场销售信息

五河县皖沱水产养殖专业合作社　联系人：李　同　联系电话：13955232044

安徽省聚实农业科技有限公司　联系人：陈太军　联系电话：18221007612

安徽省润博农业科技有限公司　联系人：车　芹　联系电话：13865054331

供稿：五河县农业农村局　王志刚
五河县农业农村局水产技术推广站　王本龙

登录编号：CAQS-MTYX-20210295

八公山闪冲香椿

一、主要产地

安徽省淮南市八公山区闪冲村。

二、品质特征

八公山闪冲香椿梗叶完整，长 17 ～ 23cm，叶芽鲜嫩，呈紫红或翠绿色，叶面油润鲜亮有光泽，有香椿特有的清香味，切开后香味更浓郁，梗质脆嫩。

八公山闪冲香椿营养丰富，蛋白质含量为 5.42g/100g，维生素 C 含量为 98.0mg/100g，硒含量为 1.7μg/100g。

三、环境优势

八公山区位于淮南市西部，西依八公山麓，东临淮河，自然形成西高东低的倾斜地势。八公山区属于亚热带与暖温带的过渡带，呈半湿润季风气候，四季分明，季风明显，光照充足，热量丰富，降水量适中，无霜期较长。年降水量 893.4mm，年平均气温 16.6℃，10℃以上年活动积温 4 500 ～ 5 300℃，年平均日照时数约 1 923h，无霜期 238 ～ 250 天。属淮河水系，有洗云泉、玉露泉、元女泉等 20 多个矿泉，水质优良。土壤 pH 值 5.6 ～ 7.2，土壤有机质 20.1g/kg，全氮 1.11g/kg，有机磷 15.4mg/kg，有效钾 208mg/kg。区内土壤多为马肝土、砂泥土及水稻土等高产土壤，特别适宜种植香椿。

四、收获时间

八公山闪冲香椿从 3 月末开始采收，最佳品质期为 4 月至 5 月初，尤以头茬香椿品质为最佳。

五、推荐贮藏保鲜和食用方法

【贮藏保鲜方法】5℃冷藏可保鲜 7 天。

【食用方法】香椿炒鸡蛋、香椿拌豆腐等。

六、市场销售信息

淮南市八公山顺章果树种植专业合作社　联系电话：13909646691

淮南市闪聚家庭农场　联系电话：18955475200

八公山区山王镇文忠家庭农场　联系电话：18355406886

供稿：八公山区农业农村水利局

怀宁蓝莓

登录编号：CAQS-MTYX-20210296

一、主要产地

安徽省安庆市怀宁县黄墩镇、清河乡、黄龙镇、平山镇、月山镇、江镇镇、洪铺镇、凉亭乡、茶岭镇、高河镇、石镜乡、三桥镇、马庙镇、金拱镇、公岭镇、小市镇、秀山乡、腊树镇、雷埠乡共 19 个乡镇。

二、品质特征

怀宁蓝莓果实大小均匀，果面呈蓝黑色，果粉完整，平均果实横径 17.0mm，平均果粒重 2.07g；果实皮薄、汁多、味甜、风味浓郁，具有蓝莓特有的芳香气味。

怀宁蓝莓总糖含量为 10.9%，矢车菊色素含量为 58.9mg/kg，飞燕草色素含量为 499.1mg/kg，上述指标皆高于同类产品参照值。

三、环境优势

怀宁县素有“首府首县、(陈)独秀故里、戏曲之乡、长诗圣地、蓝莓之乡”美誉。位于安徽省西南部、长江下游北岸、皖河下游、大别山南麓前沿。地处沿江平原与皖西山区接壤地带，东部群山叠翠，中部岗峦起伏，西南圩畈相连。境内河流密布，湖泊众多。怀宁县属于北亚热带湿润季风区，四季分明、气候温和、雨量充沛、光照充足。怀宁蓝莓产区土壤为红壤、黄棕壤，呈酸性至微酸性，境内一直有野生蓝莓、乌饭树生长，是优质蓝莓天然的适生地。

四、收获时间

每年 5 月上旬至 8 月下旬收获，最佳品质期为 6 月。

五、推荐贮藏保鲜和食用方法

【贮藏保鲜方法】采收后宜在 2h 内使果实中心温度尽快预冷至 8 ～ 10℃。鲜食的蓝莓果实冷藏保存，冷藏温度为 0 ～ 2℃。加工的蓝莓果实冷冻贮藏，冷冻温度为 −18℃。

【食用方法】清水洗净后直接食用，还可深加工成蓝莓干、蓝莓汁、蓝莓果醋等产品。

六、市场销售信息

怀宁县蓝莓产业协会　联系人：陈拥军　电话：18955606058

安庆市裕丰生态农业有限公司　联系人：陈拥军　电话：18955606058

安庆市智辰生态农业发展有限公司　联系人：丁　韬　电话：13695565566

怀宁县力臣生态农业有限责任公司　联系人：班文华　电话：13966921698

怀宁县田庆生态农业发展有限公司　联系人：吴超群　电话：15655605638

安徽幸福海岸生态农业发展有限公司　联系人：刘金龙　电话：17755618822

安徽省艾果生态农业发展有限公司　联系人：董治国　电话：15155099900

怀宁县宏森生态农业有限公司　联系人：毕治善　电话：13760192798

安徽德琳蓝莓种植有限公司　联系人：陈为德　电话：13855614888

怀宁禾向远农业科技有限公司　联系人：陈　瀚　电话：13966737125

供稿：怀宁县蓝莓产业发展服务中心　徐鲜明

登录编号：CAQS-MTYX-20210297

三潭枇杷

一、主要产地

安徽省黄山市歙县新安江流域深渡镇的漳岭山村、绵潭村、漳潭村、三源村、漳村湾村、淮源村、定潭村、深渡社区，坑口乡的瀹潭村、金龙潭村、薛坑口村，徽城镇的南源口村、南屏村、金山村，武阳乡武阳村，桂林镇涑口村，富堨镇徐村村，北岸镇五渡村。

二、品质特征

三潭枇杷果实卵圆形，果面干净，茸毛完整，果皮和果肉呈黄色，肉质柔嫩多汁，甜酸适度，气味清香。

三潭枇杷维生素 C 含量为 10.2mg/100g，可溶性固形物为 9.5%，可食率为 71%，钾含量为 172mg/100g，铁含量为 1.27mg/100g。

三、环境优势

歙县隶属于黄山市，是徽州文化和国粹京剧的发源地，享有全国文明县城、国家园林县城、全国文化先进县、全国科技进步先进县、国家可持续发展实验区、中国名优茶之乡、中国特色竹乡、安徽特色果品之乡等美誉。歙县位于安徽省南部，北倚黄山，东临杭州，南连千岛湖，属于中亚热带与北亚热带过渡区，空气和地表水分别保持国家一级和二类标准。境内新安江穿境而过，河溪纵横，森林茂密，生物多样。歙县的生态环境良好，生产的茶叶、贡菊、枇杷、柑橘、葡萄、杨梅、雪梨、山核桃等久负盛名。

四、收获时间

每年 5—6 月收获，最佳品质期为 5 月。

五、推荐贮藏保鲜和食用方法

【贮藏保鲜方法】冰箱保鲜。

【食用方法】鲜食。

六、市场销售信息

歙县棉溪绿色枇杷专业合作社　联系人：汪成棋　联系电话：13515598529

歙县盛景生态农业有限公司　联系人：吴红霞　联系电话：18055965769

歙县碧玉叶枇杷种植专业合作社　联系人：汪家斌　联系电话：15755996338

歙县三业家庭农场　联系人：张　继　联系电话：18268237576

歙县新新家庭农场　联系人：胡建中　联系电话：15155993377

供稿：歙县农业农村局　汪建红

富岱杨梅

登录编号：CAQS-MTYX-20210298

一、主要产地

安徽省黄山市歙县雄村镇柘岱村、雄村村、朱村村、浦口村、卖花渔村、鲍庄村，深渡镇大茂社区，桂林镇连川村、竦口村、石河村，森村乡逢村村，昌溪乡昌溪村、万二村，富堨镇仁里村，上丰乡蕃村村等地。

二、品质特征

富岱杨梅果实小圆球形，深红色或紫红色，直径 2.2～2.8cm，肉柱顶端圆钝、饱满，口感酸甜，汁多，气香。

富岱杨梅钙含量为 8.29mg/100g，可溶性固形物为 9.0%，可食率为 94.7%，铁含量为 0.52mg/100g，总酸含量为 0.79%。

三、环境优势

歙县隶属于黄山市，是徽州文化和国粹京剧的发源地，享有全国文明县城、国家园林县城、全国文化先进县、全国科技进步先进县、国家可持续发展实验区、中国名优茶之乡、中国特色竹乡、安徽特色果品之乡等美誉。歙县位于安徽省南部，北倚黄山，东临杭州，南连千岛湖，属于中亚热带与北亚热带过渡区，空气和地表水保持国家一级和二类标准。境内新安江穿境而过，河溪纵横，森林茂密，生物多样。歙县的生态环境良好，生产的茶叶、贡菊、枇杷、柑橘、葡萄、杨梅、雪梨、山核桃等久负盛名。

四、收获时间

每年 6—7 月收获，最佳品质期为 6 月。

五、推荐贮藏保鲜和食用方法

【贮藏保鲜方法】室温保存。

【食用方法】鲜食或泡酒饮用。

六、市场销售信息

歙县马大帅家庭农场　联系人：马学兵　联系电话：13515592580

歙县华琥家庭农场　联系人：张　华　联系电话：13955967995

供稿：歙县农业农村局　汪建红

登录编号：CAQS-MTYX-20210299

颍东番茄

一、主要产地

安徽省阜阳市颍东区插花镇板桥村、毛桥村，正午镇吴寨村。

二、品质特征

颍东番茄果实呈圆球形，大小均匀，果面色泽红艳，表皮光滑，皮薄脐小，食之肉厚多汁，酸甜爽口。

颍东番茄维生素含量为173.mg/100g，可溶性固形物为5.2%，番茄红素含量为9.42mg/100g，上述指标优于同类产品参照值。

三、环境优势

颍东区地处黄淮海平原，地势平坦，属暖温带半湿润季风气候，四季分明，年平均降水量900mm，雨量适中，光照充足，有利于番茄的营养成分积累。土壤主要有砂姜黑土、潮土、棕壤土3种类型，土壤平均pH值6.77，有机质18.97g/kg，有效磷21.3mg/kg，速效钾166.56mg/kg，有效锌1.47mg/kg，优越的气候条件和生态环境适宜番茄的生长。

四、收获时间

每年有两个采收期，分别是5—7月，10月至翌年2月。最佳品质期为6月。

五、推荐贮藏保鲜和食用方法

【贮藏保鲜方法】颍东番茄可临时贮藏于阴凉通风处，贮藏时间较长时可采用冷藏。

【食用方法】清洗干净后可直接食用。可用于制作番茄小方：番茄洗净去皮，切块后放进料理机，加入适量清水打成番茄汁；玉米淀粉中加适量清水制成水淀粉备用；番茄汁倒入锅中，中小火加热，然后加入蜂蜜、冰糖和水淀粉，不断搅拌，直到番茄浆变得浓稠，有清晰纹路产生；在容器内抹一层薄薄的油用以防粘，把番茄浆倒入容器中，用刮刀抹平，冷凉后贴上保鲜膜，放入冰箱冷藏3h；倒扣并轻震容器脱模，切成小方块，沾上椰蓉即可食用。

六、市场销售信息

安徽瓦大现代农业科技有限公司　联系人：杨经理　联系电话：13855866121

安徽普渡智慧农业装备有限公司　联系人：吕经理　联系电话：13855887737

阜阳市颍东区插花镇红旗家庭农场　联系人：刘经理　联系电话：18955872000

供稿：颍东区农业农村局　胡宝玉

安徽瓦大现代农业科技有限公司　杨雪萍

颍东泥鳅

登录编号：CAQS-MTYX-20210300

一、主要产地

安徽省阜阳市颍东区新华街道杨付村。

二、品质特征

颍东泥鳅形体细长，长 8 ～ 17cm，前段略呈圆筒形，后部侧扁，腹部圆；体部圆鳞细小、深陷皮内；头短小，口下位、马蹄形；体背部及两侧灰黑色，腹部灰白色，侧线完全，全身有许多小黑斑点，鱼体黏液丰富。煮食，肉质细嫩、味道鲜美。

颍东泥鳅营养丰富，富含蛋白质、不饱和脂肪酸、钙、磷、铁，其中，蛋白质含量为 16.2g/100g，不饱和脂肪酸占总脂肪酸的 77.72%，钙含量为 878mg/100g，磷为含量 533mg/100g，铁含量为 1.46mg/100g。颍东泥鳅有补中益气、补肾助阳、改善贫血、提高免疫力等作用。

三、环境优势

颍东区位于安徽省西北部，地处黄淮海平原地区，属于暖温带半湿润季风气候区，四季分明，气候温暖，雨量适中，光照充足，年平均气温 14.9℃，年平均降水量 900mm，年日照时数 2 192.7h。颍东区资源丰富，农产品丰饶，是国家重要的“粮、棉、油、肉”生产基地，为泥鳅的生长提供了丰富的高品质饵料来源；辖区内水资源丰富，颍河、茨淮新河穿境而过，其支流密布全境，仅浅层地下水含量就达 7 351 万 m^3，且水质良好，为泥鳅的生长创造了良好的生态环境。

四、收获时间

周年化产品，最佳品质期为 11 月。

五、推荐贮藏保鲜和食用方法

【贮藏保鲜方法】长期存放需冷冻。

【食用方法】红烧泥鳅。

六、市场销售信息

阜阳市颍东区永大专业合作社　联系人：彭经理　联系电话：18130777717

安徽笠博源水产养殖有限公司　联系人：陈经理　联系电话：18955805159

供稿：颍东区农业农村局　胡宝玉

颍东区永大专业合作社　彭钰淇

登录编号：CAQS-MTYX-20210301

太和青萝卜

一、主要产地

安徽省阜阳市太和县苗集镇、三堂镇、宫集镇、二郎镇、三塔镇、坟台镇、原墙镇、关集镇。

二、品质特征

太和青萝卜呈短圆形，单果重 420 ～ 540g，皮色上青下白，皮面光滑，果肉白色，肉质细密，汁多脆甜，辣味重。

太和青萝卜水分含量为 94.0g/100g，维生素 C 含量为 27.1mg/100g，铁含量为 0.4mg/100g，上述指标优于同类产品参照值。

三、环境优势

太和县处于淮北淤积平原西北部，地貌以黄泛平原为主，地势平坦，排水良好。位于东部季风暖温带半温润气候与北亚热带气候的缓冲区，平均气温 14.9℃，10℃以上的年活动积温 4 818.5℃，0℃以上的年积温 5 407.5℃，年平均日照数 2 274.5h，无霜期 220 天，年均降水量 820mm，季风气候明显，四季分明，光照充足，气候温和，雨量适中。土壤 pH 值 5.6 ～ 7.3，有机质 18.19g/kg，全氮 1.05g/kg，有机磷 13.76mg/kg，速效钾 145.19mg/kg。太和青萝卜已有 80 多年的生产历史，分布于苗原河和西淝河流域的壤土适宜生产优质太和青萝卜。

四、收获时间

每年 3—4 月收获，最佳品质期为 3 月。

五、推荐贮藏保鲜和食用方法

【贮藏保鲜方法】①将青萝卜长叶部分削去，密封后放置在阴凉通风处。②密封袋后放入冰箱 0 ～ 5℃冷藏保鲜。③切成条状，晾晒成干或腌制成青萝卜干。

【食用方法】凉拌萝卜丝、萝卜炒豆皮、三黄鸡炖萝卜等。

六、市场销售信息

太和县三堂镇成成种植专业合作社　联系人：王世才　联系电话：15551670066

太和县金地种植专业合作社　联系人：苗大峰　联系电话：18712581837

太和县绿润家庭农场　联系人：苗玉辉　联系电话：15391739795

安徽省妙叹现代农业科技有限公司　联系人：张　影　联系电话：17356893529

太和县苗集李付强家庭农场　联系人：李付强　联系电话：13965594089

供稿：太和县农业农村局　李　挺

阜南芡实

登录编号：CAQS-MTYX-20210302

一、主要产地

安徽省阜阳市阜南县曹集镇程郢村、南街村、东郢村、利民村、镜湖村，老观乡陡河村、康湖村、新河村、顺河村、和台村、河口村。

二、品质特征

阜南芡实鲜果近小球形，均匀饱满，直径 8～11mm，外壳灰绿色，坚硬，壳厚约 1mm。果仁切面洁白。熟食果肉微甜，有弹性、有嚼劲，有淡淡的气味。

阜南芡实蛋白质含量为 6.12g/100g，干物质含量为 50.6g/100g，碳水化合物含量为 43.8g/100g，种仁含硫胺素、核黄素、烟酸、维生素 C、胡萝卜素、皂苷等，具有较高的营养价值和保健功能。

三、环境优势

阜南县地处皖西北、淮河中上游结合部，襟带颍淮，承接豫皖，位居东部发达地区与西部资源丰富地区的衔接带，是华东经济圈、京九经济带和陇海经济带的交汇处，是全国商品粮基地县、全国唯一的农业循环经济示范试点县、全省林业产业十强县。县域属暖温带半湿润季风气候区南缘，季风明显、四季分明。淮河沿县境南边流过，地表为黄河和淮河泛滥形成的冲积平原，由西北向东南缓倾。境内数条河东流，将大地切割成块，构成大平原河谷地貌的自然景观。全县地形分为岗地、坡地、湾地 3 类，土地肥沃，非常适合特色农业产业发展。产地位于蒙洼蓄洪区，水体环境优良，种植技术先进，产出的芡实个大、壳薄、味美、药用价值高，有效促进了当地农业的发展。

四、收获时间

每年 9 月收获，最佳品质期为 9 月。

五、推荐贮藏保鲜和食用方法

【贮藏保鲜方法】冷冻保存。常温保存时最好先去除芡实的外壳，然后放入封口袋中，加入适量的水，密封好。

【食用方法】①芡米炒虾仁：将鲜芡实米、新鲜虾仁分别先焯一下，起油锅，加蔬菜一起倒进锅中，加盐翻炒。②冰糖芡实汤：鲜芡实米 100g 洗净，自来水 600g 入锅，大火烧开，加入芡实米烧开，最后加入适量冰糖即可食用。

六、市场销售信息

安徽省士敢现代农业科技有限公司　联系人：庞士敢　联系电话：15155429333

阜南老观生态农业有限公司　联系人：徐海东　联系电话：19955027700

陈福种养专业合作社　联系人：陈仁芳　联系电话：13903780788

供稿：阜南县农业农村局　刘付喜

登录编号：CAQS-MTYX-20210303

皋南橄榄蛏蚌

一、主要产地

安徽省阜阳市阜南县中岗镇。

二、品质特征

阜南橄榄蛏蚌具有两瓣卵圆形外壳，左右同形，长15～17cm，最宽处3.4～3.7cm，单体重47～60g。壳前端较圆、后端呈截形，腹线弧形，背线平直，肉质肥厚，味道鲜美，素有“淮河鲍鱼”之美誉。

阜南橄榄蛏蚌营养丰富，脂肪含量为0.5g/100g，天冬氨酸含量为920mg/100g，谷氨酸含量为1 580mg/100g，上述指标优于同类产品参照值。

三、环境优势

橄榄蛏蚌具有特殊的穴居习性，多栖息在硬泥底并有一定水流的水体，主要滤食水体中藻类、细菌和有机碎屑等，在天然水体自净和物质能量循环系统中具有十分重要的功能和地位，在精养池塘混养和养殖尾水净化处理中具有良好的应用前景和价值。

四、收获时间

橄榄蛏蚌4月的肥满度最低，12月肥满度最高，营养成分有明显的季节变化。最佳品质期为12月。

五、推荐贮藏保鲜和食用方法

【贮藏保鲜方法】将蛏蚌裹上保鲜膜放入冰箱低温保鲜。

【食用方法】①清蒸蛏蚌：将蚌壳从中间划开，蛏蚌的内脏冲洗干净，将带壳蛏蚌摆入盘中，放入蒸箱蒸3min后取出，放入蒜泥、葱花、姜末，倒入生抽、蒸鱼豉油和少许胡椒粉，淋上热油。②炒蛏蚌肉：蚌肉洗净，用刀背将蚌边的硬肉拍松，开水焯烫，切成薄片，加上料酒、少许盐腌渍20min。蒜苗洗净，切成长3cm的段，蒜捣碎，姜切末。锅烧热，放油烧至七八成热，放入蒜茸、姜末爆出香味，下入蒜苗煸炒至半熟，再放蚌肉片翻炒，加入少许鲜汤、盐、糖调味，汤汁烧开再炒2～3min，加入味精拌匀即可出锅。

六、市场销售信息

阜南县京淮特种水产有限公司　联系人：李艳萍　联系电话：18226266295

供稿：阜南县农业农村局　刘付喜

顺河辣椒

登录编号：CAQS-MTYX-20210305

一、主要产地

安徽省宿州市埇桥区顺河乡王珑村。

二、品质特征

顺河辣椒外观呈不规则长灯笼形，色泽翠绿光亮，纵向多褶皱，长 10 ～ 15cm，单果重 50 ～ 60g，皮薄籽少，质地脆嫩，清香，不辣或微辣。

顺河辣椒蛋白质含量为 0.98g/100g，辣椒素类物质含量为 0.257mg/100g，钾含量为 168mg/100g，可溶性总糖含量为 2.2%，上述指标优于同类产品参照值。

三、环境优势

埇桥区是国家现代农业示范区和国家农村综合改革实验区，是国家绿色农业示范区、蔬菜产业化十强县（区）。位于安徽省北部，是宿州市唯一城区，与苏鲁豫三省接壤，地处黄淮海经济区腹地，东邻陇海产业带，南邻皖江城市带承接产业转移示范区，西邻中原经济区，北邻徐州经济圈。埇桥区地处淮北平原，属暖温带半湿润气候，奎河、濉河、沱河、浍河等河流经过，优良的生态条件，有利于生产优质绿色农产品。

四、收获时间

每年 4 月下旬至 9 月收获，最佳品质期为 5 月。

五、推荐贮藏保鲜和食用方法

【贮藏保鲜方法】冷藏保鲜。

【食用方法】辣椒炒鸡蛋：鸡蛋打散，加入少许盐；辣椒洗净切成小块或切丝；锅里加油，用葱花、姜丝炝锅，然后大火翻炒一下辣椒；待辣椒断生，加入鸡蛋，翻炒至凝固，加入调味料，即可出锅。

六、市场销售信息

宿州市埇桥区兴农瓜菜专业合作社　联系人：李光军　联系电话：13034018769

宿州市埇桥区灰古徐维甲种植家庭农场　联系人：徐维甲　联系电话：13866547569

供稿：埇桥区农业农村局　王玉玲、代　珺

登录编号：CAQS-MTYX-20210306

砀山樱桃

一、主要产地

安徽省宿州市砀山县砀城镇、官庄镇、葛集镇、李庄镇 4 个镇的 10 个村。

二、品质特征

砀山樱桃果实为心形或近球形，单果重 9 ~ 11g，果皮紫红色，有光泽，果肉紫红色，肉厚汁多，口感甜酸，硬度适中。

砀山樱桃可溶性固形物含量为 14.5%，维生素 C 含量为 20.3mg/100g，铁含量为 0.54mg/100g，锌含量为 0.34mg/100g，总酸含量为 0.45%，上述指标优于同类产品参照值。

三、环境优势

砀山县位于黄淮海平原的南部，在安徽省最北端，地处皖、苏、鲁、豫四省七县交界处，是长江三角洲城市群、中原经济区、徐州都市圈重要节点城市。砀山县境地势平坦，系黄河冲积而成，境内中部略高，南北稍低。砀山平畴沃野，四季分明，气候温和，雨量适中，光照充足，无霜期较长。砀山县优越的产地环境适合生产砀山樱桃等多种优质水果。砀山县被吉尼斯纪录认定为世界最大连片生态果园产区。

四、收获时间

每年 4 月底至 6 月上旬收获，最佳品质期为 5 月。

五、推荐贮藏保鲜和食用方法

【贮藏保鲜方法】保鲜膜覆盖后放入冰箱冷藏。

【食用方法】直接鲜食。

六、市场销售信息

砀山县荣浩果蔬种植专业合作社　联系人：李光荣　联系电话：18255772222

砀山县突山水果专业合作社　联系人：黄　立　联系电话：13225572111

砀山县利群水果专业合作社　联系人：曹　杰　联系电话：15255733333

供稿：砀山县农产品质量安全监管中心　冯恒林

泗县草莓

登录编号：CAQS-MTYX-20210307

一、主要产地

安徽省宿州市泗县墩集镇、大路口镇、屏山镇、泗城镇等。

二、品质特征

泗县草莓果实圆锥形，果形齐整，平均果重 24.6g。果面深红色，富有光泽；种子分布均匀，稍凹于果面；黄色、红色兼有；萼片中等大小，较平贴于果实；果肉较细，甜酸适口，香气浓郁。

泗县草莓维生素 C 含量为 79.0mg/100g，可溶性固形物为 9.1%，总酸（以柠檬酸计）含量为 0.58%，固酸比为 15.6，果实硬度为 2.20kg/cm^2，上述指标优于同类产品参照值。

三、环境优势

泗县位于安徽省东北部，黄淮海平原南端，襟连沿海，背靠中原，与江苏徐州、宿迁接壤，地处淮河生态经济带核心区，是安徽的东北门户。泗县属暖温带半温润季风气候，年降水量 895.6mm，年均气温 14.3℃，四季分明，光照充足，雨量适中，雨热同期，农林牧生产条件得天独厚。泗县草莓产区为平原，土质为砂姜黑土，土层深厚，疏松透气，排水良好，富含有机质，能满足优质草莓生长需求。

四、收获时间

每年 11 月至翌年 5 月收获，最佳品质期为 2 月。

五、推荐贮藏保鲜和食用方法

【贮藏保鲜方法】放入冰箱 2 ～ 4℃冷藏可以存放 4 ～ 8 天，4 ～ 6℃冷藏可以存放 48h。

【食用方法】洗净后，直接食用，还可以用来制作草莓酱、草莓汁。

六、市场销售信息

泗县味多美草莓种植专业合作社　联系人：尹永伟　联系电话：13956845633

泗县伊人农业科技有限公司：联系人：尹永邦　联系电话：18955761563

泗县白庙果蔬种植专业合作社　联系人：周茂良　联系电话：15855712780

供稿：泗县农业农村局　庄小林

登录编号：CAQS-MTYX-20210308

霍邱小龙虾

一、主要产地

安徽省六安市霍邱县三流乡、孟集镇、王截流乡、曹庙镇、众兴集镇、乌龙镇、长集镇、夏店镇、岔路镇、河口镇、户胡镇、彭塔乡、冯瓴乡、潘集镇、花园镇、周集镇、临水镇、范桥镇、冯井镇、石店镇、马店镇、邵岗乡、白莲乡、龙潭镇、高塘镇、新店镇、临淮岗乡、城西湖乡、宋店乡、城关镇及霍邱经济开发区。

二、品质特征

霍邱小龙虾单体重 130～225g，体长 10～11cm，外壳青灰色或黑褐色，体肥、钳小、鳃白、肚净，肉质细嫩、微甜，味道鲜美。

霍邱小龙虾蛋白质含量为 16.2g/100g，天门冬氨酸含量为 1 460mg/100g，EPA 占总脂肪酸比例为 13.0%，DHA 占总脂肪酸比例为 2.06%，硒含量为 13μg/100g，上述指标优于同类产品参照值。

三、环境优势

霍邱县是国家畜牧水产生产重点县，2019 年被中国渔业协会正式授予“中国生态稻虾第一县”称号。地处安徽省西北部，大别山北麓，淮河中游南岸，既是挺进中原、东进西出的跳板，又是连接江淮、南上北下的纽带。霍邱县属于亚热季风气候，四季温和，雨量适中，光照充足，四季分明。县内有沣河、找母河、牛角河、窑湾河等多条河流，拥有城东湖、城西湖、姜家湖三大湖泊，是优良的淡水供应基地、水产养殖宝地。产地年平均气温 15.4℃，年平均降水量 951.3mm，年平均日照为 2 148h，日照率 49.0% 左右，全年无霜期达 240 天左右，适合小龙虾特别是稻田小龙虾生长。

四、收获时间

每年 2 月中旬至 11 月上旬捕捞，最佳品质期为 5 月。

五、推荐贮藏保鲜和食用方法

【贮藏保鲜方法】低温储藏，可鲜活上市。

【食用方法】可深加工为冻虾仁、辣粉虾、汤料虾等食用。鲜活小龙虾可用于烹饪蒜蓉小龙虾。

六、市场销售信息

霍邱县荣芳稻虾种养殖专业合作社　联系人：李荣正　联系电话：13516476666

霍邱县亿万稻虾综合种养专业合作社　联系人：陈家好　联系电话：1595591344

安徽跨跃农业发展有限公司　联系人：陈林平　联系电话：13973704567

安徽省枫浩农业科技有限公司　联系人：薛业静　联系电话：17681382133

安徽省霍邱县孝辉稻田龙虾养殖家庭农场　联系人：郭孝辉　联系电话：18792092999

霍邱县亚联粮食种植家庭农场　联系人：代国亚　联系电话：13003083560

供稿：霍邱县水产业发展中心　李进村

舒城黄姜

登录编号：CAQS-MTYX-20210309

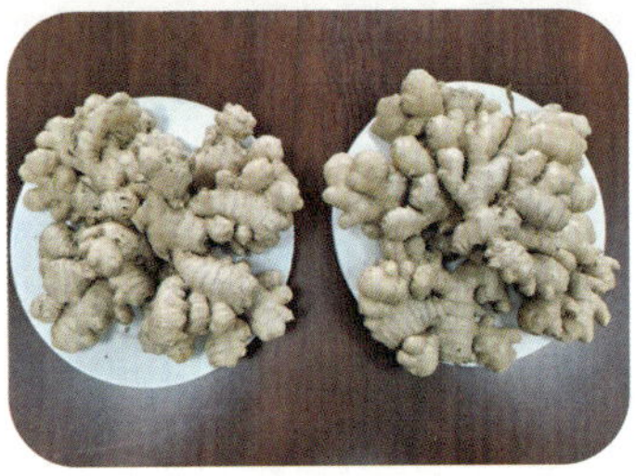

一、主要产地

安徽省六安市舒城县干汊河镇、城关镇、桃溪镇、阙店乡、张母桥镇、万佛湖镇、棠树乡、千人桥镇、杭埠镇、南港镇、春秋乡、晓天镇、山七镇、五显镇等乡镇。

二、品质特征

舒城黄姜外观土黄色，不规则块茎，个体小，横切面嫩黄色，质地细嫩，纤维少，辣味十足，芳香浓郁。

舒城黄姜内在品质优良，营养丰富，含维生素 C 含量为 9.51mg/100g，锌含量为 0.46mg/100g，挥发油（干基）含量为 4.4mL/100g，6–姜辣素含量为 0.166%。

三、环境优势

舒城黄姜历史悠久，据县志记载，在 2 000 多年前的西汉时代就开始种植。舒城县位于大别山东麓、巢湖之滨，属北亚热带湿气候区，气候温和，四季分明，雨水充沛。舒城黄姜传统的主产区，地势由西南向东北倾斜，分布在杭埠河沿岸地区；山区部分产区分布在河道沿岸地区。产区属黄棕壤土，土壤质地砂壤土，肥力中上。产区年平均日照时数 1 969h，年平均温度 15.5℃，年平均降水量约 1 244mm，平均昼夜温差 10.3℃，平均无霜期 223 天。独特的自然环境，孕育了舒城黄姜独特的味道。

四、收获时间

于 11 月上旬开始采收，最佳品质期为 11 月。

五、推荐贮藏保鲜和食用方法

【贮藏保鲜方法】窖藏，或采用冷藏保鲜设施储藏。

【食用方法】可作为调味品，也可用于腌制，还可入药。

六、市场销售信息

安徽省舒城县舒丰现代农业科技开发有限责任公司　联系人：阮琦琦　联系电话：0564-8680986、18709869526

安徽谷瑞农业科技开发有限公司　联系人：王　雁　联系电话：18919721671

舒城县龙祥种植专业合作社　联系人：叶远祥　联系电话：18919719777

供稿： 舒城县农业农村局　王昌文、包建民

登录编号：CAQS-MTYX-20210312

裕安鹅肥肝

一、主要产地

六安市裕安区固镇镇和青山乡。

二、品质特征

裕安鹅肥肝外观浅褐色，表皮紧致，质地柔软有弹性。具有氨基酸总量高，以及脂肪酸中饱和脂肪酸占比低、不饱和脂肪酸占比高的特点。

裕安鹅肥肝氨基酸总量为 14 844mg/100g，高于类比参照值；饱和脂肪酸占总脂肪酸的 39.7%，低于类比参照值；不饱和脂肪酸占总脂肪酸的 60.3%，高于类比参照值。

三、环境优势

裕安区位于安徽省西部、大别山北麓，是典型的革命老区、生态大区、发展新区。地处江淮分水岭，生态环境优美。属北亚热带季风气候，四季气候温和，雨量适中，光照充足，雨热同季，四季分明。土地肥沃、物产富饶，是全国商品粮基地、全国油茶产业先进县区、全国绿色蔬菜高产高效示范县区。辖区内自然环境优良，水草丰茂，植物资源丰富，为裕安鹅的养殖提供了天然充足的野生饲料；生产地域土壤肥沃，主要生产有水稻、小麦、玉米、番薯、油菜、豆类等农产品，为裕安鹅养殖提供丰富粮食饲料。

四、收获时间

裕安鹅常年均可出栏，裕安鹅肥肝最佳品质期为全年。

五、推荐贮藏保鲜和食用方法

【贮藏保鲜方法】-4℃以下冷冻贮藏。

【食用方法】法式红酒鹅肝、香煎鹅肝等，还可用高汤涮食。

六、市场销售信息

六安市铭合生态养殖有限公司　联系人：张　峰　联系电话：13516499731

六安市裕安区中菊养殖专业合作社　联系人：胡中菊　联系电话：18788826821

供稿：裕安区农产品质量安全中心　郝大丽

山中鲜鸡蛋

登录编号：CAQS-MTYX-20210544

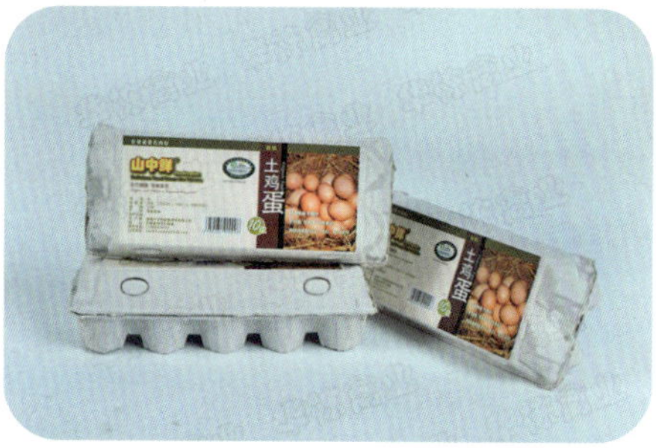

一、主要产地

安徽省宣城市宣州区孙埠镇玉粒村。

二、品质特征

山中鲜鸡蛋蛋壳清洁完整，呈规则卵圆形；灯光透视时，整个蛋呈微红色，蛋内无黑点及异物；去壳后蛋黄呈橘黄色，蛋黄凸起完整并带有韧性，蛋白澄清、透明，稀稠分明，蛋液有蛋腥味。

山中鲜鸡蛋蛋白质含量为12.5g/100g，胆固醇含量为232mg/100g，维生素A含量为236μg/100g，维生素B_2含量为0.231mg/100g，铁含量为2.72mg/100g，指标优于参照值。

三、环境优势

山中鲜鸡养殖基地地处皖南山区和长江下游平原的结合部，区域内襟山带水，风景绝佳，属于亚热带湿润季风气候，四季分明，气候温和，年平均气温16.3℃，良好的地域生态环境给动物福利养殖提供了优质的保障。山中鲜鸡实行散养，在山林地带寻觅林中小虫、果实、杂草为食，有充足的活动空间，可享受到阳光的沐浴、呼吸新鲜的空气、享受到符合人饮用水标准的水质，有符合动物习性的沙浴地点，食用玉米、番薯、萝卜、青菜等，种种举措只为满足鸡自然天性的需求。

四、收获时间

全年均可收获，最佳品质期为全年。

五、推荐贮藏保鲜和食用方法

【贮藏保鲜方法】一般在2～5℃时，鸡蛋的保质期为40天左右；冬季室温下可保存15天，夏季室温下可保存10天。推荐把鸡蛋放在冰箱冷藏保存。

【食用方法】白煮蛋是鸡蛋最常见的吃法，简单快捷，且营养吸收率最高。

六、市场销售信息

安徽华栋山中鲜农业开发有限公司　联系人：朱小丽　联系电话：13956609752

供稿：安徽华栋山中鲜农业开发有限公司　朱小花、储兆祥

登录编号：CAQS-MTYX-20210679

官亭粉丝

一、主要产地

安徽省合肥市肥西县官亭镇王祠村、姚岗村、半个店村、金华村、朱桥村。

二、品质特征

官亭粉丝呈灰白色、半透明状，色泽一致，粗细均匀，无并丝，柔韧，有弹性；复水后晶莹透亮，弹性好，入口筋道滑爽。

官亭粉丝熟断条率为 0.0%，总灰分为 0.23g/100g，钙含量为 72.6mg/100g，淀粉含量为 78.4g/100g，营养价值高。

三、环境优势

官亭镇交通便捷，区位优势明显。官亭镇地处江淮分水岭脊背，地形起伏，岗冲相间；属亚热带温湿季风气候区，温暖湿润，雨量适中，四季分明，日照充足，年降水量约 1 000mm，无霜期 240 天，年平均温度 16℃；土壤以马肝土和黄白土为主，土壤 pH 值 5.7 左右，通透性能好，有机质含量高，优越的生态环境十分适宜番薯生长。优质的番薯原料和先进的生产工艺成就了官亭粉丝的柔韧、弹性和入口筋道滑爽的优良品质，深受广大消费者的欢迎。

四、收获时间

全年均可生产，最佳品质期为全年。

五、推荐贮藏保鲜和食用方法

【贮藏保鲜方法】密封放置于阴凉通风处。

【食用方法】凉拌菠菜粉丝、牛肉粉丝汤、蒜蓉粉丝虾仁煲等。

六、市场销售信息

肥西县金桥红薯专业合作社　联系人：黄学应　联系电话：13966656236

肥西银泰商贸　联系人：胡兆银　联系电话：18955121999

淘宝店铺：肥西特色馆

供稿：肥西县农业农村局　孙自雯、薛　颖

五河红大椒

登录编号：CAQS-MTYX-20210680

一、主要产地

安徽省五河县朱顶镇陈台村、刘台村，城关镇长淮村、十字岗村，双忠庙张滩村、双庙等村。

二、品质特征

五河红大椒个体较大，近长圆锥形，长 12 ～ 16cm，蒂部横径 4.5 ～ 6.0cm，单果重 103 ～ 140g，果面鲜红，光滑油亮，果肉厚，质地脆嫩，生食清甜，微辣或不辣。

五河红大椒维生素 C 含量为 99.0mg/100g，粗纤维含量为 0.6g/100g，蛋白质含量为 1.13g/100g，钾含量为 230mg/100g，锌含量为 0.35mg/100g，上述指标优于同类产品参照值。

三、环境优势

五河县地处安徽省北部、淮北平原东南部，境内农作物栽培土壤多为黏质土、壤土，有机质和养分含量丰富，微碱，耕性好，具有松软、深厚、肥沃的耕作层。年均气温为 14.7℃，年均降水量为 896.3mm，年均日照时数为 2 306.7h，平均无霜期为 212 天，四季分明，气候温和，雨量适中，光照充足，无霜期长，光、热、水资源丰富，适宜蔬菜种植。

四、收获时间

每年 6—10 月收获，最佳品质期为 6 月。

五、推荐贮藏保鲜和食用方法

【贮藏保鲜方法】冷藏保鲜。将五河红大椒装入塑料袋内（每袋 1 ～ 2kg），袋中放置防腐保鲜剂，然后装入筐或箱中，放入冷库。库温控制在 5 ～ 8℃，相对湿度保持在 85% ～ 95%，可贮存 40 ～ 60 天。

【食用方法】甜椒炒肉丝，或腌制。

六、市场销售信息

五河县群力蔬菜专业合作社　联系人：陈　建　联系电话：13349222222

五河县陈建农业科技有限公司　联系人：陈小童　联系电话：13956365333

供稿：五河县农业农村局　王志刚

登录编号：CAQS-MTYX-20210681

雨山葡萄

一、主要产地

安徽省马鞍山市雨山区向山镇锁库村，佳山乡前庄村、三联村，采石街道陈家村等。

二、品质特征

雨山葡萄新鲜清洁，果穗整齐度良好，紧密度中等；平均穗重 700 ～ 800g；果粒饱满、大小均匀，呈鸡心形，平均粒重 8.78 ～ 13.16g，无籽，着色度 100%；果皮呈黄绿色，果实质地较松软，肉质紧密，皮肉容易分离，少核，无涩味；甜脆多汁，香甜可口，有独特的玫瑰香味。

雨山葡萄可溶性固形物含量为 20.02%，维生素 C 含量 4.74mg/100g，维生素 A 含量 4.73μg/100g，α－维生素 E 含量 0.73mg/100g，上述指标均优于同类产品参照值。

三、环境优势

雨山区西濒长江，东临南京市。境内有著名的采石矶、太白楼及长江大保护国家级示范区薛家洼生态园区。全区依山环湖临江，东部多为海拔 100 ～ 200m 的丘陵，中西部多为沟渠纵横、河湖塘密布的平原圩区，绿化覆盖率达 41%，生态环境优良。耕地土层较厚，土质肥沃疏松，透水性和保水力良好。雨山区属北亚热带季风过渡区，四季分明，季风显著，温和湿润，梅雨集中，年均日照时数 2 109.9h，年均气温 15.8℃，年均降水量 1 080mm，无霜期 234 天，具有霜期短、日照长、雨量充沛的特点，适于种植优质葡萄。

四、收获时间

每年 6 月中旬至 11 月中旬收获，最佳品质期为 8 月。

五、推荐贮藏保鲜和食用方法

【贮藏保鲜方法】冷藏保鲜。

【食用方法】清水洗净后鲜食；也可用于榨汁、制作果酱、酿酒。

六、市场销售信息

马鞍山市雨山区金色东塘葡萄种植专业合作社　联系人：汪金保　联系电话：13865558716

马鞍山市雨山区尹圣葡萄种植园　联系人：尹寿林　联系电话：15156708979

马鞍山市雨山区胜武葡萄种植家庭农场　联系人：朱胜武　联系电话：13053207593

马鞍山市世琴葡萄种植有限公司　联系人：孙守华　联系电话：13485550996

马鞍山市雨山区亮凡果园专业合作社　联系人：潘廷龙　联系电话：13855509938

供稿：雨山区农业农村水利局　夏武华

含山黄桃

登录编号：CAQS-MTYX-20210682

一、主要产地

安徽省马鞍山市含山县陶厂镇司徒村，环峰镇小胡村，清溪镇姚垅村，仙踪镇八熊村、六衖村等地。

二、品质特征

含山黄桃果形端正，近圆形，果面呈金黄色，绒毛短，果皮薄，果肉金黄色，红心，粘核，硬溶质，有淡淡的果香味。

含山黄桃果实硬度为6.5kg/cm²，可溶性固形物为12.5%，维生素A含量为8.47μg/100g，胡萝卜素含量为600μg/100g。上述指标均优于同类产品参照值。

三、环境优势

含山县地处皖中东部，巢湖之滨，拥有凌家滩古文化遗址，被国内考古界称为“中华远古文明的曙光”。境内群山环抱，水库密集，河流纵横，丘圩交错，生态环境优越。含山县属北亚热带湿润性季风气候，四季分明，季风明显，气候温和，日照充足，年平均气温为15.6℃，年平均日照时数2 216h，降水量充足。含山县有大面积的山地、丘岗，土壤疏松，土层深厚，土质肥沃。含山县区域立体气候特征明显，能满足黄桃休眠期的低温要求，生产季节充足的阳光和凉爽的气候，是优质黄桃生长的有利条件。

四、收获时间

每年5月底至8月底收获，最佳品质期为7月。

五、推荐贮藏保鲜和食用方法

【贮藏保鲜方法】冷藏或惰性气体储藏。

【食用方法】鲜食。

六、市场销售信息

含山县青峰含翠果业有限公司　联系人：徐建中　联系电话：17755533008

供稿：含山县农业农村局

登录编号：CAQS-MTYX-20210683

岳西茭白

一、主要产地

安徽省安庆市岳西县石关乡、主簿镇、温泉镇、巍岭乡、姚河乡、头陀镇、黄尾镇、来榜镇、和平乡、青天乡、包家乡、古坊乡、中关镇、菖蒲镇、田头乡、毛尖山乡等17个乡镇，54个村。

二、品质特征

岳西茭白茭体粗细均匀，肉茭个大，饱满，色白光润，脆嫩，质地紧密，口味纯正。

岳西茭白维生素C含量为7.8mg/100g，干物质含量为8.19%，蛋白质含量为1.35%，可溶性固形物含量为7.4%，粗纤维含量为0.8%。

三、环境优势

岳西县是“中国高山茭白之乡”，位于皖西南边陲，大别山腹地，是著名革命老区、国家级生态示范区。境内森林覆盖率76.1%，动植物2 100多种，负离子单位含量是城市的10倍以上，地表水质达二类以上，被专家称为“天然花园”“天然氧吧”“物种基因库”“江淮绿肺”。年平均气温14.5℃，年平均降水量1 445.8mm，全年日照时数达2 091.2h，日照率47%，无霜期212天。岳西茭白产地主要分布在海拔500～1 000m高山区，常年用山泉水灌溉，优越的产地环境成就了岳西茭白独特品质。

四、收获时间

夏茭5月底开始采收，秋季茭白8月底开始采收。最佳品质期为10月。

五、推荐贮藏保鲜和食用方法

【贮藏保鲜方法】①水藏：茭白去鞘后装入蒲包，放在水缸或水池中，放满清水后，在其上压一些石块或其他重物，使茭白浸入水中。以后经常换水，始终保持水的清洁。此法可较好地保持茭白的外观品质和新鲜状态，而且损耗较小。②冷藏：茭白装筐入库后，用“品”字形方式码垛，保持库温0～1℃、相对湿度95%。可贮藏2个月左右，且风味不变。

【食用方法】酱香茭白炒肉片、清炒茭白黄豆、素炒茭白等。

六、市场销售信息

南京天印山C区12号　联系人：周　健　联系电话：18352886758

武汉市黄陂区四季美农贸城A617档口　联系人：孙俊林　联系电话：18271813314

安庆三义蔬菜批发市场　联系人：程小虎　联系电话：13855619469

供稿：岳西县农业农村局

桐城鸭蛋

登录编号：CAQS-MTYX-20210684

一、主要产地

安徽省桐城市大关镇、嬉子湖镇、双港镇、新渡镇。

二、品质特征

桐城鸭蛋蛋壳呈青色或粉白色，单枚重 72～78g，蛋液黏度高，蛋黄为橙黄色、大小适中。煮食，蛋白光滑香弹，蛋黄细腻、香浓，无蛋腥味。

桐城鸭蛋蛋白质含量为 12.9g/100g，脂肪含量为 11.2g/100g，胆固醇含量为 526mg/100g，维生素 A 含量为 344μg/100g，不饱和脂肪酸占总脂肪酸的 68.648%，上述指标优于同类产品参照值。

三、环境优势

桐城市地处长江经济协作区腹地，属亚热带湿润气候区，气候温和，雨水充沛，光照充足，四季分明，年平均气温 15.8℃，年平均降水量 1 326.9mm，年平均日照时数 1 903.34h，平均无霜期 246 天。桐城市地下水丰富，水系发达，境内有大关河、界河、卅铺河、木桥河等多条河流，与重要水源地五岭水库、朱山冲水库、麻山水库、钱家冲水库等共同构成了自然水循环系统，非常适合饲养水禽蛋鸭。

四、收获时间

全年生产，最佳品质期为 3 月。

五、推荐贮藏保鲜和食用方法

【贮藏保鲜方法】夏季，鸭蛋放入冰箱 4℃冷藏，大头朝上，小头朝下，放在蛋托或纸格内，可保鲜 3～4 个月。冬季，选择阴凉通风处贮藏，可存放 30 天左右。

【食用方法】蛋羹、炒鸭蛋、腌鸭蛋等。

六、市场销售信息

安徽诚友蛋品有限公司　联系人：张　胜　联系电话：13505564348、0556-6737777

桐城市诚信蛋鸭养殖专业合作社　联系人：张　胜　联系电话：13505564348、0556-6737777

桐城市龙珠蛋鸭养殖专业合作社　联系人：光银付　联系电话：13956496719、0556-6730035

桐城市诚信通家庭农场有限公司　联系人：何云霞　联系电话：15375568399、0556-6730191

桐城市孟河蛋鸭养殖专业合作社　联系人：陈祖苗　联系电话：13505564523、0556-6730484

供稿：桐城市农业农村局　汪　慧

登录编号：CAQS-MTYX-20210686

黄山贡菊（歙县）

一、主要产地

安徽省歙县徽城镇、桂林镇、溪头镇、许村镇、富堨镇、上丰乡、北岸镇、深渡镇、三阳镇、杞梓里镇、霞坑镇、郑村镇、雄村镇、王村镇、街口镇、岔口镇、武阳乡、昌溪乡、新溪口乡、坑口乡、小川乡、森村乡、绍濂乡、璜田乡、长陔乡、石门乡、金川乡、狮石乡共28个乡镇。

二、品质特征

黄山贡菊（歙县）花形完好整齐，均匀无散朵，花瓣密、白色，花心淡黄色，花蒂青绿；温水冲泡汤色淡黄，清澈透亮，具有菊花特有香气，味甘醇。

黄山贡菊（歙县）绿原酸含量为0.50%，水分含量为9.7%，木樨草苷含量为0.561%，3,5-O-二咖啡酰基奎宁酸含量为0.96%。

三、环境优势

歙县北倚黄山，东邻杭州，南连千岛湖，古徽州府所在地，徽商的发源地，徽文化的发祥地，享有“东南邹鲁、礼仪之邦”之美誉。歙县处于北纬30°黄金线上，森林覆盖率达82.64%，黄山、天目山脉在其境内纵横迤逦，山峦起伏，四季分明，夏无酷暑，冬无严寒，孕育出了丰饶物产。歙县是黄山贡菊的原产地，境内菊园土壤肥沃，有机质含量高，年平均温度16℃左右，温度适宜，雨量充沛，十分适宜贡菊生长。

四、收获时间

每年10—11月收获，最佳品质期为全年。

五、推荐贮藏保鲜和食用方法

【贮藏保鲜方法】低温、干燥储藏。

【食用方法】每一杯投放5～7朵贡菊花，100℃开水冲泡。

六、市场销售信息

黄山市歙县雅氏茶菊精制厂　联系人：吴雅裕　联系电话：13705596078

歙县芽典生态农业有限公司　联系人：王　齐　联系电话：13901325407

谢裕泰茶业有限公司　联系人：余粤粤　联系电话：19816992697

黄山市歙县山水茶业有限公司　联系人：冯云胜　联系电话：13905595730

黄山市佛川贡菊有限公司　联系人：胡海峰　联系电话：13855932323

黄山市歙县光耀茶业有限公司　联系人：吴石英　联系电话：18605598899

黄山市芳茗菊业有限公司　联系人：吴建飞　联系电话：13365591111

黄山市歙县仰坦精制花茶厂　联系人：江　健　联系电话：13855961855

黄山市山里山业有限公司　联系人：李　琪　联系电话：18297699577

黄山花辰尹生态农业有限公司　联系人：张　兴　联系电话：15955900089

供稿：歙县歙茶产业发展中心　张永盛

歙县珠兰花茶

登录编号：CAQS-MTYX-20210687

一、主要产地

安徽省歙县徽城镇鲍川村、南源口村、就田村。

二、品质特征

歙县珠兰花茶外形较紧实，卷曲带茎，深绿色；汤色浅嫩黄；香气较清高，有花香；滋味甘和，较鲜爽；叶底带茎、深绿色 。

歙县珠兰花茶锌含量为39.6mg/110g，水浸出物含量为50.4%，茶多酚含量为21.0%，游离氨基酸总量为4.0%。

三、环境优势

歙县隶属于安徽省黄山市，北倚黄山，东临杭州，南连千岛湖，属于中亚热带与北亚热带过渡区，空气和地表水分别保持国家一级和二类标准。境内新安江穿境而过，河溪纵横，森林茂密，生物多样。歙县处于神秘的北纬30°黄金线上，森林覆盖率达82.64%，年平均温度16℃左右，温度适宜，雨量充沛，土壤肥沃，有机质含量高，生态条件十分适宜珠兰花和茶树生长。

四、收获时间

每年5—7月收获，最佳品质期为全年。

五、推荐贮藏保鲜和食用方法

【贮藏保鲜方法】低温、干燥储藏。

【食用方法】3～5g茶叶90℃开水冲泡。

六、市场销售信息

黄山雾云间生态农业开发有限公司　联系人：曹田中　联系电话：13965538642

黄山茶业集团有限公司　联系人：郑绍东　联系电话：13855938888

黄山市芽典生态农业有限公司　联系人：王　齐　联系电话：13901325407

黄山市外公家茶业有限公司　联系人：王自立　联系电话：15345590279

黄山市歙县就田茶业有限公司　联系人：方晓兵　联系电话：13083231538

供稿：歙县歙茶产业发展中心　张永盛

登录编号：CAQS-MTYX-20210688

太和桔梗

一、主要产地

安徽省阜阳市李兴镇、大庙集镇、双庙镇、清浅镇、洪山镇、桑营镇、宫集镇、倪邱镇、大新镇、赵庙镇、蔡庙镇、双浮镇、五星镇、税镇镇、高庙镇共 15 个乡镇。

二、品质特征

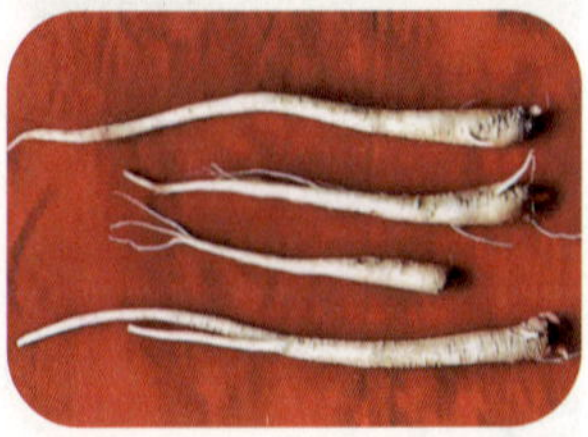

太和桔梗根细长，呈纺锤形，有根须，部分有分枝，表面淡黄白色，有桔梗特有的气味，生食新鲜脆嫩，入口微甜，后味微苦、略麻。

太和桔梗蛋白质含量为 2.74g/100g，粗纤维含量为 1.6%，钾含量为 368mg/100g，镁含量为 33mg/100g，上述指标优于同类产品参照值。

三、环境优势

太和桔梗已有近 70 年的种植历史。桔梗产区处于淮北淤积平原西北部，黄泛平原是地貌类型的主体，地势平坦，排水良好。位于东部季风暖温带半温润气候与北亚热带气候的缓冲区，特点是季风气候明显，四季分明，光照充足，气候温和，雨量适中。年均降水量大于 820mm，平均气温 14.9℃，10℃以上年活动积温 4 818.5℃，0℃以上年积温 5 407.5℃，年平均日照数 2 274.5h，无霜期 220 天。土壤 pH 值 5.6 ~ 7.3，有机质 18.19g/kg，全氮 1.05g/kg，有机磷 13.76mg/kg，速效钾 145.19mg/kg。肥沃的於土地和深厚的土壤耕层，加上优良的气候资源，适宜生产优质桔梗。

四、收获时间

每年 10 月至翌年 2 月收获，最佳品质期为 10 月。

五、推荐贮藏保鲜和食用方法

【贮藏保鲜方法】选择地势高、干燥、凉爽、通风良好的室内，将桔梗堆放好，用塑料薄膜、苇席、竹席等防潮。

【食用方法】制作桔梗丝罐头，爽脆可口，开瓶即食。

六、市场销售信息

太和县李兴镇奇伟农业种植专业合作社　联系人：程艳伟　联系电话：17555865539

安徽省太和县利民中药材有限责任公司　联系人：屈海防　联系电话：13866296999

太和县六氏中药材种植专业合作社　联系人：张　振　联系电话：18949262414

太和县宫集镇凌云家庭农场　联系人：宫光前　联系电话：13956769187

安徽兴达保健食品有限公司　联系人：王柯舒　联系电话：13905680670

供稿：太和县农业农村局　李　挺

叶集秋月梨

登录编号：CAQS-MTYX-20210690

一、主要产地

安徽省六安市叶集区平岗街道、姚李镇、洪集镇、三元镇、孙岗乡，共60个村。

二、品质特征

叶集秋月梨果实略呈扁圆形，果形端正，果肩平，单果一般360～395g，横径10.5～11.4cm，纵径9.0～9.5cm，果皮黄褐色，着色均匀，果点密且小，果皮较硬，果肉乳白色，果核小，口感酥脆，细嫩无渣，汁多味甜。

叶集秋月梨可溶性固形物含量为13.0%，总酸量（可滴定酸）为0.114%，硬度6.3N/cm²，钾含量为99.1mg/100g，锌含量为0.172mg/100g，上述指标优于同类产品参照值。

三、环境优势

叶集区位于豫皖两省交界，东连长江三角洲，南枕大别山，西接中原地，北临淮河水，素有“大别山门户”“安徽西大门”之称，是长江三角洲绿色农产品供应基地。叶集区属亚热带季风性气候，季风明显，四季分明，气候温和，雨量适中，全年平均气温为15.43℃，无霜期平均222天；地貌类型以丘陵、沉积台地、沙湾地为主，土壤松软肥沃；境内史河、汲河环绕，山泉水源丰富。叶集秋月梨产地树木茂密，生态环境良好，发展优质果品具有得天独厚的优势。

四、收获时间

每年8—9月收获，最佳品质期为8月。

五、推荐贮藏保鲜和食用方法

【贮藏保鲜方法】冷库贮存温度一般控制在1～5℃，时间一般不超过20天。消费者购买后可连同包装盒或包装纸放进冰箱保鲜层进行保鲜。

【食用方法】秋月梨洗净后可直接食用，削皮食用口感更佳，也可用于制作果汁饮料、果酒及梨膏等，具有很高的食用价值。

六、市场销售信息

六安市友佳农业发展股份有限公司　联系人：朱成友　联系电话：18156444988

安徽省徽海家庭农场有限公司　联系人：张传君　联系电话：13812736887

安徽百越农业科技发展有限公司　联系人：彭立涛　联系方式：18206177107

供稿：叶集区农业农村局　周　玮

登录编号：CAQS-MTYX-20210691

六安瓜片（金寨）

一、主要产地

安徽省金寨县梅山镇、吴家店镇、桃岭乡、长岭乡、果子园乡、沙河乡、油坊店乡、古碑镇、南溪镇、麻埠镇、花石乡、燕子河镇、天堂寨镇、张冲乡、全军乡、槐树湾乡、青山镇、汤家汇镇、斑竹园镇、双河镇、白塔畈镇、关庙乡、铁冲乡共 23 个乡的 219 个行政村。

二、品质特征

六安瓜片（金寨）外形呈条状、略舒展，色绿；冲泡后，汤色黄绿明亮；香气呈清香和栗香，香高持久；滋味较鲜醇，微涩；叶底黄绿，柔嫩，无芽无梗，尚匀整。

六安瓜片（金寨）水浸出物含量为 48.5%，茶多酚含量为 20.2%，儿茶素含量为 18.8%，游离氨基酸总量为 4.6%、水分含量为 2.56g/100g，上述指标优于同类产品参照值。

三、环境优势

金寨县位于皖西边陲、大别山腹地。产区年均稳定超过 10℃日数为 209 天，年活动积温约 4 200℃；年均日照达 2 039h，日照率 47%，漫射光强；年均降水量约 1 381mm，年均相对湿度约 80%；土壤呈酸性，通透性好，有机质含量超过 3%，十分适宜茶树生长。特殊的生态环境造就了六安瓜片（金寨）香气持久、滋味鲜醇的优良品质。

四、收获时间

每年 4—6 月采摘，最佳品质期为全年。

五、推荐贮藏保鲜和食用方法

【贮藏保鲜方法】密封于铝箔袋或罐中，存放在阴凉干燥处或冷藏。

【食用方法】泡茶饮用。煮水初沸即可，这样泡出的茶水鲜爽度较好。沏茶的水温要在 80℃左右最为适宜。1g 茶叶用水 50 ～ 60mL 为宜。六安瓜片中大多数有效成分在第一次冲泡后浸出量最大，经 3 次冲泡后基本达到全量浸出。

六、市场销售信息

金寨县露雨春茶叶有限责任公司　联系人：黄守山　联系电话：13205640123

金寨县四季春茶叶专业合作社　联系人：曾德芳　联系电话：18756409838、0564-7768099

谢裕大（六安）茶叶有限公司　联系人：舒正彬　联系电话：15855210001、0564-7313456

供稿：金寨县农业农村局　张显兵

旌德白茶

登录编号：CAQS-MTYX-20210692

一、主要产地

安徽省宣城市旌德县白地镇汪村，三溪镇田家村，蔡家桥镇华川村，俞村镇凫阳村，庙首镇里仁村，旌阳镇柳溪村、板桥村，版书镇龙川村。

二、品质特征

旌德白茶满披白毫，外形挺直似凤尾，色泽翠绿间黄。开汤时，汤色嫩绿明亮，香气清高持久，滋味醇厚鲜爽，叶底芽叶嫩匀成朵。

旌德白茶锌含量为 53.5mg/kg，茶多酚含量为 17.2%，水浸出物含量为 46.5%，游离氨基酸含量为 7.7%，测定值均高于参照值，具有独特的内在品质特征。

三、环境优势

旌德县是全国首批创建生态文明典范城市、皖南国际文化旅游示范区核心区和全国首批“绿水青山就是金山银山实践创新基地”。旌德县位于皖南山区腹地，西倚黄山，东临苏浙沪，北枕皖江，黄山山系蜿蜒入境，地貌属皖南山区的低山丘陵和山间盆谷区。气候属亚热带湿润季风气候，四季分明，气候温和，雨量充沛，光照适中。年平均气温 15.2℃，无霜期 232.3 天，年平均日照时数 1 719.5h，年降水量 1 200 ～ 1 500mm。旌德白茶产区位于海拔 500m 以上的高山，常年云雾缭绕，土层深厚肥沃，土壤为红壤性麻石土，质地砂壤，昼夜温差较大，适宜茶树生长，生产的茶叶品质上乘。

四、收获时间

每年 3 月中旬至 4 月中旬采收，最佳品质期为 4 月。

五、推荐贮藏保鲜和食用方法

【贮藏保鲜方法】冷库储藏。

【食用方法】取 3 ～ 5g 茶叶，用沸水冲泡 1min 即可饮用。

六、市场销售信息

安徽省旌德县白地白茶有限公司　联系人：陈炳勇、陶国强　联系电话：18010828222、15357528686

安徽乌岭沟生态农业有限公司　联系人：黄天伟　联系电话：13966188711

旌德县三溪镇文静家庭农场　联系人：张启明　联系电话：13856311377

旌德华川丰润农业发展有限公司　联系人：赵百林　联系电话：13033055501

供稿：旌德县农产品质量安全检验检测中心

登录编号：CAQS-MTYX-20210999

山中鲜鸡

一、主要产地

安徽省宣城市宣州区孙埠镇玉粒村。

二、品质特征

山中鲜鸡爪胫细长，表皮紧致有弹性，肉色鲜亮，皮下脂肪黄色。

山中鲜鸡含肌苷酸含量为2.9mg/g，锌含量为6.1mg/kg，硒含量为18.0μg/100g，不饱和脂肪酸占总脂肪酸的62.8%，苯丙氨酸含量为1.45g/100g。

三、环境优势

山中鲜鸡养殖基地位于孙埠镇，地处皖南山区和长江下游平原的结合部，区域内襟山带水，风景绝佳，属于亚热带湿润季风气候，四季分明，气候温和，年平均气温16.3℃，良好的地域生态环境给动物福利养殖提供了优质的保障。山中鲜鸡实行散养，在山林地带以寻觅林中小虫、果实、杂草为食，有充足的活动空间，山中鲜鸡可享受到阳光的沐浴、呼吸新鲜的空气、享受到符合人饮用水标准的水质，养殖场有符合动物习性的沙浴地点，饲喂玉米、番薯、萝卜、青菜等健康食材作为饲料，种种举措只为满足鸡的自然天性的需求。

四、收获时间

全年均可出栏，最佳品质期为全年。

五、推荐贮藏保鲜和食用方法

【贮藏保鲜方法】①冷冻保存：将鸡肉放置冰箱冷冻层–18℃保存，保质期12个月。②冷藏保存：将鸡肉放置于密封袋中，放在冰箱冷藏层，1～2天内食用。

【食用方法】清炖老母鸡汤等。

六、市场销售信息

安徽华栋山中鲜农业开发有限公司　联系人：朱小丽　联系电话：13956609752

供稿：安徽华栋山中鲜农业开发有限公司　朱小花、储兆祥

惠安余甘

登录编号：CAQS-MTYX-20210041

一、主要产地

福建省泉州市惠安县紫山镇蓝田村、官溪村。

二、品质特征

惠安余甘果形扁圆，色泽绿白色，表面粗糙不平，有细小的疣状突起，基部遗有圆点状的果柄痕迹，手感质地硬；果肉黄白色，肉厚汁多，纤维少，初食味酸，回甘爽口。

惠安余甘的固酸比 8.07，淀粉含量达到 2.29%，每 100g 含维生素 C 261mg、铁 8.68mg、钾 152mg 等，素有“维生素 C 之王”美称。

三、环境优势

惠安地貌以低山丘陵为主，土壤以砖红性红壤和黄壤居多，土壤偏酸性，十分适宜余甘的培植。惠安地处南亚热带海洋性季风气候区，既无酷暑、又罕严寒，阳光充足，雨量集中，年平均温度 20℃，符合余甘性喜冬暖、夏无酷热的气候要求。日照充足能保证枝叶生长健壮，花芽分化良好，因此生产出的惠安余甘果大、着色好，甜脆。

四、收获时间

每年 10—12 月收获，最佳品质期为 12 月。

五、推荐贮藏保鲜和食用方法

【贮藏保鲜方法】冷藏保鲜。

【食用方法】①鲜食。②腌制惠安余甘：用冷开水将惠安余甘洗净晾干，每粒余甘果划上一刀，用盐、醋、白糖或冰糖腌制，盐：醋：糖 =6：3：1，腌制 1 个月以上，待余甘变成棕黄色即可。

六、市场销售信息

惠安县田船余甘专业合作社　联系人：苏明川　联系电话：15359529539

惠安县紫山镇官溪前沈林果场　联系人：杨向阳　联系电话：13506017026

惠安县紫山镇官溪村亭兜林果场　联系人：李志平　联系电话：13506076922

惠安县惠农余甘农民专业合作社　联系人：张华芬　联系电话：18150978855

供稿：惠安县农业农村局　王振辉

登录编号：CAQS-MTYX-20210042

下河杨桃

一、主要产地

福建省漳州市云霄县下河乡下河村、上河村、坡兜村、世坂村。

二、品质特征

下河杨桃浆果长椭圆形，果蒂处下凹，果顶浅五裂，钝圆；果大，果形端正丰满，大小均匀，果实横切片呈五角星状，果皮金黄色，手感质地硬、光滑；果心小，果肉呈金黄色，爽脆化渣，清甜多汁，风味可口，芳香浓郁。

下河杨桃营养丰富，可溶性固形物含量为10.1%，总酸含量为1.9g/kg，维生素C含量为35.6mg/100g，总黄酮含量为0.41%，总多酚含量为0.55%。

三、环境优势

下河杨桃以云霄县下河乡为主产区，产地集中于下河村。下河村有着独特的自然环境和地理优势，山峦连绵，群山拱抱，自成盆地，全年无冬；傍江边多为冲积地，土壤肥沃，水资源丰富，属南亚热带海洋性季风气候，光照热量充足，是杨桃种植适宜区域。下河村依托万亩杨桃基地，积极扶持发展杨桃种植，着力构建良种化、规模化、标准化、品牌化、产销一体化相结合的新型杨桃产业经营体系。

四、收获时间

每年的8月至翌年4月收获，最佳品质期为11月。

五、推荐贮藏保鲜和食用方法

【贮藏保鲜方法】保鲜库冷藏。

【食用方法】①鲜食，切片或切块，加少许盐粉。②鲜榨杨桃汁。③加工成杨桃果脯、杨桃罐头、杨桃酒、冻干杨桃等。

六、市场销售信息

云霄县富达农民专业合作社　联系人：蔡达权　联系电话：13709353291、0596-8729996

云霄县盈漳果蔬农民专业合作社　联系人：蔡恩城　联系电话：13860886819、0596-8728178

云霄县美裕霞河旅游发展有限公司　联系人：蔡苍松　联系电话：13515942420、0596-8728087

供稿：云霄县农业农村局　张玮玲

顺昌海鲜菇

登录编号：CAQS-MTYX-20210043

一、主要产地

福建省南平市顺昌县双溪街道、建西镇、洋口镇、元坑镇、埔上镇、大历镇、大干镇、仁寿镇、洋墩乡、郑坊乡、岚下乡、高阳乡共1个街道7个镇4个乡。

二、品质特征

顺昌海鲜菇菌盖圆整呈铆钉状，菌柄较直，整丛菇体长度、体型基本一致；菌盖灰白色至褐色；菌柄近白色至灰白色，实心，棍棒状，长度110～160mm，色泽一致；口感细腻，质地脆嫩、有弹性，具有海鲜菇特有的香味。

顺昌海鲜菇的营养价值很高，粗纤维含量为0.80g/100g，还原糖（以葡萄糖计）含量为0.34g/100g，呈味氨基酸占总氨基酸比例为49.16%，总黄酮含量为0.07%，总多酚含量为0.12%。

三、环境优势

顺昌县属中亚热带海洋性季风气候，气候温和湿润，雨量充沛，阳光充足，四季分明，冬暖夏凉，春早秋晚，气候宜人，森林覆盖率78.8%，主要采用优质的地下水资源作为栽培用水，利用杉木屑替代阔叶树枝丫为栽培原料，保护了当地森林资源。特定的地理环境和自然条件造就了顺昌海鲜菇独特的品质特征。

四、收获时间

工厂化栽培，一年四季均可采收。最佳品质期为全年。

五、推荐贮藏保鲜和食用方法

【贮藏保鲜方法】①1～5℃冷藏，可存放15～30天。②晾晒3～5个晴天即可晒干海鲜菇，晒干时间越短，干菇质量越好。

【食用方法】适宜炒、煮、蒸、炖、做馅等多种烹饪方法。

六、市场销售信息

福建神农菇业股份有限公司　联系人：丁吴辉　联系电话：18063731390

福建省顺昌齐星农产品开发有限公司　联系人：郭齐汉　联系电话：13859469011

福建省顺昌聚来福生物科技有限公司　联系人：魏华义　联系电话：13950659455

供稿：顺昌县农业农村局　余小兰
南平市绿色食品发展中心　黄　薇

登录编号：CAQS-MTYX-20210044

长汀河田鸡

一、主要产地

福建省龙岩市长汀县。

二、品质特征

长汀河田鸡喙的基色为褐色，喙尖浅黄色；鸡单冠直立，冠后端分裂呈叉状冠齿；鸡胸宽背阔，躯短；胴体皮紧而有弹性，鸡肉丰满，皮薄骨细，皮肤金黄，肉色洁白，光滑滋润，胸部两侧有条形脂肪，肌肉表面微显湿润，不黏手，指压后的凹陷立即恢复；尾羽与镰羽为闪亮的黑色，主翼羽为镶有金边的黑色。长汀河田鸡肉质香、鲜、嫩、滑，鸡味浓郁，风味独特。

长汀河田鸡氨基酸总量为18.03g/100g，胆固醇含量为76.6mg/100g，牛磺酸含量为422mg/100g，亚油酸含量为26.5%，均优于参照值。

三、环境优势

长汀县境内多为山区丘陵地带，生态环境良好，稀土资源十分丰富，是“国家生态文明建设示范县”“绿水青山就是金山银山实践创新基地”“中国南方稀土产业基地”。几百年来受长汀特殊自然环境条件影响和人们的选择，逐渐形成了河田鸡耐粗饲、觅食力强、适应性广、抗病力强等特点。加上先前长汀山区交通不便，河田鸡种鸡对外交流极少，使其外貌特征、肉质风味和生活习性相对稳定地传承至今，成为适合在山地竹林茂盛、天然饲料充足、稀土含量丰富、环境无污染、自然隔离条件好的地方放养的优质地方鸡种。稀土能促进河田鸡的生长并改善肉质风味。

四、收获时间

120日龄以上可出栏。最佳品质期为全年。

五、推荐贮藏保鲜和食用方法

【贮藏保鲜方法】-18℃冷冻保存，0～4℃冷鲜保存。

【食用方法】白斩河田鸡、香煎鸡、盐焗鸡等。

六、市场销售信息

河田飞鸡（长汀）农业科技发展有限公司　联系人：谭小芬　联系电话：18905976748

龙岩南国风农业发展有限公司　联系人：潘红梅　联系电话：18950862580

福建省汀州凤河田鸡开发有限责任公司　联系人：张杨秀　联系电话：13859576261

供稿：长汀县农业农村局　黄建辉

上杭通贤乌兔

登录编号：CAQS-MTYX-20210045

一、主要产地

福建省龙岩市上杭县通贤镇、南阳镇、才溪镇、白砂镇、庐丰乡、中都镇、临城镇、茶地镇、中都镇。

二、品质特征

上杭通贤乌兔全身乌黑色粗短毛，紧贴体躯，具有光泽；头部粗壮，两耳直立厚短，体壮活泼、发育匀称；皮薄骨细，肌肉有光泽，红色均匀，脂肪白色，肉质紧凑结实，外表微干或湿润，不黏手，指压后的凹陷立即恢复，具有兔肉固有的气味。

上杭通贤乌兔含蛋白质含量为23.0g/100g，赖氨酸含量为1.92g/100g，油酸含量为28.2%、锌含量为17.2mg/kg，都超过类比参照值。

三、环境优势

上杭是传统的山区农业大县，大致呈“八山一水一分田”的经济地理结构。属中亚热带季风气候，冬无严寒，夏无酷暑，四季分明，气候温和，雨量充沛，年均气温19.8℃，年降水量1 537.2mm，年日照时数1 801h，无霜期277天。上杭县气候温和，四季常青，有丰富的天然饲草资源，十分有利于发展养兔业，是上杭通贤乌兔的丰产区和遗传资源原产地。

四、收获时间

全年都有产品出售，最佳品质期为全年。

五、推荐贮藏保鲜和食用方法

【贮藏保鲜方法】建议现杀现煮现食用，口感最佳，隔天食用建议放冷冻柜。

【食用方法】豆腐焖兔肉、兔肉火锅、白切兔肉等。

六、市场销售信息

上杭县东门市场通贤乌兔专卖店　联系人：廖春桃　联系电话：15159029888

龙岩市通贤兔业发展有限公司养殖场地　联系人：曹雪桃　联系电话：13459732452

供稿： 上杭县农业农村局　李　琼

登录编号：CAQS-MTYX-20210046

福鼎黄栀子

一、主要产地

福建省宁德市福鼎市，涉及全市16个乡镇，主要集中在贯岭镇。

二、品质特征

福鼎黄栀子呈长卵圆形，长1.6～3.3cm，直径1.1～1.4cm。表面红黄色，具6条翅状纵棱，棱间常有1条明显的纵脉纹，并有分枝；顶端残存萼片，基部稍尖，有残留果梗；果皮薄而脆，略有光泽；内表面色较浅，有光泽，具2～3条隆起的假隔膜；种子多数，扁卵圆形，集结成团，红黄色，表面密具细小疣状突起。气微，味微酸而苦。

福鼎黄栀子的栀子苷含量6.52g/100g，水分含量4.02g/100g，灰分含量4.47g/100g，均优于《中华人民共和国药典》要求。

三、环境优势

福鼎市地处福建东北部，位于闽浙交界的东海之滨，属亚热带海洋性季风气候，气候温和，雨量充沛，地貌以中低山为主，山地土壤以红壤、黄红壤、粗骨性黄红壤为主，全市林地面积162.85万亩，森林覆盖率62.64%，是第一批国家农产品质量安全县。

四、收获时间

福鼎黄栀子的采摘加工期在10月上旬至12月中下旬。最佳品质期为11月。

五、推荐贮藏保鲜和食用方法

【贮藏保鲜方法】干果储存，春季仓储注意防潮，夏季需恒温、避光、隔热，同时注意防鼠。

【食用方法】干果泡茶直接饮用，或用于配方茶饮、食疗药膳、着色面食等。

六、市场销售信息

福建恒康生态农业发展有限公司　联系人：林炳长　联系电话：18359399618

福建栀语农业开发有限公司　联系人：孔悦平　联系电话：13860369909

福鼎市康源农业专业合作社　联系人：李法觉　联系电话：18059400678

福建栀子生物科技有限公司　联系人：林正咚　联系电话：17706937373

福鼎市福泰农民专业合作社　联系人：张　军　联系电话：18858730295

福鼎市弘旺农业专业合作社　联系人：刘祥泉　联系电话：13115933966

供稿：福鼎市林业局　黄　熙

福鼎市农业农村局　蓝春准

诏安红星青梅

登录编号：CAQS-MTYX-20210313

一、主要产地

福建省漳州市诏安县红星乡、太平镇、官陂镇、霞葛镇等 15 个乡镇。

二、品质特征

诏安红星青梅皮薄、肉厚、核小，果形端正，呈近圆形、短椭圆形，表皮淡黄绿色、绿色，色泽鲜艳光亮，手感质地硬、光滑；果肉淡黄绿色，质地酥脆、化渣，酸味纯正，无苦味，感官品质上乘。

诏安红星青梅富含 18 种氨基酸，其可溶性固形物含量为 11.6%，总酸含量为 8.42g/100g，还原糖含量为 0.73g/100g，总黄酮含量为 0.18%，柠檬酸含量为 70g/kg，指标优于同类产品。

三、环境优势

诏安县属亚热带海洋性气候，光热资源丰富，无霜期达 350 天以上，年平均气温 21.5℃，素有“闽南大温室”之称，雨量充沛，年降水量 1 700mm 以上，县域内土壤肥沃，属酸性土壤，空气质量达国家优质标准，非常适合青梅的生长。诏安县土壤中硒含量不低于 0.4mg/kg 的富硒土壤面积达 76.2 万亩，为生产富硒、含硒青梅提供了良好的土壤条件。诏安县具有“中国青梅之乡”称号。

四、收获时间

每年 4—5 月收获，最佳品质期为 4 月。

五、推荐贮藏保鲜和食用方法

【贮藏保鲜方法】10℃冷藏，或腌制保存。

【食用方法】鲜食，腌制，制作青梅蜜饯，泡酒。

六、市场销售信息

漳州市诏安县顺兴达食品有限公司　联系人：胡莲华　联系电话：13960101966

福建省诏安福益食品有限公司　联系人：沈松斌　联系电话：18159622281

诏安梅满天下食品有限公司　联系人：林　鑫　联系电话：18250677245

供稿：诏安县农业农村局　王日淮

登录编号：CAQS-MTYX-20210314

南靖金线莲

一、主要产地

福建省漳州市南靖县山城镇、和溪镇、书洋镇、船场镇、南坑镇。

二、品质特征

南靖金线莲全长4～18cm。根茎弯曲，淡红褐色，稍肉质，节上生根，根粗壮，根表面被柔毛。叶互生，呈卵圆形或卵形，长1～5cm，宽1～4cm，先端急尖或骤尖，基部圆钝；叶上表面墨绿色，具金黄色或金红色绢丝光泽的脉纹，下表面淡紫红色或淡绿色；叶柄基部扩大成抱茎的鞘。气微香，味淡微甘。

南靖金线莲中醇溶性浸出物的含量为4.40%，总黄酮含量为0.22%，总多酚含量为1.62%，多糖（干基）含量为24.05%，氨基酸总量为7.84g/100g。

三、环境优势

金线莲性喜阴凉、潮湿，生长温度在18～25℃，要求光照约为正常日照的1/3，适宜生长在“三分阳七分阴”的天然林下或溪谷边，对湿度及温度均有严苛要求。南靖县地处福建省南部，属典型的南亚热带季风气候，自然生态优良，年平均气温21℃，年降水量达1 732mm，无霜期达340天，十分适合金线莲的生长。南靖是福建省首批国家生态县，森林覆盖率达73.41%，素有“树海”“竹洋”之称，被中国特产经济专业委员会授予“中国金线莲之乡”的称号，其金线莲的种植面积、产量、产值均位居全国第一。

四、收获时间

全年均可收获，最佳品质期亦为全年。

五、推荐贮藏保鲜和食用方法

【贮藏保鲜方法】鲜品3～5℃冷藏；干品放在阴凉通风处，温度不宜超过25℃。

【食用方法】可直接沸水冲泡饮用，也可煎煮、炖煮。

六、市场销售信息

儒兰（福建）生物科技有限公司　联系人：张钦阳　联系电话：18105967468

福建大地金华生物科技有限公司　联系人：陈华美　联系电话：13960073101

福建虎伯寮生物集团有限公司　联系人：韩　勇　联系电话：18959680226

福建葛园生物科技有限公司　联系人：韩家水　联系电话：13605069107

福建山下坝农林科技有限公司　联系人：庄凤奎　联系电话：13906962036

漳州市实在得生物科技有限公司　联系人：李斯萍　联系电话：13559283799

漳州市益健园农业科技有限公司　联系人：郑凤兰　联系电话：13959606076

供稿：南靖县农业农村局　吴宇宸

南靖嘉宝果

登录编号：CAQS-MTYX-20210315

一、主要产地

福建省漳州市南靖县船场镇鼎寮村、山城镇葛山村、山城镇江滨社区。

二、品质特征

南靖嘉宝果果实形状具有球型特征，果形整齐，大小均匀，色泽紫黑色或黑色，手感光滑；果肉呈半透凝胶状，柔软多汁；风味清甜，芳香浓郁。

南靖嘉宝果中总多酚含量为 0.15%，总黄酮含量为 0.29%，总糖含量为 12.4g/100g，维生素 C 含量为 32.7mg/100g，总酸含量为 4.1g/kg，营养价值很高。

三、环境优势

嘉宝果喜温暖湿润的气候，一般生长在海拔 1 000m 以上、年降水量 1 200mm 以上的地区，适宜温度 22 ～ 25℃，具有一定的耐低温特性。南靖县地处福建省南部，属典型的南亚热带季风气候，自然生态优良，年平均气温 21℃，年降水量约 1 700mm，无霜期达 340 天以上，十分适合嘉宝果的生长。南靖是福建省首批国家生态县，森林覆盖率达 73.41%，素有“树海”“竹洋”之称。2007 年始，南靖县充分发挥区位优势，从我国台湾引种嘉宝果，收效显著，产品畅销国内外。

四、收获时间

全年均可收获，最佳品质期为全年。

五、推荐贮藏保鲜和食用方法

【贮藏保鲜方法】5 ～ 7℃冷藏。

【食用方法】鲜食。

六、市场销售信息

福建省金永鹏农业科技有限公司　联系人：刘阳鹏　联系电话：13646066658

南靖县鹏祥家庭农场　联系人：游永琳　联系电话：13860825150

福建游云农业开发有限公司　联系人：游永琳　联系电话：13860825150

南靖县金永鹏嘉宝果专业合作社　联系人：刘阳鹏　联系电话：13646066658

供稿：南靖县农业农村局　吴宇宸

登录编号：CAQS-MTYX-20210317

南靖麻笋

一、主要产地

福建省漳州市南靖县金山镇、龙山镇、船场镇、书洋镇、南坑镇、和溪镇。

二、品质特征

南靖麻笋长筒形，单笋重 1 ～ 5kg，身长 0.3 ～ 1.2m，笋头粗大，肉质厚实；表皮呈淡黄色，节间表皮嫩绿色，笋肉洁白；笋头爽口，笋尾鲜嫩，渣少，笋味香浓，口味清甜。

南靖麻笋中呈味氨基酸占氨基酸总量的比例为 56.92%，还原糖含量 2.37%，可溶性糖含量 1.76%，粗纤维含量为 0.6g/100g，铁含量为 7.1mg/kg，营养价值很高。

三、环境优势

南靖县是国家生态县，属典型亚热带季风气候，冬无严寒，夏无酷暑，年平均气温 21℃，年降水量约 1 700mm，无霜期 340 天以上，素有“树海”“竹洋”之称。无霜期长、年气温高、雨量充沛，有利于麻笋的生长和营养物质的积累。南靖麻笋品质优良，是福建最大的麻笋出口基地之一。

四、收获时间

每年 5—10 月采收，最佳品质期为 7 月。

五、推荐贮藏保鲜和食用方法

【贮藏保鲜方法】2 ～ 5℃冷藏。

【食用方法】先焯沸水，去除苦水后清炒更佳。

六、市场销售信息

漳州明成食品有限公司　联系人：洪国军　联系电话：18159556009

南靖县顶代果蔬专业合作社　联系人：李海滨　联系电话：18965294865

南靖县宏顺果蔬专业合作社　联系人：陈顺水　联系电话：18960031678

供稿：南靖县农业农村局　吴宇宸

华安坪山柚

登录编号：CAQS-MTYX-20210318

一、主要产地

福建省漳州市华安县新圩镇新圩村、黄枣村等6个村，沙建镇官古村、日新村、汰内村等11个村，华丰镇绵良村、下坂村、半山村等15个村，丰山镇芹坂村、下尾村等5个村，仙都镇大地村、市后村等8个村，高车乡高车村、前岭村，共计6个乡镇47个行政村。

二、品质特征

华安坪山柚平均单果重1.2kg左右，果顶稍偏斜，果皮油胞明显而凸；果皮黄色，厚1.2～2.5cm；囊瓣14～16瓣，中心柱空，中果皮海绵层和囊衣粉红色，汁胞排列紧密，颜色由粉红色逐步递转为蜡黄色；果肉脆嫩，酸甜适口，化渣，无籽或少籽。

华安坪山柚含可溶性固形物含量为11.5%，可滴定酸含量为0.5g/100mL，维生素C含量为43.6mg/100g。

三、环境优势

华安县位于福建省南部，漳州市西北部，处于南亚热带北缘，是南亚热带和中亚热带的过渡地带，西北高东南低的地貌有效地阻隔了冬季冷空气南下，境内冬暖夏凉，年平均气温20.9℃，10℃以上年活动积温大于5 500℃，年均降水量1 700mm，无霜期357天，年平均日照2 000h，果实发育期日照充足，昼夜温差10℃以上，有利于可溶性固形物的积累。华安坪山柚多种植于丘陵山坡地、洲地等，土壤微酸、肥沃，土层深厚。独特的气候条件造就了华安坪山柚的优良品质。

四、收获时间

10月中旬至11月中旬收获，最佳品质期为10月下旬。

五、推荐贮藏保鲜和食用方法

【贮藏保鲜方法】坪山柚较耐贮藏，被誉为“天然罐头”，保存好的可贮藏至翌年4月。短期保存：果实摊开，放在通风阴凉处，如袋装须预留通气孔。长期保存：果实摊开，放在通风阴凉处，1个月后，表皮脱水至干瘪，集中保存即可。

【食用方法】鲜食。

六、市场销售信息

华安县华古家庭农场　联系人：林清辉　联系电话：13605071212

漳州晟坤农业发展有限公司　联系人：吕荣德　联系电话：13860829788

供稿：华安县农业农村局　林俊杰

登录编号：CAQS-MTYX-20210319

长汀腐竹

一、主要产地

福建省龙岩市长汀县河田镇、大同镇、新桥镇。

二、品质特征

长汀腐竹呈细条状，支条均匀，条内空心；色泽淡黄、鲜亮、均匀；具有大豆制品固有的香气。凉水浸泡无混浊，韧性好，煮熟后有嚼劲，久煮不糊。

长汀腐竹蛋白质含量47.81g/100g，脂肪含量19.9g/100g，多不饱和脂肪酸占总脂肪酸的65.6%，可溶性糖含量11.65g/100g，钙含量1 420mg/kg，均优于同类参照值。

三、环境优势

长汀，又名汀州，晋代设县，盛唐升州，区位优越，地灵人杰，文明厚重，影响深远，百工技艺自古闻名。汀州位于武夷山脉南段东麓山地丘陵与盆地河谷交融地区，水系包括汀江、赣江、闽江三江流域，尤其汀江纵贯南北直达南海外洋，三省通衢，山海依连，自然地理条件得天独厚，属中亚热带海洋性季风气候，四季分明，山清水秀，森林拥翠，物产丰饶，年平均气温18.3℃，年降水量1 685.6mm，年均无霜期260天。

四、收获时间

全年均可生产，最佳品质期亦为全年。

五、推荐贮藏保鲜和食用方法

【贮藏保鲜方法】干腐竹置于阴凉干燥处或冷藏，鲜腐竹 –18℃以下冷冻。

【食用方法】鲜腐竹自然解冻后，可炒、清蒸、烫、涮火锅、炸、煮汤，凉拌等。

六、市场销售信息

龙岩市田园食品有限公司　联系人：修秋香　联系电话：13850671985

长汀县胜德食品有限公司　联系人：胡营德　联系电话：18950853596

长汀县新桥镇勤业腐竹加工厂　联系人：董细荣　联系电话：13600996290

供稿：长汀县农业农村局　黄建辉

长汀米粉

登录编号：CAQS-MTYX-20210320

一、主要产地

福建省龙岩市长汀县全县区域。

二、品质特征

长汀米粉在长汀也叫粉干，生产过程纯手工、全生态、无添加剂，生产环境为自然阳光暴晒、山风晾干，长汀米粉可炒可煮，是汀州客家人家庭中必备的食品。

长汀米粉呈排片状、大小基本一致，米粉条粗细均匀，干燥洁净，色泽灰白，晶莹半透明，具有独特的米香味；煮熟后口感柔韧、滑爽、有弹性，不黏牙。

长汀米粉钙含量为120mg/100g，含水量10.6%，酸度0.5mL/10g，蛋白质含量为7.96g/100g，必需氨基酸占总氨基酸的39.11%，均优于同类参照值。

三、环境优势

长汀县位于武夷山脉南段东麓山地丘陵与盆地河谷交融地区，汀江纵贯南北，自然地理条件得天独厚，属中亚热带海洋性季风气候，四季分明，山清水秀，森林拥翠，物产丰饶，年平均气温18.3℃，年降水量1 685.6mm，无霜期约260天。

四、收获时间

全年均可生产，最佳品质期亦为全年。

五、推荐贮藏保鲜和食用方法

【贮藏保鲜方法】避免阳光直射，置于阴凉干燥处保存。

【食用方法】①炒制：烧开水，取出米粉放入容器内，将刚烧开的水倒入容器，浸泡1～3min，捞起沥干水分待炒；烧热油锅，将准备好的配料如胡萝卜丝、青菜、肉丝、鸡蛋等倒入锅里翻炒；根据个人口味加入适量调味料（如食盐、鸡精、酱油、耗油、辣椒、料酒等）；将沥干水分的米粉下锅翻炒，炒匀即可出锅食用。②煮汤：先将喜欢的配料下锅炒七八分熟，加高汤煮开，然后放入米粉，高火2～3min，待米粉柔软即可。③焖制：将米粉放入开水浸泡1～3min，捞起沥干，热锅下油爆葱，炒佐料（如香菇、肉丝、虾、其他配菜），再加适当高汤调好味道，把沥干的米粉放入锅中翻动几下，盖上锅盖，焖干水分即可。

六、市场销售信息

长汀县城鑫食品有限公司　联系人：严七禄　联系电话：15359917388

供稿：长汀县农业农村局　黄建辉

登录编号：CAQS-MTYX-20210321

漳平水仙茶

一、主要产地

福建省漳平市南洋镇、双洋镇、新桥镇、赤水镇、溪南镇等。

二、品质特征

漳平水仙茶外形呈扁平四方形，干色乌褐油润，干香纯正。内质香气高爽，具花香且香型优雅；滋味醇正甘爽且味中透香；汤色橙黄，清澈明亮；叶底肥厚软亮、红边鲜明、匀整，感官品质上乘。

漳平水仙茶水溶性浸出物含量为 44.9%，可溶性糖含量为 13.71%，茶多酚含量为 18.9%，总黄酮含量 14.38%，儿茶素含量为 13.03%，指标均优于同类。

三、环境优势

漳平水仙茶，别称“水仙茶饼”“纸包茶”。漳平市位于福建省西南部，九龙江上游，地处中亚热带与南亚热带过渡带，气候温和，光照充足，雨量充沛，冬无严寒，夏无酷热。境内峰峦叠翠，是福建省三大野生茶基地之一。漳平水仙茶为历史名茶，为乌龙茶类唯一紧压茶。漳平水仙茶传统制作技艺被确认为第五批省级非物质文化遗产，是闽西“八大珍”“八大鲜”之一。漳平市拥有“全国绿色食品原料（茶叶）生产基地”“漳平水仙茶综合生产标准化示范区”“中国名茶之乡”“全国重点产茶县”“全国十大生态产茶县”等国家级名片。

四、收获时间

每年 5—11 月收获，最佳品质期为 5 月。

五、推荐贮藏保鲜和食用方法

【贮藏保鲜方法】应避光保存，防潮、防霉、防异味。

【食用方法】用盖杯、茶壶开水冲泡。

六、市场销售信息

福建秀雨农业发展有限公司　联系人：陈燕云　联系电话：13959018298

福建品昕农业发展有限公司　联系人：林晓娟　联系电话：13799079878

福建大用生态农业综合发展有限公司　联系人：赖丽红　联系电话：18959051820

漳平市聚缘茶业发展有限公司　联系人：陈清木　联系电话：13507500841

福建陈泰昌茶业发展有限公司　联系人：郑福娣　联系电话：13665991556

漳平市九鹏茶叶有限公司　联系人：郑文海　联系电话：13605907978

福建省漳平市璞玉茶业有限公司　联系人：曾璞玉　联系电话：13459790658

漳平市仑头山茶叶有限公司　联系人：陈启光　联系电话：13599640175

供稿：漳平市农业农村局　叶庆秋

永福高山茶

登录编号：CAQS-MTYX-20210322

一、主要产地

福建省漳平市永福镇 27 个行政村。

二、品质特征

永福高山茶属台式乌龙茶、半发酵茶；手工采摘，传统烘制。条索紧卷圆结，外观呈球形或半球形，干茶色翠绿鲜活、有油光；汤色蜜绿显黄、明亮；香气淡雅悠长；滋味甘醇浓郁，入口饱满，落喉醇厚甘滑、圆柔，有“花果香高山韵”，耐冲泡。

永福高山茶含水溶性浸出物 41.9%，可溶性糖含量为 10.37%，茶多酚含量为 14.4%，游离氨基酸总量为 4.48%，儿茶素含量为 10.62%，指标优于同类。

三、环境优势

永福镇位于漳平西南部，纬度及独特的山地气候与我国台湾阿里山凉冷湿润的气候相似，是理想的高山乌龙茶种植地。永福镇平均海拔 755m 以上，四面群山环绕，是典型的高山盆地，光照充足，四季温差小，昼夜温差大。雨多雾重的环境使得茶的芽叶品质好，嫩度高，茶品清香回甘、耐冲泡。茶叶鲜叶中的茶多酚和儿茶素随着海拔的提高而减少，氨基酸随着海拔的提高而增加，永福镇的海拔为茶叶滋味鲜爽甘醇提供了物质基础。永福的土壤肥沃，有机质丰富，排水良好，土质结构非常适合高山茶的生长。

四、收获时间

每年 4 月中旬至 10 月中旬收获，最佳品质期为 4 月。

五、推荐贮藏保鲜和食用方法

【贮藏保鲜方法】避光、避潮，保存于阴凉干燥处。

【食用方法】热水冲泡，或冷水浸泡。

六、市场销售信息

福建漳平永福闽台缘高山茶产销专业合作社　联系人：陈濂丰　联系电话：13178157177

供稿：漳平市农业农村局　叶庆秋

登录编号：CAQS-MTYX-20210323

寿宁猕猴桃

一、主要产地

福建省宁德市寿宁县鳌阳镇、斜滩镇、南阳镇、武曲镇、犀溪镇、平溪镇、凤阳镇、清源镇、大安乡、坑底乡、竹管垅乡、芹洋乡、托溪乡、下党乡。

二、品质特征

寿宁猕猴桃果形为椭圆状，成熟后呈红褐色，表皮绒毛较少，果肉绿黄色，内芯一圈红褐色，内有排列整齐的黑色种子，肉质细嫩。

寿宁猕猴桃含蛋白质含量为1.09%，粗纤维含量为1.3%，可溶性糖含量为11.2%。

三、环境优势

寿宁县属亚热带季风湿润气候区。年平均气温15.1℃，全年最低气温在1月，平均气温5.4℃；全年最高气温在7月，平均气温24.5℃。年均降水量1 976.9mm，年均日照时数为1 633.3h。气候温暖、湿润、多雨，又具有较典型的山地气候，山地土壤为黄壤土，土层深厚，很适合猕猴桃生长。境内野生猕猴桃种质资源十分丰富。

四、收获时间

每年9—11月收获，最佳品质期为10月。

五、推荐贮藏保鲜和食用方法

【贮藏保鲜方法】贮藏在0～4℃的冷藏库，食用前常温候熟。

【食用方法】鲜食为主。

六、市场销售信息

寿宁县寨顶岗猕猴桃农民专业合作社　联系人：巫家福　联系电话：13305933938

寿宁县和源农业综合开发有限公司　联系人：叶应勇　联系电话：13959356727

寿宁县绿安农业发展有限公司　联系人：陈建华　联系电话：17338825777

寿宁县风水湾生态农业专业合作社　联系人：李长春　联系电话：13809569648

供稿：寿宁县农业农村局　缪存明、胡培超

寿宁山冬乌

登录编号：CAQS-MTYX-20210324

一、主要产地

福建省宁德市寿宁县鳌阳镇、斜滩镇、南阳镇、武曲镇、犀溪镇、平溪镇、凤阳镇、清源镇、大安乡、坑底乡、竹管垅乡、芹洋乡、托溪乡、下党乡。

二、品质特征

寿宁山冬乌叶片长椭圆形，叶片深绿色，叶面光滑，羽状全裂，有裂片4对，叶缘粗锯状，叶片顶端钝尖，叶柄绿白色，外形美观。

寿宁山冬乌维生素C含量为49.5mg/100g，蛋白质含量为2.3%，水分含量为91.1%，可溶性固形物含量为5.5%。

三、环境优势

寿宁山冬乌主要种植于中高海拔区域，气候冷凉、湿润、多雨，属于典型的山地气候。每年9月至翌年3月，平均气温12.0℃，平均日照915.5h，有霜期130天，降水量715.8mm，相对湿度在82%。产区土壤以壤土为主，土层深厚，有机质含量丰富，山泉水源丰富，灌溉方便，有利于山冬乌生长发育。独特的高山气候赋予了寿宁山冬乌浓香甘甜脆嫩、营养丰富的品质特征。

四、收获时间

11月至翌年3月收获，最佳品质期为1月。

五、推荐贮藏保鲜和食用方法

【贮藏保鲜方法】0～4℃，相对湿度90%～95%，可保鲜3～5天。

【食用方法】清炒山冬乌。

六、市场销售信息

寿宁县土篮子农业发展有限公司　联系人：叶旺生　联系电话：13950521550

寿宁县庭欣农业专业合作社　联系人：叶　生　联系电话：18859388965

寿宁县良旺蔬菜专业合作社　联系人：曾良旺　联系电话：13950521550

供稿：寿宁县农业农村局　缪存明、胡培超

登录编号：CAQS-MTYX-20210694

永安芙蓉李

一、主要产地

福建省永安市西洋镇内炉村、岭头村、下街村、新街村、福庄村、下洋村，洪田镇长川村，小陶镇吴地村、松山村，上坪乡铜盘村、上坪村等，曹远镇蔡地村、浦头村等。

二、品质特征

永安芙蓉李果实扁圆形，平均单果重约75g，最大果重约180g，平均纵横径为4.4cm×5.2cm。果顶平而微凹，梗洼浅，缝合线稍深而明显。完熟期果皮紫红色，因此又名“胭脂李”，上覆果粉。果肉深红色，肉质致密，甜酸适口。

永安芙蓉李含可溶性固形物含量为11.4%，维生素C含量为6.47mg/100g，总多酚含量为0.4%，苹果酸含量为2 600mg/kg。

三、环境优势

永安芙蓉李种植在海拔550～900m、土层深厚的黄壤或红壤土上，内炉森林覆盖率在90.73%以上，有较好的自然环境。永安年平均温度19℃，春季（3—5月）冷暖多变，常有春涝，夏季（6—8月）高温，前期易涝后期易旱，秋季（9—11月）天气宜人，冬季（12月至翌年2月）雨水适宜且寒冷干燥。芙蓉李在这样的气候条件下表现出高产、稳产、早熟（比古田芙蓉李提早成熟20天左右）的特点。

四、收获时间

每年7—8月收获，最佳品质期为7月。

五、推荐贮藏保鲜和食用方法

【贮藏保鲜方法】4～8℃冷藏或常温保存。

【食用方法】永安芙蓉李较耐贮运，是生食和加工兼用品种，可直接鲜食，也可加工成加应子、李干、李片、李咸、李饼等。

六、市场销售信息

永安市内炉水果专业合作社　联系人：潘敬斌　联系电话：15160645833

永安市西洋玉青家庭农场　联系人：黄　伟　联系电话：13859114499

永安市富满地水果农民专业合作社　联系人：詹玉卿　联系电话：13507596396

供稿：永安市农业农村局　官丁明

龙门茭白

登录编号：CAQS-MTYX-20210695

一、主要产地

福建省泉州市安溪县凤城镇、湖头镇、蓬莱镇、官桥镇、剑斗镇、城厢镇、魁斗镇、金谷镇、龙门镇、西坪镇、虎邱镇、感德镇、芦田镇、长卿镇、参内镇、湖上乡、尚卿乡、大坪乡、龙涓乡、蓝田乡、祥华乡、桃舟乡、白濑乡、福田乡。

二、品质特征

龙门茭白茭壳包紧，净茭表皮光滑白嫩、肉质茎纺锤形，横切面洁白有光泽，肉质致密、口感嫩脆、略带甜味。

龙门茭白维生素 C 含量为 6.78mg/100g，粗纤维含量为 0.8%，可溶性糖含量为 2.2%，具有维生素含量高、粗纤维少的特点，品质优良。

三、环境优势

安溪县，古称清溪，位于福建省东南沿海，属于亚热带海洋性季风气候，气候温暖湿润，雨量充沛，每年 3—11 月平均气温 23.8℃，平均降水量 1 589.3mm。土壤以壤土为主，土层深厚，有机质含量丰富，山泉水源丰富，灌溉方便，有利于茭白和菌瘿生长。在特殊气候条件下形成了龙门茭白肉质致密、嫩脆清甜的品质特征。

四、收获时间

每年 4—10 月收获，最佳品质期为 5 月。

五、推荐贮藏保鲜和食用方法

【贮藏保鲜方法】0 ～ 5℃，相对湿度 90% ～ 95%，可保鲜 3 ～ 5 天。

【食用方法】清炒茭白、鱼香茭白。

六、市场销售信息

安溪县龙门桂瑶蔬菜专业合作社　联系人：林培养　联系电话：13506939125

安溪县龙门泗茂蔬菜专业合作社　联系人：叶进元　联系电话：13505915073

供稿：安溪县农业农村局　陈旭东、项艳琳

登录编号：CAQS-MTYX-20210696

德化梨

一、主要产地

福建省泉州市德化县龙浔镇、浔中镇、三班镇、龙门滩镇、雷峰镇、南埕镇、水口镇、赤水镇、上涌镇、葛坑镇、盖德镇、美湖镇、春美乡、大铭乡、国宝乡、汤头乡、桂阳乡、杨梅乡共18个乡镇。

二、品质特征

德化梨果形端正，圆形，果面光滑，绿色，无果锈，果肉白色，肉质脆嫩，多汁，味微甜，爽口。

德化梨可溶固形物含量为11.2%，可滴定酸含量为0.14%，钾含量为104mg/100g。

三、环境优势

德化县位于福建省中部，林地面积250.7万亩，森林覆盖率77.3%，全县75%以上的村驻地海拔在600～900m，属亚热带海洋性季风气候，年均日照时数1 847.3h，年平均气温为18.3℃，无霜期260天左右，境内水资源保持良好，以戴云山为中心，河流呈叶脉状向四周分布，分属闽江水系和晋江水系，全县溪流总长达495.06km（溪面宽在10m以上），径流总量22.95亿m^3，为种植出高品质的德化梨提供了保障。由于戴云山和九仙山阻挡了来自北方的冷空气，南面有来自太平洋的暖气流，使得德化县早春回暖早，山地气候明显，雨量充沛，年平均降水量1 800mm，相对湿度80%～88%，夏长不酷热，冬短少严寒，昼夜温差大，有利于糖分积累，拥有得天独厚适宜德化梨生长的自然气候条件。

四、收获时间

每年7—8月收获，最佳品质期为8月。

五、推荐贮藏保鲜和食用方法

【贮藏保鲜方法】贮藏条件是0～5℃，相对湿度90%～95%。

【食用方法】以鲜食为主。

六、市场销售信息

德化县群芳农业专业合作社　联系人：查清松　联系电话：13960330458

泉州村上小镇农业科技有限公司　联系人：林宝珍　联系电话：18960491444

福建省德化县绿园农业综合专业合作社　联系人：曾丽春　联系电话：13506918743

德化县丰裕硕农业专业合作社　联系人：赖年衔　联系电话：13959829821

福建省德化县口福种养殖专业合作社　联系人：赖诗安　联系电话：13860790738

供稿：德化县农业农村局　林富杰、颜华洲

浮宫杨梅

登录编号：CAQS-MTYX-20210698

一、主要产地

福建省漳州市龙海区浮宫镇、港尾镇、白水镇、东园镇、东泗乡、海澄镇、榜山镇。

二、品质特征

浮宫杨梅单果重8g以上，果实圆形或扁圆形，肉柱圆钝、饱满，色泽紫红色或紫黑色，肉质柔软，厚实，汁多，酸甜适口，风味浓。

浮宫杨梅可食率为94.55%，可溶性固形物含量为11.5%，总酸含量为0.65%，均优于标准参照值。

三、环境优势

龙海区位于福建省东南部，漳州市东部，属于亚热带海洋性季风气候，年降水量1 450mm，年平均气温21℃，年活动积温7 500℃，无霜期330天左右，年太阳辐射总量达到500kJ/cm^2；浮宫杨梅主产区靠山面海，丘陵山地资源丰富，砂质红壤或黄壤，土质疏松，pH值4～6，独特的自然和地理特征有利于杨梅生长，也造就了浮宫杨梅早熟和优良的品质。

四、收获时间

每年4—5月收获，最佳品质期为5月。

五、推荐贮藏保鲜和食用方法

【贮藏保鲜方法】4℃冷藏。

【食用方法】鲜食。

六、市场销售信息

龙海市裕明果蔬专业合作社　联系人：洪爱华　联系电话：13605011595

龙海市六兄弟果蔬专业合作社　联系人：高碧枝　联系电话：13606966457

龙海市昌达果蔬专业合作社　联系人：郑建美　联系电话：13859218998

龙海市高超果蔬专业合作社　联系人：高清山　联系电话：13328807087

龙海市际都农业开发有限公司　联系人：郭肖良　联系电话：13906947305

供稿：龙海区农业农村局　林锦兴
漳州市农业农村局　洪玉凤

登录编号：CAQS-MTYX-20210699

顺昌大米

一、主要产地

福建省南平市顺昌县双溪街道溪兰村、余墩村、源头村、水南村，郑坊镇榜山村、上坊村等。

二、品质特征

顺昌大米的形状具有籼米固有特征，米粒细长，组织细密，白色透明，腹白较小，硬质粒多，油性较大，有自然稻香味。

顺昌大米的垩白度为0.7%，胶稠度为88mm，直链淀粉（干基）为18.09%，维生素B_1含量为0.222mg/100g，硒含量为0.039mg/kg。

三、环境优势

顺昌县气候温和湿润，雨量充沛，阳光充足，四季分明，冬暖夏凉，春早秋晚，气候宜人，森林覆盖率达78.8%。顺昌大米产地分布在海拔330～750m，水稻种植时采用高山泉水灌溉；产地土壤富含硒元素。由于独特的地理位置，拥有高山小气候和优越的土壤、水源等条件，生产出的大米透明、略带香味，富含硒元素。

四、收获时间

稻谷收割时间为每年10—11月，最佳品质期为全年。

五、推荐贮藏保鲜和食用方法

【贮藏保鲜方法】常温、干燥贮藏。

【食用方法】适宜炒、煮、蒸等多种烹饪方法。①海鲜粥：2杯米洗净用水泡20min，花蟹、虾和鲍鱼处理干净备用，鲍鱼切片；砂锅里放入适量水烧开，然后放入泡好的米，烧开，撇去泡沫；把花蟹、鲍鱼和姜丝倒进去熬煮（保持中小火）30min左右至黏稠；放入虾，大火熬煮1min填入适量盐和白胡椒粉盖上盖子即可关火；焖5min后，装盘。②大米丸子：大米清洗干净后，上锅蒸煮备用；猪肉剁碎、白菜剁碎、葱切成葱花；蒸好的米饭放入碗中，加入肉馅、白菜、葱花、食盐搅拌均匀，用手捏成丸子；锅中倒入食用油，油温五成热的时候，放入丸子，下锅炸；炸至丸子全身金黄色，内部组织熟透，捞出沥油后装盘。

六、市场销售信息

顺昌县双溪玉山家庭农场　联系人：王贵仙　联系电话：15059999577

供稿：顺昌县农业农村局　余小兰

寿宁马铃薯

登录编号：CAQS-MTYX-20210701

一、主要产地

福建省宁德市寿宁县鳌阳镇、斜滩镇、南阳镇、武曲镇、犀溪镇、平溪镇、凤阳镇、清源镇、大安乡、坑底乡、竹管垅乡、芹洋乡、托溪乡、下党乡。

二、品质特征

寿宁马铃薯薯块椭圆形，大小均匀，表皮呈浅褐色，较光滑，肉质鲜嫩，色泽白色至浅黄，芽眼适中。肉质鲜嫩，具弹性不易碎，味微甜。

寿宁马铃薯还原糖含量为0.34%，蛋白质含量为1.35%，维生素C含量为18.1mg/100g，淀粉含量为14.8%，干物质含量为19.6%。

三、环境优势

寿宁县地处福建东北部，丘陵山地，平均海拔为600m，属于亚热带湿润气候区，全年平均温度为15.2℃，昼夜温差大，适宜马铃薯生长。寿宁县种植马铃薯历史悠久，以本地留种和脱毒种薯相结合，品种抗病虫力强，加上特殊的山地气候和特有的土质，产出的马铃薯具有独特风味。

四、收获时间

每年5—6月收获，最佳品质期为6月。

五、推荐贮藏保鲜和食用方法

【贮藏保鲜方法】避光、阴凉处存放。

【食用方法】土豆焖肉、鲍汁土豆饼、土豆炖排骨等。

六、市场销售信息

寿宁县阿牛农业专业合作社　联系人：曾　华　联系电话：13062468131

供稿：寿宁县农业农村局　缪存明、胡培超

登录编号：CAQS-MTYX-20210702

周宁高山马铃薯

一、主要产地

福建省宁德市周宁县浦源镇紫云村、上洋村，泗桥乡周墩村，纯池镇三门桥村等。

二、品质特征

周宁高山马铃薯薯块适中，椭圆形为主，薯皮黄色，芽眼较深，表皮较光滑，薯肉呈黄色，烹饪加工成熟后，软糯爽口，味道鲜美。

周宁高山马铃薯营养丰富，淀粉含量为17.0%，维生素C含量为25.2mg/100g，还原糖含量为0.41%，钾含量为3 660mg/kg，锌含量为4.51mg/kg，品质优良。

三、环境优势

周宁县属亚热带海洋性季风气候，平均海拔800m，年降水量2 065mm，年平均气温14.7℃，立体气候明显，四季分明，冬长夏短，气候温和、雨量充沛，四季划分比天文季节迟1～2个月，盛夏日平均气温24℃，年平均日照时数1 757.9h，昼夜温差大，平均空气相对湿度83%左右，年平均雾日为80～100天。周宁县内峰峦叠嶂，溪涧密布，云雾环饶，漫射光多，生态植被保护完好，形成了独特的山区立体小气候，素有“天然空调城”之美誉。境内土壤为黄红壤，有机质含量达4.1%，为周宁高山马铃薯生产提供了得天独厚的条件。

四、收获时间

周宁高山马铃薯主要利用冬闲田种植，采取与水稻、蔬菜、玉米等作物进行轮作，以及葡萄棚内套种等方法种植，其中，春种马铃薯收获时间一般在5月中旬到6月上旬，秋种马铃薯收获时间一般在10月底到11月上旬。最佳品质期为6月。

五、推荐贮藏保鲜和食用方法

【贮藏保鲜方法】家庭日常贮藏最佳的温度是2～4℃。

【食用方法】金元土豆饼、红糟土豆丝等。

六、市场销售信息

周宁县望故乡种植专业合作社　联系人：李陈登　联系电话：18959357500

万城易购（福建）电子商务科技有限公司　联系人：陈罗生　联系电话：18650503530

周宁县农汇种植专业合作社　联系人：兰准炳　联系电话：13626985282

印象周宁（电商平台）　联系人：周陈灿　联系电话：18150332599

寻味周宁（电商平台）　联系人：肖文斌　联系电话：13073939635

供稿：周宁县农业农村局　陈　华

宁都黄鸡

登录编号：CAQS-MTYX-20210049

一、主要产地

江西省赣州市宁都县梅江镇、长胜镇、田头镇、会同乡、竹笮乡、青塘镇、赖村镇、黄石镇、对坊乡、固厚乡、固村镇、石上镇、安福乡、湛田乡、田埠乡、洛口镇、东山坝镇、钓峰乡、黄陂镇、小布镇、大沽乡、东韶乡、蔡江乡、肖田乡。

二、品质特征

宁都黄鸡体型小，胫细短，喙、羽、胫和皮肤为黄色，公鸡腿肌较发达，母鸡胸部较发达；鸡胴体皮紧有弹性，指压后凹陷部位可迅速恢复；肉色微黄，鸡肉表面和切面有光泽，具有鸡肉正常气味。

宁都黄鸡蛋白质含量为21.7%，组氨酸含量为740mg/100g，缬氨酸含量为1 000mg/100g，苯丙氨酸含量为820mg/100g，赖氨酸含量为1 800mg/100g，均优于同类鸡肉。

三、环境优势

宁都县属赣南中低山丘陵区，地貌以丘陵、山地为主，全县有丘陵1 407km^2，山地1 788km^2，土壤肥力中等偏上，有67万亩耕地，403万亩山地，30万亩果园，为放牧饲养的宁都黄鸡提供了丰富的场地资源；境内常年性河流众多，系赣江河上游，集水面积在20km^{2}以上的河流有43条，水量丰富，为宁都黄鸡生产及特色品质提供了有利条件；宁都县的气候属于亚热带季风湿润气候区，加上特殊的地形条件，形成气候温和、四季分明、日照充足、雨量充沛、夏无酷热、冬无严寒、无霜期长的气候特点，特别适宜于宁都黄鸡养殖。

四、收获时间

全年均可出栏，最佳品质期为全年。

五、推荐贮藏保鲜和食用方法

【贮藏保鲜方法】冷藏保鲜或冷冻保鲜。

【食用方法】三杯鸡等。

六、市场销售信息

江西省惠大实业有限公司　联系电话：15970865996

宁都县麒麟禽业有限公司　联系电话：19807971888

宁都山凤凰禽业有限责任公司　联系电话：13979701886

宁都县鑫龙食品有限公司　联系电话：18779091507

供稿：宁都县农业农村局　张　霖

登录编号：CAQS-MTYX-20210051

南丰蜜桔

一、主要产地

江西省抚州市南丰县琴城镇、市山镇、白舍镇、紫霄镇、洽湾镇、桑田镇、太和镇、莱溪乡、东坪乡、太源乡、三溪乡、付坊乡。

二、品质特征

南丰蜜桔（橘）果实均匀端正，饱满圆润，果面光洁，充分着色，果实扁圆形，橙色，横径 30 ～ 40mm，果顶平圆微凹，果皮香味浓，皮薄，少核或无核，酸甜适口，汁多渣少，肉质柔嫩，有橘香味，品质佳。

南丰蜜桔营养丰富，可溶性固形物含量 18%，总酸（以柠檬酸计）含量 0.59%，维生素 C 含量 24.8mg/100g，β-胡萝卜素含量 418μg/100g，均优于同类蜜橘参照值。

三、环境优势

南丰县地处赣东南，属亚热带季风气候区，温暖湿润，雨量充沛，无霜期长，四季分明，农业气候条件优越。年平均气温 18.3℃，10℃以上年活动积温为 5 805.9℃，最冷月（1 月）均温为 6.1℃，无霜期长达 271 天，具有冬短、冬暖、春早、秋迟、作物生长期长、积温高、热量资源丰富的特点。南丰雨量充沛，年平均降水量为 1 700mm，全年日照总时数平均为 1 928.2h，日照百分率为 44%。广布于南丰县丘陵山地的红壤土和经过耕作熟化的水稻土均是适宜种植南丰蜜桔的土壤类型。红壤土成土母质以残积或坡积酸性结晶岩风化物、酸性结晶岩、石英砂岩和泥质岩为主，也有花岗岩、板岩、片麻岩、混合岩等，土层深厚；水稻土经过长期的耕种，土壤肥沃，保水保肥能力强；此外，还有含磷、钾丰富的紫色土，土质疏松、宜耕性好的冲积土，均适合种植南丰蜜桔。

四、收获时间

每年 10 月中下旬至 12 月收获，最佳品质期为 11 月。

五、推荐贮藏保鲜和食用方法

【贮藏保鲜方法】冷库贮藏，温度控制在 3 ～ 8℃。

【食用方法】剥皮后直接食用；榨成果汁饮用。

六、市场销售信息

江西聚福堂农业发展有限公司　联系人：刘延钧　联系电话：17379474566

南丰县明成果品销售专业合作社　联系人：陈学明　联系电话：13479440788

江西省鸿远果业股份有限公司　联系人：邱珍珍　联系电话：13755935395

供稿：南丰县农业农村局　刘文财

南丰蜜广

登录编号：CAQS-MTYX-20210052

一、主要产地

江西省抚州市南丰县琴城镇、市山镇、白舍镇、紫霄镇、洽湾镇、桑田镇、太和镇、莱溪乡、东坪乡、太源乡、三溪乡、付坊乡。

二、品质特征

南丰蜜广果实完整新鲜，果面洁净，果形扁圆形，单果重40～50g，果皮薄，平均厚0.11cm，果面色泽橙色或橙黄色，少核或无核，囊衣薄，汁胞橙黄色，肉质柔嫩多汁、酸甜可口，风味浓郁，品质佳。

南丰蜜广可溶性固形物含量为18.5%，总酸（以柠檬酸计）含量为0.49%，β-胡萝卜素含量为341μg/100g，均优于同类产品参照值。

三、环境优势

江西省南丰县地处赣东南，属亚热带季风气候区，温暖湿润，雨量充沛，无霜期长，四季分明，农业气候条件优越。年平均气温18.3℃，10℃以上年活动积温为5 805.9℃，最冷月（1月）均温为6.1℃，无霜期长达271天，具有冬短、冬暖、春早、秋迟、作物生长期长、积温高、热量资源丰富的特点。南丰雨量充沛，年平均降水量为1 700mm，全年日照总时数平均为1 928.2h，日照百分率为44%。广布于南丰县丘陵山地的红壤土和经过耕作熟化的水稻土均是适宜种植南丰蜜广的土壤类型。红壤土成土母质以残积或坡积酸性结晶岩风化物、酸性结晶岩、石英砂岩和泥质岩为主，也有花岗岩、板岩、片麻岩、混合岩等，土层深厚；水稻土经过长期的耕种，土壤肥沃，保水保肥能力强；此外，还有含磷、钾丰富的紫色土，土质疏松、宜耕性好的冲积土，均适合种植南丰蜜广。

四、收获时间

每年10月下旬至12月收获，最佳品质期为11月。

五、推荐贮藏保鲜和食用方法

【贮藏保鲜方法】冷库贮藏，温度控制在3～8℃。

【食用方法】剥皮后直接食用。

六、市场销售信息

南丰县福田果业有限责任公司　联系人：蔚晓阳　联系电话：13879477755

江西绿园果业有限公司　联系人：邓细根　联系电话：13970410926

南丰县甜橙似锦家庭农场　联系人：曹红英　联系电话：15179480005

供稿：南丰县农业农村局　刘文财

登录编号：CAQS-MTYX-20210053

南丰甲鱼

一、主要产地

江西省抚州市南丰县琴城镇、市山镇、白舍镇、紫霄镇、洽湾镇、桑田镇、太和镇、莱溪乡、东坪乡、太源乡、三溪乡、付坊乡。

二、品质特征

南丰甲鱼头大、吻尖、颈粗，下唇较厚。体形为椭圆形，背部平坦，背脊突出不明显，色泽光亮，呈青黄色。腹部乳白色，腹甲骨楔形。裙边宽厚，近尾端略尖。四肢粗壮，爪基部粗大，略弯曲。5 龄甲鱼年产蛋量可达 150 枚以上。南丰甲鱼肉质细嫩，裙边韧性强，富有弹性。汤汁清澈，味道清香。

南丰甲鱼脂肪含量 0.28%，低于参照值；油酸含量 19%，亚油酸含量 23.6%，赖氨酸含量 1.58g/100g，谷氨酸含量 2.59mg/100g，锌含量 27.6mg/kg，优于同类产品参照值。

三、环境优势

南丰县属亚热带季风气候区，气候温暖，雨量充沛，无霜期长，四季分明。年均气温 18.3℃，年降水量约 1 700mm。南丰地势中间低，东南及西北高，属半山区丘陵地区，森林覆盖率达 68.7%。境内有鄱阳湖流域抚河上游——盱江贯通南北，沧浪水、九剧水、密江水、洽村水、甘坊水、三坊水、军港水等支流，以及傩湖、琴湖、潭湖水库、车么岭水库星罗棋布，水域资源丰富。良好的自然水资源和独特的气候条件为南丰甲鱼提供了优良的自然生长环境。

四、收获时间

全年均可以收获，最佳品质期为 12 月。

五、推荐贮藏保鲜和食用方法

【贮藏保鲜方法】常温，贮藏在阴凉处。

【食用方法】煲汤、红烧、清蒸等。

六、市场销售信息

南丰县福园水产养殖有限责任公司　联系人：蔚晓阳　联系电话：13879477755

江西添鹏生态农业有限公司　联系人：吴国辉　联系电话：13979417775

南丰县恒辉龟鳖养殖专业合作社　联系人：谢军辉　联系电话：13979411879

供稿：南丰县农业农村局　刘文财

东乡花果芋

登录编号：CAQS-MTYX-20210054

一、主要产地

江西省抚州市东乡区王桥镇璋峰村。

二、品质特征

东乡花果芋果形规整，整体呈卵圆形或椭圆形，顶部稍大，顶芽粉红色，表皮浅黄色，被多轮褐色棕毛，芋肉呈乳白色，色泽自然，单个重 40 ～ 65g。易煮易熟，口感细嫩糯滑，香润可口。

东乡花果芋蛋白质含量为 2.26％，铁（以 Fe 计）含量为 10.4mg/kg，钾含量为 4 940mg/100g，磷含量为 61.5mg/100g，钙含量为 209mg/kg，淀粉含量为 8.98%，内在品质优良。

三、环境优势

王桥镇地处赣东丘陵与鄱阳湖平原过渡地带，属亚热带湿润季风气候，整体气候温和，雨量丰沛、光照充足、热量丰富、四季分明。年平均气温 18℃，年平均日照时间 1 427.9h，无霜期为 271 天；年平均降水量 1 710.7mm，水质优良；农业土壤以潴育型水稻土为主，疏松肥沃，pH 值 6.5 ～ 7.0，土壤有机质含量在 2.4% ～ 3.5%。境内有北港、小璜港、润溪港，南河、瑶河擦边而过，其间水库、池塘星罗棋布，地下水蓄量充沛，水资源丰富。独特的半丘陵气候条件，形成了培植东乡花果芋的独特自然生态环境。

四、收获时间

每年 10 月至翌年 4 月收获，最佳品质期为 10 月。

五、推荐贮藏保鲜和食用方法

【贮藏保鲜方法】置于阴凉、干燥、通风处存放。

【食用方法】①蒸：直接洗干净后放蒸笼上蒸。②炒：切片（块）直接炒。③煮：放水中煮熟即可。

六、市场销售信息

东乡区农产品运营中心　联系地址：东乡区荆公路东乡区农业农村局对面

江西绿沐农业开发有限公司　联系人：汤才正　联系电话：13979435555

供稿：东乡区农业农村局　祝应根

登录编号：CAQS-MTYX-20210055

东乡葛粉

一、主要产地

江西省抚州市东乡区杨桥殿镇等。

二、品质特征

东乡葛粉色泽均匀，呈白色，粉状或不规则块状，无葛根纤维及肉眼可见的外来杂质，具有葛粉特有的气味，味道甘凉，微甜无渣。

东乡葛粉淀粉含量为 73.9%，钾含量为 60.3mg/100g，镁含量为 5.78mg/100g，内在品质优良。

三、环境优势

东乡区地处赣东丘陵与鄱阳湖平原过渡地带，属亚热带湿润季风气候，土壤疏松肥沃，pH 值 6.5 ～ 7.0，土壤有机质含量 2.4% ～ 3.5%；境内水资源丰富，雨量丰沛、光照充足、热量丰富、四季分明，年平均气温 18℃，年平均日照时数 1 427.9h，无霜期为 271 天，平均降水量 1 710.7mm。独特的气候条件，形成种植东乡葛根的独特自然生态环境。

四、收获时间

每年 10 至翌年 4 月收获，最佳品质期为 12 月。

五、推荐贮藏保鲜和食用方法

【贮藏保鲜方法】阴凉、干燥、通风处存放。

【食用方法】①取葛粉适量放入碗中，先用少量 30℃左右的温水充分搅拌成浆，再用 95℃以上的开水速冲搅拌成透明糊状体，视个人口味再放入适量食糖或食盐拌匀即可食用，可当营养早餐。②取葛粉少量，用冷开水加糖冲服，更适合食辣、吸烟、喝酒等易上火人群。③取适量葛粉用水稀释成葛粉汁后，用锅煎成薄饼、切片，可以与鸡或猪蹄一起炖，或与回锅肉混炒，是一道难得的佳肴。

六、市场销售信息

东乡区农产品运营中心 联系地址：东乡区荆公路东乡区农业农村局对面

江西农信乐农业发展有限公司 联系人：周一帆 联系电话：18268733302

供稿：东乡区农业农村局

东乡花猪肉

登录编号：CAQS-MTYX-20210056

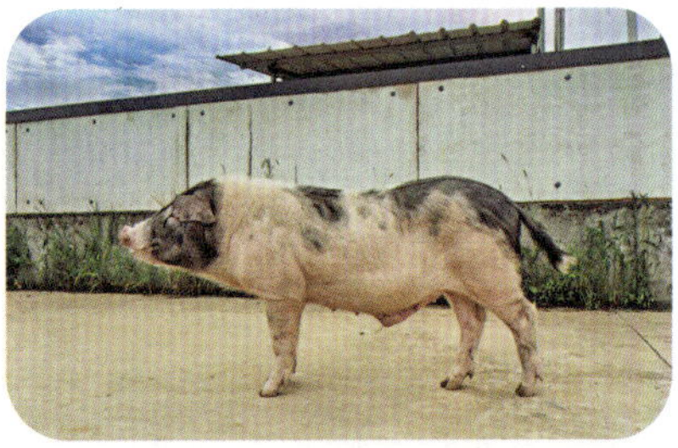

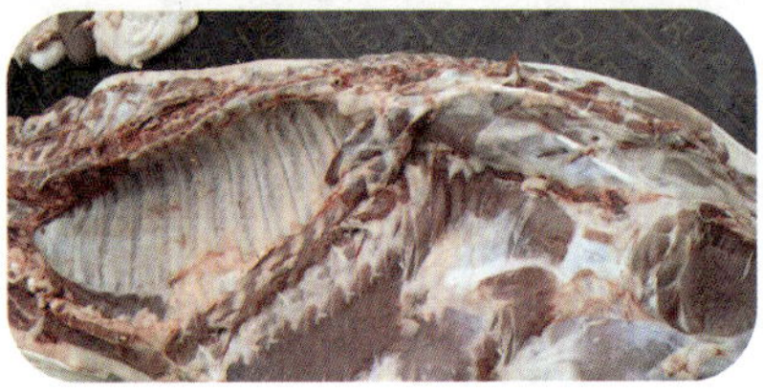

一、主要产地

江西省抚州市东乡区马圩镇、圩上桥镇等。

二、品质特征

东乡花猪肉色鲜红有光泽，有明显的大理石纹；皮光泽油亮、皮质黏糯；肉质紧密、韧性十足；切面纹理清晰、光滑；肥肉厚而如雪，瘦肉晶莹剔透；具有花猪肉特有的芳香气味。

东乡花猪肉营养丰富，蛋白质含量为22.6%，组氨酸含量为1 120mg/100g，异亮氨酸含量为1 000mg/100g，磷含量为218mg/100g，钙含量为7.29mg/100g，亚油酸含量为8.52%，均优于同类猪肉参照值。

三、环境优势

东乡区马圩镇、圩上桥镇等地属于丘陵地带，亚热带温润气候区，气候温和（年平均气温17.7℃），阳光充足（年平均日照时数为1 831.9h），年均空气湿度80.5%，无霜期270天，年均降水量1 770mm，雨季4—7月，年均蒸发量1 300mm。水质二类，pH值5.5～7.8，化学需氧量（COD）小于420mg/L。当地土壤为红壤土，优势植物群落是马尾松、苦槠、樟树、毛竹等。当地盛产水稻、大豆、萝卜、油菜、番薯、花生和多种青饲料作物。丰富的农产品和青饲料为发展养猪业并形成优势猪种提供了物质基础。

四、收获时间

全年均可出栏，最佳品质期亦为全年。

五、推荐贮藏保鲜和食用方法

【贮藏保鲜方法】冷冻，新鲜食用最佳。

【食用方法】红烧或炒菜。

六、市场销售信息

抚州市东乡区欣荣农牧发展有限公司　联系人：雷升荣　联系电话：13970423853

供稿：抚州市东乡区农业农村局

登录编号：CAQS-MTYX-20210057

东乡绿壳蛋

一、主要产地

江西省抚州市东乡区小璜镇广昌村大众山农业开发区。

二、品质特征

东乡绿壳蛋蛋壳呈青绿色或淡绿色，呈规则卵圆形；蛋重 49 ～ 53g，蛋壳厚度 0.35 ～ 0.39mm，蛋黄率 30% ～ 33%，蛋黄居中，轮廓清晰；蛋白澄清透明。

东乡绿壳蛋营养丰富，蛋白质含量为 13.6%，蛋氨酸含量为 410mg/100g，脂肪含量为 8.46%，铁含量为 2.45mg/100g，维生素 A 含量为 364μg/100g，上述指标均优于同类绿壳鸡蛋产品参照值。

三、环境优势

东乡绿壳蛋，产于江西省抚州市东乡区，海拔 36 ～ 127m，发源于赣东丘陵与鄱阳湖平原的过渡地带，90% 的土地为红壤，pH 值在 5.5 ～ 6.5。东乡属亚热带湿润气候区，气候温和，四季分明，雨量充沛，光照充足，无霜期长，十分有利各种生物繁衍和生长，这块神奇土地造就了丰富的生物多样性，优良的环境为东乡绿壳蛋的生产创造了最佳条件。

四、收获时间

全年均有生产，最佳品质期为全年。

五、推荐贮藏保鲜和食用方法

【贮藏保鲜方法】放冰箱保鲜，不宜储存过久，应尽快食用。

【食用方法】直接水煮最好，炒鸡蛋或制作鸡蛋羹等均可。

六、市场销售信息

东乡区农产品运营中心　江西东华种畜禽有限公司

联系人：李国凡　联系电话：13979432167

供稿：东乡区农业农村局

上犹大米

登录编号：CAQS-MTYX-20210708

一、主要产地

江西省赣州市上犹县紫阳乡高基坪村、店背村，平富乡庄前村、信地村，营前镇石溪村，水岩乡龙门村。

二、品质特征

上犹大米米粒细长形，籽粒饱满，表面圆滑有光泽，大小匀称，质地坚韧，透明度较高，碎米少，颜色微黄，有自然稻香味。煮饭后韧性好，蒸煮后不易回生，香气浓郁，口感佳。

上犹大米异亮氨酸含量为280mg/100g，亮氨酸含量为500mg/100g，直链淀粉含量为15.7%，铁含量为1.0mg/100g，硒含量为9.1μg/100g，均优于同类产品参照值。

三、环境优势

水稻具有好湿、喜温的特点，最适生长温度为28～32℃，因此适宜高温、雨多且水资源丰富的地区。上犹县属亚热带季风气候，四季分明，气候温和，日照充足，雨量充沛，境内水系发达、河湖众多，水质基本保持在一级。山间盆地多为陕长带状，地势低平，其内均有河流贯穿，坡缓谷宽，土地肥沃，适合水稻种植。

四、收获时间

每年7—8月或10—11月收获，最佳品质期为10月。

五、推荐贮藏保鲜和食用方法

【贮藏保鲜方法】于常温干燥环境贮藏。

【食用方法】煮米饭、熬粥。

六、市场销售信息

上犹县为民粮油有限公司　联系电话：0797-8555188

江西京富生态农业发展有限公司　联系电话：13766366255

上犹县平富乡信地畲族村股份经济合作社　联系电话：15007024966

供稿：上犹县农业农村局　曾日亮

登录编号：CAQS-MTYX-20210712

崇义鳙鱼

一、主要产地

江西省赣州市崇义县横水镇水口村，过埠镇过埠村，杰坝乡黄沙村、长潭村。

二、品质特征

崇义鳙鱼鱼体肥大。头部较大，头长大于体高，鳞片细小。鱼体表面光滑，侧线完全，在胸鳍末端上方弯向腹侧，向后延伸至尾柄正中。腹部灰白，在腹鳍基部之前较圆，其后部至肛门前有狭窄的腹棱。肉质紧实有弹性，味道鲜美纯正，腥味淡。

崇义鳙鱼营养丰富，蛋白质含量为16.3%，鲜味氨基酸含量为4 140mg/100g，必需氨基酸含量为6 240mg/100g，硒含量为26μg/100g，钾含量为363mg/100g，均优于同类鳙鱼。

三、环境优势

崇义县地处中低纬度，属亚热带季风湿润区，雨量充沛，空气湿度大，无霜期长。崇义阳明湖四季温和湿润，冬无严寒、夏无酷夏，湿地区域为典型的河库型湿地生态系统，水域面积达31km^2，蓄水量超过8.22亿m^3，是赣南水资源最丰富的地区之一。阳明湖水体水质属于中度营养状态，水质状态良好，浮游植物、浮游动物群落结构稳定、物种丰富，为鱼类生长提供了大量天然饵料。

四、收获时间

全年均可捕捞，最佳品质期为全年。

五、推荐贮藏保鲜和食用方法

【贮藏保鲜方法】活鱼保存可保持最佳口感。

【食用方法】剁椒鱼头、香酥鱼片等。

六、市场销售信息

崇义章源投资控股有限公司阳明湖渔业分公司　联系人：邹扬华、张治勇　联系电话：13707975585、13763911122、0797-3826089

供稿：崇义县农业农村局　方　婷

兴国灰鹅

登录编号：CAQS-MTYX-20210714

一、主要产地

江西省赣州市兴国县埠头乡蕉田村、杰村乡古镜村、杰村乡横江村、隆坪乡龙下村。

二、品质特征

兴国灰鹅全身羽毛紧密，呈灰色，颈前及腹下部为灰白色，翅羽毛成波纹。嘴青、脚黄或青、眼睛乌黑色。单只净重约2.5kg，个头较大，肉质红润，表皮呈黄白色，鹅肉轻压后回弹较快，肌肉弹性好。炖煮后味道鲜美。

兴国灰鹅谷氨酸+天冬氨酸（鲜味氨基酸）含量为4 950mg/100g，必需氨基酸总量为7 330mg/100g，亚油酸含量为17.8%，锌含量为2.03mg/100g，钾含量为372mg/100g，硒含量为28.0μg/100g，上述指标均优于同类产品参照值。

三、环境优势

江西省赣州市兴国县位于江西省南部、赣州市北部，属丘陵地区，河流众多，具有江南低丘陵特色，森林覆盖率达72.3%。境内土壤主要有红壤土、紫色土、冲积土和水稻土4种类型，产区特有的水体和土壤含有丰富的钙、磷、钾、钠、铁、铜、锌等有效营养成分。县境大部属亚热带季风湿润气候，气候温和，雨量充沛，光照充足，四季分明，无霜期长。年平均气温18.9℃，平均降水量1 520mm，年均无霜期284天。草资源充足，河道水塘密布，适宜兴国灰鹅的养殖。

四、收获时间

兴国灰鹅全年皆供应，最佳品质期为全年。

五、推荐贮藏保鲜和食用方法

【贮藏保鲜方法】常规保存。

【食用方法】兴国灰鹅可以做烧鹅、白切鹅、粉蒸鹅等。兴国灰鹅全身各个部位都是美味珍馐，鹅肠、鹅血、鹅肝、鹅心、鹅肫可以与鹅肉一起加工，也可以单独成菜。

六、市场销售信息

江西省兴国县埠头乡蕉田村　联系人：汪章章、陈受金、周忠东　联系电话：15970764922、13707071767、13766330066

供稿：兴国县农业农村局　陈福生、钟林生

登录编号：CAQS-MTYX-20210716

寻乌灵芝

一、主要产地

江西省赣州市寻乌县文峰乡双坪村、岗背村，三标乡东江源村、三标村、甲子乌村，吉潭镇籁地村。

二、品质特征

寻乌灵芝产品外形呈伞状，菌盖肾形或近圆形，菌盖厚度为1.2～1.8cm，菌盖直径为7～16cm。质地硬，表面紫褐色，有光泽，具环状棱纹。菌肉淡棕色。

寻乌灵芝营养丰富，蛋白质含量为13.7%，粗多糖含量为1.15%，三萜及甾醇含量为0.79%。

三、环境优势

寻乌县是东江源头县，东江发源于寻乌县三标乡东江源山，全县东江源水系流域面积占整个东江源流域面积的37.8%，占江西境内东江流域面积的56.5%，每年从寻乌县流入东江的水资源总量为18.3亿m^3，是江西省内流域面积最大、流入量最多的东江源区，是珠江三角洲和我国香港的重要饮用水源地。全县森林覆盖率达81.5%，其中东江源山的森林覆盖率达到95%，有利于灵芝生长。

四、收获时间

每年9月前后收获，如果管理情况较好，可能提前至6月。最佳品质期为9月。

五、推荐贮藏保鲜和食用方法

【贮藏保鲜方法】灵芝采集后，除去表面的泥沙和灰尘，自然冷却干燥或低温干燥，温度不超过55℃，水分控制在13%以下，密封保存，置于阴凉干燥处，切记要通风，防止霉变。

【食用方法】灵芝可煮水饮用，也可用于泡酒、煲汤、炖肉等。

六、市场销售信息

寻乌县思源农业发展有限公司　联系电话：13970703830

江西省赣州市寻乌县左岸香桂沿河10号店面　联系电话：0797-2838218

江西省赣州市寻乌县农产品交易中心　联系电话：0797-2858123

供稿：寻乌县农业农村局　康春贵

永丰扁萝卜

登录编号：CAQS-MTYX-20210719

一、主要产地

江西省吉安市永丰县普遍种植，主产于瑶田镇、藤田镇、石马镇、古县镇、恩江镇、佐龙乡、坑田镇、沿陂镇、潭城乡。

二、品质特征

永丰扁萝卜为地方品种，该产品外形饱满丰润，呈扁圆形，表皮白色，润泽光亮；肉质雪白、致密；口感脆甜细嫩，无辣味或辣味淡，无渣，无糠心，感官品质佳。

永丰扁萝卜营养丰富，富含维生素和矿物质元素，其中可溶性固形物含量为8.0%，还原糖含量为2.5%，铁含量为2.9mg/kg，钾含量为267mg/100g，磷含量为29.8mg/100g，粗纤维含量为0.62%，品质优良。

三、环境优势

永丰县属亚热带季风气候，四季分明，雨量充沛，日照充足，年均气温18℃，年均降水量1 627.3mm，无霜期279天。永丰县位于吉泰盆地东沿，山清水秀，森林覆盖率达72.1%。最高峰灵华山海拔1 455m，地貌类型中山、低山面积占15.9%，丘陵和谷地面积占81.4%，南部多山区，北部多丘陵平原，是一个相对封闭的农业生态系统，有“国家森林公园县”“生态蔬菜之乡”之称。地下水蓄量充沛，水质优良；农业土壤以潴育型水稻土为主，疏松肥沃，pH值6.0～7.0。优越的环境孕育了永丰扁萝卜独特品质。

四、收获时间

一般从10月开始采收到翌年2月结束。最佳品质期为12月。

五、推荐贮藏保鲜和食用方法

【贮藏保鲜方法】放至阴凉通风处，自然风干贮藏。

【食用方法】扁萝卜炒牛肉干、扁萝卜炒芹菜、凉拌扁萝卜等。

六、市场销售信息

永丰县蔬菜发展有限公司　联系电话：0796-2529192

永丰县知桐家庭农场　联系电话：13576626372

吉安市佐盛农业发展有限公司　联系电话：18755554425

供稿：永丰县蔬菜产业发展中心　涂年生

登录编号：CAQS-MTYX-20210067

胶河土豆

一、主要产地

山东省潍坊市高密市柏城镇胶河社区。

二、品质特征

胶河土豆（马铃薯）形状椭圆形，大小均匀，单只重约200g，表皮呈淡黄色，皮薄光滑，有弹性，芽眼浅，肉质细腻，水分含量高，粗纤维、淀粉含量低，口感清脆爽口，适宜炒食。

胶河土豆维生素C含量为16.2mg/100g，铁含量为5.8mg/kg，粗纤维含量为0.5%，淀粉含量为9.77g/100g，水分含量为84.4%。

三、环境优势

胶河土豆产区位于北纬36°08′44″～36°41′20″、东经119°26′16″～120°00′38″，为季风区暖温带大陆性半湿润气候，冬冷夏热，四季分明。全年降水量中等，无霜期227天，历年平均气温13.6℃，全年平均日照时数2 352.1h，适宜土豆栽培。栽培区域位于胶河两岸，土壤类型为潮土，质地为砂壤土，土层深厚，土壤pH值5～7，排灌条件良好。

四、收获时间

每年4—7月，多茬口适期上市。最佳品质期为6月。

五、推荐贮藏保鲜和食用方法

【贮藏保鲜方法】适宜放置在阴凉通风的清洁环境，冷藏建议温度为3～5℃，相对湿度为90%左右，贮藏期不超过1个月。

【食用方法】可煮、炒、炸、炖，也可加工成薯片食用。

六、市场销售信息

高密市神泉山农产品有限公司　联系电话：15098188776

高密市密春土豆专业合作社　联系电话：13064615065

高密市绿天食品有限公司　联系电话：15063698158

供稿：高密市农业农村局　战金辉

苍山大蒜

登录编号：CAQS-MTYX-20210072

一、主要产地

山东省兰陵县神山镇、磨山镇、芦柞镇、长城镇等。

二、品质特征

苍山大蒜蒜头近圆形，皮白色，单头重一般在35g以上，直径不小于4.5cm。每个蒜头一般有4个或6个蒜瓣，瓣大而高，瓣形整齐，蒜衣白色。头大瓣齐，皮薄如纸，清白似玉，黏辣清香，营养丰富。

苍山大蒜蛋白质含量为7.58g/100g，大蒜素含量为900mg/kg，硒含量为6.77μg/100g，亮氨酸含量为0.26g/100g，酪氨酸含量为0.25g/100g。

三、环境优势

苍山大蒜产区气候属暖温带季风区半湿润大陆性气候，四季分明，光照充足，全年平均气温13.2℃，年均降水量约835mm，平均相对湿度65.8%，年均日照时数2 487.8h，无霜期200多天，冻土日数69.7天，十分有利于大蒜的生长发育；主产区多为砂姜黑土，属偏碱性土壤，有机质丰富，含钾量高，含氮量亦相对高，土壤的pH值为7.7～8.0，有机质含量1.2%，碱解氮1 135.79mg/kg，速效磷31.18mg/kg，速效钾223.8mg/kg，钙、镁、钠、速效锰、铁、锌、铜等含量都较高；蒜区地下水位高，井水中，含盐量高者达1 264.23mg/L，水中含较多的钙、镁等离子，特别含硝态氮较多，为36.55mg/L，有利于大蒜高产、优质。

四、收获时间

每年5—6月收获，最佳品质期为7月。

五、推荐贮藏保鲜和食用方法

【贮藏保鲜方法】干蒜宜存放于阴凉、通风、清洁环境；鲜蒜宜选保鲜袋封装，冰箱冷藏。

【食用方法】可作为烹调和佐餐，还可以加工制作成蒜汁、蒜油、蒜酱、糖蒜、罐头蒜和脱水蒜片等。

六、市场销售信息

兰陵县金亿发食品有限公司　联系电话：13854967888

兰陵县越洋食品有限公司　联系电话：13969982116

兰陵县永顺商贸有限公司　联系电话：13563992921

兰陵县清水蔬菜食品有限公司　联系电话：13305396172

兰陵县义诚农产品有限公司　联系电话：13275496088

兰陵县宝环蔬菜食品有限公司　联系电话：15318580016

兰陵县景帅蒜业有限公司　联系电话：13854995022

供稿：兰陵县农业农村局　房伟强

登录编号：CAQS-MTYX-20210073

费县小米

一、主要产地

山东省临沂市费县费城街道、新庄镇、马庄镇、石井镇、梁邱镇、朱田镇等。

二、品质特征

费县小米籽粒饱满，米粒均匀，色泽光润，呈金黄色；千粒重 2.80g。米粥黏稠，香气浓厚，口感柔软细腻；米饭香味浓郁，富有弹性。

费县小米维生素 B_1 含量为 1.08mg/100g，酪氨酸含量为 0.60mg/100g，缬氨酸含量为 0.75mg/100g，硒含量为 7.82μg/100g，锌含量为 3.06mg/100g。

三、环境优势

费县地处沂蒙山腹地，总面积 1 660.11km^2，属暖温带季风大陆性气候，年平均日照时数 2 538.4h，年均降水量 850mm 左右，年均气温 13.4℃。四季分明，气候宜人，光照充足，无霜期较长，适宜多种农作物生长。谷子多分布在南部丘陵、山地。费县小米为山地小米，生长在海拔较高的山上或崮顶，在天然氧吧中成长，远离城镇和工业区，土壤类型主要为褐土、棕壤，土壤有机质含量 10 ～ 12g/kg，pH 值 6 ～ 6.5。由于山地田窄地贫，通风好，阳光足，成熟期长，谷穗饱满，小米颜色发黄。

四、收获时间

每年 9 月收获，最佳品质期为 9 月。

五、推荐贮藏保鲜和食用方法

【贮藏保鲜方法】贮藏于阴凉干燥处。

【食用方法】小米粥、小米煎饼等。

六、市场销售信息

山东柱子山农业科技发展有限公司　联系电话：13581052869

费县绿缘核桃专业合作社　联系电话：15863922799

山东三志利现代农业发展有限公司　联系电话：15020369003

费县青石岭核桃种植专业合作社　联系电话：13969948636

山东后乡土农业科技有限公司　联系电话：13608909362

供稿：费县农业农村局　邵明俊

费县山楂

登录编号：CAQS-MTYX-20210074

一、主要产地

山东省费县12个乡镇（街道）的159个行政村。

二、品质特征

费县山楂果实呈扁圆形，紫红色，具蜡光。果点圆，锈黄色，大而密。果顶平，显具5棱。果肉绿黄或粉红色，散生红色小点，肉质较硬而致密，酸味强。果个大，单果重12.5～14g。

费县山楂可溶性固形物含量为16.25%，总酸含量为3.0%，维生素C含量为65mg/100g，总黄酮含量为5 000mg/100g。

三、环境优势

费县地处沂蒙山腹地，总面积1 660.11km^2，属于温带季风大陆性气候，年平均日照时数为2 538.4h，年降水量850mm左右，无霜期长，终霜期早，无霜期为193～197天，年平均温度13.4℃，费县山楂基地主要位于费县丘陵地带，远离城镇和工业区，栽植于15°～25°的山坡丘陵，为片麻岩形成的砂壤土，土层深厚，pH值6.8～7.4，钾含量为117～132mg/kg；9月下旬至10月上旬，产地光照充足，昼夜温差大，降水量少，湿度适宜、空气洁净，非常适宜山楂的着色和糖分的积累；水资源丰富，灌溉设施完备，能够满足山楂生长对水分的需求。

四、收获时间

每年10月上中旬收获，最佳品质期为10月。

五、推荐贮藏保鲜和食用方法

【贮藏保鲜方法】温度−1～0℃，湿度85%～95%，贮藏期可达3～7个月。

【食用方法】可直接食用，还可制作冰糖葫芦。

六、市场销售信息

费县红山前山楂种植专业合作社　联系人：陈开荣　联系电话：15265192513

费县兆和果品专业合作社　联系人：陈兆和　联系电话：13953924709

费县景代果树种植专业合作社　联系人：朱景代　联系电话：13475498601

费县延年油杏种植专业合作社　联系人：聂宗省　联系电话：13220612020

供稿：费县农业农村局　邵明俊

登录编号：CAQS-MTYX-20210075

费县脆枣

一、主要产地

山东省费县新庄镇柱子村、纸坊村、新庄村。

二、品质特征

费县脆枣又名“打雷枣”，酸性土壤与盐碱地均可生长，脆枣果实色泽鲜亮，青中带红，皮薄肉脆，汁液中多，味甜，落地即碎，近圆形，纵径 2.5 ~ 3.2cm，横径 2.3 ~ 3.0cm，单果平均重 14g。

费县脆枣可溶性固形物含量为 28%，维生素 C 含量为 300.05mg/100g，硒含量为 1.44μg/100g。

三、环境优势

山东省费县位于山东省东南部沂蒙山前，属暖温带季风大陆性气候，年平均气温 13.4℃，1 月平均气温 2.1℃，7 月平均气温 26.6℃，年降水量 850mm 左右，无霜期 193 ~ 197 天，10℃以上年活动积温 4 312℃，属鲁南山丘湿润果区，全县山区面积约占 76.4%，其中北部为砂石山区，南部为青石山区。费县脆枣种植区域主要位于山东省八大水库之一——许家崖水库上中游的新庄镇柱子山下，以柱子山附近的柱子村、纸坊村为中心，依山傍水，气候适宜，土质特别，造就了皮薄、核小、脆甜的果品特性。

四、收获时间

每年 8 月下旬至 10 月上旬收获，最佳品质期为 9 月。

五、推荐贮藏保鲜和食用方法

【贮藏保鲜方法】在 0 ~ 5℃的冷藏条件下，可贮藏 7 天。

【食用方法】直接食用。

六、市场销售信息

山东柱子山农业科技发展有限公司　联系人：杨培山　联系电话：13581052869

费县明金家庭农场　联系人：王明金　联系电话：18769959877

费县京国家庭农场　联系人：朱京国　联系电话：14705395153

费县鸡宝山家庭农场　联系人：宋加付　联系电话：18853976686

供稿：费县农业农村局　邵明俊

高密大金钩韭菜

登录编号：CAQS-MTYX-20210339

一、主要产地

山东省潍坊市高密市夏庄镇张家村、益民社区、杜家店社区、小寄庄社区、窝铺村、郭家小庄村等。

二、品质特征

高密大金钩韭菜植株粗壮，根短叶长，叶宽而肥厚，叶色浓绿，叶尖色稍淡。单株重5.5g左右，株高30～45cm，叶片长到一定程度先端向一侧弯曲，反卷成“钩”状。叶质肥嫩、纤维较少，口感柔嫩香辛，韭香浓郁。

高密大金钩韭菜蛋白质含量为2.86g/100g，可溶性糖含量为2.94g/100g，粗纤维含量为0.9g/100g，维生素C含量为24.7mg/100g。

三、环境优势

高密大金钩韭菜保护范围位于东经119°49′～119°56′，北纬36°25′～36°29′，属季风暖温带大陆性半温润气候，冬冷夏热，四季分明，年平均气温12.2℃，降水量的季节分布受季风影响明显，降水集中在每年6—8月，年平均日照时数2 537h，无霜期多年平均为211天。栽培区域属于胶河冲积而成的砂质壤土地域，有机质含量高，耕作层深厚，土质肥沃。灌溉水清澈、甘甜无污染且富含矿物质，适宜韭菜种植。

四、收获时间

每年1—11月均有收获，最佳品质期为4月。

五、推荐贮藏保鲜和食用方法

【贮藏保鲜方法】常温保存：选择阴凉通风、清洁卫生的环境，防挤压。冷藏保存：冷藏温度0.5℃左右，空气相对湿度85%～90%，防挤压。贮存期不宜超过5天。

【食用方法】可炒，可鲜食，可做其他食材的配料。

六、市场销售信息

高密汇泰生态农业科技有限公司　联系电话：15506362116

高密市张家村蔬菜专业合作社　联系电话：13853611783

高密市玉顺韭菜专业合作社　联系电话：13953653451

供稿：高密市农业农村局　战金辉

登录编号：CAQS-MTYX-20210731

汶上芦花鸡

一、主要产地

山东省济宁市汶上县。

二、品质特征

汶上芦花鸡单只重 1.5 ～ 2.0kg，体型呈元宝型，前躯稍窄，后躯丰满，尾羽高翘，体躯为黑白相间的芦花羽。以单冠为主，偶见复冠；冠、肉垂和耳叶红色，喙浅黄色，胫、趾白色为主，少数黄色。皮肤白色，皮薄，皮下脂肪少、肌肉结实；肉质细密，娇嫩鲜美。

汶上芦花鸡具有蛋白质、谷氨酸和赖氨酸含量高、皮下脂肪少的独特营养品质特性，其中脂肪含量为 1.2%，蛋白质含量为 22.1%，谷氨酸含量为 3.46%，赖氨酸含量为 1.82%。

三、环境优势

山东省济宁市汶上县地处鲁中低山丘陵与鲁西平原交接地带，东北属泰山隆起的残丘低岭，西南部属于大野泽，梁山泊东畔，属北温带大陆性季风湿润气候区，光照充足，四季分明，无霜期长，春季多南风，少雨干旱；夏季多东南风，天气炎热，降水集中，日照时间长，湿度大，有利于作物生长；整个地势由东北缓顷西南，中部地势平坦，为黄河冲积平原，土层厚、土质好、地下水较丰富，农作物以小麦、玉米、蔬菜等为主，为汶上芦花鸡饲养提供了丰富的饲料资源。

四、收获时间

全年均可收获，最佳品质期为全年。

五、推荐贮藏保鲜和食用方法

【贮藏保鲜方法】冷藏保存：新鲜鸡肉用保鲜袋包装好，在 2 ～ 6℃条件下，可存放 2 ～ 3 天。冷冻保存：新鲜鸡肉在 -5℃以下，可保存 3 个月。

【食用方法】芦花鸡煲汤、老味芦花烧鸡等。

六、市场销售信息

济宁熙乐经典农牧科技有限公司　联系电话：15554799999

山东金秋农牧科技股份有限公司　联系电话：13905475741

供稿：汶上县检验检测中心　董秀丽

苍山牛蒡

登录编号：CAQS-MTYX-20210732

一、主要产地

山东省兰陵县庄坞镇。

二、品质特征

苍山牛蒡肉质根粗壮，形态长而顺直，无空心。表面呈浅黄色或淡褐色，无须根或杈根，有皱纹；内呈黄白色，质地脆嫩，手掰可断；具有牛蒡特有的香甜味，略有土腥味，微黏。

苍山牛蒡水分含量为 79.0%，蛋白质含量为 18.8g/100g，粗纤维含量为 1.3%，钙含量 202mg/100g，品质优良。

三、环境优势

苍山牛蒡产区气候属暖温带季风区半湿润大陆性气候，四季分明，光照充足，全年平均气温 13.2℃，年均降水量约 835mm，平均相对湿度 65.8%，年均日照时数 2 487.8h，无霜期 200 多天，冻土日数 69.7 天，十分有利于牛蒡的生长发育；主产区为潮土，土层深厚，土质松软，通透性强，含钾量高，含氮量亦相对高，土壤的 pH 值为 6.9，有机质含量 1.66%，钙、镁、钠、速效锰、铁、锌、铜等含量都较高；牛蒡产区地下水位高，水中含较多的钙、镁等离子，特别含硝态氮较多，有利于牛蒡高产、优质。

四、收获时间

每年 6—12 月收获，最佳品质期为 10 月。

五、推荐贮藏保鲜和食用方法

【贮藏保鲜方法】宜存放于阴凉、通风、清洁环境，冷藏温度 0 ～ 1.5℃。

【食用方法】可炒、可煲，可做牛蒡茶、牛蒡小菜、牛蒡酒、牛蒡酥、牛蒡粉条等。

六、市场销售信息

临沂鼎新农产品有限公司　联系电话：15564922777

兰陵多哈食品有限公司　联系电话：13905393661

山东双营食品有限公司　联系电话：15963339999

兰陵县佑康食品有限公司　联系电话：13468157680

兰陵县联利食品有限公司　联系电话：15853926999

兰陵县永康食品有限公司　联系电话：18669916789

兰陵县润龙食品有限公司　联系电话：13869955158

兰陵县康成食品有限公司　联系电话：15192829999

临沂华扶食品有限公司　联系电话：13793949999

供稿：兰陵县农业农村局　房伟强

登录编号：CAQS-MTYX-20210734

胡阳西红柿

一、主要产地

山东省临沂市费县胡阳镇。

二、品质特征

胡阳西红柿（番茄）果形圆、平顶，大小均匀、单果重 250g 左右，果皮粉红透亮，口感细嫩、香甜沙口。

胡阳西红柿可溶性固形物含量为 6.5%，总酸含量为 0.13%，维生素 C 含量为 14.4mg/100g，品质优良。

三、环境优势

胡阳镇地处费县东北 12km，北靠蒙山，南临祊河，属暖温带季风大陆性气候，年均日照时数 2 538.4h，年均降水量 850mm 左右，平均气温 13.4℃。种植基地土壤类型主要为棕壤，土壤肥沃，有机质含量高。地下水源丰富，光照充足，昼夜温差大，非常适宜温室西红柿生长。种植区内灌溉设施完善，排灌便利，能满足西红柿生产期对水分的需要。远离城镇和工业园区，无污染，环境优良。距物流之都临沂 35km，距京沪高速临沂北出口 15km、日兰高速费县出口 15km，费县通用机场正在建设中，交通便利，区位优势明显。

四、收获时间

每年 12 月至翌年 6 月收获，最佳品质期为 2 月。

五、推荐贮藏保鲜和食用方法

【贮藏保鲜方法】适宜贮藏温度为 1 ~ 5℃，空气相对湿度为 80% ~ 90%，贮藏时间最长可达 30 天。

【食用方法】鲜食，亦可制作成沙拉食用。

六、市场销售信息

费县胡阳镇金阳西红柿种植专业合作社　联系电话：13013516265

费县盛农果蔬种植专业合作社　联系电话：13407641444

费县盛世佳源果蔬种植专业合作社　联系电话：13854993613

费县远通蔬菜瓜果种植专业合作社　联系电话：13854919225

供稿：费县农业农村局　邵明俊

平邑金银花

登录编号：CAQS-MTYX-20210735

一、主要产地

山东省平邑县域内。

二、品质特征

平邑金银花花冠厚稍硬，花蕾肥大饱满，呈棒状，上粗下细，略弯曲，表面黄白色或绿白色，绒毛密集清晰，气味清香，味甘微苦。

平邑金银花有效成分木樨草苷和二酚酸类物质含量分别为 0.12% 和 6.17%，上述指标均优于同类产品参照值。

三、环境优势

平邑地处南北气候过渡带、沂蒙山腹地，有 85% 的山地丘陵，地形地貌起伏多变，棕壤土质拉大了昼夜温差，更有利于营养成分合成积淀；独特的生长环境，适宜的光照、温度和降水，优质的品种资源，造就平邑金银花独特品质。当地金银花人工栽培历史悠久，长达 940 多年；生产规模大，面积达 65 万亩，年产量 1 800 万 kg，占到全国总产量的 60% 以上。平邑县被评为中国金银花之乡、中国特色农产品优势区、国家重点生态功能区、国家级区域性良种繁育基地、全国农作物（金银花）病虫害绿色防控示范县等。

四、收获时间

每年 5—9 月收获，最佳品质期为全年。

五、推荐贮藏保鲜和食用方法

【贮藏保鲜方法】置于阴凉干燥通风处储存，冷藏储存更佳。

【食用方法】冲泡金银花茶，宜用透明玻璃茶杯。取金银花茶 2 ～ 3g，沸水稍凉至 90℃左右冲泡，随即加上杯盖；冲泡 3min 后，揭开杯盖可闻香、品茶。

六、市场销售信息

平邑金银花旗舰店明德北路店　联系电话：13256526776

平邑金银花旗舰店　联系电话：18369457885

安徽应天电子商务有限公司　联系电话：15805967000

供稿：平邑县农业农村局　张　青

登录编号：CAQS-MTYX-20210736

临涧大樱桃

一、主要产地

山东省平邑县临涧镇余粮店村、平邑县临涧镇大麦滩村、平邑县临涧镇黄金庄村。

二、品质特征

临涧大樱桃呈宽心形，直径大于 25mm；果皮光亮，色泽红艳；核小，皮薄多汁；果实温润饱满，入口香甜，回味清香。

临涧大樱桃维生素 C 含量为 10.6mg/100g，可溶性固形物含量为 18.5%，总酸含量为 1.1%，以上指标均优于同类产品参照值。

三、环境优势

临涧镇地处临沂、枣庄、济宁三市交界处，距县城南 30km 处，是临沂市西南角，面积 120km^2，地处北纬 35° 樱桃黄金种植地带，素有“沂蒙大樱桃之乡”。临涧大樱桃具有绿色、天然、无污染的特点，山泉水灌溉，个大核小、皮薄汁多，营养价值丰富。现已拥有美早、乌克兰、红灯、大紫等 20 多种优质樱桃品种，樱桃种植面积近万亩，其中，5 年生优质大樱桃 6 000 亩，年产大樱桃 5 000t，形成了“百里樱桃一条线、百万樱桃连成片、千亩樱桃一个园”的格局，已经逐渐成为临涧镇农业经济增长、农村建设发展和农民增收致富的重要支柱产业。

四、收获时间

每年 5 月 7 日至 6 月 2 日收获，最佳品质期为 5 月。

五、推荐贮藏保鲜和食用方法

【贮藏保鲜方法】采用隔热保温箱能贮存 7 天，冷藏可延长储存时间，且口感更佳。

【食用方法】以鲜食为主。

六、市场销售信息

余粮店大樱桃专业种植合作社　联系人：张广玉　联系电话：13969941508

齐发果树种植专业合作社　联系人：牛天虎　联系电话：13969949642

黄金庄大樱桃电商平台　联系人：徐　键　联系电话：15194097911

供稿：平邑县农业农村局　张　青

临沭蓝莓

登录编号：CAQS-MTYX-20210737

一、主要产地

山东省临沂市临沭县大兴镇大兴村、日晒村，石门镇岔河村、大官庄村等。

二、品质特征

临沭蓝莓果实呈蓝紫色，中大近似圆形，饱满有弹性，百粒重650g左右，色泽光亮、果蒂痕小，果皮薄，果肉细腻鲜嫩。

临沭蓝莓果酸甜适宜、甜味突出，咀嚼感韧性好，脆而不烂，香气浓郁。水分含量为86.1%，可溶性固形物含量为12.9%，总酸含量为5.6%，总糖含量为6.83%，总花色苷含量为168mg/100g。

三、环境优势

临沭蓝莓生产基地位于东经118°59′～118°70′，北纬34°74′～34°78′，属暖温带季风区半湿润大陆性气候，四季分明，光照充足。年平均气温13℃，年平均降水量852mm，平均相对湿度65.8%，年日照时数2 487.8h，无霜期200多天。土壤pH值5～6，有机质含量1.2%以上，微量元素含量丰富，属于北高丛蓝莓品种种植带的南部，南高丛蓝莓品种种植带的北部，适宜高品质蓝莓生长。

四、收获时间

每年4—8月收获，最佳品质期为6月。

五、推荐贮藏保鲜和食用方法

【贮藏保鲜方法】蓝莓果实为浆果，耐贮性较强，在室内18～26℃常温条件下，采用小包装（小食品盒）鲜果可保存2周不改变原来风味，如低温保存其保鲜期会更长，气调贮藏可达3个月左右。

【食用方法】以鲜食为主，也可鲜榨蓝莓汁或制作蓝莓酱。

六、市场销售信息

临沭县聚辉种植专业合作社　联系人：谢印宝　联系电话：18753928858

临沭县顺泽农场　联系人：陈　玲　联系电话：15092981683

临沭县蓝丰蓝莓种植合作社　联系人：陈冠鲁　联系电话：18669921965

临沭县科扬蓝莓种植合作社　联系人：赵德青　联系电话：18353931678

临沭县顺旺种植专业合作社　联系人：何洪中　联系电话：15265186018

供稿：临沭县农业农村局　马善江、苏前普

登录编号：CAQS-MTYX-20210739

东昌府鲁西黑头羊

一、主要产地

山东省聊城市东昌府区、冠县、临清市、阳谷县、茌平区。

二、品质特征

鲁西黑头羊头颈部被毛黑色，体躯被毛白色，体型高大，结构匀称。公羊、母羊均无角，瘦尾。头大小适中、额宽，头颈部结合良好。鼻梁隆起、少皱褶。耳大稍下垂。胸宽深、肋骨开张良好、背腰平直、四肢粗壮、后躯丰满，全身呈桶状结构。

鲁西黑头羊羊肉中含粗蛋白 19.81%，粗脂肪 3.14%，氨基酸 18.23%，亚油酸 0.90%，亚麻酸 0.04%，α- 亚麻酸 0.14%。硬脂酸含量低，胆固醇含量低（59.2mg/100g），膻味轻。

三、环境优势

聊城市位于山东省西部，东经 115°16′～116°32′，北纬 35°47′～37°02′。全市为黄河冲积平原，地势平坦，海拔高度 27.5～49.0m，具有显著的季节变化和季风气候特征，属半干旱大陆性气候。全市年平均气温为 13.1℃，无霜期 193～201 天；年平均相对湿度为 67%。年平均降水量 578.4mm。光热降水同季且四季分明，适合种植多种农作物，如玉米、小麦、大豆、花生、棉花等，也适合种植多种牧草，如紫花苜蓿、黑麦草等，饲草饲料丰富。

四、收获时间

全年均可收获，最佳品质期为全年。

五、推荐贮藏保鲜和食用方法

【贮藏保鲜方法】冷藏保存：新鲜羊肉用保鲜袋包装好，在 4～5℃的条件下，可存放 2～3 天。冷冻保存：新鲜羊肉在 –15℃以下，可保存 3～4 个月。

【食用方法】清炖羊肉、烤羊排等。

六、市场销售信息

聊城市东昌府区兴堂牧业有限责任公司　联系电话：15163533812

山东省农业科学院畜牧兽医研究所　联系电话：15806618686

供稿：东昌府区农业农村局　毛武纯
东昌府区兴堂牧业有限责任公司　张东福

郓城樱桃番茄

登录编号：CAQS-MTYX-20210748

一、主要产地

山东省菏泽市郓城县张营街道曹庄村。

二、品质特征

郓城樱桃番茄果实为鸡心形，单果重 12 ～ 15g；成熟时果实呈亮红色，果皮平滑；皮薄肉厚，硬度适中。肉质细嫩，酸甜爽口，具有浓郁的樱桃番茄风味。

郓城樱桃番茄水分含量为 89.7%，番茄红素含量为 106mg/kg，可溶性固形物含量为 10.6%，总酸含量为 0.6g/100g，维生素 C 含量为 40.6mg/100g。郓城樱桃番茄营养丰富，品质优良。

三、环境优势

郓城县张营街道地处郓城县东部、黄河北岸，属于暖温带半湿润季风气候，温度适宜，光热资源充足，降水量丰富。年平均气温 14.0 ～ 17.0℃，最冷月为 1 月，平均气温 -2.3℃；最热月为 7 月，平均气温 26.6℃。年平均降水量 695.1mm，无霜期 202 天。樱桃番茄种植季节主要为早春和晚秋，温差较大，阳光充足，利于营养物质的积累。黄河水无污染且富含营养，耕地为黄河冲积平原，地势平坦，土壤主要为潮褐土和淋溶褐土，土层深厚，土质肥沃。优越的产地环境为番茄高品质生产提供了得天独厚的条件。

四、收获时间

全年均可收获，最佳品质期为全年。

五、推荐贮藏保鲜和食用方法

【贮藏保鲜方法】适宜贮藏温度为 1 ～ 5℃，空气相对湿度为 80% ～ 90%，贮藏时间最长可达 30 天。

【食用方法】鲜食、制作成沙拉或炒菜。

六、市场销售信息

郓城恒天然农业科技发展有限公司　联系电话：19846803836

郓城县百蔬园果蔬种植专业合作社　联系电话：13395301789

供稿：郓城县农业农村局　秦环丹

登录编号：CAQS-MTYX-20210349

峗峪樱桃

一、主要产地

峗（shuǐ）峪樱桃产地位于青岛市城阳区夏庄街道峗（shuǐ）峪山区，包含南坡、青峪、河崖、兰山、下峗峪、上峗峪、下蜜蜂、上蜜蜂 8 个社区。

二、品质特征

峗峪樱桃果实朱红色，色泽均匀，亮丽通透，果肉黄白色；高圆形，果形整齐；果皮薄而韧，肉质丰满，可食率大于 90%；口味甘甜微酸，风味浓郁；味美多汁，口感极佳。

峗峪樱桃可溶性固形物含量为 19.6% ～ 21.4%，可滴定酸含量为 0.41% ～ 0.45%，维生素 C 含量为 10.1 ～ 10.8mg/100g，固酸比为 45.0 ～ 52.2，上述指标均优于同类产品参照值。

三、环境优势

峗峪地处崂山水库上游北岸，位于崂山西麓深处，四面环山，沟谷纵横，山清水秀，景色宜人。全年光照适宜，土壤条件优厚，地力肥沃，富含腐殖质和矿物元素且酸碱适中，地下水为崂山水系，水质甘甜，富含钾、镁等多种矿物质元素，生长的樱桃独具风味。自 2003 年 5 月开始，峗峪社区每年举办樱桃山会，大力发展乡村旅游，年均接待游客达 30 万人以上，素有“齐鲁第一樱桃谷”之称。

四、收获时间

收获时间为每年的 5—6 月，最佳品质期为 5 月。

五、推荐贮藏保鲜和食用方法

【贮藏保鲜方法】宜鲜食，保鲜膜覆盖后冷藏于 2 ～ 8℃可延长保质期，避免挤压或翻动。

【食用方法】鲜食，也可用于制作樱桃果酱或果汁。

六、市场销售信息

青岛峗峪樱桃专业合作社　联系人　孙丕正　联系电话：13792823227

青岛南坡万康红杏种植专业合作社　联系人　矫专本　联系电话：13606390728

青岛峗红樱桃种植专业合作社　联系人　孙玉祥　联系电话：13906420160

供稿：城阳区农业农村局　李　宁

少山红杏

登录编号：CAQS-MTYX-20210350

一、主要产地

少山红杏主产区位于青岛市城阳区夏庄街道少山社区，南坡社区、华阴社区等周边社区亦有少量种植。

二、品质特征

少山红杏果皮薄，呈黄色，着绯红色晕；高圆形，缝合线浅，果顶平，梗洼深；果肉橙黄色，肉质柔软，致密，纤维少，口感香甜，风味浓郁；果核离核，可食率大于96%。主要品种有少山二号、关爷脸等。

少山红杏可溶性固形物含量为13%～14.1%，可滴定酸含量为0.68%～0.83%，维生素C含量为9.2～9.8mg/100g，类胡萝卜素含量为231～605mg/kg，上述指标均优于同类产品参照值。

三、环境优势

少山社区位于石门山西麓，西邻法海寺名胜古迹，南临太和山旅游景区，社区依山而建，社区居民安居乐业，周围山岭起伏，沟壑纵横，空气新鲜，环境优美，地理位置得天独厚。种植区层峦叠嶂，土壤肥沃，富含腐殖质，非常适合杏树生长；灌溉用水为崂山泉水，泉水清澈且富含微量元素和矿物质。少山红杏种植历史有600余年，早在明朝就有，百年以上老树现有上百棵，而且不少古树仍高产。

四、收获时间

收获期为每年的6月中旬至7月下旬，最佳品质期为6月。

五、推荐贮藏保鲜和食用方法

【贮藏保鲜方法】宜鲜食，保鲜膜覆盖后冷藏于4℃可延长保质期；也可制成杏干或果酱。

【食用方法】鲜食，或用于制作杏干和杏酱。

六、市场销售信息

青岛少山红杏专业合作社　联系人：周宗贤　联系电话：13905327610

青岛崂峪蜜杏专业合作社　联系人：张国强　联系电话：13695326240

青岛南坡万康红杏种植专业合作社　联系人：杨曙光　联系电话：13969612718

供稿：城阳区农业农村局　李　宁

登录编号：CAQS-MTYX-20210351

夏庄杠六九西红柿

一、主要产地

夏庄杠六九西红柿（番茄）主产区位于青岛市城阳区夏庄街道，尤其以夏庄街道古镇社区的产品口感最佳。

二、品质特征

夏庄杠六九西红柿（番茄）果实红色，有青肩，扁圆形；果肉沙性，软硬适中，果汁丰富，口感润滑，酸甜适中，风味浓郁。

夏庄杠六九西红柿可溶性固形物含量为 4.53%，总酸含量为 0.28%，维生素 C 含量为 14.2mg/100g，品质优良。

三、环境优势

夏庄杠六九西红柿主产地境内有优质水源地——崂山水库，且有白沙河贯穿其中，灌溉水水质甘美，富含人体所需的各种矿物质和微量元素，为生产优质夏庄杠六九西红柿提供了良好的水质基础；种植区域土壤以砂壤、棕壤土为主，耕作土层深厚，保水保肥条件好，土质条件优良；夏庄杠六九西红柿产地属温带季风气候，年均降水量 610mm，年平均气温 12.2℃，无霜期 196 天，年均日照 2 643h，雨量适中，日照充沛，适合优质西红柿的生长。

四、收获时间

每年 5—9 月是露天杠六九西红柿成熟的时间，12 月到翌年 2 月是设施杠六九西红柿成熟的时间。最佳品质期为 6 月。

五、推荐贮藏保鲜和食用方法

【贮藏保鲜方法】鲜食最佳，冷藏保存可延长食用期。

【食用方法】西红柿炒蛋、西红柿炖牛腩等。

六、市场销售信息

青岛后古镇社区股份合作社　联系电话：18866625288

青岛郝家蔬菜专业合作社　联系电话：13176869007

青岛鸿得源现代农业科技示范园　联系电话：18766297976

供稿：城阳区农业农村局　李　宁

崔家集西红柿

登录编号：CAQS-MTYX-20210352

一、主要产地

以青岛市平度市崔家集镇向阳新村为主，主要包括前洼村、宅科梁家、杨龙庄等10个网格村庄。

二、品质特征

崔家集西红柿（樱桃番茄）果实红色，色泽均匀，卵圆形，果皮柔韧光亮、皮薄、肉质丰满，单粒质量5～10g，口味甜微酸，风味浓郁，硬度适中，爽口多汁，口感佳。

崔家集西红柿可溶性固形物含量8.5%～8.7%，总糖含量5.13%～5.28%，总酸量0.45%～0.49%，维生素C含量43～45mg/100g，品质优良。

三、环境优势

崔家集西红柿种植区域位于北纬36°黄金纬度线，属于暖温带半湿润季风区大陆性气候，四季分明，日照充沛，气候适宜；种植区域为河流冲积平原，土地平坦，土壤以砂姜黑土为主，土层深厚，富含有机质，通气性良好；周边水资源丰富，水量充沛，水质清澈、纯净，绝对的环境优势为崔家集西红柿优良品质的形成提供了重要保障。

四、收获时间

每年12月下旬至翌年7月下旬收获，最佳品质期为4月。

五、推荐贮藏保鲜和食用方法

【贮藏保鲜方法】保鲜膜覆盖后冷藏于2～8℃可延长保质期，运输过程中使用冰袋进行保鲜。

【食用方法】鲜食为主，还可用于制作甜脆反沙小西红柿，制作方法：水和冰糖按1∶1调配，放入锅中大火熬煮，水开后转小火，煮至出现小气泡，液体稍微黏稠能流动就关火；1min后将小西红柿放入熬好的糖浆中，慢慢搅拌至小西红柿均匀挂糖，待糖慢慢冷却变成乳白色后即可出锅。

六、市场销售信息

青岛前洼果蔬专业合作社　联系人：鞠炳锦　联系电话：18562811668

山东迅丰农业科技发展有限公司　联系人：董成强　联系电话：15064221093

青岛众乐园果蔬专业合作社　联系人：邹美洛　联系电话：15063012377

青岛中盛果蔬专业合作社　联系人：马腾腾　联系电话：15954246669

供稿：平度市农业农村局　吕　宁
崔家集镇农业农村服务中心　许雯静

登录编号：CAQS-MTYX-20210750

即墨地瓜

一、主要产地

山东省青岛市即墨区移风店镇、大信街道、田横镇、金口镇、段泊岚镇、龙山街道、龙泉街道、鳌山卫街道、温泉街道、蓝村街道、灵山街道、北安街道共 12 个镇（街道）的 812 个行政村。

二、品质特征

即墨地瓜（番薯）主要品种为普薯 32，表面光滑、呈纺锤形且大小均匀；薯皮紫红色，薯肉橘黄色；口感软糯香甜，无筋无丝。

即墨地瓜维生素 C 含量 26.5 ～ 30.2mg/100g，胡萝卜素含量 3 920 ～ 4 030μg/100g，淀粉含量 15.8 ～ 18.6g/100g，维生素 E 含量 0.31 ～ 0.38mg/100g，可溶性糖含量 3.02% ～ 3.11%。

三、环境优势

即墨地瓜生产区域地处山东半岛西南部，黄海西岸，种植区域以棕壤、砂姜黑土、潮土为主，土壤耕层深厚，土壤肥力较高，土壤中矿物质丰富，富钾、磷、铁、硒，养分充足，pH 值为 6.2 ～ 7.0；区域内灌溉水水源充足，共有河流 50 余条，水质优良，排灌方便，对地瓜生长十分有利。同时，产区属海洋性气候，光照充足，地温变化趋势与气温变化基本一致，生产的地瓜口感软糯香甜，无筋无丝，品质优良，深受社会各界和广大消费者的青睐。

四、收获时间

每年 10 月下旬收获，最佳品质期为 11 月。

五、推荐贮藏保鲜和食用方法

【贮藏保鲜方法】窖藏，窖温控制在 10 ～ 15℃产品口感最佳。

【食用方法】煮地瓜、地瓜薯条等。

六、市场销售信息

即墨区金雨禾家庭农场　联系电话：18661638397

青岛乐泉种植有限公司　联系电话：13969766188

青岛泉北家庭农场　联系电话：15092265730

供稿：即墨区农业农村局　刘尚雷、范学鹏

金口芹菜

登录编号：CAQS-MTYX-20210751

一、主要产地

山东省青岛市即墨区金口镇东渠村、海堤村、芦家庄村、孙家周疃村、华家周疃村等39个行政村。

二、品质特征

金口芹菜株形中等、紧凑、株高50～80cm；色泽翠绿，有光泽；梗株挺立、脆嫩易折、实心；叶片厚；香气浓郁，汁多筋少，口感极佳。

金口芹菜维生素C含量21.3～22.5mg/100g，铁含量1.8～2.6mg/100g，钾含量235.2～236.8mg/100g，叶绿素含量34.7～35.9mg/100g，胡萝卜素含量2 026～2 033μg/100g，品质优良。

三、环境优势

金口镇地处山东半岛西南部，黄海西岸，种植区域内以棕壤和潮土为主，pH值为6.4～7.5，土壤肥力较高，含丰富的有机质、氮、磷、钾等营养成分，土壤团粒结构和通气性良好，适宜芹菜生长。区域内灌溉水资源丰富，有大小河流20余条，水质优良，能够满足金口芹菜生产灌溉需要。受海洋性气候影响，金口镇全年光照充足，热量丰富，温暖湿润，四季分明，种植的芹菜清爽四溢，沁人心脾，口感爽脆，已成为当地招待宾客不可缺少的美味菜肴，素有“无芹不成席”之说。

四、收获时间

每年10月下旬收获，最佳品质期为11月。

五、推荐贮藏保鲜和食用方法

【贮藏保鲜方法】塑料袋包装，存放于阴冷处，贮藏温度0～8℃为最佳。

【食用方法】芹菜炒肉、凉拌芹菜、芹菜汁粉条等。

六、市场销售信息

青岛农合金口芹菜专业合作社　联系电话：15653200127

青岛锦云村生态农业有限公司　联系电话：13905423411

青岛彭龄金口芹菜专业合作社　联系电话：18663937615

供稿：即墨区农业农村局　王丽丽
金口镇农业农村服务中心　刘　欢

登录编号：CAQS-MTYX-20210752

马家沟芹菜

一、主要产地

山东省青岛市平度市李园街道全境 72 个行政村、城关街道 2 个村、同和街道 19 个村，总面积 6.8 万亩。

二、品质特征

马家沟芹菜株形大，鲜嫩松散，色泽黄绿，有光泽；叶梗嫩黄、梗直空心；叶大，薄而平展，黄绿色；口感鲜嫩酥脆、筋少，香气浓郁、微甜。

马家沟芹菜维生素 C 含量 21.2 ～ 21.8mg/100g，铁含量 3.2 ～ 3.8mg/100g，钾含量 253.2 ～ 256.1mg/100g，胡萝卜素含量 1 206 ～ 1 209μg/100g，粗纤维含量 0.74% ～ 0.82%，膳食纤维含量 3.6 ～ 3.8g/100g，品质优良。

三、环境优势

马家沟芹菜产区为大沽河冲积平原，地势平坦、土层深厚、土质较好、土壤肥力较高，地下水丰富，土壤属轻黏壤土，保水保肥，土壤中钙、镁、硼含量较高，这是马家沟芹菜品质形成的重要因素。

四、收获时间

收获时期为 10—11 月，立冬节气收获最佳。最佳品质期为 11 月。

五、推荐贮藏保鲜和食用方法

【贮藏保鲜方法】塑料袋包装，存放于阴冷处，贮存温度在 0 ～ 8℃为最佳。

【食用方法】肉丝炒芹菜、芹菜海米等。注意：脆嫩的马家沟芹菜凉拌时可以不用焯水。

六、市场销售信息

青岛马家沟生态农业有限公司　联系电话：15306393701

天猫店铺：马家沟旗舰店　联系电话：15165231625

微信公众号：马家沟特色蔬菜　联系电话：15165231625

供稿：平度市农业农村局　吕　宁

李园街道农业农村服务中心　孙丽萍

华中地区

荥阳小麦粉

登录编号：CAQS-MTYX-20210089

一、主要产地

河南省荥阳市。

二、品质特征

荥阳小麦粉采用一级黄金小麦，色白光亮，粉质纯净细腻，有麦香味；制成面条、馒头等口感筋道，口味纯正，麦香浓郁。

荥阳小麦粉含有蛋白质 10.6g/100g，湿面筋 29.4%，稳定时间 5.1min。小麦粉具有养心益肾、健脾厚肠的功效。

三、环境优势

荥阳市小麦主要集中在广武镇、高村乡、王村镇等高标准农田种植区域内，地势平坦，土壤肥沃松紧适中，具有较好的蓄水保肥能力，土壤营养成分含量高，有利于小麦的根系成长，种植区域地势平坦土壤肥沃，气候温和，四季分明，年均降水量 562mm，日照充足，年平均气温 14.3℃，灌溉条件良好，地下水涌量为 10～15t/h，属于中等富水区，为小麦的生长提供了良好的保障。

四、收获时间

一般在每年 5 月下旬至 6 月上旬，籽粒完熟期适时收获。最佳品质期为 6 月。

五、推荐贮藏保鲜和食用方法

【贮藏保鲜方法】常规储藏：小麦粉置于阴凉干燥清洁的通风处保存，同时注意防潮、防虫、防鼠、防霉等。密闭储藏：小麦面粉吸湿性与导热性不良，可以采用低温、密闭储藏的办法，以延长小麦面粉的安全储藏期。可以采用罐子密闭，也可采用塑料薄膜密闭，既可解决防潮、防霉，又能防止空气进入小麦面粉引起氧化变质，同时也减少储粮害虫为害。

【食用方法】可用于制作馒头、面条、油条、拉面、包子、饺子、灌饼、面包等。

六、市场销售信息

郑州博大面粉有限公司　联系人：黄　健　联系电话：15290858688

郑州金麦田面粉有限公司　联系人：秦丽玲　联系电话：15036142333、0371-67322278

供稿：荥阳市农业农村工作委员会　韩海青

登录编号：CAQS-MTYX-20210090

荥阳菜心

一、主要产地

河南省郑州市荥阳市王村镇前新庄、小村、西大村、韩村、苌村，高村乡后圈子村。

二、品质特征

荥阳菜心叶宽卵圆或椭圆形，叶片绿或黄绿，叶柄浅绿。抽生的花茎横切面圆形，黄绿或绿色，花茎叶较小，卵圆，花茎下部的花茎叶叶柄短、上部的无叶柄。

荥阳菜心每100g含粗纤维1.6g、镁22mg、铁2.86mg、锌0.91mg。菜心性微寒，常食具有除烦解渴、利尿通便、散血消肿、降低胆固醇的作用。

三、环境优势

荥阳菜心生产基地地势平坦土壤肥沃，气候温和，四季分明，年均降水量562mm左右，日照充足，年平均气温14.3℃，地下水涌量为10～15t/h，属于中等富水区，非常适合蔬菜种植。菜心生产基地周边无污染，空气质量优良。生产基地非常注重对生态环境的保护，大量使用有机肥，并采用杀虫灯、粘虫板、防虫网、闷棚消毒等措施抑制病虫害，坚持经济效益和生态效益共同发展的可持续发展道路。

四、收获时间

每年的1月底至10月初分批播种，3月底至12月初分批采收。最佳品质期为4月。

五、推荐贮藏保鲜和食用方法

【贮藏保鲜方法】以鲜销鲜食为主，只宜短期贮存和中短途调运。贮运最适宜的温度为0～3℃。

【食用方法】以嫩叶和嫩薹为食用部分，根据个人口味不同，有清炒、白灼、干炒等多种烹饪方法。

六、市场销售信息

河南天佑佳禾农业科技有限公司　联系人：王发科　电话：18638586777

荥阳绿硕农业科技有限公司　联系人：毛渊峰　电话：13703933361

郑州绿菜园农业科技有限公司　联系人：任淑兰　电话：18736052117

供稿：荥阳市农业农村工作委员会　韩海青

伊川花椒

登录编号：CAQS-MTYX-20210098

一、主要产地

河南省洛阳市伊川县鸦岭镇王庄村、楼头村、殷沟村等。

二、品质特征

伊川花椒颗粒暗红色，粒大皮厚，麻味浓烈持久，香气浓郁纯正。

伊川花椒富含多种营养物质，挥发油含量为4.55mL/100g，蛋白质含量为14.5g/100g，钾含量为1 820mg/100g，硒含量为8.2μg/100g。

三、环境优势

伊川县地处豫西丘陵山区，素有“一山二川三分岭”之称，属大陆性季风气候，光照充足，气候温和、四季分明。年平均气温14.0℃，年降水量600～800mm，无霜期213天左右，年平均日照时数为2 164h，日照率45%；6月日照时数达229.5h，日照率53%。日照时间长、昼夜温差大、有效积温高等自然因素非常适合花椒生长。伊川境内的鸦岭、葛寨等地分布着6条富硒土壤带，富硒耕地面积约50万亩，位居河南省第一。县域内土壤整体硒含量0.28～0.4mg/kg。这些独特的自然条件，形成了伊川花椒的优良品质。

四、收获时间

每年的8月中旬开始采摘上市。最佳品质期为全年。

五、推荐贮藏保鲜和食用方法

【贮藏保鲜方法】将花椒烘干，装在密封的玻璃容器里，放在阴凉的地方保存即可。

【食用方法】花椒油：锅内放入适量的食用油，将花椒、葱、姜、蒜一起放入锅中，小火慢慢熬制，待花椒粒变色变香即可关火，将熬好的花椒和油晾凉，滤出花椒油，装入瓶中，加盖保存。

六、市场销售信息

伊川县惠祥农民专业合作社　联系人：李雪花　联系电话：13633888370

洛阳智辰农民专业合作社　联系人：王　琨　联系电话：18317531671

伊川县品正种植农民专业合作社　联系人：赵朝功　联系电话：13683861750

供稿：伊川县农业农村局　张媛媛

登录编号：CAQS-MTYX-20210099

伊川红薯

一、主要产地

河南省洛阳市伊川县鸦岭镇、高山镇、白元镇、鸣皋镇、葛寨镇等。

二、品质特征

伊川红薯（番薯）块根整齐，呈纺锤形，长16～24cm，单块重320～550g。外皮紫红色，皮薄，薯肉橘红色。鲜食味甘，蒸熟后薯香浓郁，皮薄易剥，软糯香甜，无丝。

伊川红薯含有丰富的营养成分，β-胡萝卜素含量为35 800μg/100g，钾含量为334mg/100g，硒含量为0.88μg/100g，淀粉含量为23.7g/100g，可溶性总糖含量为4.71%。

三、环境优势

伊川县地处豫西丘陵山区，素有“一山二川三分岭”之称，属大陆性季风气候，光照充足，气候温和，四季分明。年平均气温14.0℃，年降水量600～800mm，无霜期213天左右，年平均日照时数为2 164h，日照率45%；6月日照时数达229.5h，日照率53%。伊川红薯的主要产区为伊川县鸦岭镇，地处丘陵地区，日照时间长、昼夜温差大、活动积温高等自然因素非常适合红薯生长。独特的红黏土壤上产出的红薯富含人体所需的多种维生素和微量元素。伊川境内的鸦岭、葛寨等地分布着6条富硒土壤带，富硒耕地面积约50万亩，位居河南省第一。县域内土壤整体硒含量0.28～0.4mg/kg以上。这些独特的自然条件，形成了伊川红薯的优良品质。

四、收获时间

每年8月初收获，翌年2月初为最佳品质期。

五、推荐贮藏保鲜和食用方法

【贮藏保鲜方法】阴凉处储藏，10～15℃最佳（低于9℃会受冻害，20℃以上时间长会发芽，但仍可食用）。建议购买后7天内食用完毕。

【食用方法】烤红薯、拔丝红薯、薯片等。

六、市场销售信息

洛阳薯乡薯业科创园有限公司　联系人：袁国亮　联系电话：15517905173

洛阳花桑谷农业开发有限公司　联系人：王　琨　联系电话：18317531671

伊川普航农业科技有限公司　联系人：刘幸肇　联系电话：13601043166

伊川县智民种植农民专业合作社　联系人：李致民　联系电话：15515390776

供稿：伊川县农业农村局

叶县朝天椒

登录编号：CAQS-MTYX-20210100

一、主要产地

河南省平顶山市叶县廉村镇沙渡口村。

二、品质特征

叶县朝天椒呈圆锥形，果实小；果面光滑，红色；果肉细腻，辣味重。

叶县朝天椒含有维生素 C 195mg/100g，辣椒素 0.095 7%，铁 0.84mg/100g，锌 0.36mg/100g，营养丰富。

三、环境优势

叶县处于南暖温带向北亚热带过渡地带，为大陆季风气候，四季分明，气候温和，冬凉夏热，属于平原地区，日照充足，雨水调匀，比较丰富。土壤深厚，排水良好，含丰富有机质，微酸性到微碱性，无霜期长，适合朝天椒生长。作物抗病性强，容易高产稳产。叶县地势开阔，平原广布，有利于规模化种植。

四、收获时间

每年 7—9 月收获，最佳品质期为 8 月。

五、推荐贮藏保鲜和食用方法

【贮藏保鲜方法】气体保鲜包装保存。

【食用方法】朝天椒剁椒：先将鲜椒洗干净，再放到阴凉处晾干水，剪掉辣椒蒂；将鲜椒切碎，一边拌入盐一边切，有条件的可以用专用铲刀、铲桶剁碎；将剁好的辣椒装入密封容器，最好是坛子，然后浇上白酒，最好是酿造谷酒；撒入适量的食盐；密封 1 个月以上可以食用，其特殊风味需要较长时间才能形成。

六、市场销售信息

叶县守田果蔬种植专业合作社　联系人：宋运卿　电话：13703753778

供稿：叶县农产品质量安全检测站

登录编号：CAQS-MTYX-20210101

叶县褐菇

一、主要产地

河南省平顶山市叶县龙泉乡草厂村。

二、品质特征

叶县褐菇菌盖褐色，半球形，完整；菌盖质密而厚；菌褶浅棕色，未开伞；菌盖纵切面扁圆形；菌柄纵切面长方形，菌柄短，直径中等，基部到菌环的距离小；无异味。褐菇食之鲜嫩，具有特殊的柠檬香味。

叶县褐菇营养丰富，蛋白质含量为3.42g/100g，氨基酸含量为2 170mg/100g，磷含量为108mg/100g，粗纤维含量为1.0g/100g。

三、环境优势

叶县属暖温带大陆性季风气候，四季分明，年平均气温14.8℃，年降水量为723.7mm，无霜期264天，雨热同期，光照充足，四季分明，昼夜温差大，适宜食用菌生长。叶县是农业种植大县，玉米秸和麦秸相当丰富，同时畜牧业很发达，羊、鸡、鹅养殖具有一定规模，动物粪便方便获取，为褐菇种植提供了取之不尽的原辅料来源。

四、收获时间

全年均可收获，最佳品质期为全年。

五、推荐贮藏保鲜和食用方法

【贮藏保鲜方法】冷藏。

【食用方法】素炒褐菇、褐菇炒芦笋等。

六、市场销售信息

叶县绿筑菌业有限公司　联系人：张中良　联系电话：13333811138

供稿：叶县农产品质量安全检测站　刘继红

封丘金银花

登录编号：CAQS-MTYX-20210108

一、主要产地

河南省新乡市封丘县黄德镇贾庄村，陈固镇东仲宫村。

二、品质特征

封丘金银花呈棒状，上粗下细，略弯曲，长 2.25 ～ 2.98cm，上部直径约 3mm，下部直径约 1.5mm。表面黄白色，密被短柔毛。偶见叶状苞片。花萼绿色，先端 5 裂，裂片有毛，长约 2mm。开放者花冠筒状，先端二唇形；雄蕊 5，附于筒壁，黄色；雌蕊 1，子房无毛。气清香，味淡，微苦。

封丘金银花具有较好的药用价值，其中绿原酸含量为 3.11%，木樨草苷含量为 0.108%，酸不溶性灰分含量为 0.09%。

三、环境优势

封丘县处于北纬 34°53′ ～ 35°14′、东经 114°14′ ～ 114°46′。境内气候温和，光照充足，雨量适中，年均日照时数 2 117.1h，年平均气温为 13.9℃，年平均地温 16.0℃，年平均降水量 615.1mm，无霜期最长达 245 天。封丘水质甘洌，富含多种对人体有益的矿物质，pH 值 7.55 ～ 8.25，是天然弱碱性水，达到国家三类水质标准。土壤深厚，透气性好，有利于金银花根系下扎和生长发育；土壤肥沃，有机质含量在 2.0% 以上，肥力高，结构优良，为金银花苗壮生长创造了良好的条件。

四、收获时间

每年 5—10 月收获，最佳品质期为 5 月。

五、推荐贮藏保鲜和食用方法

【贮藏保鲜方法】贮藏于干燥容器内，密闭，置阴凉干燥处。防霉、防蛀。

【食用方法】金银花茶：将金银花干花放入茶杯，只需要 2 ～ 3g 就足够，第一次冲泡的时候用大约 90℃的开水冲泡，然后将盖子盖上闷一会儿，能够防止金银花茶的香味散失。在 3min 之后打开盖子，这样泡出的金银花茶，味道更芳香。

六、市场销售信息

新乡市博凯生物技术有限公司　联系电话：0373-8252268

供稿：封丘县农业农村局　李明贤

登录编号：CAQS-MTYX-20210110

柘城胡芹

一、主要产地

河南省商丘市柘城县胡襄镇胡芹村、孙庙村。

二、品质特征

柘城胡芹根小株大，株高 90 ～ 110cm，色泽鲜绿，叶柄充实。质地脆嫩，芹香浓郁。

柘城胡芹蛋白质含量为 0.70g/100g，维生素 C 含量为 11.4mg/100g，钙含量为 43.8mg/100g，锌含量为 0.202mg/100g，粗纤维含量为 0.8%，营养丰富，长期食用具有一定的保健作用。

三、环境优势

柘城县地处北亚热带向温暖带过渡地带，属于典型的温暖带半湿润气候，土壤肥沃、日照充足、雨量适宜、气候适宜。胡芹的生长对土壤、水、空气的要求特别高，土壤必须酸碱适中，胡芹村、孙庙村土质为砂壤土，砂黏适中，既保证了排灌通气，又能够涵养住肥料营养，胡芹得以茁壮成长。最有特色的是用地窖储藏的办法，收下的胡芹茎叶是墨绿色的，老百姓带着土墩把胡芹从菜田里刨出来后，“移植”到自家所挖的地窖里面，还要让其“生长”一两个月的时间。这时候，胡芹开始产生“质”的变化：整棵芹菜的茎秆和叶子全部由墨绿变成嫩黄，并长出嫩芽。

四、收获时间

每年 11 月收获，最佳品质期为 11 月。

五、推荐贮藏保鲜和食用方法

【贮藏保鲜方法】芹菜属耐寒绿叶菜，喜冷凉润湿条件，可以进行冻藏，贮藏适温为 –2 ～ –1℃，相对湿度 95% ～ 98%。

【食用方法】芹菜炒肉、芹菜炒虾仁、凉拌芹菜等。

六、市场销售信息

柘城县正义胡芹种植农民专业合作社　联系人：王秋霞　联系电话：13383700088

柘城县胡芹产业协会　联系人：刘全庆　联系电话：13781640903

供稿：柘城县农业农村局　王振雨

浉河茶树花

登录编号：CAQS-MTYX-20210111

一、主要产地

河南省信阳市浉河区谭家河乡凌岗村、土门村、四里桥村。

二、品质特征

浉河茶树花茶个体均匀，花瓣雪白，花蕊淡黄，花色油润有光泽，香气清幽淡雅。冲泡后，清香明显，稍带花香，汤色黄绿明亮，口感清爽，回甘中有花蜜香。

浉河茶树花营养丰富，其茶多酚含量为 6g/100g，水分含量为 4.10%，咖啡因含量为 0.44%，均优于同类参照值。

三、环境优势

浉河区地处亚热带向暖温带过渡区，属高纬度产茶区，具有适宜茶树生长和形成茶树花优良品质的自然条件。茶叶产区生态良好，森林覆盖率高，有的超过 70%。四季分明，春季多雨，昼夜温差较大，茶树叶生产缓慢，持嫩性强，肥厚多毫，含氨化合物积累较多；夏季高温高湿，光照充足，降水量多，茶树生长旺盛。境内土壤多为黄、黑砂壤土，深厚疏松，腐殖质含量较多，肥力较高，pH 值 4.0 ～ 6.5。优越的地理条件，有助于茶树花内含物质的合成和积累。

四、收获时间

浉河茶树花每年 11 月至翌年 1 月收获，最佳品质期为 11 月。

五、推荐贮藏保鲜和食用方法

【贮藏保鲜方法】低温储藏，避光、防潮、防异味。

【食用方法】冲泡饮用：取 2 ～ 3g 花蕾，放入茶杯中，可搭配绿茶、白茶、红茶等多种茶叶，开水冲泡即可。

六、市场销售信息

信阳市大别山佳茗茶文化有限公司　联系人：华瑞高　联系电话：18817310035

供稿：浉河区农产品质量安全检测站　王忠亮

登录编号：CAQS-MTYX-20210353

惠济花园口红薯

一、主要产地

河南省郑州市惠济区花园口镇赵兰庄村。

二、品质特征

惠济花园口红薯（番薯）表皮光滑美观，呈紫红色，外形匀称，呈纺锤形，果皮较薄，果肉呈橙黄色。

惠济花园口红薯营养丰富，每100g红薯含维生素C 21.5mg、蛋白质1.58g、钙28mg、钾201mg、镁20.7mg、淀粉12.2g，具有一定的保健作用。

三、环境优势

花园口地区土壤为历代黄河泛滥冲积物和洪积物形成，大部分属于潮土类，以淤积砂壤土为主，黏合土次之。淤积砂壤土大部分经过多年旱耕熟化、土壤改良，有机质及养分含量高，土层厚，土质好，微碱性，pH值在7.5～8，含氮0.33%、磷117mg/kg、钾73mg/kg，极适合红薯喜碱习性。花园口属于大陆暖温带季风气候，四季分明。平均全年日照时数为2 385h，大于10℃的年活动积温4 673℃，无霜期205～235天。黄河滩区北邻黄河，昼夜温差较平原地区明显，能够满足红薯对温度和温差的需求。

四、收获时间

每年10月下旬收获，最佳品质期为10月。

五、推荐贮藏保鲜和食用方法

【贮藏保鲜方法】红薯适宜窖藏，储存温度10～15℃，湿度最好控制在80%～95%。

【食用方法】蒸红薯、煮红薯、烤红薯等。

六、市场销售信息

河南煜阳农业发展有限公司　联系人：段　煜　联系电话：13303712356

供稿：惠济区农产品质量安全检测中心　徐彤斌
河南煜阳农业发展有限公司　段　煜

新郑小米

登录编号：CAQS-MTYX-20210354

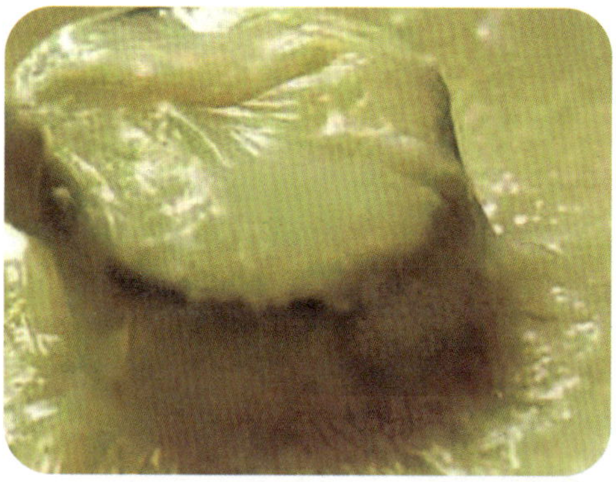

一、主要产地

河南省新郑市辛店镇马沟村、史庄村、黄岗村、湛张村。

二、品质特征

新郑小米米粒大小均匀，直径约1mm，粒形饱满，色泽呈金黄色，散发着小米固有的自然清香气味。

新郑小米营养丰富，每100g含钙49.3mg、铁5.16mg、镁120mg、锌1.94mg。

三、环境优势

新郑市地处东经113°30′～113°54′，北纬34°16′～34°39′，西部和中部浅山连绵、丘陵起伏、沟壑从横，属豫西山区范畴，东部为黄河古阶地，沟洼相间，地势平缓，属黄淮平原一隅，中部高，南北低；属暖温带大陆性季风气候，四季分明阳光充足；境内河流均属淮河流域水系。新郑小米生产基地位于新郑西南地区，环境优美，空气纯净。土壤以褐土类为主，有机质含量中等，适宜小米的种植。

四、收获时间

每年9月中旬到9月底收获，最佳品质期为9月。

五、推荐贮藏保鲜和食用方法

【贮藏保鲜方法】放在干燥、密封效果好的容器内，置于阴凉处保存。

【食用方法】小米一般用来煮粥，也可打成米糊食用。

六、市场销售信息

新郑市丰农林果专业合作社　联系人：闫小丽　联系电话：15538030593

新郑市稷风农业种植专业合作社　联系人：张小苟　联系电话：13849905228

新郑市富强种植专业合作社　联系人：史红立　联系电话：13015521156

河南永乐祥春农业开发有限公司　联系人：魏文祥　联系电话：18037100909

郑州市鑫益丰生态农业科技有限公司　联系人：李文生　联系电话：13140009568

供稿：新郑市农产品质量检测中心　李　薇

登录编号：CAQS-MTYX-20210355

新郑彩色小麦

一、主要产地

河南省新郑市辛店镇贾岗村。

二、品质特征

新郑彩色小麦麦粒籽大，粒形长圆形，籽粒饱满，呈黑紫色（咖啡红），色泽光亮。

新郑彩色小麦营养价值丰富，每 100g 含脂肪 1.4g、钾 365mg、镁 4.48mg、铁 5.67mg，蛋白质含量 13.1%，能有效补充人体所需的蛋白质和微量元素。

三、环境优势

新郑市地处东经 113°30′～113°54′，北纬 34°16′～34°39′，西部和中部浅山连绵、丘陵起伏、沟壑从横，属豫西山区范畴，东部为黄河古阶地，沟洼相间，地势平缓，属黄淮平原一隅，中部高，南北低；属暖温带大陆性季风气候，光照充足，雨量适中，四季分明，年平均气温 14.4℃，年日照时数 2 114.2h，年降水量 676.1mm；境内河流均属淮河流域水系，土质肥沃，产地内配套设施齐全，非常适合彩色小麦的生产种植。

四、收获时间

每年 7—8 月收获，最佳品质期为 7 月。

五、推荐贮藏保鲜和食用方法

【贮藏保鲜方法】新收获的小麦经日晒干燥后入库常温密闭保存，也可暴晒到水分含量降至 12% 以下时密闭储藏。

【食用方法】加工成面粉可以用于制作糕点、馒头、拉面、包子等各种面食。

六、市场销售信息

新郑市富达种植专业合作社　联系人：　许晓丽　联系电话：　13253337789

河南永乐祥春农业开发有限公司　联系人：魏文祥　联系电话：18037100909

供稿：新郑市农产品质量监测中心　李　薇

新郑莲藕

登录编号：CAQS-MTYX-20210357

一、主要产地

河南省新郑市新村镇郝家岗村。

二、品质特征

新郑莲藕色泽洁白，藕支均匀，最大节段藕断面直径 7cm 以上，食用滑嫩爽口、清脆甘甜、纯净无渣、芳香甘醇。

新郑莲藕每 100g 含蛋白质 2.06g、钙 20.4mg、镁 20.6mg、铁 0.32mg、锌 0.25mg、淀粉 11.3g，可溶性总糖含量为 3.2%，品质优良。生吃鲜藕能清热解烦、解渴止呕。

三、环境优势

新郑市地处豫西山区向豫东平原过渡地带，属暖温带季风性气候，光照充足，无霜期长，昼夜温差大，地下水位浅，土壤中性，且京广铁路以东多沙丘岗地，面积约占全市总面积的 79.1%，非常适宜莲藕生长。

四、收获时间

每年 10 月收获，最佳品质期为 10 月。

五、推荐贮藏保鲜和食用方法

【贮藏保鲜方法】最佳贮藏保鲜条件是在阴凉的环境，避免阳光直射，贮藏温度为 5℃。

【食用方法】凉拌莲藕、桂花莲藕羹、糯米藕等。

六、市场销售信息

河南永乐祥春农业开发有限公司　联系人：　魏文祥　联系电话：18037100909

新郑市巨发农业专业合作社　联系人：王红占　联系电话：15617859293

供稿：新郑市农产品质量监测中心　李　薇

登录编号：CAQS-MTYX-20210358

新郑红薯

一、主要产地

河南省新郑市新村镇前洼村、辛店镇贾岗村、城关乡敬楼村。

二、品质特征

新郑红薯（番薯）外形匀称，纺锤形，表皮紫红色、光滑美观，块根肉质为乳白色或黄色，口感甜糯且无筋。

新郑红薯营养丰富，每 100g 红薯含蛋白质 2.38g、钙 31.8mg、镁 21.2mg、铁 0.83mg、锌 0.25mg，具有一定保健功效。

三、环境优势

新郑市土壤大部分属于潮土类，以淤积砂壤土为主，黏合土次之，还有少量黏土及盐碱土分布。淤积砂壤土大部分经过多年旱耕熟化、土壤改良，土层厚，土质好，微碱性，pH 值 7.5 ～ 8，含氮 0.33%，磷 117mg/kg，钾 73mg/kg，适合各种农作物生长。土壤有机质及养分含量高，这些土壤经多年种植改造，适合红薯类作物生长。

四、收获时间

每年 9 月下旬到 10 月收获，最佳品质期为 10 月。

五、推荐贮藏保鲜和食用方法

【贮藏保鲜方法】适宜地窖储藏，窖藏的适宜温度为 10 ～ 14℃，相对湿度最好控制在 80% ～ 95%。

【食用方法】①生吃红薯：清洗干净红薯，切成小块生吃，又甜又脆。②焖红薯：清洗干净红薯，放在铁锅里，加一点水，小火慢慢焖熟。③蒸红薯：清洗干净红薯，放在蒸笼里，锅内加足够的水，先大火再小火慢慢蒸熟。

六、市场销售信息

新郑市四季果岭农业种植合作社　联系人：马长江　联系电话：13838205860

新郑市富达种植专业合作社　联系人：许晓丽　联系电话：13253337789

河南永乐祥春农业开发有限公司　联系人：魏文祥　联系电话：18037100909

供稿：新郑市农产品质量监测中心　李　薇

新郑鸡蛋

登录编号：CAQS-MTYX-20210359

一、主要产地

河南省新郑市辛店镇欧阳寺村、辛店镇黄岗村、薛店镇王张村、城关乡敬楼村。

二、品质特征

新郑鸡蛋蛋壳浅粉色，呈卵圆形，个体偏小，单枚重43～51g，气室较小；蛋液黏度高、润滑、澄清、透明；蛋黄比例大，呈橘黄色，轮廓清晰；煮熟后，蛋白光滑香嫩、弹性好，蛋黄口感细嫩、香浓。

新郑鸡蛋每100g含有蛋白质13.0g、脂肪11.1g、维生素A 1 030μg、维生素E 5.974mg、胆固醇474mg、锌1.64mg、硒20μg。具有保护肝脏、健脑益智、保护视力等功效。

三、环境优势

新郑市地处东经113°30′～113°54′，北纬34°16′～34°39′，东部为黄河古阶地，沟洼相间，地势西高东低，西部为浅山区，中部为丘陵、岗地；该地区无污染、光照充足，生长在原生态自然环境下的鸡吃的是野生青草、野生虫子，保证了鸡蛋的优良品质。

四、收获时间

全年均为收获期，最佳品质期为全年。

五、推荐贮藏保鲜和食用方法

【贮藏保鲜方法】最适宜的保存温度为5～7℃，放入冰箱冷藏室中保存即可。如果买的是整盒的鸡蛋，最好连同盒一起放入冰箱，能最大程度保证鸡蛋新鲜。在冰箱内，鸡蛋最长可存两个月，但10天以内，鸡蛋的品质最好。散装蛋进冰箱时，最好把鸡蛋较尖处朝下放。

【食用方法】煮蛋、炒蛋、煎蛋等。

六、市场销售信息

新郑市丰农林果专业合作社　联系人：闫小丽　联系电话：15538030593

新郑好想你健康食品股份有限公司　联系人：马东锐　联系电话：15136175239

河南省永乐祥春农业开发有限公司　联系人：魏文祥　联系电话：18037100909

新郑市农禾实业有限公司　联系人：吴亚龙　联系电话：13838511123

供稿：新郑市农产品质量监测中心　李　薇

登录编号：CAQS-MTYX-20210377

宝丰菜籽油

一、主要产地

河南省平顶山市宝丰县龙王沟乡村振兴示范区辖区内。

二、品质特征

宝丰菜籽油呈棕黄色，清澈透明，有菜籽油固有的气味和滋味。

宝丰菜籽油维生素 E 含量 103mg/100g，芥酸占总脂肪酸的 2.48%，不饱和脂肪酸占总脂肪酸的 91.9%，硫代葡萄糖苷未检出，符合双低菜籽油低芥酸、低硫苷特征指标。

三、环境优势

宝丰县地属暖温带，为半湿润大陆性季风气候，四季分明，以春旱多风、夏热多雨、秋温气爽、冬寒少雪为特征。年平均气温 14.5℃，降水量 769.6mm，日照时数 2 183.7h，无霜期长。最冷月平均气温在 0℃以上，油菜越冬期平均温度 1.7℃（12 月上旬至翌年 2 月下旬），完全可以安全越冬。产地土层深厚，耕层松软，形成了地平沟直的良田，便于现代机械化作业，为规模化生产提供了良好的基础条件。

四、收获时间

每年 5 月中下旬油菜成熟，6 月上旬开始榨油。最佳品质期为 6 月。

五、推荐贮藏保鲜和食用方法

【贮藏保鲜方法】在干燥阴凉处避光贮藏。保质期 18 个月。

【食用方法】用于炸油馍、煎鸡蛋等。

六、市场销售信息

宝丰县龙王沟实业有限公司　联系人：宋晓阳　联系电话：17698277000

供稿：宝丰县农产品质量安全检验检测站　王伟娜

宝丰花生

登录编号：CAQS-MTYX-20210378

一、主要产地

河南省平顶山市宝丰县肖旗乡史渡洼村和李庄乡李庄村。

二、品质特征

宝丰花生表皮浅红色，果仁白色；形状匀整，洁净，饱满；不完善率低，纯质率高。

宝丰花生脂肪含量 40.1g/100g，蛋白质含量 22.4g/100g，油酸含量占脂肪酸的 76.4%，钙含量 76.2mg/100g。油酸具有调节血脂、降低胆固醇、保护心脑血管健康作用。钙具有促进儿童骨骼发育、防止老年人骨骼退行性病变发生的作用。

三、环境优势

宝丰花生产地北依汝河，南临沙河，地势平坦，土层深厚，土壤酸碱度适中。属大陆性季风气候区，年平均气温 14.5℃，无霜期 215 天，年均日照时数 2 183.7h，年均降水量 769.6mm，周边环境天然无污染。稳定的气候条件和土壤条件均适宜花生种植，种植的花生抗病性好，营养价值高。

四、收获时间

每年秋季收获，最佳品质期为 9 月。

五、推荐贮藏保鲜和食用方法

【贮藏保鲜方法】自然晾晒至水分流失 80% 以上，袋装常温储存。

【食用方法】水煮花生、花生辣酱等。

六、市场销售信息

宝丰县鑫亿种植专业合作社　联系人：何召伟　联系电话：18137342229

宝丰县隆旺种植合作社　联系人：闫方伟　联系电话：18538023790

供稿：宝丰县农产品质量安全检验检测站　王伟娜

登录编号：CAQS-MTYX-20210380

宝丰羊肚菌

一、主要产地

河南省平顶山市宝丰县周庄镇、肖旗乡、石桥镇、闹店镇、李庄乡。

二、品质特征

宝丰羊肚菌（鲜）菇形饱满、美观，外形呈圆锥形；菌柄呈乳白色，菌柄基部剪切平整，柄长 3cm 以上；菌盖（子囊果）呈褐色至深褐色，长 5～8cm，菌盖表面呈蜂窝状，边缘全部与菌柄相连；菌柄、菌盖中空。

宝丰羊肚菌具有高蛋白、低脂肪的特点，其中蛋白质含量 34.5g/100g（干基），水分含量 89.2%、脂肪含量 2.1g/100g（干基）、总灰分（干基）8.2g/100g。

三、环境优势

宝丰县位于河南省中西部，北纬 33°47′～34°02′，东经 112°43′～113°18′。北依汝河，南临沙河，总面积 722km^2。地处暖温带，为半湿润大陆性季风气候区，雨水适中，日照充足，热量丰富，季风气候显著；春、夏、秋、冬四季分明。

四、收获时间

每年 2—4 月鲜品成熟，最佳品质期为 3 月。

五、推荐贮藏保鲜和食用方法

【贮藏保鲜方法】①冷藏法：放入保鲜袋，2～5℃冷藏保存 5～7 天；②冷冻法：放入保鲜袋，–18℃冷冻保存 1 年。

【食用方法】①羊肚菌炖乌鸡：将羊肚菌泡水洗净，鸡宰杀去内脏洗净，然后放入沸水焯一下，捞出洗净；锅内放入高汤、乌鸡用大火烧开，撇去浮沫，加入盐、葱段、姜片、羊肚菌、枸杞、红枣，用中火炖至鸡肉烂熟出锅即可。②清炒羊肚菌：新鲜羊肚菌洗净备用；热锅倒入油，待油热后炒葱、姜、蒜；将事先准备好的羊肚菌下锅翻炒，小火焖 2min 后，大火收汁起锅。

六、市场销售信息

宝丰县弘亚食用菌科技有限公司　联系人：赵沛亚　联系电话：15937519667

供稿：宝丰县农产品质量安全检验检测站　王伟娜

稻谷泉羊肉

登录编号：CAQS-MTYX-20210381

一、主要产地

河南省平顶山市叶县夏李乡油坊头村稻谷泉自然村。

二、品质特征

稻谷泉羊肉肌肉呈暗红色，有光泽，富有弹性，脂肪白色。煮熟后，肉汤透明澄清，富有香气和鲜味；肉质口感较柔软，有典型的羊肉香味，膻味小。

稻谷泉羊肉蛋白质含量为20.9g/100g，肌内脂肪含量为2.4g/100g，微量元素锌含量为3.4mg/100g，单不饱和脂肪酸占总脂肪酸的42.58%，均优于参照值。

三、环境优势

稻谷泉村空气新鲜，气候温和，光照充足，雨量充沛，气候湿润，无霜期长；养殖基地背靠伏牛山生态滋养，毗邻河南八大名泉之一的稻谷泉，泉水富含十几种矿物质，远离污染，是野生动植物成长的天堂，适合羊群的放养。

四、收获时间

全年均可出栏，最佳品质期为全年。

五、推荐贮藏保鲜和食用方法

【贮藏保鲜方法】①放入冰箱冷冻室冷冻保存。②保鲜：将羊肉剔去筋膜，然后准备一块保鲜膜将它包裹起，将里面的空气挤压出，拿出几张纸再包裹上，将它放进一个塑料袋里，将里面的空气挤压出，使它处在一个相对真空的状态下，之后，再准备一盆冷水，把整理好的羊肉放进去，只需要每隔3天更换一盆冷水，就可以保持1个月不变质，像新鲜的一样美味，而且能营养不会流失。③熏晒：把羊肉切成一片片的，在肉的两面都抹上盐，然后挂起，或是平摊在阳光下晒干。一般晒几天即可。

【食用方法】辣焖羊腿肉粒、葱爆羊肉等。

六、市场销售信息

叶县天享农业开发有限公司　联系人：景奇　联系电话：16603802768

供稿：叶县农产品质量安全检测站　吕　帅

登录编号：CAQS-MTYX-20210382

稻谷泉鸡

一、主要产地

河南省平顶山市叶县夏李乡油坊头村稻谷泉自然村。

二、品质特征

稻谷泉鸡肉色粉红鲜亮、有弹性。煮熟后，肉质紧实、有嚼头，肉汤澄清、鲜香。

稻谷泉鸡含蛋白质含量为24.2g/100g，脂肪含量为0.9g/100g、微量元素硒含量为20μg/100g，必需氨基酸如异亮氨酸、亮氨酸、赖氨酸、蛋氨酸等品质指标均优于参照值。

三、环境优势

稻谷泉村空气新鲜，气候温和，光照充足，雨量充沛，气候湿润，无霜期长；基地背靠伏牛山生态滋养，毗邻河南八大名泉之一的稻谷泉，藏于密林之中，现于山水之间，泉水富含十几种矿物质，远离污染，空气、水质监测均优于国家一类功能区一级标准，是野生动植物成长的天堂，微生态环境适合土鸡的放养，让美味更纯正。

四、收获时间

全年均可出栏，最佳品质期为全年。

五、推荐贮藏保鲜和食用方法

【贮藏保鲜方法】①可以速冻保鲜，保持肉类食品原有的鲜度和味道，延长存放期。②在0～10℃的气温下，将刚杀的鸡扒掉内脏，不用水洗，挂在背阳通风处风干，可以使鲜鸡肉持续保鲜3天。

【食用方法】鸡肉的食用方法以及做法很多，包括炒、炖、卤等，根据地域不同，食用方法也各有特色。

六、市场销售信息

叶县天享农业开发有限公司　联系人：景　奇　联系电话：16603802768

供稿：叶县农产品质量安全检测站　吕　帅

稻谷泉鸡蛋

登录编号：CAQS-MTYX-20210383

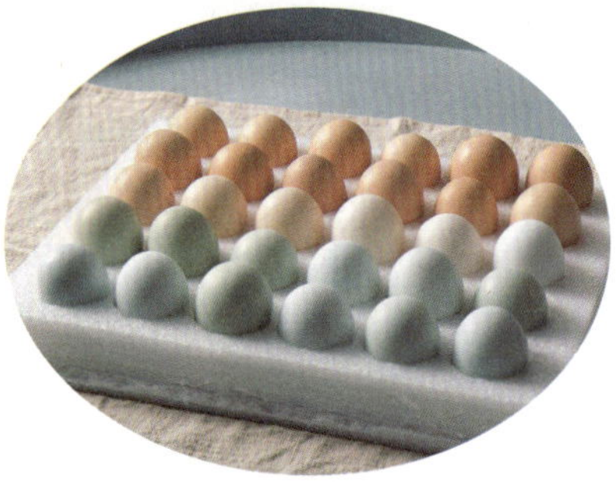

一、主要产地

河南省平顶山市叶县夏李乡油坊头村稻谷泉自然村。

二、品质特征

稻谷泉鸡蛋蛋壳青色，单枚重 48 ～ 53g，蛋液黏度高，蛋黄比例大。煮熟后，蛋白光滑香嫩；蛋黄颜色深，口感细嫩，味香浓。

稻谷泉鸡蛋含蛋白质 13.0g/100g，维生素 E 3.04mg/100g，铁 2.84mg/100g，硒 40μg/100g，DHA 占总脂肪酸含量的 0.688%，指标均优于参照值。

三、环境优势

稻谷泉村山环溪绕、清泉灵润，且山坡较为平坦；泉水深超过 30m，自然涌出，泉水清冽，四季不竭；空气新鲜，气候温和湿润，光照充足，雨量充沛，无霜期长。稻谷泉鸡散养于山坡之上，采用纯天然喂养方式，良好的生态环境，所产鸡蛋营养品质更佳。

四、收获时间

全年均可收获，最佳品质期为全年。

五、推荐贮藏保鲜和食用方法

【贮藏保鲜方法】可把鸡蛋小头朝下放在阴凉通风处保存，也可以把鸡蛋放进一个装满谷物或者黄豆的盒子里。

【食用方法】煮、煎、炒、炖均可。

六、市场销售信息

叶县天享农业开发有限公司　联系人：景　奇　联系电话：16603802768

供稿：叶县农产品质量安全检测站　吕　帅

登录编号：CAQS-MTYX-20210388

襄城葡萄

一、主要产地

河南省许昌市襄城县山头店镇寺门村、山头店镇姚庄村。

二、品质特征

襄城葡萄果皮呈黄绿色，皮薄、有光泽，穗形完整，整齐度良好，紧密度适中，果粒硕大饱满、呈椭圆形，果肉质地脆甜，汁液丰富，有香味。

襄城葡萄可溶性固体物含量为15.3%，鲜食品质极优。维生素C含量为4.7mg/100g，硒含量为5μg/100g，钙含量为10.15mg/100g，铁含量为0.84mg/100g，所测指标含量都优于参照值。

三、环境优势

襄城县位于河南省中部，中原腹地，西倚伏牛山脉之首，东接黄淮平原东缘，属暖温带大陆季风气候，四季分明，光照充足，葡萄种植产地周边无工业三废，依托首山良好的生态环境，适宜葡萄的种植。土壤系河流冲积形成的石灰质，含有大量的红色水成岩风化而成的棕壤，富含磷、钾，土层深厚，有机质和速效氮含量中等，低氯。土壤中砂黏颗粒比例适当，疏密适度，通透性好，非常适宜葡萄生长的需求。

四、收获时间

每年9—10月为襄城葡萄的收获期，9月中下旬至10月上旬为襄城葡萄的最佳品质期。

五、推荐贮藏保鲜和食用方法

【贮藏保鲜方法】襄城葡萄鲜果可直接冷藏保存，亦可置于阴凉干燥处保存3～5天。

【食用方法】葡萄洗干净即可直接鲜食，也可鲜果榨汁，还可用于制作葡萄糖葫芦等。

六、市场销售信息

襄城县广友的种植专业合作社　联系人：张广有、姚军辉

联系电话：15736809098、18768847778

供稿：襄城县农业农村局　张要民

襄城黄瓜

登录编号：CAQS-MTYX-20210389

一、主要产地

河南省许昌市襄城县茨沟乡乔皮村。

二、品质特征

襄城黄瓜瓜皮为翠绿色，表面粗糙，有刺尖的瘤状突起。果实顺直呈圆柱形，大小均匀，瓜长27～29cm，瓜重150～180g。皮薄肉多，风味清香脆嫩。

襄城黄瓜可溶性固体物含量为1.5%，维生素C含量为9.8mg/100g，钾含量为304mg/100g，硒含量为4.5μg/100g，镁含量为15.2mg/100g，水分含量为96.4%。襄城黄瓜营养丰富，长期食用有利健康。

三、环境优势

襄城县位于河南省中部，中原腹地，东倚伏牛山脉之首，西接黄淮平原东缘，属暖温带大陆季风气候，四季分明，适宜黄瓜的种植。县境西南部为连绵起伏的浅山区，以紫云山马棚峰为最高，海拔462.7m；北部为丘陵地带；中东部为平原；东部为低洼地带。土壤系河流冲积形成的石灰质，含有大量的红色水成岩风化而成的棕壤，富含磷、钾，土层深厚，有机质和速效氮含量中等，低氯。土壤中砂黏颗粒比例适当，疏密适度，通透性好，非常适宜黄瓜生长。

四、收获时间

每年2—11月为襄城黄瓜的收获期，5—6月为最佳品质期。

五、推荐贮藏保鲜和食用方法

【贮藏保鲜方法】襄城黄瓜鲜果可冷藏保存，亦可置于阴凉干燥处保存3～5天。

【食用方法】黄瓜洗干净去皮，直接食用；也可用于制作凉拌黄瓜等菜肴。

六、市场销售信息

襄城县怡博种植专业合作社　联系人：张永杰　联系电话：15836526129

供稿：襄城县农业农村局　张要民

登录编号：CAQS-MTYX-20210390

襄城赤松茸

一、主要产地

河南省许昌市襄城县茨沟乡武湾村，山头店镇姚庄村，王洛镇张庄 001 号。

二、品质特征

襄城赤松茸外形呈伞状，色泽艳丽，菌盖呈红褐色，菌柄为白色；菌盖表面厚实光滑，菌柄白嫩肥厚，质地细密；菌高 6 ～ 12cm，单棵重 50 ～ 110g；有着淡淡菌香，口感滑嫩爽脆，肉质细嫩，清香可口。

襄城赤松茸蛋白质含量为 26.2％，硒含量为 714μg/100g，钾含量为 2 380mg/100g，锌含量为 7.73mg/100g，钙含量为 16.5mg/100g，均优于参照值。常食赤松茸具有补充营养、调节血糖、健胃消食等功效。

三、环境优势

襄城县位于河南省中部，中原腹地，东倚伏牛山脉之首，西接黄淮平原东缘，属暖温带大陆季风气候，四季分明，适宜各种菌类的培育。县境西南部为连绵起伏的浅山区，北部为丘陵地带，中东部为平原；东部为低洼地带。土壤系河流冲积形成的石灰质，含有大量的红色水成岩风化而成的棕壤，富含磷、钾，土层深厚，有机质和速效氮含量中等，低氯。土壤中砂黏颗粒比例适当，疏密适度，通透性好，非常适宜赤松茸生长。

四、收获时间

每年 11 月至翌年 5 月收获，2 月为襄城赤松茸的最佳品质期。

五、推荐贮藏保鲜和食用方法

【贮藏保鲜方法】襄城赤松茸采摘后可直接冷藏保存，亦可置于阴凉干燥处保存 3 ～ 10 天。

【食用方法】干煎赤松茸：取新鲜的赤松茸，清洗干净。从伞盖位置下手，切成薄片待用。取平底锅，刷一层橄榄油，用黄油会更香，把赤松茸片分别码好，小火煎至金黄色。出锅前撒适量盐即可食用。

六、市场销售信息

襄城县滕源菌业有限公司　联系人：滕青亚　联系电话：13193437773

襄城县国亚种植专业合作社　联系人：刘国亚　联系电话：15637570888

襄城县志远种植家庭农场　联系人：毛志远　联系电话：13782243021

供稿：襄城县农业农村局　张要民

长葛黄瓜

登录编号：CAQS-MTYX-20210392

一、主要产地

河南省许昌市长葛市大周镇大周村。

二、品质特征

长葛黄瓜瓜皮呈油亮深绿色，表面光滑，大小均匀，瓜长16～20cm，瓜重105～120g，瓜条顺直、硬实，口感脆爽，内部瓤小、多汁，风味清甜。

长葛黄瓜水分含量为96%，维生素C含量为9.6mg/100g，钙含量为26mg/100g，镁含量为30mg/100g。长葛黄瓜品质优良，长期食用有利健康。

三、环境优势

长葛市地形平坦，土壤主要有褐土和潮土，质地为轻壤或中壤，土壤肥沃，保水保肥能力强。长葛市属亚热带季风性气候，年均气温14.3℃，年均降水量711.1mm，水量充足，无霜期217天，四季分明，气候适宜，地热丰富，良好的自然生态环境，有利于长葛黄瓜的种植。双洎河、清潩河贯穿境内，水利设施和地下水资源良好，林草资源丰富，为长葛黄瓜生长提供了优质的水肥条件，是长葛黄瓜种植的适宜区域。

四、收获时间

全年均可收获，最佳品质期为全年。

五、推荐贮藏保鲜和食用方法

【贮藏保鲜方法】放入冰箱冷藏保存。

【食用方法】洗净即可直接食用。

六、市场销售信息

河南豫晨农业发展有限公司长葛分公司　联系人：吴庭祥　联系电话：13333717998

河南尚莱农业科技有限公司　联系人：李　强　联系电话：13333745851

供稿：长葛市农产品质量安全检测检验中心　宋勇杰

登录编号：CAQS-MTYX-20210396

光山西兰花

一、主要产地

河南省信阳市光山县槐店乡程弄村、仙居乡肖店村、马畈镇付寨村等5个乡镇的7个行政村。

二、品质特征

光山西兰花花茎顶端生紧密群集成花球状的群生花蕾，花蕾青绿色，结球紧实，质地致密，外形美观。

光山西兰花蛋白质含量3.55g/100g，磷含量70.5mg/100g，铁含量2.22mg/100g，钾含量高达334mg/100g，营养十分丰富，常食可增强身体的免疫力，预防多种疾病。

三、环境优势

光山县位于河南省东南部，淮河以南，属亚热带向暖温带过渡地区，季风气候明显。因昼夜温差大，使株体内积累的养分最大化，开花充分。西兰花在生长过程中喜欢充足的光照，温度一般控制在5～20℃范围内。光山县年均日照时数2 092h，无霜期226天，全年平均温度15.3℃，年均降水量1 039mm。有利的自然条件促进了西兰花的光合作用和养分积累。光山县68%的土壤为水稻土，耕层深厚、土质疏松肥沃，含有西兰花生长发育需要的多种元素，加上淮河灌溉之利，为西兰花的生长提供了有利的环境条件，使其微量元素更加丰富。

四、收获时间

每年的1月和5月收获，共两季。最佳品质期为5月。

五、推荐贮藏保鲜和食用方法

【贮藏保鲜方法】冷藏保鲜。

【食用方法】凉拌西兰花、蒜蓉西兰花、西兰花炒虾仁等。

六、市场销售信息

河南天隆农业科技有限公司　联系人：范保明　联系电话：17656382222

供稿：光山县农业农村局　张　蔚

宝丰花椒

登录编号：CAQS-MTYX-20210765

一、主要产地

河南省平顶山市宝丰县观音堂示范区和前营乡。

二、品质特征

宝丰花椒外果皮枣红色，内果皮黄白色，颗粒均匀、大小适中，闭眼籽和椒籽少，油腺密而突出，香气浓郁，麻味浓烈、持久、纯正。

宝丰花椒富硒，高蛋白，其中，挥发油含量 4.60mL/100g，不挥发性乙醚提取物含量 10.14%，总灰分 5.0g/100g，蛋白质含量 9.04g/100g，硒含量 3.6μg/100g。

三、环境优势

宝丰县属大陆性季风气候，光照充足，年平均气温 14.5℃，无霜期 215 天，植被繁茂、空气清新、水质清冽、无污染源，土壤富含磷、钾、钙、硒、锶等元素，可以满足花椒生长对各种元素的需求，与花椒中硒、锶等元素含量较高直接相关。6—9 月光照充足，干燥、少雨、高热量的山地气候环境，有利于花椒着色，促进疣状凸起油腺点形成。

四、收获时间

每年 7 月中下旬鲜果成熟，到 8 月底采摘完毕。最佳品质期为 9 月。

五、推荐贮藏保鲜和食用方法

【贮藏保鲜方法】干花椒最佳贮藏温度是 -5℃。

【食用方法】可用于制作花椒鱼等菜肴。

六、市场销售信息

宝丰县志扬种植专业合作社　联系人：庆晓光　联系电话：13849565369

宝丰县辰元实业有限公司　联系人：兰帅领　联系电话：18337539888

供稿：宝丰县农产品质量安全检验检测站　王伟娜

登录编号：CAQS-MTYX-20210769

舞钢青脚麻鸡

一、主要产地

河南省平顶山市舞钢市尚店镇姚营村。

二、品质特征

舞钢青脚麻鸡前躯紧凑，后躯圆大，头细、脚细，背羽面主要有麻黄、麻棕、麻褐3种颜色。颈部长短适中，头颈、背部的羽毛金黄色，胸羽、腹羽、尾羽及主翼羽黑色，肩羽、蓑羽枣红色。

舞钢青脚麻鸡的白条鸡脚青黑色，皮肤粉白色，肌肉粉红鲜亮、富有弹性，油脂少，煮熟后肉质细嫩、较紧实，味香，鸡汤鲜香甜美；其高蛋白质、低脂肪，必需氨基酸、鲜味氨基酸、不饱和脂肪酸等品质指标均优于参照值。

三、环境优势

舞钢市地处伏牛山东部余脉，与黄淮平原交接地带。境内山水相间，植被繁茂，药源植物品种多，食物资源充足，适合禽类生长和繁衍，抗病性强。该地区四季分明，气候温和，年平均气温14.9℃，自然降水偏丰，有利于青脚麻鸡生长发育。舞钢市河流属淮河水系，境内河流纵横，有石漫滩、田岗两座大中型水库。地下水清亮透明，水温16.5～18℃，pH值6.5～7.5，水质清冽，无污染，为舞钢青脚麻鸡的生长发育和种质传承提供了丰富的自然水源。

四、收获时间

全年均可生产新鲜鸡肉，最佳品质期亦为全年。

五、推荐贮藏保鲜和食用方法

【贮藏保鲜方法】鸡肉在-18℃以下可以保藏1个月，食用前解冻即可，避免反复冷冻。

【食用方法】麻香鸡、清炖麻鸡等。

六、市场销售信息

舞钢市鸿发禽业有限公司　联系人：董开会　联系电话：15639931119、13027566033

供稿：舞钢市农产品质量检测中心　黄震华

建安红薯

登录编号：CAQS-MTYX-20210778

一、主要产地

河南省许昌市建安区榆林乡。

二、品质特征

建安红薯（番薯）果实完整、块根整齐、新鲜，长 12 ～ 15cm，宽 5 ～ 7cm，单块重 160 ～ 300g，外形像纺锤，薯皮呈紫红色，皮薄，薯肉呈黄色或略带橘红色，鲜食质硬、味甜，熟食软、香、有丝。

建安红薯中粗纤维含量为 0.8g/100g，淀粉含量为 19.5g/100g，钙含量为 32mg/100g，钾含量为 406mg/100g，镁含量为 21mg/100g，锌含量为 1.76mg/100g。建安红薯营养丰富，具有一定的保健功能。

三、环境优势

建安区地形平坦，排水便利，土壤肥沃，土地保水保肥能力强，可耕性良好，适宜多种农作物生长。建安区位于河南省中部，地理坐标东经 113°03′ ～ 114°190′、北纬 33°16′ ～ 34°24′，处于亚热带，属暖温带亚湿润季风气候，热量资源丰富，雨量较多，光照充足，无霜期长，四季分明，有利于红薯的生长，这里种出来的红薯最大的特点就是有糖心，口感极好。

四、收获时间

每年 6—11 月收获，最佳品质期为 11 月。

五、推荐贮藏保鲜和食用方法

【贮藏保鲜方法】①把红薯用保鲜膜包起来，挤出空气，放在冰箱或阳台即可。②用报纸将红薯包起来，放在纸箱里，贮存在阴凉通风处。③将红薯放在纸箱里，上面铺上一层沙土，放在阴凉干燥处。

【食用方法】可直接生食，也可用于制作烤红薯等。

六、市场销售信息

河南省许昌市建安区榆林乡柏庄村　联系人：刘银生　联系电话：13598952555

供稿：建安区农业农村局　张俊霞

登录编号：CAQS-MTYX-20210781

鄢陵冬枣

一、主要产地

河南省许昌市鄢陵县马坊镇孙村北段路西。

二、品质特征

鄢陵冬枣果形完整，大小均匀，色泽鲜艳，黄红相间，圆润饱满；产品近圆形，果肩平圆，色泽鲜艳，果皮黄绿色，有点片状红褐色，单果重 18 ～ 22g、直径 3.0 ～ 3.5cm，果肉青白色、肉厚核小。酥脆爽口，汁多无渣，香甜可口，枣香浓郁。

鄢陵冬枣可溶性固形物含量为 21.26%，可滴定酸含量为 0.27%，钾含量为 227mg/100g，锌含量为 0.27mg/100g，维生素 C 含量为 256mg/100g。

三、环境优势

鄢陵县四季分明，年平均日照时数为 2 438h，气候温和，地下水优质，降雨充足，以小麦、三樱椒、瓜果两年三熟种植为主，是典型的农业大县；周边无污染源，空气质量优良，有物理屏障，产地生态环境良好，春季干旱多风，夏季炎热、雨量集中，秋季晴朗清爽，冬季寒冷干燥；土壤多为轻壤和中壤，土层深厚，土壤 pH 值为 6.5 ～ 7.8。鄢陵冬枣生长适宜期 3—11 月间，每月的日照时数在 200 ～ 260h，平均每天在 7h 以上，良好的生态环境有利于冬枣和各种果树的生长。

四、收获时间

每年 5—10 月收获，最佳品质期为 10 月。

五、推荐贮藏保鲜和食用方法

【贮藏保鲜方法】鄢陵冬枣应在 24℃以下阴凉干燥处存放。

【食用方法】成熟的脆冬枣清洗干净后可以直接食用。脆冬枣含有大量的维生素，含糖量较少，不会摄入大量热量。不建议空腹食用，容易产生腹部不适。此外，还可将鲜冬枣清洗干净放入笼屉中，大火烧开上气后蒸 15min 左右即可食用。

六、市场销售信息

鄢陵县宝俊冬枣种植农民专业合作社　联系人：李长龙　联系电话：18537455335、15893777225

供稿：鄢陵县农业农村局　蔡富贵

鄢陵辣椒

登录编号：CAQS-MTYX-20210782

一、主要产地

河南省许昌市鄢陵县张桥镇苏墩村。

二、品质特征

鄢陵辣椒为长形果，纤细修长，椒身顺直，平均长 23 ～ 25cm、果径 4 ～ 6cm、单果重 17.5 ～ 22.5g，果梗鲜绿色、果实表皮大红色，有蜡质感。鄢陵辣椒果肉厚、细腻、质地脆嫩、微辣；籽乳白色、较辣。

鄢陵辣椒含可溶性总糖含量为 4.08%，粗纤维含量为 0.8g/100g，钾含量为 410mg/100g，锌含量为 0.56mg/100g，镁含量为 36mg/100g，维生素 C 含量为 97.2mg/100g。

三、环境优势

鄢陵县四季分明，年平均日照时数为 2 438h，气候温和，地下水优质，降雨充足，是典型的农业大县；春季干旱多风，夏季炎热、雨量集中，秋季晴朗清爽，冬季寒冷干燥；土壤多为轻壤和中壤，土层深厚，土壤 pH 值为 6.5 ～ 7.8。鄢陵县辣椒生长适宜期 3—11 月间，每月的日照时数在 200 ～ 260h，平均每天在 7h 以上，良好的生态环境有利于辣椒的生长。

四、收获时间

每年 7—11 月收获，最佳品质期为 8 月。

五、推荐贮藏保鲜和食用方法

【贮藏保鲜方法】阴凉干燥处存放。

【食用方法】作为炒菜、火锅等的辅料，也可以用来制作辣椒酱。

六、市场销售信息

鄢陵县丰产植保农民专业合作社　联系人：张小云　联系电话：15936339240

供稿：鄢陵县农业农村局　蔡富贵

登录编号：CAQS-MTYX-20210783

襄城黑猪肉

一、主要产地

河南省许昌市襄城县汾陈乡朱堂村。

二、品质特征

襄城黑猪肉肌肉为鲜红色，有光泽，脂肪呈乳白色；肌肉截面有大理石花纹，肉质紧密，有坚实感，外表及切面湿润，不黏手；煮沸后，肉汤澄清透明，具有猪肉的香味。

襄城黑猪肉蛋白质含量为22.3g/100g，脂肪含量为4.8g/100g，挥发性盐基氮含量为14.0mg/100g，胆固醇含量为53.2mg/100g，维生素 B_1 含量为0.88mg/100g，均优于参照值。

三、环境优势

襄城县位于河南省中部，中原腹地，西倚伏牛山脉之首，东接黄淮平原东缘，属暖温带大陆季风气候，四季分明，光照充足，雨水适量，土壤中砂黏颗粒比例适当，疏密合格，通透性好，小麦、玉米等农产品丰富，境内有汝河、颍河等多条河流穿过，襄城县又处于河流的上游，无工业“三废”排放，地下水资源丰富且无污染，非常适宜襄城黑猪的繁育。

四、收获时间

襄城黑猪全年均可出栏，最佳品质期为全年。

五、推荐贮藏保鲜和食用方法

【贮藏保鲜方法】家庭贮藏时，可用保鲜膜包裹新鲜的黑猪肉，冰箱保鲜冷藏2天，冷冻保存15天。

【食用方法】青椒炒黑猪肉等。

六、市场销售信息

河南撒欢猪农牧实业有限公司　联系人：耿国印　联系电话：13837593969

供稿：襄城县农业农村局　张要民

十三里桥草莓

登录编号：CAQS-MTYX-20210800

一、主要产地

河南省信阳市浉河区十三里桥乡八家畈街道、黄湾村、晏庙村。

二、品质特征

十三里桥草莓单果重 23.5 ～ 37.4g，圆锥形；果面平整，有光泽，呈橙红色；种子黄绿色；果肉乳白色，有香味，肉质细软多汁，味香甜。

十三里桥草莓可溶性固形物含量为 10.8%，维生素 C 含量为 85.6mg/100g，可溶性糖含量为 7.28%。味甘、性凉，具有止咳清热、利咽生津、健脾和胃、滋养补血等功效。

三、环境优势

浉河区位于河南省南部，地处淮河上游、大别山北麓。区域内十三里桥乡属淮河平原，地层深厚，土壤肥沃，以砂、壤两合土为主，有机质含量高，保水保肥力强，无污染源，为十三里桥草莓营养品质的积累提供了充足的物质条件。浉河区属热带向暖温带过渡的季风气候，四季分明，无霜期长，日照时数多，年平均气温 15.1℃，秋播全生长期平均气温为 21.8℃，冬播全生长期平均气温为 11.1℃。独特的产地环境形成了十三里桥草莓独特的品质特性。

四、收获时间

每年 1 月收获，最佳品质期为 1 月。

五、推荐贮藏保鲜和食用方法

【贮藏保鲜方法】新鲜草莓可以装入密封保鲜盒冷藏保存，密封前不用水洗，可保存 5 ～ 7 天；如果是洗过的草莓，最多能保存 2 天。

【食用方法】生食，还可用于制作草莓粥等。

六、市场销售信息

信阳市兴达农业开发有限公司　联系人：周厚刚　联系电话：13507605225

信阳市碧盛农业科技有限公司　联系人：梁孝兵　联系电话：15039715599

供稿：浉河区农产品质量安全检测站　王忠亮

登录编号：CAQS-MTYX-20210801

浉河珍珠香米

一、主要产地

河南省信阳市浉河区吴家店镇昌湾村、聂寨村、吴店村、十里村、羊山村、河头村、王畈村、邱湾村，十三里桥乡晏庙村。

二、品质特征

浉河珍珠香米颗粒饱满均匀，纺锤形，长粒，米粒白色，透明，稍有光泽，有少量垩白，有较浓的米香。

浉河珍珠香米营养价值高，碱消值 7.0 级，直链淀粉（干基）20.3%，胶稠度 80mm。

三、环境优势

浉河区位于河南省南部，地处淮河上游、大别山北麓，属亚热带向暖温带过渡的季风性气候区，雨量充沛，雨热同季，光照充足，年平均气温 15.1℃，特别适宜水稻生长发育，是全国水稻籼粳过渡种植区，尤其适宜一季中籼稻种植，是典型的一季中籼稻集中产区。由于地处北温带向亚热带过渡地带，同一品种的中籼稻与南方稻区相比，米质明显优化，产量提高，加之境内地势南高北低，具有自流灌溉的优势，因此享有豫南“鱼米之乡”之美誉。

四、收获时间

每年 7 月收获，最佳品质期为 7 月。

五、推荐贮藏保鲜和食用方法

【贮藏保鲜方法】放置于阴凉、干燥处，温度 20℃以下，空气相对湿度 70% ~ 80%。避免存放于阳光直射、高温、潮湿等场所。

【食用方法】蒸煮米饭、炒米饭。

六、市场销售信息

信阳市兴隆种植专业合作社　联系人：邹经理、叶经理　联系电话：13837662237、15937650858

信阳市浉河区秀园种养殖专业合作社　联系人：梁克军　联系电话：18530865371

供稿：浉河区农产品质量安全检测站　王忠亮

平舆淫羊藿

登录编号：CAQS-MTYX-20210827

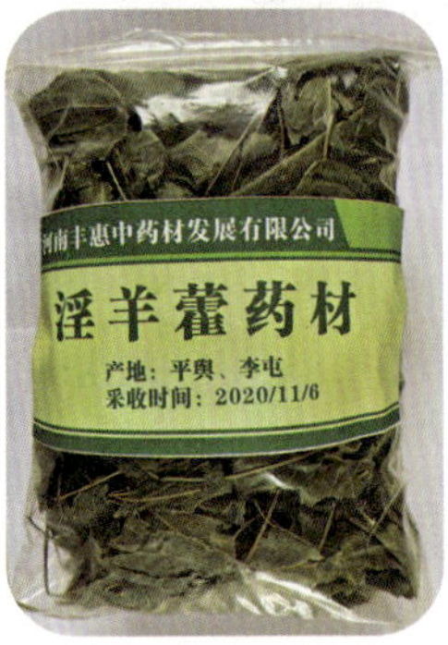

一、主要产地

河南省驻马店市平舆县李屯镇大徐村，万金店镇新周村，高杨店镇王庄村等6个乡镇的14个行政村。

二、品质特征

平舆淫羊藿一回三出复叶，叶片呈卵状心形，叶端尖锐，基部裂开、偏斜，叶缘具刺齿，叶面暗绿色、光滑，叶背面浅灰绿色，叶片完整、革质，气微，味苦。

平舆淫羊藿水溶性浸出物含量为21.0%，总黄酮含量为11.5%，总黄酮醇苷含量为9.96%，均高于《中华人民共和国药典》标准。平舆淫羊藿味辛甘性温，具有补肾壮阳、祛风除湿、强健筋骨的功效。

三、环境优势

平舆县位于豫南地区、秦岭淮河地带，属于南北方过渡带，生物种类较为丰富，县域内地势平坦，海拔39～47m，淮河支流小洪河和汝河流经县境。平舆县地处亚热带向暖温带的过渡地带，兼有两种气候带的气候特征，属于大陆性季风气候，四季分明，雨热同季，气候温暖，非常适合淫羊藿的生长。土壤为砂浆黑土，不仅有机质含量较高，还含有丰富的矿物质元素，为淫羊藿生长提供了优良的营养元素。加之区域内河流纵横，水资源丰富洁净，适宜于淫羊藿的生长，优越的自然条件造就了平舆淫羊藿非凡的品质，总黄酮、总黄酮醇苷含量明显优于其他产地淫羊藿。

四、收获时间

每年10月开始收获，最佳品质期为10月。

五、推荐贮藏保鲜和食用方法

【贮藏保鲜方法】淫羊藿应存放于干燥的密闭容器中，置阴凉通风干燥处，注意防潮，储存期间定期晾晒。

【食用方法】①淫羊藿酒：将30g淫羊藿放入500mL白酒中，密封，浸泡7日。每日早晚空腹饮用，每次15mL左右。②淫羊藿茶：10g淫羊藿、350g水，以大火煮开转小火续煮20min即可。

六、市场销售信息

河南丰惠中药材发展有限公司　联系人：赵志鹏　联系电话：13592546350

驻马店市振慈生态农业有限公司　联系人：王　辉　联系电话：19910389699

河南省质康农业发展有限公司　联系人：杨朋娟　联系电话：15893968590

平舆县龙翔农业种植专业合作社　联系人：朱会永　联系电话：18300782666

供稿：平舆县农产品安全监测站　郭灿艳

登录编号：CAQS-MTYX-20210828

平舆西瓜

一、主要产地

河南省驻马店市平舆县十字路乡石碳庙村、前盛村。

二、品质特征

平舆西瓜果形端正，呈椭圆形，单果重 2.0 ～ 2.4kg。瓜皮花纹清晰，深浅相间，皮薄且硬。瓜瓤大红色，汁水饱满，甘甜爽口，无籽，风味浓郁。

平舆西瓜营养价值丰富，可溶性固形物含量 11.4%，总酸（以柠檬酸计）含量 0.35g/kg，维生素 C 含量 11.6mg/100g，钾含量 154mg/100g。平舆西瓜汁水饱满，甘甜爽口，能降温去暑，有清热、利尿、降血压之功效。

三、环境优势

平舆县地处亚热带向暖温过渡的半湿润气候带，属大陆性季风气候。光照充足，雨量适中，气候温和，四季分明，无霜期长。年平均气温 14.9℃，年均降水量 932.9mm，年均无霜期 229 天，年平均日照时间 1 999.9h。西瓜是喜热好光作物，西瓜生长期恰逢平舆县气温高、光照充足的春夏之际，完全满足西瓜对光照和温度的要求。平舆土壤主要为砂浆黑土，土壤肥力较高，肥劲大而稳，钾素富足，还含有较多的钙、铁、镁等元素，不仅适宜西瓜的生长，而且有利于西瓜品质的提高。淮河支流小洪河和汝河流经县境，境内水质清洁，非常适宜西瓜的生长。

四、收获时间

平舆西瓜每年 4 月下旬开始收获，最佳品质期为 6 月。

五、推荐贮藏保鲜和食用方法

【贮藏保鲜方法】一般置于阴凉干燥的地方存放。为了存放较长时间，可选择完整无破损的西瓜埋入细沙中。切开的西瓜可以用保鲜膜包住放入冰箱短时间贮藏。

【食用方法】直接食用，或制作西瓜汁饮用。

六、市场销售信息

河南省李芳生态农业发展有限公司　联系人：李凯阳
联系电话：15518336026

供稿：平舆县农产品安全监测站　郭灿艳

长垣菊花

登录编号：CAQS-MTYX-20210839

一、主要产地

河南省长垣市赵堤镇新东村，武邱乡罗圈村。

二、品质特征

长垣菊花干花呈片状，菊香浓郁，花瓣细长、较密实、颜色金黄；入水后花瓣散开，色艳形美，汤色浅黄、清澈明亮，滋味香甜。

长垣菊花绿原酸含量为0.58%，木樨草苷含量为0.60%，钾含量为2 590mg/100g，铜含量为0.96mg/100g，总黄酮含量为1.68%，指标优于参照值。

三、环境优势

长垣市位于河南省东北部、新乡市东部，东经114°29′～114°59′，北纬34°59′～35°23′，系黄河流域冲积平原的一部分，地势平缓。长垣市属暖温带大陆性季风气候，气温、日照、降水均有明显的季节性变化。年平均日照2 415.5h，日照百分率55%。年平均气温13.6℃，无霜期208天，年平均降水量644.4mm。光照充足，太阳辐射较强，季节差别大、温差悬殊。

四、收获时间

每年11月收获，最佳品质期为11月。

五、推荐贮藏保鲜和食用方法

【贮藏保鲜方法】常温避光保存。

【食用方法】开水冲泡，或用于调味。

六、市场销售信息

河南省长垣市赵堤镇新东村　联系人：史振杯　联系电话：13072646111

长垣县付氏种植专业合作社　联系人：付海燕　联系电话：13837356610

供稿：长垣市农业农村局　王国杰

登录编号：CAQS-MTYX-20210844

五峰宜红茶

一、主要产地

湖北省宜昌市五峰土家族自治县仁和坪镇、渔洋关镇、长乐坪镇、五峰镇、湾潭镇、采花乡、傅家堰乡、牛庄乡的75个村。

二、品质特征

五峰宜红茶条索紧直肥壮，锋苗秀丽完整，金毫多而显露，色泽乌黑油润，汤色红浓透明，滋味浓厚鲜爽，香气高爽持久，叶底红匀明亮。

五峰宜红茶品质独特优良，水浸出物含量为42.9%，锌含量为58.9mg/kg，茶多酚含量为13.7%，γ-氨基丁酸含量为0.4g/kg。

三、环境优势

五峰宜红茶生产于湖北省西南部，属武陵山区，位于神奇的北纬30°，介于东经110°15′～111°25′，北纬29°56′～30°25′。年平均日照1 533h以上，日照百分率35%，漫射光多，四季云雾缭绕；年平均气温13～17℃，无霜期240天以上，年平均降水量1 500mm。优越的气候条件利于茶叶滋味物质和香气物质的积累。茶园土壤多为泥质岩（紫色片页岩）发育而成的酸性砂壤土，pH值4.5～6.5，土层深厚，土质结构疏松，有机质含量丰富，保水保肥性能好，养分全面，特别适合茶树生长。

四、收获时间

每年3—10月采收，最佳品质期为全年。

五、推荐贮藏保鲜和食用方法

【贮藏保鲜方法】产品应贮存于清洁、阴凉、干燥、通风、无异味的仓库、冷库或冰箱中，离墙立地存放，仓库温度不得超过35℃，冷库或冰箱温度在0～5℃。

【食用方法】取五峰宜红茶3～5g置于分离杯或白瓷盖碗杯中，冲入85℃矿泉水或纯净水约50mL，5s内快速将水倒出完成洗茶，再次注入适宜饮用的水量，冲泡30s后即可茶水分离后饮用。可反复冲泡3～5次。

六、市场销售信息

湖北采花茶业有限公司　联系电话：0717-5761031、15090851155

五峰汲明茶业有限责任公司　联系人：肖　飞　联系电话：18771877177

五峰千丈白毫茶业有限公司　联系人：骆　迅　联系电话：0717-5782118

供稿：五峰土家族自治县农业农村局　罗龙平、田振会

五峰绿茶

登录编号：CAQS-MTYX-20210845

一、主要产地

湖北省宜昌市五峰土家族自治县仁和坪镇、渔洋关镇、长乐坪镇、五峰镇、湾潭镇、采花乡、傅家堰乡、牛庄乡的75个村。

二、品质特征

五峰绿茶外形紧实均直，条索细嫩显毫，色泽嫩绿油润，香气嫩香持久，滋味鲜醇爽口，汤色嫩绿明亮，叶底明亮匀齐。

五峰绿茶品质独特，水浸出物含量为45.3%，茶多酚含量为19.2%，锌含量为56.3mg/kg。

三、环境优势

五峰绿茶生产于湖北省西南部，属武陵山区，位于神奇的北纬30°，介于东经110°15′～111°25′，北纬29°56′～30°25′。年平均日照1 533h以上，日照百分率35%，漫射光多，四季云雾缭绕。年平均气温13～17℃，无霜期240天以上，年平均降水量1 500mm。优越的气候条件利于茶叶滋味物质和香气物质的积累。茶园土壤多为泥质岩（紫色片页岩）发育而成的酸性砂壤土，pH值在4.5～6.5，土层深厚，土质结构疏松，有机质含量丰富，保水保肥性能好，养分全面，特别适合茶树生长。

四、收获时间

每年3—10月收获，最佳品质期为4月。

五、推荐贮藏保鲜和食用方法

【贮藏保鲜方法】产品应贮存于清洁、阴凉、干燥、通风、无异味的仓库、冷库或冰箱中，离墙立地存放，仓库温度不得超过35℃，冷库或冰箱温度在0～5℃。

【食用方法】取五峰绿茶3～4g置于玻璃杯中，注入85℃纯净水至1/3杯处，轻摇茶汤，15s之后，将水倒出，嗅其香味，醒茶2min左右，再次注入适宜饮用的水量，即可品饮。可反复冲泡3～5次。

六、市场销售信息

湖北采花茶业有限公司直营店　联系电话：0717-5761031、15090851155

五峰汲明茶业有限责任公司　联系电话：18771877177

五峰千丈白毫茶业有限公司　联系电话：0717-5782118

供稿：五峰土家族自治县农业农村局　罗龙平、田振会

登录编号：CAQS-MTYX-20210846

宜都宜红茶

一、主要产地

湖北省宜都市红花套镇、高坝洲镇、姚家店镇、五眼泉镇、聂家河镇、潘家湾土家族乡、王家畈乡、松木坪镇、枝城镇、陆城街道办事处10个乡镇的潘家湾村、吕家坳村、全福河村、古水坪等62个村。

二、品质特征

宜都宜红茶条索紧细黝黑，有金毫，汤色红艳现金圈，滋味鲜醇回甘长，叶底红亮嫩匀齐，部分茶汤冷却后有“冷后浑”现象。

宜都宜红茶品质独特，内质丰富。其中，锌含量为70.6mg/kg，水浸出物含量为38.8%，γ-氨基丁酸含量为0.62g/kg，茶多酚含量为10.1%。

三、环境优势

宜都宜红茶区地处北纬30°05′55″～30°36′00″，东经111°05′47″～111°36′02″，全境最高海拔1 064.6m，最低38m，具有“七山一水二分田”的地貌特征；该地区属亚热带季风气候，四季分明，冬冷夏热，雨量充沛，雨热同季，年平均气温16.7℃，无霜期273天，年降水量1 350mm，年均日照时数约1 705h，主导风为东南风，土壤质地以中性为主，神奇的北纬30°地理位置以及长江与清江交汇的水资源为茶树提供了独特优越的自然环境。

四、收获时间

春夏秋三季采收，以春季一芽二叶或一芽三叶品质最佳。最佳品质期为3月。

五、推荐贮藏保鲜和食用方法

【贮藏保鲜方法】干燥、密封、避光的室温条件下可贮藏18个月；0～6℃低温冷藏保存效果更佳。

【食用方法】取茶叶3～5g，冲入茶重50倍的98℃左右纯净水，浸泡2～3min后将茶汤倒入小杯，或直接拿泡茶杯，先闻香，再品味。可冲泡3～5次，茶汁浓淡因人而异。

六、市场销售信息

宜都市安明有机富锌茶业有限公司　联系电话：0717-4823991、13886706272

宜昌古水坪茶业有限公司　联系电话：15171877888、13117284666

宜都市玉露茶业有限责任公司　联系电话：0717-4730521、13872483935、13872677558

湖北宜红茶业有限公司　联系电话：0717-4900539

湖北省宜都市三山农贸有限责任公司　联系电话：13545779599、0717-4646599

供稿：宜都市农业农村局　张祖玉

枝江玛瑙米

登录编号：CAQS-MTYX-20210847

一、主要产地

湖北省宜昌市枝江市问安镇、董市镇、安福寺镇、仙女镇4个乡镇的关庙山村、郑家井村等58个村。

二、品质特征

枝江玛瑙米外观晶莹剔透、米粒细长、颗粒饱满，粒长7.2mm，长宽比为4.2。米饭柔软爽口，有韧性，饭粒表面有油光，粒松而不散，食味清淡略甜，冷饭质地好。

枝江玛瑙米品质优良，其直链淀粉含量为13.6%，垩白度为1%，锌含量为12.5mg/kg，胶稠度为75mm。

三、环境优势

枝江市地处长江中游、江汉平原西缘，北纬30°附近，是全国商品粮基地，素称“荆楚粮仓”。产区属于亚热带季风气候，四季分明、光照充足，气候环境自然适宜。水资源充沛丰富，长江、沮漳河、玛瑙河自北向南贯穿其中，河流上游有多座中小型水库，且全市年均降水量1 141mm，集中在4—9月，占年雨量的80%。年平均日照1 800h，4月气温为20～25℃，十分有利于水稻的壮苗，充足的日照时长，有利于稻穗的正常灌浆和籽粒充实。土壤以棕灰色水稻土为主，土层深厚、松软，厚度在60～100cm，土质肥沃，透气性好，保水保肥力强，pH值为6～7.5，非常适合优质稻种植。

四、收获时间

枝江玛瑙米为中籼稻和晚籼稻，中籼稻一般在9月中旬收获，晚籼稻一般在11月中上旬收获。最佳品质期为全年。

五、推荐贮藏保鲜和食用方法

【贮藏保鲜方法】常温，阴凉干燥处保存。

【食用方法】按米、水比例1∶1.3调和，浸泡10min左右，加水量可根据个人口感软硬需要酌情增减。米饭煮熟后，保温10min左右即可食用，食用前将米饭调松拌匀口感更佳。

六、市场销售信息

中化农业（湖北）粮谷有限公司

枝江市国家粮食储备有限公司　联系人：张　波　联系电话：13907200913

供稿：枝江市农业农村局　余　柳

登录编号：CAQS-MTYX-20210848

天门早黄豆

一、主要产地

湖北省天门市境内的汪场镇、蒋场镇、渔薪镇、张港镇、拖市镇、黄潭镇、岳口镇、多宝镇、蒋湖农场、横林镇、卢市镇、小板镇、彭市镇、麻洋镇、杨林街道、天门工业园、高新技术产业园区、净潭乡。

二、品质特征

天门早黄豆皮面干净，外观颜色呈淡黄色，色泽光亮，颗粒饱满，外形整齐均匀，具有黄豆固有气味。

天门早黄豆品质优良，蛋白质含量为44.8g/100g，氨基酸含量为42.0g/100g，钙含量为2 399mg/kg，硒含量为0.2mg/kg。

三、环境优势

天门市位于湖北省中部，江汉平原北部，属北亚热带季风气候，具有光照充足，气候湿润，四季分明，热量丰富，雨量充沛，严寒期短，无霜期长等特点，有利于黄豆灌浆，使得天门早黄豆蛋白质含量高、颗粒饱满。该地域受长江、汉江泥沙的长期冲积，以优质油砂土为主，pH值6.5～7.5，有机质含量大于2%，其土壤排水性好、土层深厚、保肥能力强，优越的土壤和地理环境成就了天门早黄豆的高营养和高品质。同时，该地域处于南水北调源头的汉江中上游，河流纵横，排灌方便。天门早黄豆喜水忌涝，以土壤含水量20%～40%为宜，天门以西地势高于天门以东，排水良好，每年汛期不易淹水和积水，给天门早黄豆提供了稳定的生长环境。

四、收获时间

每年7月中旬至8月底收获，最佳品质期为7月。

五、推荐贮藏保鲜和食用方法

【贮藏保鲜方法】室温贮藏，保持干燥、空气流通。

【食用方法】可用于制作卤水豆腐、香辣牛肉酱等。

六、市场销售信息

天门市天喜食品有限公司　联系电话：15871924933

湖南五月豆香食品有限公司　联系电话：13924164153

天门市文斌蒋场香干食品有限公司　联系电话：13035362288

供稿：天门市绿色食品管理办公室　肖　杰、黄翠娥

麻阳黄桃

登录编号：CAQS-MTYX-20210413

一、主要产地

湖南省麻阳苗族自治县所辖兰里镇、郭公坪镇、尧市镇、岩门镇、锦和镇、兰村乡、文昌阁乡、高村镇、和平溪乡、大桥江乡、隆家堡乡、石羊哨乡、江口墟镇、板栗树乡、谭家寨乡和黄桑乡，共16个乡镇的168个行政村。

二、品质特征

麻阳黄桃果实圆形均匀，果大核小，果皮阳面红色，果肉金黄色，近核处暗红色，浓甜爽口、清润芳香。

麻阳黄桃含可滴定酸含量为0.184%，可溶性固形物含量为15.73%，维生素C含量为12.3mg/100g，天门冬氨酸含量为300mg/100g，赖氨酸含量为29mg/100g，均优于参照值。

三、环境优势

麻阳位于湖南省西部，地理坐标为东经109°24′～110°06′，北纬27°32′～28°01′。全县境内气候温和，雨量充沛，光照充足，空气中负氧离子含量高，森林覆盖率达66.04%，为“全国生态示范县”“中国最美养生栖居地”“全国休闲农业与乡村旅游示范县”，是首批被命名的“中国长寿之乡”之一。麻阳黄桃生长地在海拔500m以上，日照时间相对较短，生长周期长。

四、收获时间

8月上旬至9月上旬收获，最佳品质期为8月。

五、推荐贮藏保鲜和食用方法

【贮藏保鲜方法】①将新鲜的黄桃连同外包装一起放进冰箱的冷藏箱内或者保鲜箱内，注意不能清洗。②如果一下子购买太多的黄桃，且黄桃已成熟、果肉太软的情况下，也可以制作成黄桃果酱保存。

【食用方法】鲜食，或用来制作黄桃罐头、黄桃果冻等。

六、市场销售信息

麻阳桃花源农业开发有限公司　联系人：王学文　联系电话：13762914888

麻阳致远生态农业开发专业合作社　联系人：朱永刚　联系电话：18627485860

麻阳达盛生态农业发展有限公司　联系人：徐叶枝　联系电话：18874575886

供稿：麻阳苗族自治县农业农村局　张晓兰

登录编号：CAQS-MTYX-20210414

麻阳红糖

一、主要产地

湖南省怀化市麻阳苗族自治县所辖舒家村乡舒家村村、狮子湾村、丁家村、红东谭村、长坡山村、张公坡村，江口镇罗子村、羊合珑村、石眼谭村，锦和镇轻土村、下角村、兰家平村、楠木村，大桥江乡西冲湾村共4个乡镇的14个行政村。

二、品质特征

麻阳红糖呈长方形片状，大小均匀一致，呈红褐色。具有甘蔗汁的清香味，味甜。其水溶液口味浓甜带鲜，微有糖蜜味。

每100g麻阳红糖中含蛋白质1.7g、磷108mg、锰0.468mg，优于同类红糖；总糖分（蔗糖分＋还原糖分）90.4g，符合GB/T 35885—2018《红糖》理化要求中“优级”要求。

三、环境优势

麻阳红糖的原料甘蔗种植区位于雪峰山与武陵山脉之间的沅麻盆地锦江河两岸，丘陵纵横交错，南、西、北三面高山环绕，冬无严寒，夏无酷暑，属亚热带季风气候，年均降水量1 448mm，无霜期312天，年平均气温17.8℃，年平均日照时数1 334h，10℃以上年活动积温5 594℃，8—10月的昼夜温差为10～15℃，有利于甘蔗糖分积累；成土母质多为紫色砂页岩形成的砂壤土和壤土，土层深厚，有机质含量在1.5%以上，pH值5.0～6.5，磷、钾含量高，富含锌、铁等微量元素；境内水系发达，锦江河横贯东西，有大小溪河287条，大小水库164座，灌溉便利。

四、收获时间

每年10月至翌年2月收获甘蔗，最佳品质期为全年。

五、推荐贮藏保鲜和食用方法

【贮藏保鲜方法】①密封包装：红糖是从甘蔗中粗提出来的，有很多杂质和未干的水分，如果不密封存放就会导致营养散失、成分变质，失去本身的价值。②放入冰箱：红糖是甘蔗水凝固而来的，夏天温度过高红糖就会融化，为避免红糖融化，就要将其放入冰箱低温保存。

【食用方法】可用于冲泡或煮制红糖水、生姜红糖茶、红枣木耳汤等。

六、市场销售信息

湖南省麻阳县福寿糖业股份有限公司　联系人：孙四菊　联系电话：13907458362

湖南麻阳苗族自治县福寿红糖专业合作社　联系人：舒巍峰　联系电话：18692519079

麻阳苗族自治县利民糖业专业合作社　联系人：向　东　联系电话：18169457838

供稿： 麻阳苗族自治县农业农村局　张晓兰
麻阳苗族自治县福寿红糖协会　孙四菊

华南地区

南三青蟹

登录编号：CAQS-MTYX-20210133

一、主要产地

广东省湛江市坡头区南三镇蓝田村。

二、品质特征

南三青蟹体型较大，单体重250～450g，头胸甲略呈扇形，背面稍隆起而光滑，胃区与心区之间有明显的“H”形凹痕，蟹壳具尖锐突出的锯缘。甲面及附肢呈青绿色，腹部黄白色，螯足壮大，两螯不对称，大螯钳部略呈橘红色，螯足部具有明显的网状花纹。熟制后肉质洁白细嫩，膏体橙黄色，滋味鲜美。

南三青蟹蛋白质含量为18.6g/100g，脂肪含量为0.2g/100g，天冬氨酸含量为1.64g/100g，谷氨酸含量为2.68g/100g，钙含量为3 380mg/kg，上述指标优于同类产品参照值。

三、环境优势

湛江市位于中国大陆最南端，属亚热带季风气候，产区内气候温暖湿润，四季分明，冬无严寒，夏无酷暑。产区为半封闭型港湾，海水资源丰富，岸线曲折，港湾众多，湾内风平浪静，滩涂辽阔，涂泥松软，盐度适中，海区盐度通常在18‰～32‰，淡水注入丰盈，水质清新无污染，饵料生物丰富，海水中微生物含量居中国海域前列，适宜发展海水养殖。湛江市水产养殖历史悠久，是广东省乃至全国重要的水产品生产和加工基地，其产品远销全国各地，受到一致好评。

四、收获时间

8—12月均可捕捞，尤其是9—10月发育成熟的雌蟹最为生猛肥美。最佳品质期为10月。

五、推荐贮藏保鲜和食用方法

【贮藏保鲜方法】①将蟹脚捆起来，用湿毛巾盖住，放到冰箱冷藏室里，3～6℃为佳，不宜放太久。②用保鲜膜盖好，放在阴凉通风处，可以保鲜6～8h，但不能过夜。③长时间存放熟蟹，则要把螃蟹放到冷冻室里，最好连同煮螃蟹的汤一起冷冻，能更好地保持螃蟹的鲜味。④单独将蟹肉和蟹黄挑出来，放入干净的密闭容器里，再放进冷冻室可保存1个月以上，食用时一定要重新加热。

【食用方法】蒸青蟹、酱爆青蟹、红烧青蟹等。

六、市场销售信息

湛江伟健生态休闲农业开发有限公司　联系人：陈　伟　联系电话：13702883873

供稿：坡头区农业农村局　庞建新
湛江发布编辑部　郭龙碧

登录编号：CAQS-MTYX-20210134

雷州金鲳鱼

一、主要产地

广东省湛江市雷州市覃斗镇、东里镇、乌石镇、北和镇、企水镇、纪家镇、沈塘镇、附城镇、雷高镇、英利镇等。

二、品质特征

雷州金鲳鱼体型侧扁，长宽比约为2倍，头较小，吻圆，尾柄短细，背鳍有硬刺。脊背银色，往鱼腹方向过渡为淡黄色和白色，鱼鳍和尾部呈金黄色。体披细小圆鳞，不易剥落。商品鱼规格一般为0.6kg左右。肉厚刺少，口感细腻，味道鲜美。

雷州金鲳鱼蛋白质含量为19.6g/100g，脂肪含量为7.6g/100g，天冬氨酸含量为1.84g/100g，谷氨酸含量为2.88g/100g，具有蛋白质含量高、脂肪含量低，以及天冬氨酸、谷氨酸含量丰富的营养品质特征。

三、环境优势

雷州市位于雷州半岛中部，地处热带亚热带，气候温和，无气象意义上的冬季，阳光充足，金鲳鱼可以全年生长。雷州市东濒南海、西靠北部湾，海岸线长406km，5～10m深的海域面积777.73km^2，10m深以上的海域更宽广。雷州市是湛江市海水鱼养殖的主要基地，湛江市地处华南经济区与西南经济区结合部，是国家南海战略的大后方和北部湾经济圈中心城市、国家火炬计划海洋产业特色示范基地、海洋高新技术产业基地、水海产品外贸转型升级专业型示范基地，金鲳鱼产业区位优势明显。

四、收获时间

全年均可捕捞，最佳品质期为全年。

五、推荐贮藏保鲜和食用方法

【贮藏保鲜方法】–18℃冷冻保存。

【食用方法】清蒸金鲳鱼、香煎金鲳鱼等。

六、市场销售信息

广东南雁商贸有限公司　联系人：陈　佩　联系电话：15975987606

湛江千护宝生物有限公司　联系人：车腾飞　联系电话：13827163263

广东海威农业集团有限公司　联系人：陈海龙　联系电话：13702875755

广东画景食品有限公司　联系人：许榕榕　联系电话：13726941353

广东尊鼎珍珠有限公司　联系人：许小填　联系电话：13824849996

供稿：雷州市农业农村局　陈　典

丰顺单丛茶

登录编号：CAQS-MTYX-20210146

一、主要产地

广东省梅州市丰顺县潭江镇凤坪村、官溪村、银溪村、官上村、官下村，留隍镇大坪村。

二、品质特征

丰顺单丛茶外形钩曲匀净，色泽乌润；香气特征明显，有花香；汤色呈蜜黄色，清澈明亮；滋味浓醇爽滑，有回甘；叶底软亮。

丰顺单丛茶具有水浸出物和茶多酚含量高、游离氨基酸和总黄酮含量丰富、粗纤维含量低的营养品质特征。水浸出物含量为53.1%，茶多酚含量为17.7%，游离氨基酸总量为3.1%，粗纤维含量为11.9%，总黄酮含量为0.51%。

三、环境优势

丰顺县位于广东省梅州市南端，与潮汕平原接壤，山清水秀，环境优美，有“梅州南大门，潮汕后花园”之称，是“八山一水一分田”的山区县。该县属南亚热带海洋季风气候区，年平均气温21.4℃，年日照时数1 938.8h，年平均降水量为1 776.1mm，无霜期322天左右；土壤大部分属于赤红壤，土层深厚，pH值4.5～6.5；全县500～1 000m高山547座，1 000m以上高山57座。自古“高山云雾出好茶”，再加上优良的气候环境，使得丰顺县茶叶生产具有得天独厚的先决条件。

四、收获时间

每年3—4月和9—10月春秋两季采摘，其中以春茶为最佳。最佳品质期为4月。

五、推荐贮藏保鲜和食用方法

【贮藏保鲜方法】罐藏或塑料袋封口贮藏。

【食用方法】用水以山泉水最佳，次之为矿泉水，再次是过滤水或蒸馏水。水沸后温度降至90～100℃冲泡，第三泡之后可以适当增加水温。

六、市场销售信息

丰顺县凤畲茶业发展有限公司　联系人：钟奕亩　联系电话：13723668737、14718244073

丰顺县恒佳农业开发有限公司　联系人：黄映南　联系电话：13902792688

丰顺县客都银溪种植专业合作社　联系人：苏军昌　联系电话：13723673833

梅州淳留香茶业有限公司　联系人：张团师　联系电话：17875775549

丰顺盆前农林专业合作社　联系人：邱庆强　联系电话：13549192399

梅州市顺兴茶业发展有限公司　联系人：张绍平　联系电话：13825967178

丰顺县万兴园种养专业合作社　联系人：许俪玲　联系电话：13622944411

供稿：丰顺县农业农村局　黄绵武、朱喜燕

登录编号：CAQS-MTYX-20210150

阳西巴西香蕉

一、主要产地

广东省阳江市阳西县程村镇豪光村、长扶村、红光村、陇石村，沙扒镇书村等。

二、品质特征

阳西巴西香蕉呈长条状，梳形完整，弯曲度小，单重120～160g，长13.5～15.5cm，果径3.6～4.5cm，成熟后果皮金黄色，皮薄肉厚，可食率65%以上，果肉乳白色至乳黄色，肉质细腻，柔滑软甜，香味浓郁。

阳西巴西香蕉可溶性固形物含量为22%，可滴定酸含量为0.3%，可溶性糖含量为19.5g/100g，钙含量为77mg/kg，钾含量为3 160mg/kg，上述指标均优于同类产品参照值。

三、环境优势

巴西香蕉喜湿热，生长最适宜的环境温度范围为15～35℃。阳西县属亚热带海洋季风气候，全县年平均温度22.3℃，日平均温度10℃以上，非常适合巴西香蕉的生长；年降水量可达1 998mm，雨季一般从3月中下旬开始到10月上旬结束，持续200多天，其余5个多月则为旱季，但雨季刚好是双季平向的生态期，有利于香蕉等农作物的生长。香蕉种植基地土层深厚，土壤肥沃，为香蕉的生长提供了充足的养分。

四、收获时间

每年6—9月收获，最佳品质期为8月。

五、推荐贮藏保鲜和食用方法

【贮藏保鲜方法】常温保存。

【食用方法】①直接剥皮鲜吃。②酸奶香蕉：先将香蕉剥皮切成小块，加入适量酸奶拌匀，用保鲜膜封口放入冰箱保鲜2～3h即可。

六、市场销售信息

阳西县中源农业有限公司　联系人：谢绍腾　联系电话：0662-5352188

阳西县鸿图农作物种植专业合作社　联系人：谢润航　联系电话：19126867008

供稿：阳西县农业农村局

阳东大八益智

登录编号：CAQS-MTYX-20210153

一、主要产地

广东省阳江市阳东区大八镇、塘坪镇、新洲镇、合山镇、那龙镇。

二、品质特征

阳东大八益智呈纺锤形，长 12 ～ 20mm，直径 7 ～ 13mm，平均单颗重 0.50g。顶端有花被残基，基部常残存果梗。果面棕色或灰棕色，具凹凸不平、间断的纵向棱线。果皮薄而稍韧，与集结成团的种子紧贴。种子质地坚硬，呈不规则的扁圆形，略有钝棱；种皮灰褐色或灰黄色，具淡棕色的假种皮，胚乳白色。味辛，微苦，具浓烈特异香气。

阳东大八益智挥发油含量为 1.1%，总灰分为 5.9%，酸不溶性灰分为 0.89g/100g，上述指标均优于参照值，具有益气安神、补肾气等药用价值，是药食同源的产品。

三、环境优势

阳东区地处粤西沿海，属南亚热带海洋季风气候，具有气候温和、阳光充足、雨量充沛的特点，全年降水量 2 312mm 左右，年均空气相对湿度达到 81%，年平均气温尤其是山地年平均气温均在 22℃以上，并且无霜期长达 360 天，为益智的生长提供了最适宜的温度和湿度。阳东山林资源丰富，发展益智等林下经济作物有得天独厚的地理优势和条件，且阳东区纬度较高，益智的生长、成熟期较长，有利于果实成长和糖分积累。

四、收获时间

收获时间为 5—6 月，最佳品质期为全年。

五、推荐贮藏保鲜和食用方法

【贮藏保鲜方法】放入瓶罐中密封存放。

【食用方法】可用于制作即食蜜饯，也可配制汤料，还可入药配伍。

六、市场销售信息

广东阳江八果圣食品有限公司　联系人：黄玲珠　联系电话：0662-6200555

广东阳江大发益智珍果有限公司　联系人：郑显强　联系电话：13719854197

供稿：阳东区农业农村和水务局

登录编号：CAQS-MTYX-20210154

阳东沙糖桔

一、主要产地

广东省阳江市阳东区那龙镇、新洲镇、大八镇、塘坪镇。

二、品质特征

阳东沙糖桔（橘）果实呈扁圆形，横径约 50mm，纵径约 40mm，平均单果重约 50g。果皮橘红色，表面油胞凸现（起砂），皮薄易剥。果肉细嫩少渣、清甜多汁，无核。

阳东沙糖桔营养丰富，可溶性固形物含量 14.0%，总酸含量 0.26%，维生素 C 含量 13.8mg/100g。

三、环境优势

阳东区地处热带北缘，是亚热带向热带过渡地区，属南亚热带海洋季风气候，常年温暖湿润、雨水充沛、日光充足、无霜期长。阳东区属滨海丘陵地区，三面环山、南面临海，中部为漠阳江流域。阳东区年平均气温 22.3℃，年平均日照 2 011.9h，年总积温 7 700 ～ 8 400℃，日照充足，温度及降水适宜，土地肥沃，非常适合沙糖桔生长。

四、收获时间

12 月至翌年 2 月收获，最佳品质期为 1 月。

五、推荐贮藏保鲜和食用方法

【贮藏保鲜方法】①4 ～ 6℃冰箱冷藏保存。②可以选择木箱、竹筐、水缸等容器装沙糖桔。将容器清洗干净，高温杀菌，干燥后再用来密封保存沙糖桔。③大量储存沙糖桔可采用库房保存，在保存过程中要保持库房阴凉通风、地面干燥，避免微生物滋生。

【食用方法】鲜食，也可用于制作果酱。

六、市场销售信息

阳江市阳东区塘坪镇盛鸿水果种植专业合作社　联系人：许立安　联系电话：13926335960

阳江市阳东区荣丰柑桔种植专业合作社　联系人：黄苑庞　联系电话：15819185777

阳江市阳东区大八镇盈春农业专业合作社　联系人：彭丽环　联系电话：15819188766

阳江市阳东区新洲宏图柑桔专业合作社　联系人：车朝伟　联系电话：18023858038

供稿：阳东区农业农村和水务局

佛冈澳洲坚果

登录编号：CAQS-MTYX-20210155

一、主要产地

广东省清远市佛冈县石角镇龙塘村。

二、品质特征

佛冈澳洲坚果近圆形，平均直径约 2cm，平均单果重约 4g。果壳坚硬呈棕褐色，果仁饱满呈乳白色，口感松脆细腻，具清香。

佛冈澳洲坚果出仁率为 30%，蛋白质含量为 9.16g/100g，脂肪含量为 69.6g/100g，钙含量为 508mg/kg，镁含量为 1 170mg/kg，上述指标优于同类产品参照值。

三、环境优势

佛冈县属亚热带湿润季风气候，年平均气温 22℃，年平均降水量达 2 210mm，属南亚热带季风气候，全年主道风向东北风，冬无严寒，夏无酷暑。佛冈当地多为海拔 200 ～ 600m 的丘陵，夏季最高温度一般不超过 35℃，冬季最高温度不低于 15℃，最低温度不低于 0℃，偶有轻霜，土层深厚，富含有机质，pH 值为 5.0 ～ 6.0，丘陵地带排水良好。澳洲坚果树冠茂密，根系浅、不抗风，佛冈当地常年局地大风少，基本不受台风影响，气候条件非常适合种植澳洲坚果，产出的澳洲坚果果仁香酥、滑嫩可口，有独特的奶油香味。

四、收获时间

每年 9—10 月收获，最佳品质期为 10 月。

五、推荐贮藏保鲜和食用方法

【贮藏保鲜方法】放在玻璃瓶内或用密封袋密封，适宜存放在阴凉、干燥的环境中，尽量减少与空气、水分接触。

【食用方法】利用专门的工具打开果壳直接食用果仁。

六、市场销售信息

佛冈智垄农业有限公司　联系人：刘永红　联系电话：13503095906

供稿：佛冈县农业农村局　黄洁雯

登录编号：CAQS-MTYX-20210426

澄海狮头鹅

一、主要产地

广东省汕头市澄海区。

二、品质特征

澄海狮头鹅是我国著名的地方品种，是世界上最大的鹅种之一，体格壮硕，单只重 6.5 ～ 7.5kg，头顶肉瘤饱满，颌下肉垂硕大，正面酷似狮头，具有生长快、耐粗饲、饲料报酬高、抗病力强、风味佳等优点。

澄海狮头鹅蛋白质含量为 24.6%，总氨基酸含量为 19.5%，脂肪含量为 3.8g/100g，铁含量为 46.0mg/kg。澄海狮头鹅鹅肉性平、味甘，是一种高蛋白、低脂肪、低胆固醇的健康食品。

三、环境优势

澄海区属南亚热带季风气候，光热充足，降水丰富，雨热同季，温暖潮湿的气候有利于狮头鹅养殖。产区地势平坦，海拔 10m 以下的平原占总面积的 81.9%，水质常年达到二类标准，主要由大气降水所形成的地表径流、江河径流和地下水构成，韩江的支流北溪、东溪、西溪自北往南呈扇形流经全区，灌溉条件优良，充足的淡水资源为狮头鹅养殖提供了良好的生长环境。

四、收获时间

120 ～ 130 天（成鹅）；3 年以上（老鹅）。最佳品质期为全年。

五、推荐贮藏保鲜和食用方法

【贮藏保鲜方法】①鹅肉在 –2 ～ 4℃条件下密封包装可保鲜储存 1 ～ 2 天。②在 –18℃以下密封包装可冷藏保存 6 个月。③新鲜屠宰好的鹅肉预冷 1h 后达到 15℃以下，在 –38℃以下的速冻房速冻 12h，密封包装冷藏储存。

【食用方法】卤鹅等。

六、市场销售信息

广东汕特日日香食品有限公司　联系人：许　生　联系电话：13531189089

广东心瓷科技股份有限公司　联系人：王　晓　联系电话：18823998758

广州物只卤鹅餐饮服务有限公司　联系人：杨卓丽　联系电话：15362593131

广东安鲜食品股份有限公司　联系人：杨秋武　联系电话：18025621009

深圳澄鹅餐饮管理有限公司　联系人：澄鹅龙购店店长　联系电话：18902482855

汕头市澄海区雅信狮头鹅专业合作社　联系人：余仁辉　联系电话：13536880899

广东金鹅王食品实业有限公司　联系人：金书涛　联系电话：18814147574

汕头市澄海区仁夺狮头鹅养殖专业合作社　联系人：林广泉　联系电话：13825804678

汕头市澄海区潮鹏生态养殖有限公司　联系人：陈岳鹏　联系电话：13502506746

供稿：澄海区农业农村局　许迪诗

官渡生蚝

登录编号：CAQS-MTYX-20210430

一、主要产地

广东省湛江市坡头区官渡镇石窝村、麻俸村、官渡村。

二、品质特征

官渡生蚝体型多样，有圆形、卵圆形、三角形和扇形等，贝壳长9～13cm，高4～6cm，壳坚硬，壳面有灰、白、青、棕黄等颜色，壳面凹凸不平，有少许鳞片附在上面，蚝体饱满，色泽光洁，肉质鲜嫩肥美，品味宜人。

官渡生蚝蛋白质含量为6.23g/100g，脂肪含量为2.1g/100g，天冬氨酸含量为0.73g/100g，谷氨酸含量为0.97g/100g，铁含量为63.9mg/kg，锌含量为290mg/kg，以上指标均优于同类产品参照值。

三、环境优势

官渡海域位于河海交接处，入海口海域咸淡适宜，十分适合蚝的生长，加之官渡海域浮游生物丰富，产出的蚝又大又肥，肉质鲜甜无比。

四、收获时间

每年10月至翌年3月收获，最佳品质期为12月。

五、推荐贮藏保鲜和食用方法

【贮藏保鲜方法】生蚝洗净，加盐，在水里浸泡1h后，用食用碱清洗，用保鲜袋装好放入冰箱冷藏，也可以用盐拌一下，然后放入冰箱保鲜。

【食用方法】炭烤生蚝、韭菜炒生蚝、蚝仔烙等。

六、市场销售信息

湛江市文秀种养专业合作社　联系人：庞文秀　联系电话：13434613903

湛江市坡头区汝达专业合作社　联系人：黄　贵　联系电话：13828289613

湛江市坡头区官渡志伟养殖场　联系人：陈志伟　联系电话：13922085382

供稿：坡头区农业农村局　庞建新

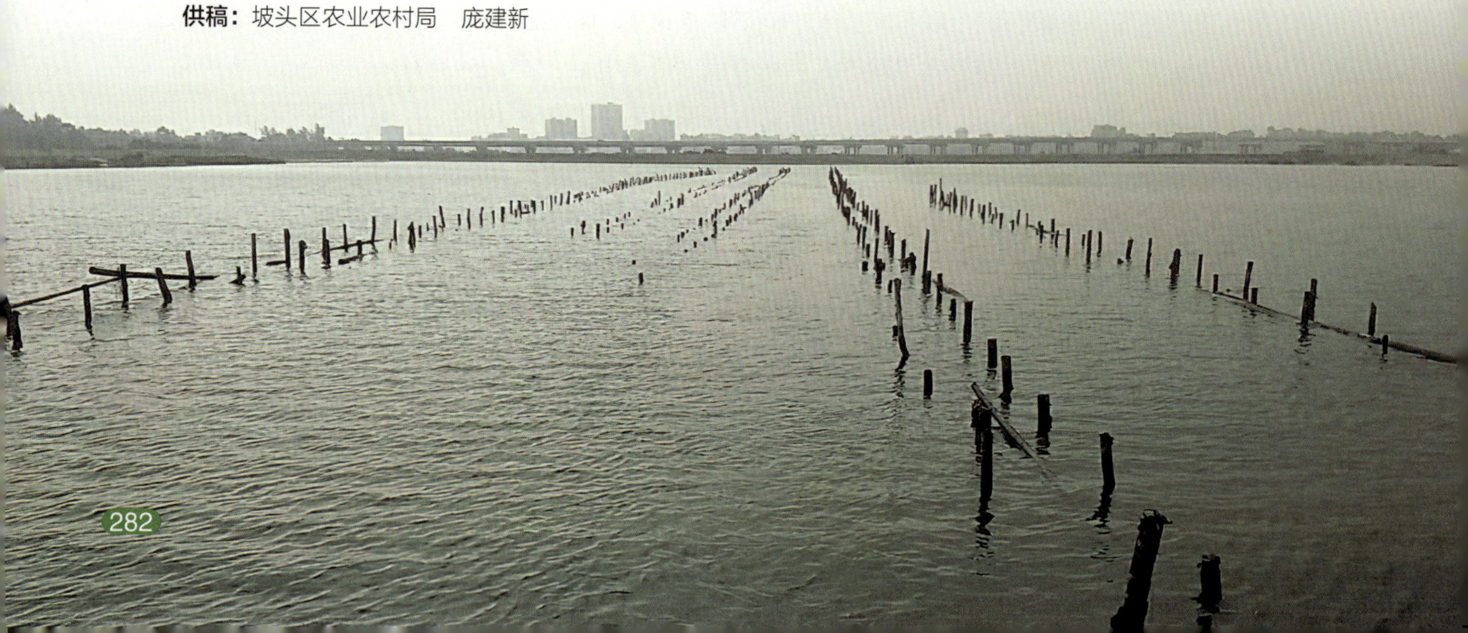

登录编号：CAQS-MTYX-20210431

遂溪红糖

一、主要产地

广东省湛江市遂溪县全县。

二、品质特征

遂溪红糖呈块状或粉状，外观红褐色，色泽自然。块状红糖质地坚硬，较易掰开，断裂面具沙感。粉状红糖质地松软，散似细沙，滋味甘甜，具甘蔗芳香。

遂溪红糖具有独特的营养品质特性，总糖分（蔗糖分＋还原糖分）含量为94g/100g，高于同类产品参照值；干燥失重为3.9%，不溶于水杂质含量为190mg/kg，均低于参照值，因而该产品杂质少。

三、环境优势

遂溪位于典型的南亚热带季风气候区，雨量充沛，非常有利于甘蔗的生长。遂溪地处雷州半岛，在火山沉积岩土壤中生长的甘蔗富集了钙、硒、锌等对人体有益的物质，古法加工成的红糖保留了大部分的有益矿物质，具有易被人体消化吸收、能快速补充体力等优点。遂溪县历来是广东主要糖蔗产区，属于我国三大甘蔗主产区之一，远在唐代以前已有种蔗制糖的记载。至清代光绪年间（1871—1908年），种蔗和产糖已颇具规模。现全县年种植60多万亩甘蔗，年产糖35万t左右，其中红糖0.72万t，被誉为“中国第一甜县”。

四、收获时间

遂溪甘蔗的砍蔗时间为每年的11月至翌年3月，砍蔗之时即为制糖之时。最佳品质期为12月。

五、推荐贮藏保鲜和食用方法

【贮藏保鲜方法】遂溪红糖的最佳贮藏温度为5℃。

【食用方法】煮红糖水：将雪耳50g泡开、洗净，雪耳头切掉，雪耳切碎；红枣切开，取出枣核；汤煲中放入雪耳、红枣、桂圆肉，倒入适量的水，盖好盖子大火烧开后转小火熬煮一段时间，加入枸杞和适量红糖，烧开后关火即可。

六、市场销售信息

湛江市绿丰糖业发展有限公司　联系人：陈秋玲　联系电话：0759-3167836、13827190139

广东遂溪三宝文化食品有限公司　联系人：曾　敏　联系电话：0759-7787778、18320361910

供稿：遂溪县农业农村局　张小云

梅州客家味酵粄粉

登录编号：CAQS-MTYX-20210443

一、主要产地

广东省梅州市梅江区西阳镇范围内，以梅江区西阳镇阁公岭村、太平村等为核心产地。

二、品质特征

梅州客家味酵粄粉为粉末状米制品，色泽自然洁白，粉质细腻均匀，具有粉质细腻、口感绵软、米香浓郁的感官特征。

梅州客家味酵粄粉蛋白质含量为8.2g/100g，碳水化合物含量为79.3g/100g，蛋白质和碳水化合物含量丰富。

三、环境优势

广东梅州地处粤闽赣三省交汇处，全域近1.6万km^2，全市有自然保护区100多个，600余万亩生态林，森林覆盖率超过75%，居广东省第一位，是广东重要的生态发展区。梅州“八山一水一分田”，农业生产的光、温、水、气、土壤等先决条件优良，年日照数1 500h以上，年平均气温21℃，空气质量达到国家一级标准，土壤肥沃、含钾丰富。梅州8个县（市、区）有4个是“中国长寿之乡”。梅州地处富硒地带，有8 280km^2富硒土壤区域，占全市国土总面积52.3%，每千克土壤硒平均含量达0.7mg，比国家富硒标准高出75%，是生产富硒高端食品的基地。

四、收获时间

早稻和晚稻分别在6—7月和10—11月收割，加工成客家味酵粄粉后全年可持续供应。最佳品质期为6月。

五、推荐贮藏保鲜和食用方法

【贮藏保鲜方法】储存于通风、阴凉、干燥处。

【食用方法】将味酵粄粉和水按1∶1.5的比例搅拌均匀，加入原料重量约一半的开水冲浆，进行充分的搅拌；然后将调制好的米浆倒入容器内，放入锅中开水蒸约15min左右即可。可根据口味制作红糖味酵粄、香辣味酵粄、煎味酵粄、炒味酵粄等。

六、市场销售信息

梅州市臻尚食品有限公司　联系人：梁　琛　联系电话：15899980686

天猫臻尚食品专营店　网址：https：//zhenshangshipin.tmall.com

供稿：梅江区农业农村局　钟宁江

登录编号：CAQS-MTYX-20210452

阳西白糖罂荔枝

一、主要产地

广东省阳江市阳西县儒洞镇、上洋镇。

二、品质特征

阳西白糖罂荔枝为歪心形，果实小巧，平均单果重 18.9g，可食率 73.9%；果皮薄，呈鲜红色；龟裂片大部分平滑，果肩一边平，一边稍斜，果顶浑圆；果肉乳白色，爽脆多汁，味道清甜。

阳西白糖罂荔枝维生素 C 含量为 23.2mg/100g，可溶性固形物含量为 16.6%，总酸（可滴定酸）含量为 0.32%，总糖含量为 15.38mg/100g，固酸比为 51.9，上述指标均优于参照值。

三、环境优势

阳西县位于广东省西南部，属南亚热带季风气候，气候温和，雨量充沛，日照充足，年平均降水量 2 100mm 左右，雨季一般在 3 月中下旬开始到 10 月上旬结束，雨季持续 200 多天，年降水量可达 1 998mm，其余 5 个多月则为旱季。阳西县年平均气温 23℃左右，无霜期长达 350 天以上，每年 4—10 月，月平均气温都超过 20℃，日平均气温都在 10℃以上，非常适合荔枝的生长。土壤是微酸性砂壤，土层深厚肥沃、腐殖质丰富、疏松湿润、通气性良好。阳西白糖罂荔枝主产区交通便利，广湛高铁、阳茂高速及 325 国道东西贯通全境，全县建成了以 325 国道沿线、环县公路沿线为主的优质荔枝生产基地，是我国最具优势的中早熟荔枝产区之一。

四、收获时间

每年 5—6 月收获，最佳品质期为 5 月。

五、推荐贮藏保鲜和食用方法

【贮藏保鲜方法】2 ～ 4℃保鲜贮存，或常温保存。

【食用方法】剥壳鲜食。

六、市场销售信息

阳西县沙扒镇耀富农场　联系人：陈耀记　联系电话：13068557555

阳西县沙扒镇联胜农场　联系人：陈　荣　联系电话：13922020189

供稿：阳西县农业农村局

阳东双肩玉荷包荔枝

登录编号：CAQS-MTYX-20210454

一、主要产地

广东省阳江市阳东区塘坪镇、新洲镇、雅韶镇、大沟镇、东平镇、北惯镇、合山镇、那龙镇、红丰镇、大八镇。

二、品质特征

阳东双肩玉荷包荔枝近圆球形，单果重 25 ～ 30g，可食率 76% ～ 80%，果实双肩隆起，果皮鲜红色，果肉乳白偏淡黄，晶莹剔透，肉质脆嫩，清甜可口。

阳东双肩玉荷包荔枝维生素 C 含量 50.0mg/100g，可溶性固形物含量 16.5%，总糖含量 15.0g/100g，可滴定酸含量 0.06%，固酸比 412，以上指标均优于同类产品参照值。

三、环境优势

阳东区属南亚热带海洋季风气候，常年温暖湿润，雨量充沛，日照充足，无霜期长，年平均温度 22.3℃，无霜期 350 天以上，年平均日照时数 1 800h 左右，年平均降水量 2 000mm 以上，得天独厚的自然环境十分适合荔枝生产。

四、收获时间

每年 6—7 月收获，最佳品质期为 7 月。

五、推荐贮藏保鲜和食用方法

【贮藏保鲜方法】2 ～ 4℃低温贮藏。

【食用方法】直接食用，也可用于制作水果沙拉或荔枝罐头。

六、市场销售信息

阳江市阳东区新洲镇兴农果蔬菜生产专业合作社　联系人：罗三兴　联系电话：13827662888

阳江市阳东区塘坪镇盛鸿水果种植专业合作社　联系人：许立安　联系电话：13926335960

阳江市阳东区柳西水果专业合作社　联系人：谭计成　联系电话：13537985198

供稿：阳东区农业农村和水务局

登录编号：CAQS-MTYX-20210455

石望柠檬

一、主要产地

广东省阳春市石望镇建设村委会铁迳村、马冲村。

二、品质特征

石望柠檬果实呈长椭圆形，果顶乳突较明显；果实横径 55 ～ 65mm，纵径 65 ～ 85mm，平均单果重 110 ～ 170g；果皮光滑，呈青绿色，皮较厚；果肉淡绿色，脆嫩多汁，香气浓郁，无核或少核。

石望柠檬可溶性固形物含量为 7.3%，可滴定酸含量为 3.4g/100mL，维生素 C 含量为 27.0mg/100g，果汁含量为 32%，上述指标均优于同类产品参照值。

三、环境优势

石望镇位于阳春市东北部，属南亚热带季风性湿润气候，日照充足，雨量充沛，终年无雪少霜。镇上有非常适宜四季香水柠檬种植的坡地 18 000 多亩、耕地 41 000 亩，森林覆盖率高，没有污染企业，空气清新，水质优良，无论是地形还是其他自然气候条件都非常适宜香水柠檬的生长。

四、收获时间

一年四季均可收获，最佳品质期为全年。

五、推荐贮藏保鲜和食用方法

【贮藏保鲜方法】柠檬先放在室内通风处静置 2 天，然后装进纸袋放入冰箱冷藏。最佳贮藏温度为 10 ～ 19℃。柠檬不会有后熟的过程，放久了只会让果肉老化，建议尽早食用。

【食用方法】鲜果泡茶；制成蜜饯食用。

六、市场销售信息

广东香柠农业科技有限公司 联系人：徐 志 联系电话：18620290288

供稿：广东香柠农业科技有限公司 徐 志

阳春蜜枣

登录编号：CAQS-MTYX-20210456

一、主要产地

广东省阳春市春湾镇安民村、新明村，石望镇中垌村。

二、品质特征

阳春蜜枣呈圆形或卵圆形，果面整洁光滑，平均单果重 87g，果皮青绿色，果肉白色，皮薄肉厚核小。肉质清甜爽脆，多汁无渣，风味独特。

阳春蜜枣维生素 C 含量 87.0mg/100g，可溶性固形物含量 9.9%，固酸比 49.5，均大于类比参照值；总酸含量 0.20%，低于类比参照值。

三、环境优势

阳春蜜枣产地位于广东省阳春市北部，漠阳江上游的春湾镇，属南亚热带季风气候，干湿分明，年平均气温 22℃，年降水量 2 400mm，年日照时数 1 700h。种植基地土壤肥沃，地势平坦，无明显自然灾害，灌溉水为地下水，水源充足。在基地周边是农田，周围 5km、主导风向的上风向 20km 内无工矿企业，不存在工业污染问题，亦不存在生活垃圾污染等情况，产地环境非常适合阳春蜜枣生长要求。

四、收获时间

12 月至翌年 3 月收获，最佳品质期为 2 月。

五、推荐贮藏保鲜和食用方法

【贮藏保鲜方法】①常温室内贮藏法：将采摘下来的青枣置于常温室内通风、干燥、背光处贮存。距离库墙 25 ～ 30cm，地面应设 10cm 以上的防潮层，可存放 1 个星期。②低温冷库贮藏法：0 ～ 5℃可以存放 20 天。

【食用方法】直接食用。

六、市场销售信息

阳春市联兴青枣专业合作社　联系人：练超宁　联系电话：18802526565

阳春市河朗旭东农产品种植专业合作社　联系人：谢才东　联系电话：13546911368

供稿：阳春市联兴青枣专业合作社　练超宁

登录编号：CAQS-MTYX-20210459

佛冈无花果

一、主要产地

广东省清远市佛冈县水头镇石潭村。

二、品质特征

佛冈无花果为长卵圆或梨形，单果重 40 ~ 50g；成熟后果皮为条状褐红或紫红色，果目微开，果肋较明显；果肉微中空，呈浅红色或红色，肉质松软，口感香甜。

佛冈无花果营养物质丰富，维生素 C 含量为 27.5mg/kg，可溶性固形物含量为 15.2%，蛋白质含量为 0.87%，可滴定酸含量为 0.24%，粗纤维含量为 0.80%。

三、环境优势

佛冈县属珠江三角洲与粤北山区的结合地带，常年气候温和、雨量充沛、光照充足，冬无严寒、夏无酷暑，无霜期长，属南亚热带季风气候，土地比较肥沃，区域内丘陵山岗甚多，山岗上疏林草地、山草地、青竹遍布且四季常青。无花果的风味与原产地独特的气候、土壤和环境有着极其密切的关系，无花果种植区域地势高、空气清新、水源洁净，十分适合无花果生长，同时，佛冈是最靠近珠三角的山区县之一，接近销售市场，时效高、成本低。

四、收获时间

每年 6—12 月收获，最佳品质期为 7 月。

五、推荐贮藏保鲜和食用方法

【贮藏保鲜方法】新鲜无花果在阴凉通风情况下可常温保存 1 ~ 3 天，0 ~ 2℃冷藏可储存 8 ~ 15 天。

【食用方法】①直接剥皮食用。②百合无花果汤：无花果 5 个，苹果 1 个，蟠桃 4 个，百合 4 茶匙；将苹果、无花果、蟠桃洗净切块，百合冲洗干净；然后将它们放在汤锅中，加入适量水，大火烧开后，转文火再煲 30min 后即可食用。

六、市场销售信息

清远市佛冈县杰源农业有限公司　联系人：卢杰源　联系电话：13925076647

供稿：佛冈县农业农村局　黄洁雯

饶平青梅

登录编号：CAQS-MTYX-20210467

一、主要产地

广东省潮州市饶平县新圩镇、东山镇、汤溪镇、浮山镇、建饶镇、浮滨镇、联饶镇。

二、品质特征

饶平青梅为圆形或短椭圆形，横径 33 ～ 35mm，纵径 34 ～ 36mm；果顶微凸，果腹部有缝合线，果基部微凹；果皮密被短绒毛，未成熟时呈淡绿色，成熟时果皮青黄色略带粉色；果肉呈淡黄绿色至黄色。

饶平青梅酸味纯正，微苦涩，具有清新的果香，可滴定酸含量为 5.93%，蛋白质含量为 1.16%，可溶性固形物含量为 8.2%，肉厚核小，可食率为 88%。

三、环境优势

饶平县现有青梅种植面积 3.013 万亩，主要种植品种为大青梅和白粉梅。青梅喜光、喜温暖湿润气候，适于海拔 500m 以下、坡度 25° 以下的丘陵岗地栽种。饶平县属亚热带海洋性季风气候，常年光照充足，气候温暖，季风明显，雨量充沛，全年无冬，年平均气温 21.4℃，年降水量 1 475.9mm，农作物一年可三熟，生长条件良好；加之饶平境内青梅种植区土壤呈中性，通透性好，土壤肥沃，有机质含量高达 2.19%，特别适合青梅生长。

四、收获时间

每年 4 月上旬至 5 月底收获，最佳品质期为 5 月。

五、推荐贮藏保鲜和食用方法

【贮藏保鲜方法】青梅置于干燥阴凉处，常温下可放置 3 ～ 4 天；放进冰箱冷藏可保存约 1 周左右；采摘后待果实成熟变黄后，可腌制保存。

【食用方法】直接食用，酸味纯正，具有清新果香；还可用于制作干湿梅、青梅酒等。

六、市场销售信息

广东梅业食品有限公司　联系人：陈秋鹏　联系电话：13827360023

饶平县梅业果蔬专业合作社　联系人：黄少贤　联系电话：15113748509

供稿：饶平县农业农村局　陈妮思

登录编号：CAQS-MTYX-20210873

德庆巴戟

一、主要产地

广东省肇庆市德庆县高良镇。

二、品质特征

德庆巴戟为扁圆柱状形，略弯曲；有纵纹及横裂纹，表面灰黄色或暗灰色；质坚韧，断面皮厚，淡紫色或紫色；味甘甜而微涩。

德庆巴戟总灰分含量为3.5%，耐斯糖含量为6.9%，浸出物含量为78.6%，上述指标优于同类产品参照值。

三、环境优势

德庆属南亚热带季风气候，气候温和，热量丰富，雨量充沛，霜期很短，年平均气温22.2℃，年平均降水量1 513mm，雨量集中在4—9月，占全年降水量78.4%，年平均日照时数为1 848h。德庆是一个典型的山区县，山清水秀，东北西三面环山，南傍西江河水，全县总面积2 258km^2，其中，山地面积262万亩，耕地面积21万亩。山地、耕地土壤以砂壤土为主，经过长期的改良利用，土壤土层深厚，疏松透气，保水保肥性好，有机质含量丰富（旱地1.27%～1.94%，水田2%以上），pH值在4.5～6.5。独特的气候和土壤条件十分适宜巴戟天生长。

四、收获时间

秋冬季收获，最佳品质期为11月。

五、推荐贮藏保鲜和食用方法

【贮藏保鲜方法】风干。

【食用方法】巴戟酒：将巴戟天、牛膝、麦门冬、枸杞根皮、防风、地黄阴干，捣碎后和白酒一起放在容器中浸泡，密封7天之后就可以过滤服用。巴戟酒能够改善身体虚弱、烦躁不安、劳累过度，还能够调理五脏，最好温热后口服，单次少量服用。

六、市场销售信息

德庆县德盛巴戟天农民专业合作社　联系电话：13824606553

德庆县超盛农产品专业合作社　联系电话：13542923300

供稿：德庆县农业农村局

合山澳洲坚果

登录编号：CAQS-MTYX-20210469

一、主要产地

广西壮族自治区来宾市合山市岭南镇溯河村、里仰村、里兰村，北泗镇文定村、东亭村、云堡村、古楼村，河里镇仁义村、羊樟村、五塘村。

二、品质特征

合山澳洲坚果为圆球形，平均直径约 2.5cm，平均单果重约 7.4g，果壳呈棕褐色，光滑、坚硬，果仁呈乳白色，具有典型的澳洲坚果香味，口感松脆。

合山澳洲坚果营养丰富，出仁率约为 31%，钙含量为 517mg/kg，镁含量为 385mg/kg，脂肪含量为 74.2g/100g，总不饱和脂肪酸含量占脂肪酸总量的 79.30%，以上品质特征均优于同类产品。

三、环境优势

合山澳洲坚果生产于红水河之滨，地理坐标为东经 108°49′50″～109°02′59″，北纬 23°39′47″～23°55′41″，地形属石灰岩溶蚀盆地和丘陵谷地，最高海拔 593.2m，排灌便利。土壤以红壤为主，pH 值 5.5～6.5，土质疏松，适合澳洲坚果的生长。气候适宜，年平均气温 20.6℃、年均日照时数 1 608h、年均降水量 1 350mm，有利于合山澳洲坚果种仁脂肪转换和积累。

四、收获时间

每年 9—11 月收获，最佳品质期为 10 月。

五、推荐贮藏保鲜和食用方法

【贮藏保鲜方法】密封于干燥处保存。

【食用方法】直接食用果仁；果仁与一定比例的杂粮混合打成浆或米糊食用，口感好、营养佳；加工成坚果油，品质营养优于橄榄油和茶树油，适用于凉拌、煎、炒、炸等各种烹饪方法。

六、市场销售信息

广西信成农业开发有限公司　联系人：苏子兰　联系电话：13878256377、13557056029、13768125560

合山市喜生坚果种植农民专业合作社　联系人：韦祖英　联系电话：13558124019

合山市裕泰家庭农场　联系人：蓝琼前　联系电话：13788798787

广西合山市润鸿农业技术有限公司　联系人：凌华彪　联系电话：18078283737

供稿：合山市农业农村局　陆润泉

登录编号：CAQS-MTYX-20210887

金田淮山

一、主要产地

广西壮族自治区贵港市桂平市的金田镇、垌心乡、江口镇、紫荆镇、南木镇。

二、品质特征

金田淮山呈长棒形，外观圆直，皮薄，须根少；色洁白，纹理细，质地细腻，口感好。块茎耐煮，带特有甜香味，咀嚼时略有弹性。

金田淮山营养价值高，淀粉含量为16.7g/100g，薯蓣皂苷含量为0.54mg/g，钙含量为18.5mg/kg，锌含量为1.36mg/100g，以上指标均优于同类产品参照值。金田淮山含水量、蛋白质、淀粉、氨基酸等指标均达到了规定的药理要求，富含16种氨基酸，同时含有尿囊素、山药素等有益成分。

三、环境优势

金田淮山的优异品质离不开产区得天独厚的地理环境、气候和土壤条件。金田淮山农产品地理标志地域保护范围位于东经109°41′55″～110°22′48″，北纬22°52′02″～23°48′04″，北回归线横贯桂平市中部，主产区属于亚热带季风气候，年平均气温22.4℃，相对湿度80%，年平均降水量1 726.7mm，年平均日照时数1 700h，时数无霜期长达339天以上，有利于淮山块茎的形成和膨大。产区多为土质疏松、土层深厚肥沃、排灌方便的砂壤土或壤土，富含硒元素，非常适合金田淮山种植。

四、收获时间

12月至翌年4月收获，最佳品质期为3月。

五、推荐贮藏保鲜和食用方法

【贮藏保鲜方法】应选择外表无损伤、无病灶的淮山进行储存。①常温保存法：放在通风避光的阴凉处保存，一般秋冬季可以存放3～4个月，夏季可存放1个月。②冷藏保存法：可以用保鲜膜包裹好或者放入密封袋，1～4℃冷藏，可存放1年。

【食用方法】金田淮山汁、金田淮山炖猪脚等。

六、市场销售信息

广西桂平市金谷农业发展有限公司　联系人：蔡美森　联系电话：15977042996

广西桂平市绿健农业发展有限公司　联系人：林华东　联系电话：18978788519

供稿：桂平市农业农村局　郭映云、廖露露

西南地区

黔江脆红李

登录编号：CAQS-MTYX-20210162

一、主要产地

重庆市黔江区所辖城东街道、城西街道、城南街道、舟白街道、冯家街道、小南海镇、中塘镇、石会镇、黑溪镇、沙坝镇、黄溪镇、白石镇、邻鄂镇、石家镇、鹅池镇、濯水镇、阿蓬江镇、马喇镇、金溪镇、水田乡、太极乡、新华乡、蓬东乡、杉岭乡、金洞乡、五里乡、白土乡、水市乡共28个乡镇（街道）的76个行政村（社区）。

二、品质特征

黔江脆红李果实近圆球形，大小均匀，缝合线正。沟缝浅，果粉厚呈灰白色，果皮紫红色，果肉黄色偶带片状红色，味甜，质脆、果核小、离核。

黔江脆红李含可溶性固形物含量为13.7%，总酸含量为0.77%，可食率97.6%。

三、环境优势

黔江区位于渝东南边缘，境内山峦起伏，溪河纵横，岭谷相间，地势东北高，西南部低，主要河流阿蓬江横穿黔江，境内有段溪河、黑溪河等小溪，山泉众多。黔江脆红李种植区内海拔高度700～1 000m区域，以砂壤土为主，土层深厚，富含有机质。灌溉以山泉水和天然雨水为主，清洁无污染。7—8月平均气温26.8℃左右，日照充足，昼夜温差大，尤其适合脆红李果实干物质积累、糖分转换。

四、收获时间

脆红李根据不同的海拔分批次进行采摘。其中，海拔700m以下地区在8月下旬开始采摘；海拔700～900m地区在9月初开始采摘；海拔900m以上地区在9月中旬采摘。最佳品质期为9月。

五、推荐贮藏保鲜和食用方法

【贮藏保鲜方法】鲜食水果，适宜贮藏温度1～4℃。

【食用方法】脆红李属鲜食水果，建议冷藏后食用口感更佳，另外，还可以用来加工蜜饯、果酱等。

六、市场销售信息

重庆三磊田甜农业开发有限公司　联系人：彭文平　联系电话：13648234460

重庆市羽人仙果生态农业开发股份合作社　联系人：向洪伟　联系电话：17338618889

重庆市黔江区荣松种养殖专业合作社　联系人：李成飞　联系电话：17783309688

供稿：黔江区农产品质量安全管理站　张益明　邓佳乐

登录编号：CAQS-MTYX-20210163

黔江地牯牛

一、主要产地

重庆市黔江区城南街道、城西街道、城东街道、沙坝镇、石会镇、黑溪镇、白石镇、杉岭乡、黎水镇、石家镇、鹅池镇、白土乡、新华乡、金洞乡、马喇镇、小南海镇。

二、品质特征

黔江地牯牛外形似蚕，两头略尖，又如念珠，一般 5 ～ 7 个短节，色如白玉，皮薄致密，脆嫩无渣。

黔江地牯牛蛋白质含量为 1.01%，可溶性固形物含量为 5.03%，粗纤维含量为 0.74%，干物质含量为 6.33%，维生素 C 含量为 6.51mg/100g，品质优良。

三、环境优势

黔江区位于渝东南边缘，境内山峦起伏，溪河纵横，岭谷相间，地势东北部高，西南部低，主要河流阿蓬江横穿黔江，境内有段溪河、黑溪河等，山泉众多。黔江地牯牛种植在海拔高度 500 ～ 900m 区域，粗骨黄泥土是该区域主要土壤类型，土质疏松、通透性好，适宜地牯牛生长。灌溉以泉（溪）水和雨水为主，清洁无污染。该区域年均气温 13.4 ～ 15.7℃，利于地牯牛生长和块茎膨大。

四、收获时间

每年 10—12 月收获，最佳品质期为 12 月。

五、推荐贮藏保鲜和食用方法

【贮藏保鲜方法】新鲜的地牯牛在阴凉、干燥、通风的环境中可存放 8 个月。

【食用方法】①将地牯牛洗净，晾干，倒入泡菜水中，加食盐、香料、冰糖泡制 3 天，捞出即可食用。②与鸡、鸭、鱼等肉类一起清炖。

六、市场销售信息

重庆图人实业有限公司　联系人：张世娟　联系电话：13709491889、023-79223368

重庆市蓬江食品有限公司　联系人：赵　静　联系电话：18717075588、023-85089199

供稿：黔江区农产品质量安全管理站
张益明、吴　锦

开州木香

登录编号：CAQS-MTYX-20210164

一、主要产地

重庆市开州区关面乡泉秀村。

二、品质特征

开州木香产品呈圆柱形，长 5 ～ 9cm，直径 1.8 ～ 3.5cm。表面灰褐色，有明显的皱纹、纵沟及侧根痕。质坚，不易折断，断面暗褐色，周边灰黄色，形成层环棕色，有放射状纹理及散在的褐色点状油室。气香特异，味微苦。

开州木香含总灰分 3.34%，木香烃内酯（$C_{15}H_{20}O_2$）和去氢木香内酯（$C_{15}H_{18}O_2$）的总量 5.54%，水分 8.54%。

三、环境优势

开州木香产区整体以山地丘陵为主，海拔高度在1 200m以上。土壤类型为山地黄壤和砂质壤土，pH 值在 6.5 ～ 7.0，厚度在 50cm 以上。产区水质优良，木香灌溉用水大多以天然水为主。产区年均气温 10.5 ～ 13.5 ℃，降水量为 1 120 ～ 1 460mm，无霜期 163 ～ 192 天，年活动积温 3 141 ～ 4 200℃，属亚热带湿润季风气候，具有气候温和、雨量充沛、光照充足、无霜期较长、雨热同季等气候特点。

四、收获时间

每年 10 —11 月收获，最佳品质期为 10 月。

五、推荐贮藏保鲜和食用方法

【贮藏保鲜方法】置干燥处，防潮。

【食用方法】作为药材使用，具有行气止痛、健脾消食功效。

六、市场销售信息

重庆市开州区泉秀木香种植专业合作社　联系人：谢国友　联系电话：15023870559

重庆市开州区泉秀村经济联合社　联系人：周后清　联系电话：15084396389

重庆市开州区双坪中药材种植专业合作社　联系人：陈美东　联系电话：15223055666

供稿： 开州区农业农村委员会　程　才

登录编号：CAQS-MTYX-20210165

香龙大头菜

一、主要产地

重庆市合川区香龙镇枣梨村。

二、品质特征

香龙大头菜肉质根圆柱状，粗大，坚实，单根重1.5～3.5kg，纵径18～28cm，横径13～18cm；表皮薄而光滑，上青下白，易去皮，不易老化，不易黑心、糠心。生食清脆、微甜、化渣，熟食软润爽口、细腻甘甜，加工后风味浓郁，芥香味强烈。

香龙大头菜营养价值高，含可溶性糖含量为1.65%，粗蛋白含量不低于1.37g/100g，粗纤维含量不超过0.8%，钙含量为623mg/kg，铁含量为11.7mg/kg，硒含量为0.0032mg/kg。

三、环境优势

香龙大头菜种植区地处嘉陵江、渠江、涪江三江沿岸与浅丘区域，为平缓丘陵地型，地域内水资源丰富，灌溉方便，海拔200～400m。土壤多以沙溪庙组母质发育而成，以紫色土、黄壤土、潮土为主，土壤pH值5.0～8.0，有机质含量达13.0%～35.4%，土层深厚、肥沃、疏松，保水保肥能力强，为香龙大头菜生长提供了丰富的营养物质。气候属典型的亚热带湿润季风气候，年降水量在1 100～1 400mm，年均日照1 316h，年均气温18℃，无霜期331天，夏热冬暖，春长秋短，四季分明，暖季光照多，日照充足，为香龙大头菜生长提供了优良的环境。

四、收获时间

春节前后收获，最佳品质期为2月。

五、推荐贮藏保鲜和食用方法

【贮藏保鲜方法】用保鲜袋装好，在5℃条件下能保鲜1周；直接晾晒制作成传统咸菜，置于干燥、阴冷的环境中可长时间保存。

【食用方法】炒回锅肉、腊肉；煮肉汤。

六、市场销售信息

重庆市合川区枣梨蔬菜种植股份合作社　联系人：蒋万伦　联系电话：13452889513

供稿：合川区农产品检测站　秦　乐

万州玫瑰香橙

登录编号：CAQS-MTYX-20210470

一、主要产地

重庆市万州区甘宁镇、龙沙镇、郭村镇、瀼渡镇、武陵镇、新乡镇、新田镇等地。

二、品质特征

万州玫瑰香橙果实近圆球形，果面光滑；果皮紫红色，少量橙黄色，色泽艳丽；果肉细嫩化渣，汁丰，紫红色或橙黄色，口感酸甜适度；果蒂青绿色。

万州玫瑰香橙含可溶性固形物含量为13.3%，维生素C含量为69.7mg/100g，可溶性糖含量为11.5%，可滴定酸含量为0.19%，可食率73.9%。

三、环境优势

万州玫瑰香橙产地属亚热带副高压带湿润季风气候。冬冷无霜，无霜期340～360天；日照充足，年均温度18℃左右，年均日照时数1 300h，大于10℃的年活动积温5 900℃以上；万州玫瑰香橙产地属于长江流域，海拔300～500m，雨量充沛，年均降水量1 243mm，产区多灌溉山泉水，符合农业用水标准；土壤深厚肥沃，富含磷、钾、钙等。特殊的地理环境非常适合万州玫瑰香橙的生长。

四、收获时间

每年1—5月收获，最佳品质期为3月。

五、推荐贮藏保鲜和食用方法

【贮藏保鲜方法】4～8℃冷藏。

【食用方法】直接食用；榨汁饮用。

六、市场销售信息

重庆市万州区祥云玫瑰香橙专业合作社　联系人：张金城　联系电话：18680937787

重庆市万州区天奥农业开发有限公司　联系人：张　为　联系电话：15123512625

重庆视界农业开发有限公司　联系人：赵妍熙　联系电话：13983555520

供稿：万州区果树技术推广站　骆承树、汪小伟、何锦辉
万州区农产品质量安全中心　朱　劲

登录编号：CAQS-MTYX-20210471

城口鸡鸣绿茶

一、主要产地

重庆市城口县鸡鸣乡、蓼子乡、咸宜镇、明通镇等乡镇。

二、品质特征

城口鸡鸣绿茶以单芽或一芽一叶初展到一芽二叶为原料，造型有特色，条索细紧微卷，色泽深绿，显毫，油润，匀整，净度好。

城口鸡鸣绿茶锌含量58.5mg/kg，茶多酚含量24.8%，游离氨基酸含量3.8%，水浸出物含量43.9%。

三、环境优势

城口县地处大巴山腹地，属北亚热带山地气候，具有山区立体气候的特征。年平均气温13.8℃，无霜期平均为234天，年日照时数平均1 534.1h，年平均降水量为1 267mm。茶叶种植地位于海拔700～1 200m的中山地带，以鸡鸣卵叶茶、蒙山9号品种为主。城口县气候温和，雨量充沛，层峦叠嶂，云雾缭绕，植被茂密，日照充足，四季分明，昼夜温差大，土壤富硒富锌，生态良好，无污染。现有1 333hm^2茶山处于宜茶区域。鸡鸣绿茶是大自然孕育出的上等佳品。

四、收获时间

每年3—7月采收，最佳品质期为4月。

五、推荐贮藏保鲜和食用方法

【贮藏保鲜方法】密封后0～5℃低温冷藏保存，避光、防潮、防异味。

【食用方法】纯净水烧至沸腾，向杯中倒入1/3的热水，旋转杯身进行烫杯，将水倒掉。先倒入1/3的80～90℃热水，后放3～4g茶叶，待茶浸润后沿杯壁注入七分水即可。冲泡后芽叶舒展，香气清雅，喝至杯中剩1/3的水量时续水，可续3～5次。

六、市场销售信息

重庆市城口县鸡鸣茶业有限责任公司　联系人：阳心月　联系电话：18323530733

供稿：城口县农业农村委员会　杨佳佳

丰都红萝卜

登录编号：CAQS-MTYX-20210472

一、主要产地

重庆市丰都县龙河镇洞庄坪村。

二、品质特征

丰都红萝卜呈短棒状，横径 5 ~ 10cm，表皮鲜红且光滑，色泽正，根肉呈白色，形状整齐，大小均匀。肉质致密、鲜嫩、多汁，齿嚼易碎，细嫩化渣，甜而不辣。

丰都红萝卜可溶性糖含量为 3.21%，粗蛋白含量为 0.96g/100g，粗纤维含量为 0.6%，维生素 C 含量为 13.6mg/100g。

三、环境优势

丰都红萝卜主要产于丰都县龙河镇，平均海拔高度 600m，属于温带季风气候，夏季高温多雨，冬季寒冷干燥。四季分明雨热同期，天气的非周期性变化显著。产地土壤主要为潮土和油砂土壤，雨量充沛，立体差异明显，地下水充足并参与了成土过程，有机质积累较多；土壤中有机质养分较为充足，土壤 pH 值呈中性至微碱性；地表水和地下水充足，适合农产品的灌溉。丰都县的自然环境十分有利于丰都红萝卜养分的积累。

四、收获时间

每年 11—12 月收获，最佳品质期为 12 月。

五、推荐贮藏保鲜和食用方法

【贮藏保鲜方法】鲜萝卜冷藏储存；萝卜干冷藏储存。

【食用方法】萝卜干炒腊肉、凉拌萝卜、萝卜干腊排汤等。

六、市场销售信息

重庆市禾禾禾生态农业有限公司　联系人：范红容　联系电话：17783323013、13594577207

供稿：丰都县农业农村委员会　张红蓉

登录编号：CAQS-MTYX-20210474

巫山鸡蛋

一、主要产地

重庆市巫山县铜鼓镇、官渡镇、大昌镇、福田镇、两坪乡、平河乡、三溪乡等地。

二、品质特征

巫山鸡蛋蛋壳光滑，蛋黄橘红色，蛋白澄清、透明、稀稠分明，浓蛋白黏稠。

巫山鸡蛋营养丰富，胆固醇含量274.5mg/100g，锌含量10.9mg/100kg，卵磷脂含量2.39g/100g，蛋白质含量12.45g/100g，哈氏单位为75.0。

三、环境优势

巫山鸡蛋产地位于“重庆东北门户”、三峡库区腹心的巫山县，长江三峡、大宁河小三峡、神女溪官渡河横贯全境，这里有“一江碧水、两岸青山、三峡红叶、四季云雨”，森林覆盖率高达65%。这里属亚热带季风性暖湿气候区，四季分明，气候适宜，鸡蛋产地海拔800～1 300m，群山环绕，常年平均气温18.4℃，平均降水量1 041mm。巫山鸡蛋凭借产地生态环境好、空气新鲜、无工业污染、天然山泉水可补充鸡体内多种矿物质，通过科学的饲养，保障了巫山鸡蛋的品质。

四、收获时间

巫山鸡蛋产量稳定，全年均有生产。最佳品质期为全年。

五、推荐贮藏保鲜和食用方法

【贮藏保鲜方法】巫山鸡蛋适宜常温保存，最好放置在阴凉通风处。一般可贮存1～2个月。存放时鸡蛋大头朝上，切忌用水清洗。

【食用方法】巫山鸡蛋有多种食用方法，煮、蒸、煎均可，可与多种食材搭配。煮着吃、蒸着吃最利于营养的消化和吸收。

六、市场销售信息

巫山县泰昌家禽养殖专业合作社　联系人：王经理　联系电话：18996653592

重庆田袁旺农业发展有限公司　联系人：尹经理　联系电话：13028373333

巫山县天红畜禽养殖专业合作社　联系人：颜经理　联系电话：18716558810

巫山县科鸿蛋鸡养殖场　联系人：罗经理　联系电话：13996559715

供稿：巫山县畜牧技术推广站　梁贤军

石柱乌天麻

登录编号：CAQS-MTYX-20210475

一、主要产地

重庆市石柱土家族自治县洗新乡丰田村。

二、品质特征

石柱乌天麻呈椭圆形或长条形，略扁，皱缩而稍弯曲，长3～15cm，宽1.5～6cm，厚0.5～2cm，顶端有红棕色至深棕色鹦嘴状的芽或残留茎基，另端有圆脐疤痕。切成薄片后，表面黄白色至黄棕色，有纵皱纹及由潜伏芽排列而成的横环纹多轮，有时可见棕褐色菌索，角质样，半透明，气微，味甘。

石柱乌天麻天麻素含量为0.252%，浸出物含量为23.4%，水分含量为9.17%。

三、环境优势

石柱乌天麻种植基地位于北纬30°的重庆东南武陵山区的齐曜山脉，平均海拔超过1 600m，雨量充沛，气候冷凉，常年云雾缭绕，昼夜温差大。夏季凉爽湿润，最高气温在25℃左右，冬季冰雪覆盖，气温在-3℃左右；产地土壤以排水良好的砂质壤土为主，微酸性，特别适合高品质乌天麻（天麻中的珍品）生长。原生态的自然环境、气候条件，造就了石柱乌天麻得天独厚的优良品质。

四、收获时间

10月至翌年2月收获，最佳品质期为12月。

五、推荐贮藏保鲜和食用方法

【贮藏保鲜方法】新鲜乌天麻要带泥保存，收到后用干净食品塑料袋装好密封，以避免水分蒸发，营养散失。置于0～4℃冰箱内冷藏，保存期20天左右，建议尽快食用。

【食用方法】天麻炖排骨、天麻炖鸡、天麻沾蜂蜜等。

六、市场销售信息

重庆硒旺华宝生物科技有限公司　联系人：任　霞、向　灵　联系电话：15123769095

供稿：石柱土家族自治县农产品质量安全中心　江彬彬

登录编号：CAQS-MTYX-20210476

石柱辣椒

一、主要产地

重庆市石柱土家族自治县下路街道、三河镇、悦崃镇等乡镇（街道）。

二、品质特征

石柱辣椒整齐度好，辣椒颜色鲜红，果形呈纺锤形，辣味重，香味浓；果面光滑有光泽，新鲜洁净；果实硬度好；种子呈乳黄色。

石柱辣椒的辣椒素类物质（辣椒素和二氢辣椒素）含量为0.12g/100g，β–类胡萝卜素含量为1 668μg/100g，钙含量为53.8mg/100g，品质优良。

三、环境优势

石柱辣椒产地境内水量充沛，流向有利，年总降水量在1 126.6mm，且没有工业污染，水质清澈、纯净，是适宜的农业用水，区域内水利条件优越，地下水源充足，农田排灌设施配套，基本达到旱能浇、涝能排。产地以黄壤土居多，土壤肥力较高，有机质含量为2.4%～3.2%，pH值为6.2～7.2的中性或微酸性土壤，多级夷平面与侵蚀沟谷组合的山区地貌，以中山、低山为主，兼有山原、丘陵等地形单元，土壤地貌情况适合石柱辣椒种植。产地自然环境属于亚热带季风湿润气候区，海拔175～1 934m，雨量充沛，气候温和，四季分明，多年平均气温16.5℃，无霜期218天，年日照时数平均为1 333.3h，日照充足。光照、温度、土壤、水分及空气相对湿度等自然条件对辣椒生长有利。

四、收获时间

每年6—10月收获，最佳品质期为7月。

五、推荐贮藏保鲜和食用方法

【贮藏保鲜方法】常温22℃以下，干燥、避光、密封保存。

【食用方法】调味、拌、炒均可。

六、市场销售信息

重庆谭妹子金彰土家香菜加工有限公司　联系人：谭建兰、秦　霞、张　艳　联系电话：18996991111、19923389035、17726678527

供稿：石柱土家族自治县农产品质量安全中心　江彬彬

彭水紫苏油

登录编号：CAQS-MTYX-20210477

一、主要产地

重庆市彭水苗族土家族自治县连湖镇、联合乡、石柳乡、郁山镇、走马乡、龙溪乡、芦塘乡、保家镇、乔梓乡、汉葭街道、迁桥乡、岩东乡、桑柘镇、桐楼乡、梅子垭乡、双龙乡、诸佛乡、小厂乡、龙射镇、平安乡、鹿鸣乡、普子镇、棣棠乡、三义乡、黄家镇、大垭乡、润溪乡、龙塘乡、朗溪乡、鹿角镇、善感乡、鞍子乡、石盘乡、新田乡、万足镇共35个乡镇（街道）的150个行政村。

二、品质特征

彭水紫苏油为均匀一致液体，油状，呈黄色，油味清香无苦味，口感佳，滋味醇厚，有紫苏油的独特味道。

彭水紫苏油中亚麻酸含量为63.8%，α–亚麻酸含量为63.7%，维生素E含量为821mg/kg。

三、环境优势

彭水紫苏油以彭水紫苏籽为原料，采用特殊的物理工艺方法榨取，保障了彭水紫苏油营养丰富。彭水属于喀斯特地貌，以砂壤土、黄壤、紫色土等为主，富含铁、镁、钾、锌、硒、锶等多种中微量元素，森林覆盖率60%以上，适宜紫苏生长；彭水气候条件独特，立体差异大，年日照时数1 000～1 300h，日照充足，雨量充沛，天气温和，无霜期312天，生长周期长，相对东北紫苏144天的生长期和西北紫苏153天生长期要长100天左右，非常契合紫苏喜阴短日照的生物学特性，药食同源营养成分相对高出15%～100%；彭水县水系分布交错，水质优良，岩溶发达，盐卤水带分布明显，原水与地表交错分布宽。

四、收获时间

彭水紫苏是国内少有的晚熟品种，收获期每年11月中下旬。最佳品质期为11月。

五、推荐贮藏保鲜和食用方法

【贮藏保鲜方法】阴凉、干燥、避光处存放即可。

【食用方法】滴食、混合蜂蜜调匀冲温水饮用。每人每天3～5mL即可满足人体所需，幼儿减半。也可调入奶酪中食用。

六、市场销售信息

重庆市黔中道紫苏种植专业合作社　联系人：李永均　联系电话：023-78857002、13908381133

重庆后里生物技术有限公司　联系人：高清容　联系电话：023-78866723、15095913839

供稿：彭水苗族土家族自治县农业农村委员会　王银华
重庆市黔中道紫苏种植专业合作社　李永均

登录编号：CAQS-MTYX-20210478

永川莲藕

一、主要产地

重庆市永川区南大街街道、卫星湖街街道、来苏镇、吉安镇、临江镇、五间镇、何埂镇、仙龙镇、朱沱镇共9个乡镇（街道）。

二、品质特征

永川莲藕表面光滑，黄白色，色泽均匀；藕体呈圆筒形，藕身粗壮硬实；藕肉洁白，孔小肉厚。

永川莲藕含淀粉含量为19.0%，维生素C含量为25.2mg/100g，干物质含量为23.32%，粗蛋白含量为2.42g/100g，钙含量为260mg/kg，铁含量为10.1mg/kg，品质优良。

三、环境优势

永川莲藕产地位于黄瓜山背斜，永川区水源地临江河的中上游，属浅丘地貌，东西高，中间低，中部地势平坦开阔，相对高差小。属于亚热带季风气候，年平均气温18.2℃，最高气温39℃，最低气温2℃。年平均降水量1 042.2mm，年平均日照时数1 298.5h，无霜期约317天，气候适宜。土壤以红黄壤土为主，pH值5.5～7.5，矿质营养丰富，自然肥力高。永川莲藕种植范围内地表水资源丰富，临江河流经产地，水量充沛，且没有工业污染，水质清澈、纯净，可保证产地的农业灌溉用水。

四、收获时间

8月至翌年3月收获，最佳品质期为11月。

五、推荐贮藏保鲜和食用方法

【贮藏保鲜方法】贮存在通风、阴凉、干燥、清洁，不容串味的地方。没切过的莲藕可在室温中放置1周的时间，切过的莲藕容易变黑，切口处覆以保鲜膜，冷藏保鲜1周左右。

【食用方法】排骨炖莲藕、莲藕炒肉、莲藕饼等。

六、市场销售信息

重庆华辰生态农业发展有限公司　联系人：蓝功孝　联系电话：18996175672

重庆双季莲藕种植股份合作社　联系人：张优兵　联系电话：13983255708

供稿：永川区农业农村委员会　吴　艳

重庆华辰生态农业发展有限公司　蓝功孝

南川大树茶

登录编号：CAQS-MTYX-20210479

一、主要产地

重庆市南川区德隆乡、合溪镇、古花乡、大有镇、三泉镇。

二、品质特征

南川大树茶红茶外形肥壮紧结，多锋苗，棕褐油润，稍有金毫，匀整，净度好，汤色橙红明亮，香气纯正，花果香味浓郁。

南川大树茶绿茶以单芽或一芽一叶初展为原料，造型有特色，芽头肥壮、直、扁、紧致；色泽嫩绿、油润，匀整，净度好。

南川大树茶红茶水浸出物超过 35%，茶多酚含量 14.1%，儿茶素含量 6.65%，锌含量 41.2mg/kg。

南川大树茶绿茶水浸出物超过 35%，茶多酚含量 20.5%，锌含量 44.5mg/kg。

三、环境优势

南川大树茶产地位于重庆市西南部南川区境内的金佛山区，属大娄山东段支脉，典型的喀斯特地质地貌，最高海拔 2 251m。土壤弱酸性，pH 值 4.5 ～ 6.5，肥力中等，有机质含量丰富。种植区域属亚热带湿润季风气候，具有冬短、春早、夏长，雨热同季，气候垂直变化明显的特点。炎热的夏季，南川城区常年平均气温为 26℃左右，而大树茶主要种植区域的金佛山只有 17℃左右，年均降水量 1 400mm，雨量主要集中在夏季，常年霜日 26 天，雾日 260 天左右，相对湿度年均 90%，降雪一般从 11 月中旬至翌年 3 月。南川大树茶种植区域河流大多发源于金佛山，流经区境注入长江、乌江，水源充足。

四、收获时间

每年 3—6 月采收，根据当年温度，收获时间在范围内前后推移。最佳品质期为 4 月。

五、推荐贮藏保鲜和食用方法

【贮藏保鲜方法】将茶叶密封于铁皮罐中，低温避光保存。

【食用方法】沸水冲泡，茶水比 1∶50，快速出汤，边泡边饮，冲泡 5 ～ 7 次尚有茶香。

六、市场销售信息

重庆金山湖农业开发有限公司　联系人：陈　勇　联系电话：13098725899

重庆市手把式生态农业开发有限公司　联系人：周廷旭　联系电话：18996864949

重庆市能健茶业有限公司　联系人：霍彰敏　联系电话：13983329789

重庆市南川区天绿园名优茶厂　联系人：唐　建　联系电话：13883166844

重庆沙景山茶业有限公司　联系人：朱贵强　联系电话：13388979007

供稿：南川区农业特色产业发展中心　张　成

登录编号：CAQS-MTYX-20210889

綦江奈李

一、主要产地

重庆市綦江区隆盛镇、赶水镇、石角镇、三角镇、打通镇、篆塘镇、扶欢镇。

二、品质特征

綦江奈李果实有浓郁的果香味，果皮黄绿色，果肉淡黄色，有灰白果粉；果形心脏形，果顶微凸，缝合线浅，左右较对称。果实大，核小。

綦江奈李可溶性糖含量6.30%，可滴定酸含量0.42%，可溶性固形物含量14.4%，可食率98.2%。

三、环境优势

綦江奈李种植在海拔400～1 000m的山区丘陵，产地夏季气温高、光照充足、雨水充沛，非常符合綦江奈李生长周期内对温度、光照、水分的要求。土壤肥沃，土质疏松，土壤多为偏酸性的紫色土，pH值在5.0～6.5，有机质、全氮含量较高，富含钾、锌等矿物养分，利于綦江奈李养分的积累。

四、收获时间

每年7—8月为綦江奈李的采摘期，最佳品质期为7月。

五、推荐贮藏保鲜和食用方法

【贮藏保鲜方法】新鲜的綦江奈李可以用保鲜盒冷藏保存，冷藏前不要水洗，轻拿轻放，可保存半月。

【食用方法】綦江奈李洗净即可食用，削皮后食用，风味更佳。

六、市场销售信息

重庆市邦荣农业开发有限公司　联系人：刘邦铸　联系电话：13609413222

重庆市盐河果品股份合作社　联系人：罗玉模　联系电话：13983434778

綦江县富隆农业开发有限责任公司　联系人：杨义君　联系电话：15310285193

供稿：重庆市綦江区农业农村委员会　夏蓓蓓

大足葡萄

登录编号：CAQS-MTYX-20210890

一、主要产地

重庆市大足区三驱镇铁桥村、宝顶镇慈航村、铁山镇多宝村等。

二、品质特征

大足葡萄果穗大，为圆锥形，穗形紧凑美观，果粒着生中等紧密，果实椭圆形，果大，皮薄，黄绿色，果面有光泽。果肉香甜，有玫瑰香气。

大足葡萄可溶性糖含量为14.55%，可溶性固形物含量为19.2%，可滴定酸含量0.29%，维生素C含量21.9mg/100g，硒含量为0.005 3mg/kg。

三、环境优势

大足区位于东经105°29′～106°02′，北纬29°24′～29°52′，海拔270～900m，大部分地区坡度低于15°，与世界大部分葡萄种植园区纬度、海拔高度、坡度相同，有适宜葡萄生长的温度和热量。大足葡萄产地位于大足区中西部，土壤以灰棕紫泥土、红棕紫泥土为主，土地肥沃，富硒，土壤有机质含量高，平均为25.28g/kg，适宜葡萄生长。春季平均气温约18℃，5月葡萄花期平均温度为24℃左右，6月果实膨大期平均温度为28℃，7月日夜温差10℃，均有利于葡萄生长、着色及糖分积累。

四、收获时间

每年6—9月收获，最佳品质期为8月。

五、推荐贮藏保鲜和食用方法

【贮藏保鲜方法】日常贮藏保鲜温度0～8℃，湿度90%～95%。

【食用方法】清洗后鲜食。

六、市场销售信息

重庆大唐丰域生态农业发展有限公司　联系人：邱　红　联系电话：023-43358162、13883906318

重庆市游龙农业开发有限公司　联系人：陈朝禄　联系电话：13389622525

重庆市君道生态农业有限公司　联系人：李道元　联系电话：13002312267

供稿：重庆市大足区农业技术服务中心　吴　杰

登录编号：CAQS-MTYX-20210891

放牛坪梨

一、主要产地

重庆市渝北区茨竹镇、兴隆镇、木耳镇、大湾镇。

二、品质特征

放牛坪梨果实近圆形或圆锥形，果形端正，果皮黄褐色或黄绿色，果心小，果肉白色，肉质脆嫩化渣，石细胞少，汁多味浓，酸甜爽口，微具香气。

放牛坪梨含可溶性糖含量为7.75%，可溶性固形物含量为16.0%，可滴定酸含量为0.07%，硒含量为0.003 6mg/kg。

三、环境优势

放牛坪梨产地位于东经106°34′55″～106°48′51″，北纬29°47′37″～30°01′35″，海拔510～1 080m，属亚热带湿润气候，四季分明，雨热同步。年均气温15.7℃，无霜期310天；年均降水量1 060mm，主要集中在5—7月；年均日照时数1 480h；土壤为紫色土，土层深厚肥沃；地下水位低，排水良好，土壤pH值5.5～7，适宜放牛坪梨的生长。

四、收获时间

每年8月上旬收获，最佳品质期为8月。

五、推荐贮藏保鲜和食用方法

【贮藏保鲜方法】2～4℃冷藏贮存。

【食用方法】直接食用；熬制梨膏兑水饮用。

六、市场销售信息

重庆市渝北区茨竹镇放牛坪砂梨种植专业合作社　联系人：刘有虎　联系电话：13983905428

重庆隆玉恒农业发展有限公司　联系人：冉隆全　联系电话：13883564278

重庆冰岛畜禽养殖专业合作社　联系人：陈彭涛　联系电话：15723361321

供稿：渝北区农产品质量安全中心　韩爱华

巴南香桃

登录编号：CAQS-MTYX-20210892

一、主要产地

重庆市巴南区鱼洞街道、姜家镇等。

二、品质特征

巴南香桃形状呈椭圆形，果尖突出，缝合线浅，左右较对称，果皮表面光滑，有微小的白色绒毛，具有果形美观、红心离核、肉质香脆、清香味甜等特点。

巴南香桃含可溶性糖9.36%、胡萝卜素26μg/100g、铁3.29mg/kg、可滴定酸0.20%。

三、环境优势

巴南区位于重庆市西南部，东经106°26′02″～106°59′53″、北纬29°07′44"～29°45′43"，地处长江南岸丘陵地带，属亚热带湿润气候，四季分明，春早秋迟，夏热冬暖，年均气温18.7℃，年均降水量1 000～1 200mm，年均日照时数1 100～1 300h。巴南香桃种植区平均海拔350m左右，属浅丘地带，全年光照适宜，空气质量好，风力小，湿度大，生长季雨水量充沛，土壤为碱性页岩砂土，土层较深厚，非常适宜桃树生长。

四、收获时间

每年6—8月收获，最佳品质期为7月。

五、推荐贮藏保鲜和食用方法

【贮藏保鲜方法】家庭日常贮藏保鲜效果最佳的温度为0～1℃、相对湿度为85%～90%。

【食用方法】直接食用；加奶酪凉拌食用；制作桃子罐头。

六、市场销售信息

重庆市巴南区多成蔬菜水果种植专业合作社　联系人：毛丽华　联系电话：13883977982

重庆巴茂嵩农业开发有限公司　联系人：李秀昌　联系电话：15823922182

供稿：巴南区农业农村委员会　彭　红

登录编号：CAQS-MTYX-20210893

重庆沱茶（巴南）

一、主要产地

重庆市巴南区二圣镇集体村、巴山村、中坪村。

二、品质特征

重庆沱茶（巴南）呈碗臼形，紧实，光滑。色泽褐色，白毫显露。具有汤色橙黄明亮、滋味浓厚等特征。

重庆沱茶（巴南）游离氨基酸含量4.3%、水浸出物含量42.7%，茶多酚含量23.8%。

三、环境优势

巴南区位于重庆市西南部，东经106°26′02″～106°59′53″、北纬29°07′44″～29°45′43″，地处长江南岸丘陵地带，地质地貌形态多样，属亚热带湿润气候，四季分明，春早秋迟，夏热冬暖，年均气温18.7℃，年均降水量1 000～1 200mm，年均日照时数1 100～1 300h。重庆沱茶（巴南）茶园种植区空气质量良好，全年光照适宜，生长季雨水量充沛，且土壤条件优厚，土层深厚并富含有机质，酸碱适中，生态环境优良，非常适宜茶树生长。

四、收获时间

每年3—10月收获，最佳品质期为全年。

五、推荐贮藏保鲜和食用方法

【贮藏保鲜方法】在清洁、通风、避光、干燥、无异味、无污染的条件下长期保存。

【食用方法】将产品放于平整的器具上，如白纸或茶具（忌报纸及带有油墨的纸张），用茶针从沱茶侧面插入将其分开即可。将分开的沱茶整理松散，取茶3～5g，开水冲泡5min即可饮用。也可将掰成碎块的沱茶放入小瓦罐中在火膛上烤香后冲进沸水烧开后饮用，还可在煮烤沱茶的小瓦罐中加入油、盐、糖后饮用。

六、市场销售信息

重庆益丰茶叶有限公司　联系人：赖凌俊　联系电话：13996169377

供稿：巴南区农业农村委员会　彭　红

铜梁水南茶

登录编号：CAQS-MTYX-20210895

一、主要产地

重庆市铜梁区安溪镇谭洪村，旧县街道九塘村，南城街道巴岳村，福果镇团石村。

二、品质特征

铜梁水南茶以一芽一叶为主要原料，造型有特色，条索细紧，微卷，显毫，色泽嫩绿，油润、匀整、净度好，汤色嫩绿明亮，香气浓醇鲜爽。

铜梁水南茶含游离氨基酸 5.5%、水浸出物 40.9%、茶多酚 23.3%、锌 66.7mg/kg。

三、环境优势

铜梁水南茶产区位于重庆毓青山国家森林公园和铜梁巴岳山风景区，茶园生态环境优良，平均海拔 500 ～ 880m，年平均气温 17.8℃，年平均降水量 1 107mm，无霜期 327 天左右，年平均日照时数 1 149.9h，年平均空气相对湿度 82%，属亚热带季风性湿润气候，具有气候温和，雨量充沛，光照适宜，冬暖春早，夏长秋短，四季分明等特点。茶园土壤属酸性黄壤，土质肥沃，非常适合茶树的生长。

四、收获时间

每年 2—10 月采摘，最佳品质期为 3 月。

五、推荐贮藏保鲜和食用方法

【贮藏保鲜方法】铜梁水南茶具有极强吸附性，成品绿茶日常保鲜需满足 4 个条件：防潮、隔氧、低温、避光，长时间贮藏则须置于冷藏室。

【食用方法】成品茶冲泡饮用：宜先用 100℃沸水温杯，再取 3g 左右的茶，加入沸腾后冷却至 80℃的山泉水冲泡饮用口感为佳。

六、市场销售信息

安溪镇谭洪村茶乡缘农村综合服务社有限公司　联系人：罗洪玉　联系电话：18108371665

供稿： 铜梁区农业农村委员会
胡开伦

登录编号：CAQS-MTYX-20210896

城口山地鸡

一、主要产地

重庆市城口县葛城街道、复兴街道、修齐镇、高观镇、明通镇、庙坝镇、坪坝镇、巴山镇、高燕镇、东安镇、咸宜镇、高楠镇、龙田乡、北屏乡、岚天乡、河鱼乡、厚坪乡、治平乡、明中乡、蓼子乡、鸡鸣乡、周溪乡、双河乡、沿河乡、左岚乡共25个乡镇（街道）。

二、品质特征

城口山地鸡为地方品种，体躯略偏长，胸部宽窄适中，羽毛较紧凑，颜色黑（褐）色，行动活泼。背与尾部皮下布满脂肪，背部脂肪厚度0.54cm，尾部脂肪厚度0.60cm。肉质紧实细嫩。

城口山地鸡营养丰富，蛋白质含量为23.7g/100g，脂肪含量为1.8g/100g，氨基酸总量为23.1g/100g，硒含量为0.14mg/kg。

三、环境优势

城口县地处重庆市东北区，位于大巴山南麓，地理坐标为东经108°15′18″～109°16′43″、北纬31°37′25″～32°12′13″，海拔481.5～2 686m。属四川盆地北亚热带山地气候区，年平均气温13.8℃，无霜期234天，年均日照时数1 534.1h，年均降水量1 267mm，多年平均相对湿度78%。气候温和，雨量充沛，日照较足，四季分明，冬长夏短。全县有林地288.76万亩，占总土地面积的45.7%；有草地269.12万亩，覆盖率达35.26%。地处秦巴山区富锌富硒地带，土壤有机质、矿物质含量丰富，林地资源丰富，有大片荒山草地，大量天然青草和昆虫供鸡啄食，独特的自然地理环境为培育城口山地鸡创造了条件。

四、收获时间

城口山地鸡一般养殖6个月以上出栏，最佳品质公鸡为8月龄，母鸡1年以上最佳。最佳品质期为全年。

五、推荐贮藏保鲜和食用方法

【贮藏保鲜方法】冰箱0～5℃冷藏保鲜3天；冰箱冷冻室可保存1～3个月。

【食用方法】炖汤或烹制柴火鸡等。

六、市场销售信息

重庆四季五谷生态农业开发有限公司　联系人：王　姣　联系方式：19922038333

城口县乐爽养鸡股份合作社　联系人：王乐爽　联系电话：15870458718

城口县辉业养鸡场　联系人：王自辉　联系电话：13594845868

供稿：城口县农业农村委员会　杨佳佳

丰都桃

登录编号：CAQS-MTYX-20210897

一、主要产地

重庆市丰都县仙女湖镇卢家山村，南天湖镇三抚村。

二、品质特征

丰都桃果较大，成熟后果面部分着红色、粉色，绒毛较其他桃类短，果顶部向内凹，形似苹果；粘核，果肉呈浅黄色，嫩脆爽口，汁多味甜，果香浓郁。

丰都桃可溶性固形物含量为11.1%，总酸含量为0.31g/100mL，固酸比为35.8，上述指标均优于同类产品参照值。

三、环境优势

丰都县仙女湖镇、南天湖镇，接壤国家级旅游景区，种植区域海拔650～850m，产地高山地貌，四面环山，风景优美，植被覆盖率高达90%以上；土壤为黄色土，酸碱度适中，养分充足；自然降水丰富，雨量充沛，年均降水量1 080mm；属亚热带湿润季风型气候，立体气候明显，四季分明，气候温和，秋冬多雾，平均气温22℃，无霜期307天，日照1 250h。优越的地理条件和自然资源十分有利于丰都桃的生长。

四、收获时间

每年7—8月收获，最佳品质期为8月。

五、推荐贮藏保鲜和食用方法

【贮藏保鲜方法】冷藏保鲜。

【食用方法】清洗后直接食用，也可用于制作桃子果酱、紫苏桃子姜等。

六、市场销售信息

重庆市丰都县仙女湖镇卢家山村5组　联系人：孙　祥　联系电话：15310123366

丰都县仙女湖镇山磴坡桃园　淘宝ID581608013　抖音小店 aweme://goods/store?sec_shop_id=IjTIvYM

供稿：丰都县农业农村委员会　张红蓉

登录编号：CAQS-MTYX-20210898

开州翠冠梨

一、主要产地

重庆市开州区铁桥镇、义和镇、中和镇、岳溪镇、南门镇、河堰镇、白桥镇、天和镇、大德镇、三汇口乡、赵家街道、郭家镇、温泉镇。

二、品质特征

开州翠冠梨果实近圆形，果个大；果皮黄绿色或黄色，光滑细薄；果肉白色，不易褐变，肉质细嫩松脆，石细胞少，无渣，汁多、味甜，果心小。

开州翠冠梨总酸含量0.098mg/kg，可溶性固形物含量11.5%，维生素C含量2.48mg/100g。

三、环境优势

开州区位于大巴山南麓、长江三峡腹地，属于亚热带季风气候区，年平均气温18.2℃，年均活动积温6 675℃，无霜期306天，年均日照时数1 463h，年降水量1 200mm左右，相对湿度80%。区域内有东河、南河、浦里河，桃溪河、彭溪河5条河流纵横，水资源丰富。开州翠冠梨主要产地处于海拔500～700m的中高山，光照时间长、雾少，土层深厚肥沃，土壤有效磷含量约10mg/kg、速效钾含量约100mg/kg、有机质含量约15g/kg，土壤pH值7左右，以紫色土为主，保水保肥能力极强。产区无污染，周边无工矿企业，有利于开州翠冠梨生长。

四、收获时间

每年7—8月收获，最佳品质期为7月。

五、推荐贮藏保鲜和食用方法

【贮藏保鲜方法】冷藏保存：可以将翠冠梨用2～3层的报纸或软纸包好后放入冷藏室保存，包之前不要水洗，适宜温度-1～1℃，最高不超过5℃，可保存2周。

【食用方法】①生食：去皮、去核、生吃。②榨汁熬制：把翠冠梨去皮、去核，榨汁。取400mL左右梨汁，与10g冰糖、1粒胖大海或少许冬瓜子一起熬煮20min。③冰糖梨：把翠冠梨切片，与冰糖、银耳一起放入沸水锅中熬煮。

六、市场销售信息

重庆市开州区绿周果业有限公司　联系人：文太胜　联系电话：13452703838

开县梨花庄农家乐　联系人：雷必轩　联系电话：13996626426

重庆市开州区丰收种植股份合作社　联系人：蔡金彦　联系电话：17382214266

供稿：开州区农业农村委员会　程　才

巴阳枇杷

登录编号：CAQS-MTYX-20210899

一、主要产地

重庆市云阳县巴阳镇。

二、品质特征

巴阳枇杷果实近圆球形，平均单果重 60g 左右，萼孔开张呈五星形。果皮深橙色、易剥离，果肉橙色，肉厚多汁，质地细腻，酸甜适度，风味浓郁。

巴阳枇杷可溶性固形物含量为 9.5%，总酸含量为 0.29g/100mL，可食率含量为 79.72%。

三、环境优势

巴阳镇地处云阳县西部，长江从西向东流去，流程 10km，巴阳地处长江北岸，受长江沿岸小气候影响，气候温暖湿润，年平均气温 18.5℃，相对湿度 73%。巴阳镇地处背斜低山，属于深丘缓坡地貌，地势北高南低，海拔在 175 ～ 1 200m，昼夜温差大，有利于枇杷中糖分的积累。巴阳土壤以紫色土为主，土壤质地、结构较好，富含磷、钾等营养元素，保肥、回润力强，生产性能好。

四、收获时间

每年 5 月收获，最佳品质期为 5 月。

五、推荐贮藏保鲜和食用方法

【贮藏保鲜方法】常温、通风处保存，保存时间约 1 周。

【食用方法】宜鲜食，也可熬制枇杷膏，还可用于制作枇杷银耳粥、枇杷薏米粥、枇杷酒、枇杷排骨汤等。

六、市场销售信息

云阳县金丸水果种植专业合作社　联系人：熊冬云　联系电话：15978938399

重庆市云阳县兴鸿枇杷种植专业合作社　联系人：谭红超　联系电话：17774910342

供稿：云阳县巴阳镇农业服务中心　王剑春

登录编号：CAQS-MTYX-20210900

江津茶叶

一、主要产地

重庆市江津区所辖蔡家镇、李市镇、嘉平镇、西湖镇、四面山镇、柏林镇。

二、品质特征

江津茶叶以单芽、一芽一叶初展到一芽二叶为原料，造型卷曲紧致，色泽嫩绿，多毫，油润，匀整，净度好，汤色嫩绿明亮，香气浓醇高爽，滋味鲜美回甘。

江津茶叶游离氨基酸含量高达7.7%，水浸出物达41.5%，茶多酚含量21.5%，锌含量72.7mg/kg，数值远高于同类茶叶参照值。

三、环境优势

江津茶叶种植区域主要分布在南部山区，远离城镇，清洁无污染，平均海拔700m以上，山势较高，云雾缭绕，森林密布，土壤pH值4.5～5.5。年降水量1 200mm左右，年均温17℃左右，全年无霜期330天以上，相对湿度80%以上。具有冬季气温高，春季回暖早，昼夜温差较大，水热资源丰富等优势，十分宜于茶树生长。

四、收获时间

每年3—9月收获，最佳品质期为3月。

五、推荐贮藏保鲜和食用方法

【贮藏保鲜方法】密封冷藏，风味持久保鲜。

【食用方法】江津茶叶质地细嫩，不适合滚烫沸水冲泡，建议用敞口玻璃杯，水温80～85℃，茶水比例以1∶50为佳，冲泡时间为2～3min，泡出来的茶香气浓郁，汤色嫩绿明亮，滋味鲜美回甘，建议现泡现饮。

六、市场销售信息

重庆畅途农业开发有限公司　联系人：张茂林　联系电话：18983921666

重庆市旺发茶叶有限公司　联系人：周小雨　联系电话：13808327296

重庆肯拓农业开发有限公司　联系人：石钟鸣　联系电话：13594219068

供稿：江津区农产品质量安全中心　赵海忠

合川白山羊

登录编号：CAQS-MTYX-20210901

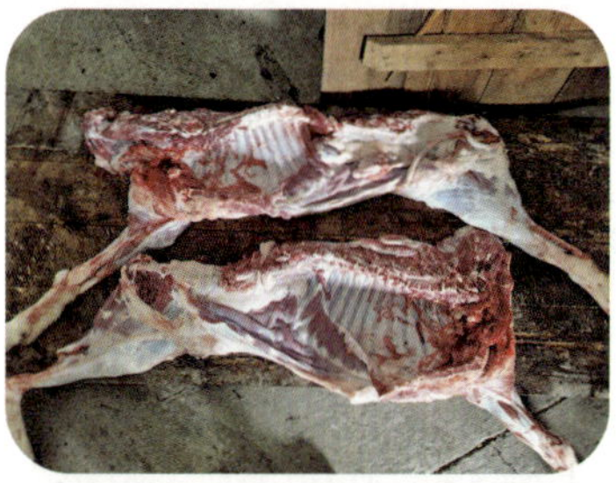

一、主要产地

重庆市合川区太和镇、铜溪镇、双凤镇、隆兴镇、渭沱镇、三汇镇、清平镇、龙市镇、三庙镇、龙凤镇、二郎镇、云门街道、盐井街道、南津街道，共计 14 个镇（街道）。

二、品质特征

合川白山羊被毛以白色为主，全身为短粗毛，皮肤为白色，头适中、呈倒三角形，额宽平。体质结实，结构匀称，体格中等。四肢粗短，具有良好的肉用体形。合川白山羊羊肉呈鲜红色，有光泽，肌肉纤维较细，肌肉间由筋膜和少量脂肪覆盖，筋膜薄易分离，脂肪雪白或微黄，质坚硬而脆，肉质肥美细嫩，口感鲜美，有清香味，膻味轻，汤汁鲜醇透亮。

合川白山羊肉蛋白质含量高达 19.64g/100g，锌含量高达 43.0mg/kg，硒含量高达 0.16mg/kg，上述指标优于同类产品参照值。

三、环境优势

合川白山羊产地位于川中丘陵和川东平行岭谷的交接地带，产区属于丘陵盆地，海拔 185 ～ 1 284.2m，沿江岸则多平坝，既有开阔平坝又有适合攀爬的丘陵，保证羊群能够充分活动。境内河道属长江流域，最大河流为嘉陵江，境内长 89.5km，流域面积 1 040.6km^2，主要支流有涪江、渠江、南溪河、柏水溪、大蟠溪、玉龙河等，且雨量充沛，年降水量在 1 100 ～ 1 400mm，水质清洁，充分满足白山羊的饮水所需。境内气候温和，属于亚热带季风气候，夏季高温多雨，冬季温暖干燥，年均温度 18.1℃。全区有草地面积 3 万 hm^2，林间田隙野草茂盛，土壤肥沃，主产水稻、玉米、番薯、油菜、豆类等农作物，青饲料资源丰富。独特的地质地貌、气候条件和饲草饲料资源为合川白山羊发展提供了优越条件。

四、收获时间

全年均可出栏，最佳品质期为全年。

五、推荐贮藏保鲜和食用方法

【贮藏保鲜方法】①冷藏：新鲜羊肉用保鲜袋包装好，在 4 ～ 5℃的条件下，可存放 3 天左右。②冷冻：新鲜羊肉在 –5℃下，可保存 2 ～ 3 个月。

【食用方法】清炖羊肉汤、红烧羊肉、烤全羊等。

六、市场销售信息

重庆盈和农业科技有限公司　联系人：何　钢　联系电话：13996179149

重庆市羔牧白山羊养殖技术专业合作社　联系人：张丽娟　联系电话：13629775377

供稿：合川区畜牧站　王　炼

登录编号：CAQS-MTYX-20210480

金堂姬菇

一、主要产地

四川省成都市金堂县官仓街道荣华社区、新水碾社区、清江社区、双堰社区、花牌坊社区，赵家镇翻山堰社区、三烈社区、金山村，竹篙镇食用菌园区，福兴镇东坝社区。

二、品质特征

金堂姬菇大小均匀，菇形完整，新鲜光洁；菌盖深灰色，菌褶白色；口感脆嫩爽滑，味道鲜美。

金堂姬菇蛋白质含量为3.06%，天门冬氨酸含量为0.22%，谷氨酸含量为0.40%，铁含量为14.5mg/kg，维生素 B_2 含量为0.225mg/100g。

三、环境优势

姬菇是金堂县现代农业特色产业之一，金堂姬菇产地位于东经104°20′37″～104°52′56″、北纬30°29′10″～30°57′41″，介于海拔385～538m，年产量35万吨。境内有沱江、清白江、北河、毗河、清溪河等河流。金堂姬菇产地属内陆亚热带湿润季风气候，气候温和，四季分明，雨量充沛，无霜期长。金堂姬菇在业内拥有极高的知名度和美誉度。

四、收获时间

9月底至翌年3月底收获，最佳品质期为11月。

五、推荐贮藏保鲜和食用方法

【贮藏保鲜方法】冷藏保鲜。

【食用方法】姬菇炒食方法简单，添加配料炒熟即可食用；还可与肉末、猪脚、骨头等一起炖汤。

六、市场销售信息

金堂县清江镇佳盛家庭农场　联系人：范忠义　联系电话：13881988318

金堂县清江镇彭氏家庭农场　联系人：彭述宽　联系电话：13980074833

供稿：金堂县农业农村局　张桂银

金堂甲鱼

登录编号：CAQS-MTYX-20210481

一、主要产地

四川省成都市金堂县赵镇街道云绣社区，高板街道杨溪村、平桥社区，竹篙镇九龙村，转龙镇新开村，土桥镇平山村，福兴镇双宏村，云合镇磨盘山村，又新镇白鹤村，土桥镇平山村。

二、品质特征

金堂甲鱼体表完整光洁，背面墨绿色，腹部浅黄色；个大，单个重约 1.4kg；背腹甲边缘生长裙边，宽厚有弹性，伸展平直；体质健壮，反应灵敏，爬行有力；煮熟后，肉质细腻、鲜香，裙边软糯。

金堂甲鱼蛋白质含量为 19.4%，必需氨基酸总量为 6.96%，EPA 含量为 14.3mg/100g，DHA 含量为 40.9mg/100g，L- 羟脯氨酸含量为 0.46%。

三、环境优势

金堂甲鱼产地处于龙泉山脉以东的川中丘陵地带，纯自然水灌溉养殖，光照充足、环境僻静。金堂县竹篙镇鱼鳖混养观光产业园在成都市农林科学院水产研究所提供技术支持下，以赵家沟甲鱼养殖专业合作社 300 余亩甲鱼养殖基地为基础提升发展，总占地面积 3 200 余亩，集中打造 500 亩标准化鱼鳖混养示范基地，构建“产供销 + 服务”于一体的生态农业观光产业园，打造乡村振兴特色水产品牌“富甲一方”示范产业区。同时，作为成都市农林科学院水产研究所稻鳖共生、鱼鳖混养的科研示范基地，全力打造具有“川字号”特色水产品的优质品牌。

四、收获时间

每年 11—12 月收获，最佳品质期为 11 月。

五、推荐贮藏保鲜和食用方法

【贮藏保鲜方法】活体储存。

【食用方法】红烧甲鱼、炖甲鱼等。

六、市场销售信息

成都蜀溪水产养殖专业合作社　联系人：汤仕军　联系电话：13808072177

成都市川甲农业开发有限公司　联系人：何克忠　联系电话：13980508056

供稿：金堂县农业农村局　张桂银

登录编号：CAQS-MTYX-20210902

金堂青脆李

一、主要产地

四川省成都市金堂县高板街道高龙村、枫林村、石龙社区、东岳村、平桥社区，赵家镇翻山堰村，转龙镇古鼎村，福兴镇三福村。

二、品质特征

金堂青脆李果形端正，果面光洁，果皮绿色；果大，单果重53g；核小，易离核，果肉黄绿色，肉质脆爽，味甜，汁水足。

金堂青脆李含可溶性固形物含量为14.2%，固酸比21.5，β–胡萝卜素含量为927μg/100g。

三、环境优势

金堂县地处龙泉山脉中段，两翼地区属亚热带湿润季风气候，年均温17.2℃，年降水量926mm，年日照时数1 300h，无霜期290天，海拔480～850m，土壤深厚肥沃，是青脆李产业发展的最佳生态区域。

四、收获时间

金堂青脆李于6月底至7月初成熟，最佳品质期为7月。

五、推荐贮藏保鲜和食用方法

【贮藏保鲜方法】冷藏保鲜。

【食用方法】①直接食用，生津止渴。②泡酒：将金堂青脆李洗净，自然风干；在粮食酒中放入冰糖、金堂青脆李，泡制30余天即可饮用，清热化痰。

六、市场销售信息

成都四有农业科技有限公司　联系人：张宏俊　联系电话：13568966797

金堂县聪明家庭农场　联系人：易启聪　联系电话：15882027335

供稿：金堂县农业农村局　张桂银

沐川银花

登录编号：CAQS-MTYX-20210907

一、主要产地

四川省乐山市沐川县沐溪镇前光村、龙门村、石围村、河口村、庙坪村、黄龙村，杨村乡茨岩村、两路村、梭堂村、碑坪村，永福镇永兴村，武圣乡草坪村、新民村、桂花村，富新镇太和村，茨竹乡寺坪村、茶坪村，黄丹镇芋荷村等。

二、品质特征

沐川银花又叫“沐川金银花”，为药食同源植物，花叶兼用，花入药或为茶饮，花和叶均可作为提取绿原酸的原料植物。其花对生，待开时花蕾白色，开花初期白色，后转为金黄色。其叶色深绿、厚实，产量较高。沐川银花以干燥花蕾入药入茶，花蕾呈长条形，鱼肚状，上粗下细略弯曲，长 1.7 ～ 2.2cm，上部直径 0.2 ～ 0.3cm，下部较细，表面浅绿色，气味清香，口尝微有苦味。

沐川银花含水量≤ 11.0%，绿原酸≥ 4.5%，异绿原酸 A ≥ 3.50%，新绿原酸≥ 0.31%，隐绿原酸≥ 0.28%，木樨草苷≥ 0.05%；银花叶含水量≤ 11.0%，绿原酸≥ 4.5%。

三、环境优势

沐川县位于四川盆周西南边缘向小凉山山地过渡地带，年平均气温 17.3℃，年均日照时数 968h，年均降水量 1 332mm，雨日全年 207 天，属亚热带季风性湿润气候区。该区有气候温和、雨水多、湿度大、日照少的气候特点；沐川银花分布于海拔 700 ～ 1 400m 的中低山区，森林覆盖率 77.34%，土壤为暗紫泥和黄壤，pH 值 5.5 ～ 6.8，有机质含量丰富。

四、收获时间

沐川银花一年 5 月和 7 月开花两次，5 月为主要采花期，以待开白色花蕾和初开白色之花为佳。叶片于 6 月夏季修剪和 12 月冬季修剪时采收。最佳品质期为 5 月。

五、推荐贮藏保鲜和食用方法

【贮藏保鲜方法】密封、避光、阴凉、干燥、通风处贮藏，冷藏更佳。

【食用方法】银花代茶饮，取干燥银花 3 ～ 5g，放入杯中，沸水冲泡饮用。

六、市场销售信息

沐川县蜀塬腾种植专业合作社　联系人：余　江　联系电话：17360302663

四川蜀塬腾农业科技有限公司　联系人：柳　虹　联系电话：15680813296

供稿：沐川县金银花协会　莫汉珍

沐川县沐溪镇农业综合服务中心　莫汉儒

登录编号：CAQS-MTYX-20210912

雨城猕猴桃

一、主要产地

四川省雅安市雨城区周公山镇、望鱼镇、晏场镇、碧峰峡镇、上里镇、八步镇、草坝镇、多营镇。

二、品质特征

雨城猕猴桃果形端正，果面光洁，果皮薄、绿褐色。果肉黄绿色，果心小，横截面呈放射状红色条纹。果香浓，果肉细腻，酸甜适度，汁水足，香气浓郁，香甜清爽。

雨城猕猴桃含可溶性固形物含量为13.7%，固酸比为12.2，维生素C含量为116mg/100g，花青素总量为4.0mg/kg，膳食纤维含量为4.8g/100g，优于同类猕猴桃。

三、环境优势

雅安市雨城区地处北纬30°，位于四川盆地西缘山区，川西平原与青藏高原过渡地带，青衣江流域中游，属亚热带湿润季风气候区。境内山峦起伏，河流纵横，森林覆盖率58.8%，山清水秀，空气清新，具有冬无严寒，夏无酷暑、气候温和、雨量充沛的气候特点。全区土壤土层深厚肥沃，林竹郁葱繁茂，自然生态优良，生物多样性水平高，是猕猴桃生长的最适宜地区。

四、收获时间

每年10月收获，最佳品质期为10月。

五、推荐贮藏保鲜和食用方法

【贮藏保鲜方法】密封、低温、避光贮藏。

【食用方法】去皮后鲜食。

六、市场销售信息

雅安市春苑农业有限公司 联系人：刘德文 联系电话：13908169408

雅安市金船山猕猴桃种植专业合作社 联系人：李 净 联系电话：13881606655

供稿：雨城区农业农村局 张 矛

雨城红茶

登录编号：CAQS-MTYX-20210913

一、主要产地

四川省雅安市雨城区碧峰峡镇、上里镇、草坝镇、晏场镇、多营镇、八步镇、望鱼镇、周公山镇。

二、品质特征

雨城红茶外形条索细紧而稍弯曲，有锋苗，色泽乌润略带灰光。带有类似蜜糖或苹果的香气，持久不散，汤色红艳明亮，滋味鲜醇带甜，叶底鲜红明亮。

雨城红茶含茶多酚含量为14.1%，茶黄素含量为0.14%，茶氨酸含量为12.9g/kg，锌含量为47.6mg/kg。

三、环境优势

雅安市雨城区全年平均气温14.5℃，年降水量2 000～2 200mm，常细雨蒙蒙、烟霞满山，茶叶种植多分布于1 000～1 400m的高海拔区域，且全区土壤肥厚，棕壤、黄壤居多，pH值4.5～6，富含有机质，渗透性、储水性好，极宜于茶叶种植生长。在这种生态环境下，太阳光直射减弱，散射光增多，有利于茶叶中含氮物质的形成，孕育出品质优良的茶叶。雨城种茶已有2 000多年历史，是我国最古老的茶区之一，是“雅安藏茶”之乡，同时也盛产红茶。

四、收获时间

每年3—9月采收，最佳品质期为3月。

五、推荐贮藏保鲜和食用方法

【贮藏保鲜方法】干燥密封、低温、避光保存。

【食用方法】开水冲泡饮用。

六、市场销售信息

雅安市小叶元茶种植农民专业合作社　联系人：李　林　联系电话：13388348258

雅安市下里茶舍茶业有限公司　联系人：卢　鑫　联系电话：17738852145

四川雨蒙禾盛农业发展有限公司　联系人：彭丽凤　联系电话：18981636886

供稿：雨城区农业农村局　张　矛

登录编号：CAQS-MTYX-20210914

雨城绿茶

一、主要产地

四川省雅安市雨城区碧峰峡镇、上里镇、草坝镇、晏场镇、多营镇、八步镇、望鱼镇、周公山镇。

二、品质特征

雨城绿茶外表紧细、较直、多锋苗，嫩绿多毫，清香鲜洁。冲泡后，清香持久，汤色杏绿明亮，叶底嫩黄明亮，入口鲜嫩醇爽。

雨城绿茶儿茶素含量为12.11%，茶多酚含量为23.4%，茶氨酸含量为6.1g/kg，游离氨基酸总量为5.2%，水浸出物为42.1%，高于同类绿茶参照值。

三、环境优势

雅安市雨城区全年平均气温14.5℃，年降水量2 000～2 200mm，常细雨蒙蒙、烟霞满山，茶叶种植多分布于1 000～1 400m的高海拔区域，且全区土壤肥厚，棕壤、黄壤居多，pH值4.5～6，富含有机质，渗透、储水性好，极宜于茶叶种植生长。在这种生态环境下，太阳光直射减弱，散射光增多，有利于茶叶中含氮物质的形成，孕育出品质优良的茶叶。雨城种茶已有2 000多年历史，是我国最古老的茶区之一。

四、收获时间

每年3—10月采收，最佳品质期为3月。

五、推荐贮藏保鲜和食用方法

【贮藏保鲜方法】干燥、密封、低温、避光保存。

【食用方法】开水冲泡饮用。

六、市场销售信息

四川雨蒙禾盛农业发展有限公司　联系人：彭丽凤　联系电话：18981636886

雅安市金春寿茶业有限公司　联系人：晏正良　联系电话：18113892270

供稿：雨城区农业农村局　张　矛

紫云红芯红薯

登录编号：CAQS-MTYX-20210172

一、主要产地

贵州省安顺市紫云苗族布依族自治县五峰街道、松山街道、猫营镇、板当镇、坝羊镇、格凸河镇、四大寨乡、宗地镇、猴场镇、大营镇、白石岩乡共 11 个乡镇（街道）147 个行政村。

二、品质特征

紫云红芯红薯（番薯）个体细长，大小均匀，呈长纺锤形，单个重 50 ～ 200g，表皮光滑、呈淡黄色，肉质淡粉色，色泽鲜亮。鲜食质脆味甜，蒸熟后通体晶莹，薯肉淡黄色，细腻绵软，甘甜，具板栗香味。

紫云红芯红薯营养价值高，其蛋白质含量为 1.78g/100g，水分含量为 68.9g/100g，脂肪含量为 0.3g/100g，淀粉含量为 16.7g/100g。

三、环境优势

紫云境内广泛分布页岩，其富含磷、钾、硅、铁，自然肥力较高，土层中多含半风化母岩碎屑，土质疏松，通气透水，供肥性能良好，土壤以黄壤、黄棕壤为主。境内降雨充沛，云雾多，日照少，日照率低，但较集中；温差大，冬季温凉，夏季炎热；年均降水量 1 300mm 左右。良好的土壤及气候条件形成了紫云红芯红薯的优良品质。

四、收获时间

每年 8—10 月收获，最佳品质期为 10 月。

五、推荐贮藏保鲜和食用方法

【贮藏保鲜方法】紫云红芯红薯室温保存，放置于干燥处，防潮湿，可以贮藏 15 天左右。

【食用方法】可生吃、蒸煮、烧烤、油炸。

六、市场销售信息

紫云亚太商务有限责任公司　联系人：韦　景　联系电话：18208531411

紫云苗族布依族自治县文烁植保农民专业合作社　联系人：胡光友　联系电话：17708539588

供稿：紫云苗族布依族自治县农业技术推广站　陈　玲

登录编号：CAQS-MTYX-20210487

水城春茶

一、主要产地

贵州省六盘水市水城区杨梅乡沙沟村、木城村、姬官营村，龙场乡娱乐村、麻窝村等。

二、品质特征

水城春茶外形条索紧实，色泽墨绿较光润，冲泡后汤色黄绿明亮，栗香较高长，滋味醇厚，回甘明显，叶底嫩匀。

水城春茶内含物丰富，其中，茶多酚含量19.7%，水浸出物含量42.7%，游离氨基酸总量3.7%，儿茶素含量14.89%。

三、环境优势

六盘水市水城区属亚热带湿润季风气候，雨量充沛，气候温和，寡日照，多云雾，立体气候明显。茶叶种植基地平均海拔1 600m，森林覆盖率在51.26%以上，漫射光丰富，生态环境良好，生物多样性丰富，水资源十分充足，土壤均为黄棕壤，土壤pH值4.5～5.5，富含有机硒，有机质含量高，有利于茶叶生长。生产出的茶叶多酚类、氨基酸积累普遍高于低海拔地区，并具有独特香气和滋味。

四、收获时间

每年3—10月采收，最佳品质期为3月。

五、推荐贮藏保鲜和食用方法

【贮藏保鲜方法】茶叶必须密封、避光、防潮、防异味，0～4℃冷藏效果最佳。

【食用方法】①沸水冲泡，茶水比1∶（25～38），冲泡20～30s后即可出汤饮用。②在玻璃杯中投入2～3g茶叶，用200mL 80～90℃水温冲泡，静置2min后即可饮用。③在200mL冷水杯中投入2～3g茶叶，静置1h以上即可饮用。

六、市场销售信息

六盘水市水城区茶叶发展有限公司　联系人：张　锟、李德枰　联系电话：0858-8263569、18285899003

供稿：六盘水市水城区农业农村局　颜玉超
六盘水市水城区茶叶发展有限公司　刘　兴

织金竹荪

登录编号：CAQS-MTYX-20210488

一、主要产地

贵州省毕节市织金县 33 个乡镇（街道）。

二、品质特征

织金竹荪整体呈乳白色，菌柄呈空心圆柱形，菌裙自菌盖向下呈网状，可食用部分为菌盖、菌裙、菌柄，菌柄长度为 150mm 左右，菌柄直径为 20mm 左右。味清香，脆嫩爽口。

织金竹荪营养丰富，维生素 B_2 含量为 0.099mg/100g，铁含量为 166mg/kg，硒含量为 2.68mg/kg。

三、环境优势

织金县地处黔西北高原向黔中高原过渡递降的斜坡地带，大部分地区海拔 1 200 ～ 1 800m，全县大部属北亚热带高原山地季风湿润气候区，具有明显的高原气候特点，冬春干燥、夏季湿润，冬暖夏凉，气候宜人。年平均气温 14.1℃，年总积温 5 142.9℃，年均降水量 1 440mm，年日照时数 1 118h，无霜期 327 天，具有冬无严寒、夏无酷暑、气候温和、雨量充沛、光热同期、水热同季、无霜期长的气候特点。

四、收获时间

每年 5—11 月收获，最佳品质期为 8 月。

五、推荐贮藏保鲜和食用方法

【贮藏保鲜方法】冷库低温保鲜可保存 1 周左右，干品可保存 1 年以上，冷藏最适宜温度为 0 ～ 3℃。

【食用方法】织金竹荪香味浓郁，营养丰富，适宜烧、炒、焖、扒、酿、烩、涮、煲汤等多种烹饪方法。

六、市场销售信息

贵州美味鲜竹荪产业有限公司　联系人：陈桐杰　联系电话：13671037163

贵州织金毫米农业科技发展有限公司　联系人：王　波　联系电话：13508573210

贵州耕作科技有限公司　联系人：左桂荣　联系电话：15599161153

织金县慷骅农资集团有限公司　联系人：周其模　联系电话：13595709999

织金县王氏竹荪销售有限责任公司　联系人：王仁俊　联系电话：18230908786

贵州织金县四维产业发展有限公司　联系人：刘德宾　联系电话：16683877775

贵州金荪生物科技开发有限责任公司　联系电话：0857-7698698、15519726221、19385275676

织金县农业发展投资（集团）有限公司　联系电话：4008005956

供稿：织金县农产品发展和销售中心　刘育新

登录编号：CAQS-MTYX-20210489

盐津乌骨鸡

一、主要产地

云南省昭通市盐津县盐井镇、普洱镇、豆沙镇、庙坝镇、柿子镇、牛寨乡、兴隆乡、落雁乡、中和镇、滩头乡。

二、品质特征

盐津乌骨鸡体型较大，头尾翘立，羽毛紧凑；片羽，羽毛多为黑色，其次为麻黄和白色；单冠直立，冠齿 5 ～ 7 个；喙略弯，呈乌黑色；冠、肉髯、皮肤、胫、爪呈乌黑色，少数个体有胫羽。

盐津乌骨鸡营养丰富，蛋白质含量 24.00g/100g，硒含量 11.25μg/100g，肌苷酸含量 2.51mg/g，黑色素含量 0.49%，均优于参照值。

三、环境优势

盐津乌骨鸡养殖区域属中亚热带与温带共存的季风立体气候，夏季炎热，冬季偏暖，雨量充沛，气候湿润，无霜期长，年平均气温 17℃。山势陡峭，重岩迭嶂，峰峦起伏，峡谷幽深，多呈“V”字形地形；最高海拔 2 263m，最低海拔 330m；适宜养殖区海拔为 500 ～ 2 000m 的半山区及山区，森林覆盖率大于 65%，生物多样性特征较为明显，境内水资源丰富，给盐津乌骨鸡提供了优越的生长环境。

四、收获时间

全年均可出栏，最佳品质期为全年。

五、推荐贮藏保鲜和食用方法

【贮藏保鲜方法】盐津乌骨鸡肉如需长时间保存，可袋封抽真空后，放冰箱冷冻保存。

【食用方法】天麻乌骨鸡、椒麻鸡块、白斩乌鸡等。

六、市场销售信息

云南乌蒙滇凤农牧科技有限责任公司　联系电话：15987019648

云南本城农业有限公司　联系电话：13708429655

盐津绿源食品科技有限公司　联系电话：13808837607

盐津东胜中药材种植有限公司　联系电话：15808641380

供稿：盐津县农业农村局　黄　跃、张顺均

昭通苹果

登录编号：CAQS-MTYX-20210920

一、主要产地

云南省昭通市昭阳区洒渔、乐居、苏家院、永丰、守望、小龙洞、旧圃、北闸、布嘎、龙泉，以及鲁甸县文屏、桃园、茨院等16个乡镇的118个村。

二、品质特征

昭通苹果无袋栽培，果面有条形和片红之分，颜色鲜红、浓红或紫红，果点明显，果锈相对较重，果形指数偏小，10月下旬至11月中下旬采收的普遍有糖心，属于果中佳品。硬度9.74kg/cm²，肉质细密，质地脆爽，果肉化渣，风味甜爽浓郁。

昭通苹果可溶性固形物含量为16.4%，可滴定酸含量为0.186%，维生素C含量为10.5mg/100g，磷含量为12.4mg/100g，钙含量为7.35mg/100g，镁含量为5.35mg/100g。

三、环境优势

产区属中温带气候，年平均气温11.7℃；10℃以上的年活动积温3 237～3 477℃，年日照时数1 916.7h，无霜期230～240天，年均降水量为740mm。冬无严寒，夏无酷暑，土壤有机质高，环境污染小，是全国公认的低纬度高海拔冷凉地区苹果优生区。

四、收获时间

每年9—11月收获，最佳品质期为10月。

五、推荐贮藏保鲜和食用方法

【贮藏保鲜方法】将苹果用纸包裹，放入收纳箱中密封保存；也可放入冰箱中冷藏保存。

【食用方法】鲜食或用于烹饪。

六、市场销售信息

昭通东达种植有限公司　联系电话：18287092665

昭通市汉朔农产品有限公司　联系电话：13658702566

鲁甸县浩丰苹果专业合作社　联系电话：15012231115

昭通绿健果蔬商贸有限公司　联系电话：13578071198

云南农垦昭通农业投资发展有限责任公司　联系电话：18206827387

昭通市秋甸种植有限责任公司　联系电话：13278686777

昭通万亩禾山农业科技有限公司　联系电话：18787047880

昭通远智农业科技开发有限公司　联系电话：15126673494

昭通超越农业有限公司　联系电话：13629681233

鲁甸紫源果品开发有限公司　联系电话：13308706888

供稿：昭通市苹果产业发展中心　吴　冬

登录编号：CAQS-MTYX-20210921

凤庆核桃

一、主要产地

云南省临沧市凤庆县 13 个乡镇的 187 个村。

二、品质特征

凤庆核桃单果较大，内褶壁退化，内隔壁纸质，壳皮厚度仅有 0.4 ～ 0.8mm，容易取出整仁，而且饱满、匀称，核桃出仁率可达 55%；凤庆核桃仁呈乳白色、浅白色或浅琥珀色，肉质肥厚、口感好，香味浓郁。

凤庆核桃蛋白质含量 15.8g/100g，脂肪含量 67.5g/100g，优于参照值。

三、环境优势

凤庆县属低纬高原中亚热带季风气候，有雨热同季和干凉同期的特点。冬季晴天多，日照充足，温差大；夏季多雨，降雨集中在 6—8 月。历年平均气温为 16.7℃，年总积温 6 048.4℃，年平均降水量 1 307.4mm。凤庆县自然土以黄壤和红壤为主。红壤分布在海拔 1 400 ～ 1 800m，黄壤分布在海拔 1 800 ～ 2 200m，是凤庆核桃分布区的主要土壤类型。土层深厚，通气透水性好，pH 值 5.5 ～ 7.2，有机质含量高达 2% ～ 5%。境内有大小河流 168 条，分属澜沧江和怒江两大水系，水资源十分丰富。

四、收获时间

每年 9 月收获，最佳品质期为 6 月。

五、推荐贮藏保鲜和食用方法

【贮藏保鲜方法】干燥环境储存，也可冷藏保鲜。

【食用方法】鲜食果仁，也可加工成干果仁和食用油。

六、市场销售信息

临沧工投顺宁坚果开发有限公司　联系电话：13759517978

临沧庆丰核桃生物科技有限公司　联系电话：18988331926

云南一叶生物科技有限公司　联系电话：18812225564

凤庆县万宝核桃种植农民专业合作社江　联系电话：13987011980

云南紫江食品有限公司　联系电话：18388123357

临沧脑果农业发展有限公司　联系电话：13759383428

凤庆田夫科技有限公司　联系电话：19948830457

凤庆县建益食品有限责任公司　联系电话：18708827006

凤庆瑞鑫商贸有限责任公司　联系电话：18008830598

凤庆县宏达食品有限责任公司　联系电话：13759517978

供稿：凤庆县农业农村局　樊张荣

凤庆滇红茶

登录编号：CAQS-MTYX-20210922

一、主要产地

云南省临沧市凤庆县凤山镇、勐佑镇、洛党镇、大寺乡、小湾镇、三岔河镇、雪山镇、郭大寨乡、营盘镇、腰街乡、鲁史镇、诗礼乡、新华乡共13个乡镇的187个行政村。

二、品质特征

凤庆滇红茶分为凤庆工夫红茶和凤庆红碎茶。凤庆工夫红茶外形肥硕，色泽乌褐油润，金毫显，汤色橙红或橙黄、明亮，香气浓厚纯正，滋味浓醇鲜爽，叶底红亮。凤庆红碎茶色泽乌褐油润，汤色红亮，香气浓纯，滋味浓强、鲜爽，叶底红匀。

凤庆滇红茶茶多酚含量15.2%、水浸出物含量42.0%、水分含量4.64g/100g。

三、环境优势

凤庆县位于云南省西南部，境内河流分属澜沧江和怒江两大水系，境内高山连绵，属低纬度高原亚热带季风气候，年平均温度16.8℃，10℃以上的年活动积温5 593.6℃，年平均降水量1 307.4mm。凤庆县以黄壤和红壤居多，红壤分布在海拔1 400～1 800m，黄壤分布在海拔1 800～2 200m，土层深厚，通气透水性好，pH值5.5～7.2，土壤有机质含量高达2%～5%。低纬度、高海拔、日照充足、雨量充沛的自然环境，为茶叶产业发展创造了得天独厚的自然地理条件，孕育了凤庆滇红茶。

四、收获时间

每年3—10月采收，最佳品质期为全年。

五、推荐贮藏保鲜和食用方法

【贮藏保鲜方法】盒装，干燥、通风环境，常温下保存。

【食用方法】开水泡饮。

六、市场销售信息

天猫、京东、网易考拉、苏宁易购、唯品会、拼多多等电商平台有售。

供稿：凤庆县农业农村局　樊张荣

登录编号：CAQS-MTYX-20210923

泸西高原梨

一、主要产地

云南省红河哈尼族彝族自治州泸西县所辖中枢镇、午街铺镇、白水镇、旧城镇、金马镇、向阳乡、三塘乡、永宁乡。

二、品质特征

泸西高原梨阔圆形，果形端正，大小适中，果皮黄红色或黄绿色，表面光洁，多汁酥脆，香味浓，味甜。

泸西高原梨可溶性固形物含量 12%，维生素 C 含量 27.7mg/100g，可滴定酸含量 0.18%，果实硬度 8kg/cm^2。

三、环境优势

泸西高原梨种植区属低纬度高原北亚热带季风气候，年平均气温为 15.2℃，年活动积温 4 638.9℃，年平均降水量在 800 ～ 1 100mm，全年日照总时数 2 112.1h，种植区海拔 1 650 ～ 2 150m，紫外线强度大，利于光合作用，昼夜温差大，独特的气候因子利于泸西高原梨糖分积累。产区冬季短，春季升温快，泸西高原梨上市时间较省内同品种梨产区早 5 ～ 8 天，比北方早 15 ～ 20 天。

四、收获时间

每年 7 月上旬到 9 月下旬收获，最佳品质期为 8 月。

五、推荐贮藏保鲜和食用方法

【贮藏保鲜方法】2 ～ 5℃冷藏。

【食用方法】鲜食，也可用于熬制雪梨汤、秋梨膏。

六、市场销售信息

泸西县云露果业农民专业合作社　联系电话：13608834488

红河州正玉堂农业科技发展有限公司　联系电话：13769481888

泸西县山旮旯果树种植农民专业合作社　联系电话：13887308585

供稿：泸西县高原特色产业发展服务中心　孙明伟

泸西县果树站　马锦泉

西北地区

耀州花椒

登录编号：CAQS-MTYX-20210173

一、主要产地

陕西省铜川市耀州区孙塬镇焦坪村、文昌村、贺咀村，石柱镇克坊村、青龙村、铁龙村、西古村，小丘镇红岩村、小丘村。

二、品质特征

耀州花椒呈鲜红色，粒较大、均匀，闭眼籽和椒籽少；油腺密而突出，香气浓郁；麻味浓烈、持久、纯正。

耀州花椒挥发油含量为4.95mL/100g，不挥发性乙醚提取物为12.1%，酰胺类物质含量为48.29g/kg，上述指标均优于同类指标参照值。

三、环境优势

耀州花椒生产区域地处关中平原与渭北高原接壤地带，属暖温带大陆性半干旱、半湿润、易旱区气候；年均降水量554.5mm，年平均日照时数2 356.6h，春季干旱，夏季炎热，秋季多雨，冬季寒冷，四季分明。6—8月日照时间长，光照强烈，多阵雨，处于花椒着色成熟期，利于花椒色泽、油腺、香气有效发育积累。境内多山地峡谷，梁峁丘陵，土层深厚，土质肥沃，土壤以黄绵土为主，排水性好，土壤pH值6.5～8.1，适宜花椒生长。

四、收获时间

6月下旬至8月上旬收获，最佳品质期为8月。

五、推荐贮藏保鲜和食用方法

【贮藏保鲜方法】放置避光干燥处密封保存，防止走色、跑味。

【食用方法】花椒鱼片：准备草鱼1条（约1 000g），花椒50g，金针菇200g，大葱50g，精盐、味精、鸡精、料酒、胡椒粉、花生油适量，清汤200g。草鱼片成鱼片；葱、姜切片；金针菇焯水，捞出盛入钵内打底；鱼片加料酒少许，码蛋清豆粉待用。炒锅置旺火上，加入花生油50g烧至六成热，下姜片、葱节爆香，掺入清汤，加料酒、盐、胡椒粉烧沸。将码好味的鱼片放入煮至九成熟，起锅装入钵内，放入味精。另锅置旺火上，放花生油50g烧至七成热，下花椒炸香，起锅淋在鱼片上面即成。

六、市场销售信息

铜川市耀州区厚丰园农业专业合作社　联系电话：13309193222

铜川市耀州区孙塬镇文昌村经济合作社　联系电话：15891603996

铜川市耀州区林苑果业专业合作社　联系电话：13992932183

供稿：耀州区农业农村局　荣　园

登录编号：CAQS-MTYX-20210176

岐山面粉

一、主要产地

陕西省宝鸡市岐山县凤鸣镇、蔡家坡镇、故郡镇、雍川镇、枣林镇、益店镇、蒲村镇、青化镇、京当镇共 9 个镇。

二、品质特征

岐山面粉色泽呈白色，细粉末状，具有面粉正常的气味，味道淡而微甜。加工面食具有浓郁的麦香味，有嚼头、香甜不黏牙，色泽纯正，蒸煮烤炸各有特色，营养丰富。

岐山面粉钙含量为 51.9mg/100g，铁含量 2.58mg/100g，锌含量为 1.31mg/100g，蛋白质含量为 13.0g/100g，面筋质（以湿重计）31.6%，均优于参照值。

三、环境优势

岐山县位于关中西部，气候温和，雨量较为充足，土层深厚，成分丰富，宜耕性强，日照充足，水利条件较好，四季分明，气候比较湿润。岐山县是全国粮食生产先进县，夏粮的主栽作物是小麦，全年种植优质小麦面积 43 万亩左右，占夏粮面积的 97.5%。岐山小麦以皮薄、色紫、筋丝大而盛名，小麦面粉营养品质好，为发展面粉产业提供了优质原料保障。

四、收获时间

每年 9 月下旬到 10 月上旬播种小麦，翌年 6 月中旬收获。最佳品质期为全年。

五、推荐贮藏保鲜和食用方法

【贮藏保鲜方法】放置于阴凉通风干燥处，第一、第四季度保质期为 6 个月，第二、第三季度保质期为 3 个月。

【食用方法】制作岐山臊子面（面条）、岐山锅盔等。

六、市场销售信息

宝鸡周原贡品农业科技有限公司　联系电话：15719179598

陕西龙富绿源食品开发有限公司　联系电话：15319231818

供稿：岐山县农产品质量安全中心　董　亮

府谷黄米

登录编号：CAQS-MTYX-20210186

一、主要产地

陕西省榆林市府谷县府谷镇、孤山镇、木瓜镇等。

二、品质特征

府谷黄米一般为金黄到浅黄色，色泽莹润，颗粒浑圆，大小一致，匀称饱满，粒径 1.9mm。具有黄米固有的自然清香味，煮熟浓稠黏滑，口感筋道，香甜爽口，适口性好。

府谷黄米蛋白质含量为 12.8g/100g，维生素 B_1 含量为 0.196mg/100g，锌含量为 2.43mg/100g，硒含量为 0.068mg/kg，脂肪含量为 3.9g/100g，上述指标均优于同类指标参照值。

三、环境优势

府谷县位于陕西省最北端，地处东经 110°40′～111°14′，北纬 38°42′～39°35′，气候属中温带半干旱大陆性季风气候，年均气温 9.7℃，6—9 月平均气温 21.3℃。10℃以上年均活动积温 3 444.1℃。年日照时数为 2 808.10h。全年平均降水量 411.80mm，降水主要集中在 7—9 月，平均湿度 51%，无霜期 175 天。府谷县土层深厚，光热资源充裕，雨热同季，与黄米的生长期水热需求相吻合，适宜黄米的生长。麻谷县黄米种植已有 2 000 年历史。

四、收获时间

9 月下旬至 10 月下旬收获，最佳品质期为 11 月。

五、推荐贮藏保鲜和食用方法

【贮藏保鲜方法】将黄米放在阴凉、干燥、通风的地方贮藏。

【食用方法】府谷黄米油糕、黄米酸粥、黄米捞饭等。

六、市场销售信息

府谷县天漠农产品开发有限责任公司　联系电话：15319612088

府谷县圣浩农产品加工有限责任公司　联系电话：13992271246

府谷县园堡经济合作社有限公司　联系电话：15399291945

供稿：府谷县农产品质量安全检测中心　尹俊霞、高　蓉

登录编号：CAQS-MTYX-20210193

安康富硒茶

一、主要产地

陕西省安康市汉滨区、汉阴县、石泉县、紫阳县、岚皋县、平利县、镇坪县、旬阳县、白河县 9 县区 82 个乡镇（街道）的 622 个行政村，东到白河县中厂镇，南到镇坪县钟宝镇，西到紫阳县瓦庙镇，北到旬阳县仁河口镇。

二、品质特征

安康富硒茶茶叶条索纤细，外形紧直微扁，翠绿显毫；汤色黄绿明亮，香气高长，滋味鲜爽回甘，叶底嫩绿明亮。

安康富硒茶硒含量最高达 2.0mg/kg，水浸出物 31.4%，氨基酸含量为 3.2g/100g，茶多酚含量为 14.9%。上述指标均优于参照值。

三、环境优势

安康市位于陕西省东南部，北靠秦岭，南依巴山，汉江穿境而过，属国家生态主体功能区和南水北调中线工程重要水源涵养地，纬度在 31° ～ 34°，境内森林覆盖率达 65%，生态环境极佳，是中国最北方的生态茶区。安康市属亚热带大陆性季风气候，气候湿润温和，四季分明，雨量充沛。年平均气温 15℃，年平均日照时数 1 600h，无霜期 260 天，年平均降水量 1 000mm，主要集中在茶叶生长采摘的 4—10 月。多云雾、高湿、低日照等光热水要素的匹配，加速了茶叶内含物质的合成与转化。境内有两条含硒量较高的富硒地带，被称之为“中国硒谷”，土壤平均含硒量 0.567 7mg/kg，土壤 pH 值 5.6 ～ 8.0，有机质平均含量 20.62g/kg。独特的地理位置使安康富硒茶内含物丰富、多酚类物质含量相对较低，氨基酸含量较高。

四、收获时间

3 月中旬至 10 月中旬采收，最佳品质期为 4 月。

五、推荐贮藏保鲜和食用方法

【贮藏保鲜方法】冷冻保鲜。

【食用方法】沸水中泡，茶与水的比例为 1∶50，冲泡 3 ～ 5min 饮用。

六、市场销售信息

陕西省紫阳县焕古庄园富硒茶业科技有限公司　联系电话：18009151999

安康市汉水韵茶业有限公司　联系电话：18209226133

白河县歌风春燕茶业有限公司　联系电话：18791576188

供稿：安康市农业技术推广中心　陈笃伟

商州马铃薯

登录编号：CAQS-MTYX-20210198

一、主要产地

陕西省商洛市商州区牧护关镇铁炉子村、东峡村、西峡村、中坪村、胡村、闵家河村、松沟村共7个村。

二、品质特征

商州马铃薯呈扁圆形和长圆形，芽眼较浅，直径3～10cm。薯皮呈黄色，皮薄、易脱落，薯肉为淡黄色。薯肉可做主食，也可作蔬菜食用。

商州马铃薯蛋白质含量为2.22g/100g，淀粉含量为14.1g/100g，锌含量0.40mg/100g，品质优良。

三、环境优势

商州区地处秦岭南麓腹地，横跨长江、黄河两大流域，森林覆盖率达69.56%。西北部有秦岭天然屏障，冷空气不易侵入，向东南开口的山川地形有利于暖温气流伸进，因而形成暖温带南缘过渡带季风性半温润山地气候，四季分明，冬无严寒，夏无酷暑，冬春长，夏秋短，年均气温12.8℃，是马铃薯最佳适生区域之一。

四、收获时间

每年7月收获，最佳品质期为7月。

五、推荐贮藏保鲜和食用方法

【贮藏保鲜方法】3～5℃冷藏保鲜，通风避光。

【食用方法】①椒盐马铃薯：马铃薯去皮切块，放锅里加水煮，煮到九成熟，捞起沥干。起锅热油，放入沥干的马铃薯炒到略微焦黄，加入大蒜爆香；加入少许耗油，一小勺蒸鱼豉油翻炒；炒香后倒入椒盐炒均匀。出锅后表面撒上小葱即可食用。②黄金土豆球：商州马铃薯500g清洗干净，去皮切片蒸熟。蒸熟后的马铃薯片加入适量盐、胡椒，再打入2个鸡蛋，搅拌均匀成泥状，搓成小球，表面粘上面包糠。油炸后出锅即可食用。

六、市场销售信息

商洛市商州区秦王马铃薯产业专业合作社　联系电话：13038516291

商洛市秦利惠丰农业发展有限公司　联系电话：13991460307

供稿：商州区农业农村局　肖卫锋

登录编号：CAQS-MTYX-20210199

商州菊芋

一、主要产地

陕西省商洛市商州区腰市镇、北宽坪镇、牧护关镇等 9 个镇。

二、品质特征

商州菊芋形似生姜，皮薄，块茎呈不规则瘤状，芽眼外突，无根须，质地紧密。块茎外皮、内瓤均呈白色。

商州菊芋可溶性总糖含量为 6.54%，干物质含量为 22.7%，锌含量为 0.35mg/100g，品质优良。

三、环境优势

商州区地跨长江、黄河两大流域，处在秦（岭）淮（河）南北自然分界线上，属暖温带和北亚热带过渡地带，亚热带与暖温带气候相兼并存。常年气候温和，四季分明，冬无严寒，夏无酷热，光照充足，雨量充沛，土地肥沃，植被茂盛，森林覆盖率 69.56%。境内无大型工矿企业污染，是全国生态建设试点示范区和国家南水北调重要水源涵养区。特殊气候条件和优良生态环境造就菊芋的独特品质。

四、收获时间

每年 11 月收获，最佳品质期为 11 月。

五、推荐贮藏保鲜和食用方法

【贮藏保鲜方法】保鲜袋密封，冰箱冷藏保存 20 天左右。

【食用方法】生食、凉拌、清炒、加工等。

六、市场销售信息

商洛市商州区腰市镇庙前村股份经济合作社　联系电话：13038518333

陕西森弗天然制品有限公司　联系电话：13149141831

供稿：商州区农业农村局　肖卫锋

洛南蜂蜜

登录编号：CAQS-MTYX-20210201

一、主要产地

陕西省商洛市洛南县麻坪镇峪口村、四皓街道百川村、保安镇三义村、巡检镇黑彰村、高耀镇里龙村等。

二、品质特征

洛南蜂蜜细腻，呈琥珀色、黏稠流体状。具有花的清香味，口感甜润，滋味清纯、香郁。

洛南蜂蜜果糖和葡萄糖含量为 64.7g/100g，羟甲基糠醛含量为 3.5mg/kg，钙含量为 91.0mg/kg，氨基酸总量为 0.18g/100g，上述指标均优于参照值。

三、环境优势

洛南县地处亚热带与温带分界线，平均海拔 800 ～ 1 200m，气候温和，年平均气温 11.1℃，夏季平均气温 21.8℃，雨季主要集中在 6—7 月，日照时间长，适合多种植物生长。境内野花生长茂盛，蜜源植物覆盖率高、环境优美、水源优质，为蜜蜂的栖息和繁衍提供了得天独厚的条件，适合蜜蜂采蜜和酿蜜。

四、收获时间

每年 5—7 月收获，最佳品质期为 6 月。

五、推荐贮藏保鲜和食用方法

【贮藏保鲜方法】新鲜蜂蜜用陶瓷、玻璃瓶、无毒塑料桶等非金属容器贮存。勿用金属容器贮存，以免增加蜂蜜中重金属含量。蜂蜜宜放在阴凉、干燥、清洁、通风、温度 5 ～ 10℃、空气相对湿度不超过 75% 的环境下。

【食用方法】将蜂蜜用适量 60℃温开水冲匀即可饮用。还可用于制作蜂蜜面包等。

六、市场销售信息

洛南县博威蜂业养殖专业合作社　联系电话：18109228007

洛南县洛水绿源中蜂养殖专业合作社　联系电话：15191599860

洛南县臻蜜土蜂养殖专业合作社　联系电话：18392923822

洛南县老秦都土蜂养殖专业合作社　联系电话：18700561580

供稿：洛南县农产品质量安全检验检测站　杨彩凤

登录编号：CAQS-MTYX-20210203

丹凤核桃

一、主要产地

陕西省商洛市丹凤县棣花镇许家塬村。

二、品质特征

丹凤核桃果形大小均匀，形状一致；外壳自然黄白色，壳较厚，壳面洁净，光滑美观，横径 35 ~ 55mm，缝合线紧密；果实椭圆形，果基较平，种仁饱满，取仁方便，色黄白，涩味淡。

丹凤核桃蛋白质含量为 16.2g/100g，脂肪含量为 62.6g/100g，钙含量为 76.1mg/100g，磷含量为 336mg/100g，以上指标均优于参照值。

三、环境优势

丹凤县位于陕西省东南部，秦岭东段南麓，属亚热带至温暖带的过渡区，气候温和，光照充足，雨量充沛，四季分明，年平均气温 13.8℃，年均降水量 687.4mm，无霜期 217 天。主要地带土壤为棕壤、红棕壤和褐土，其中以棕壤最多。全境山岭连绵，河谷纵横，森林覆盖率高达 70%，林业用地 264 万亩。特殊的生态环境，为核桃的生长提供了得天独厚的自然条件，是核桃生长的最佳区域之一。

四、收获时间

每年 8—9 月收获，最佳品质期为 9 月。

五、推荐贮藏保鲜和食用方法

【贮藏保鲜方法】适宜在通风、阴凉、光线不直接照射、20℃以下环境下保存。

【食用方法】生食、熟食、加工均可，可与各类食物搭配食用。

六、市场销售信息

陕西天宇润泽生态农业有限责任公司　联系电话：15394147018

丹凤县核之都核桃种植专业合作社　联系电话：18729141649

供稿：丹凤县农业农村局　李云龙

丹凤肉鸡

登录编号：CAQS-MTYX-20210204

一、主要产地

陕西省商洛市丹凤县龙驹寨街道、商镇、棣花镇、武关镇等12个镇（街道）。

二、品质特征

丹凤肉鸡鸡头较大，体型丰满，挺拔美观，体躯椭圆，背宽平，腿粗长，两翅紧附于体躯；肌纤维致密有弹性，经指压后凹陷部位立即恢复原位，切面湿润不黏手，肌肉颜色鲜红有光泽，鸡皮呈乳白色；肉质鲜美，入口筋道。

丹凤肉鸡营养丰富，蛋白质含量为20.3g/100g，硒含量为8.1μg/100g，异亮氨酸含量为910mg/100g，苯丙氨酸含量为920mg/100g，不饱和脂肪酸占总脂肪酸含量的46.0%，上述指标均优于参照值。

三、环境优势

丹凤县位于陕西省东南部，秦岭东段南麓，处于北纬33°21′32″～33°57′04″，东经110°07′49″～110°49′33″，总面积2 438km²，山岭连绵，河谷纵横；属北亚热带向暖温带过渡的季风性半湿润山地气候，平均气温13.8℃；华茂三黄鸡基地分布于深山中，其海拔较高，植被覆盖达90%以上，负氧离子含量非常高，是一个天然大氧吧，其环境优越，无任何污染源，适合各类动植物生长，为丹凤肉鸡提供了优越的生长环境。

四、收获时间

饲养周期50～60天肉质最佳。最佳品质期为全年。

五、推荐贮藏保鲜和食用方法

【贮藏保鲜方法】冷藏保鲜，保质期2～3天；可冷冻保存，保质期12个月。

【食用方法】红烧鸡块、清炖鸡等。

六、市场销售信息

丹凤县华茂牧业科技发展有限责任公司　联系电话：13669289188

丹凤县华茂生态鸡养殖专业合作社　联系电话：0914-3325888

供稿：丹凤县农业农村局　李云龙

登录编号：CAQS-MTYX-20210205

丹凤蜂蜜

一、主要产地

陕西省商洛市丹凤县龙驹寨街道等8个乡镇（街道）的86个村。

二、品质特征

丹凤蜂蜜呈琥珀色，常温下呈浓稠流体状，低温出现白色或米白色结晶体。散发蜜源植物香味，气味清甜、芳香馥郁。口感甜腻，无苦涩等刺激味，滋味浓郁甜润。

丹凤蜂蜜果糖和葡萄糖含量为68.5g/100g，羟甲基糠醛含量为5.4mg/kg，钙含量为57.7mg/kg，氨基酸总量为0.21g/100g，上述指标均优于参照值。

三、环境优势

丹凤县位于陕西省东南部，地处秦岭腹地，属亚热带半湿润与东部季风暖温带过渡性气候区，年均日照时数2 056h，平均气温13.8℃，年均降水量687.4mm，无霜期217天，花草资源丰富，气候与环境适合中华蜂生长，所产蜂蜜品质地道、口味独特。

四、收获时间

每年5—10月收获，最佳品质期为6月。

五、推荐贮藏保鲜和食用方法

【贮藏保鲜方法】宜放在阴凉、干燥、清洁、通风处，使用玻璃瓶、瓷器、塑料瓶等非金属容器贮藏，不能用铁容器。蜂蜜在一定温度下保存时易结晶析出葡萄糖，但不影响蜂蜜食用的安全性及营养价值。

【食用方法】①直接食用。②蜂蜜泡水：可用60℃开水冲泡饮用，加入柠檬口味更佳。

六、市场销售信息

陕西秦珠蜂业有限责任公司　联系电话：15991251669

丹凤县野山养蜂专业合作社　联系电话：13991496136

供稿：丹凤县农业农村局　李云龙

商南红薯粉条

登录编号：CAQS-MTYX-20210206

一、主要产地

陕西省商洛市商南县金丝峡镇姚楼村、城关街道石垭子村等。

二、品质特征

商南红薯（番薯）粉条色泽呈灰白色，粉条呈条形，粗细均匀；温水浸泡、沸水煮后呈半透明状，弹性好，入口筋道润滑，不黏牙，适口性好。

商南红薯粉条营养丰富，含有丰富的微量元素，钙含量为92.4mg/100g，锌含量为1.70mg/100g，铁含量为7.49mg/100g，淀粉含量为84.6g/100g，上述指标均优于同类产品参照值。

三、环境优势

商南县位于陕西省东南部，地处秦岭南麓，大巴山北坡，属于长江流域汉江水系丹江中游地区，中纬度偏南地带，亚热带季风性气候。由于北有秦岭天然屏障，阻挡寒潮不易侵入，致使气候温暖，雨量充沛，四季分明，冬无严寒，夏无酷暑，年平均温度14℃。境内植被茂盛，空气清新，环境优美，森林覆盖率达67.3%。土壤主要为微酸性砂壤土，pH值5.5～6.5，土层深厚、质地疏松、土壤中富含铁、锌等微量元素，是红薯适生区。

四、收获时间

每年10—11月收获，全年加工。最佳品质期为全年。

五、推荐贮藏保鲜和食用方法

【贮藏保鲜方法】商南红薯粉条应保存在干燥、阴凉、通风的地方，避免阳光直接照射。

【食用方法】商南红薯粉条久煮不烂，清香可口，适合与各类食物搭配，烹饪方法多样，如凉拌、热炒、炖菜、蒸煮等。

六、市场销售信息

商南县姚家楼子薯业开发专业合作社　联系电话：15596278666

商南县金丝薯芋开发专业合作社　联系电话：13991418963

商南县清河薯业专业合作社　联系电话：15002963218

供稿：商南县农产品质量安全检验检测站　吴　甜

登录编号：CAQS-MTYX-20210207

商南猕猴桃

一、主要产地

陕西省商洛市商南县富水镇洋淇村、马家沟村、王家楼村。

二、品质特征

商南猕猴桃果型整齐一致，果实形状为呈长卵圆形和圆柱形，外皮呈绿褐色，果皮表面有棕黄色柔毛。横切面半径约为3cm，其内是亮绿色果肉和多排黑色种子。

商南猕猴桃营养价值高，维生素C含量为62.6mg/100g，镁含量为15.3mg/100g，可溶性固形物含量为6.6%，上述指标均优于参照值。

三、环境优势

商南县位于北纬33°06′～33°44′，秦岭山脉东南，鄂、豫、陕三省交汇处，是我国南水北调水源涵养区。气候温和，四季分明，光照充足，夏无酷暑，冬无严寒，年平均气温14℃，年平均降水量800mm左右，无霜期216天。水质为中等硬度，土层深80cm以上，肥沃疏松，土壤中富含铁、锌等微量元素，是猕猴桃的适生区。

四、收获时间

每年9月底至10月初收获，最佳品质期为10月。

五、推荐贮藏保鲜和食用方法

【贮藏保鲜方法】5℃冰箱保鲜1个月；长期贮藏温度控制在-0.5～1℃。

【食用方法】鲜食：成熟采收的猕猴桃，需经过5～7天后熟期，果肉充分软熟后，方可剥皮直接食用。

六、市场销售信息

商南县佳亿德果业有限责任公司　联系电话：15382362966

商南县立果猕猴桃专业合作社　联系电话：15829560388

供稿：商南县农产品质量安全检验检测站　吴　甜

商南香菇

登录编号：CAQS-MTYX-20210208

一、主要产地

陕西省商洛市商南县富水镇黑漆河村、金丝峡镇白玉河口村等。

二、品质特征

商南香菇外形圆整，肉质肥厚，自然清香，菌盖呈半球形，直径 2.8 ～ 3.2cm，菌盖边缘内卷，且贴近菌柄；菌盖呈淡褐色，菌褶、菌柄呈米白色。

商南香菇钙含量为 85.6mg/100g，蛋白质含量为 26.6g/100g，磷含量为 676mg/100g，各项指标均优于参照值。

三、环境优势

商南县地处秦岭南麓，位于鄂、豫、陕三省八县结合部，环境优美，亚热带季风性气候明显，四季分明，气候温暖，年平均气温为 14℃，雨量充沛，生态环境优良，被誉为“大秦岭的封面”。长江流域汉江水系之丹江中游水量充沛，为香菇生产提供了丰富的水资源。境内森林覆盖率达 67.3%，是天然氧吧，菌类自然生长的天堂。产区工业污染少，自然环境好，为香菇提供了得天独厚的生长环境。

四、收获时间

9 月至翌年 2 月采收，最佳品质期为 10 月。

五、推荐贮藏保鲜和食用方法

【贮藏保鲜方法】鲜菇在 5℃可冷藏保存 15 天左右。干菇密封避光储存。

【食用方法】香菇炒青菜、香菇脆片等。

六、市场销售信息

商南县金丝聚源食用菌专业合作社　联系电话：13259185666

商南县本胜食用菌种植专业合作社　联系电话：15891093335

供稿：商南县农产品质量安全检验检测站　吴　甜

登录编号：CAQS-MTYX-20210209

镇安鸡蛋

一、主要产地

陕西省商洛市镇安县柴坪镇梅子口村，永乐街道木园村。

二、品质特征

镇安鸡蛋蛋形端正，呈椭圆形，蛋壳清洁完整，外观呈白中带淡绿色，直径约长3.5cm，约重60g。灯光透视时，整个鸡蛋呈微红色，蛋黄不见阴影，打开后蛋黄凸起完整，并带有韧性，蛋白澄清透明，稀稠分明。

镇安鸡蛋维生素E含量为3.43mg/100g，胆固醇含量为268mg/100g，脂肪含量为9.8g/100g，硒含量为35μg/100g，铁含量为2.37mg/100g，各项指标均优于参照值。

三、环境优势

镇安县位于秦岭东段南麓，地处我国南北气温分界线和800mm降水线上，是我国南北气候交汇处，素有“九山半水半分田”之称，是北亚热带向暖温带气候过渡地带，属亚热带半湿润气候。森林覆盖率70%以上，年平均气温12.2℃，四季分明，气候湿润，生态环境优良。养鸡场房多依山而建，毗邻清泉，鸡取食天然虫草和农户种植的粮食，饮山泉水，不喂食任何饲料添加剂。镇安县交通便利，包茂高速、西康铁路、西康高铁等交通要道穿境而过，为镇安鸡蛋的贸易提供了便利交通条件。

四、收获时间

全年均有生产，最佳品质期为1月。

五、推荐贮藏保鲜和食用方法

【贮藏保鲜方法】镇安鸡蛋0～5℃冷藏保鲜最佳，也可在通风、干燥处常温保存。

【食用方法】番茄炒鸡蛋、蒸鸡蛋羹等。

六、市场销售信息

镇安县鹏达养殖专业合作社　联系电话：18774455158

商洛唐老弟养殖有限公司　联系电话：18729891888

供稿：镇安县农业农村局　吴高强

临潼石榴

登录编号：CAQS-MTYX-20210491

一、主要产地

陕西省西安市临潼区骊山街道胡王村、临潼区秦陵街道秦陵村、临潼区斜口街道芷阳村。

二、品质特征

临潼石榴果形近圆形，端正美观；果皮鲜红光洁；籽粒呈深红色，粒粒饱满，晶莹剔透，肥而渣少；味美多汁，酸甜可口，品质佳。

临潼石榴内在物质丰富，可溶性固形物含量为15.5%，总糖含量为13.7g/100g，总酸含量为0.40%，钾含量为237mg/100g，上述指标均优于参照值。

三、环境优势

临潼石榴产地环境良好，主产区所处的地势南高北低，空气流通好，光线投射力强，特别有利于石榴进行光合作用。产区年平均气温13.5℃，年降水量591.8mm，开花期无大雾，有利于石榴坐果，8—9月昼夜温差较大，利于石榴糖分积累。石榴主栽区土壤主要为洪淤土，通透性好，非常适合石榴生长。地下水资源丰富，水质洁净，为临潼石榴灌溉提供了有利条件。

四、收获时间

每年10月收获，最佳品质期为10月。

五、推荐贮藏保鲜和食用方法

【贮藏保鲜方法】冷藏。

【食用方法】①鲜食：剥皮直接食用。②榨汁：剥开3～4个石榴直接鲜榨。

六、市场销售信息

西安市临潼区秦陵街道丰乐石榴种植专业合作社　联系电话：15091288865

西安市临潼区果友石榴专业合作社　联系电话：17782598444

西安市临潼区石榴红生态科技园　联系电话：17782872051

供稿：临潼区农产品质量安全检验监测中心　孙小涛

登录编号：CAQS-MTYX-20210492

长安草莓

一、主要产地

陕西省西安市长安区魏寨、大兆、引镇、滦镇、子午、五台、杜曲、杨庄、鸣犊、砲里等13个街道的44个行政村。

二、品质特征

长安草莓主栽品种有红颜、章姬，果实圆锥形，大小适中，平均单果重20～40g，果面鲜红或绯红，有光泽，果肉细腻，呈白色或浅红色，入口绵甜，香味浓郁。

长安草莓可溶性固形物11.6%，可溶性糖8.20%，可滴定酸0.37%，果实硬度4.55kg/cm^2，维生素C含量为93.0mg/100g，其特征指标优于类比参照值。

三、环境优势

长安草莓生产区域地处关中平原中部，秦岭北麓，属暖温带半湿润型大陆季风气候，以秦岭主脊为天然屏障，气候温和、四季分明、光照充足、热量丰富。长安草莓生产区域地处西安市水源地上游，区域内水质优良，雨量适中，土壤母质多为黄土或黄土状物质，土壤有机质和矿物质含量高。长安区平均气温13.2℃，地表温度年平均为15.8℃，昼夜温差适宜，有利于干物质累积，发展草莓产业具有得天独厚的自然条件优势。

四、收获时间

12月至翌年5月收获，最佳品质期为12月。

五、推荐贮藏保鲜和食用方法

【贮藏保鲜方法】冷藏：0～4℃。

【食用方法】鲜食。

六、市场销售信息

西安市长安区果优特种植专业合作社　联系电话：15398082884

西安禹奎种养殖专业合作社　联系电话：13484931653

西安市长安区聚兰嘉坊家庭农场　联系电话：13992869866

西安市长安区刘华伟大棚西瓜蔬菜专业合作社　联系电话：13571491358

西安润物种养殖专业合作社　联系电话：18992840584

西安市长安区聚农种养殖场　联系电话：13488328279

供稿：长安区农产品质量安全检验监测中心

姜　娜

高陵鸡蛋

登录编号：CAQS-MTYX-20210493

一、主要产地

陕西省西安市高陵区鹿苑街道上院村、张卜街道庙西村。

二、品质特征

高陵鸡蛋呈规则卵圆形，蛋壳洁净，有蛋壳固有色泽，具有上乘感官品质；蛋黄凸起、完整、有韧性，蛋黄居中、轮廓清晰，蛋白澄清透明、稀稠分明。

高陵鸡蛋硒含量为29μg/100g，锌含量为0.982mg/100g，维生素E含量为1.60mg/100g，脂肪含量为10.4g/100g，蛋氨酸含量为0.43g/100g，上述指标均优于同类产品参照值。

三、环境优势

高陵鸡蛋产地位于陕西关中平原腹地，属暖温带半湿润季风气候，冬夏季节长，春秋季节短，春暖、夏热、秋凉、冬冷，雨热同季，四季分明，无霜期212天，素有“西安市菜篮子”的美誉，适宜作为鸡饲料的玉米等作物生长，为蛋鸡生长提供了优质环境。

四、收获时间

全年均有生产，最佳品质期为6月。

五、推荐贮藏保鲜和食用方法

【贮藏保鲜方法】2～6℃低温冷藏。将鸡蛋大头朝上，小头朝下摆放，可延长保鲜期。

【食用方法】①煮鸡蛋：鸡蛋冷水下锅，慢火升温，沸腾后微火煮3min，停火后再浸泡5min。煮出的鸡蛋清嫩，蛋黄凝固，蛋白变性程度最佳，易消化。②鸡蛋羹：鸡蛋打入碗中搅拌均匀后上锅蒸。蒸蛋羹时加少许牛奶，口感更滑嫩，营养含量更高。③水煮荷包蛋：水沸时打入鸡蛋，转至小火煨熟。咸味的水煮荷包蛋中可以加入番茄、青菜等，甜味的还可以加入酒酿、红枣、枸杞等配料。

六、市场销售信息

王俊利商店　联系电话：15809267097

广发便利店　联系电话：13571871556

供稿：高陵区农产品质量安全检验监测中心　陈　菲

登录编号：CAQS-MTYX-20210498

泾阳茯茶

一、主要产地

陕西省咸阳市泾阳县的王桥镇、桥底镇、中张镇、云阳镇、安吴镇、三渠镇、口镇、兴隆镇、泾干街道，泾河新城永乐镇、崇文镇、高庄镇，空港新城太平镇共 13 个镇（街道）。

二、品质特征

泾阳茯茶的外形规格整齐，色泽黑褐，金花显露，菌落饱满，分布均匀；香气纯正持久，陈香显露；汤色清澈，红浓明亮；滋味醇厚回甘，略显绵滑；叶底黄褐，叶片尚完整；品质佳。

泾阳茯茶总灰分为 6.0g/100g、锌含量为 36.3mg/kg、水浸出物含量为 41.7%、茶多酚含量为 16.1%，上述指标均优于参照值。

三、环境优势

泾阳县地处关中平原腹地，位于冶峪河和泾河两河下游之间，北有嵯峨、北仲两座山系，南有终南山和咸阳塬两重阻隔，地势低洼，形成了一种既具有关中气候特点又具有湿地气候特征的独特自然环境。泾阳县属暖温带大陆性季风气候，四季冷暖、干湿分明。年平均气温 13℃，年均降水量 548.7mm，平均日照时数 2 195.2h，无霜期约 213 天。泾阳独有的气候条件及水质适宜“金花菌”生长、发育、繁殖，有利于泾阳茯茶的加工。

四、收获时间

每年 4—10 月收获，最佳品质期为 8 月。

五、推荐贮藏保鲜和食用方法

【贮藏保鲜方法】通风洁净干燥无异味处保存。

【食用方法】烹煮、泡饮、调饮均可。

六、市场销售信息

陕西泾阳泾昌盛茯砖茶有限公司　联系电话：18700088605

陕西泾阳福兴堂茯茶有限公司　联系电话：13571010569

陕西泾阳泾水缘茯茶有限公司　联系电话：13636745293

陕西泾阳泾砖茶业有限公司　联系电话：13892990615

泾阳蔓子茯茶有限公司　联系电话：　18082233216

陕西盛沣达工贸责任有限公司　联系电话：15619592389

陕西義聚隆茯砖茶有限公司　联系电话：18191916636

陕西泾阳易昌茗茯砖茶业有限公司　联系电话：13468883788

泾阳县御明堂茶叶有限公司　联系电话：　13759715985

供稿：泾阳茯砖茶发展服务中心　祁　娜

府谷红枣

登录编号：CAQS-MTYX-20210506

一、主要产地

陕西省榆林市府谷县碛塄农业园区、武家庄镇、府谷镇、田家寨镇。

二、品质特征

府谷红枣果形饱满，呈椭圆形，大小均匀，果面平整，果皮薄、呈深红色，有光泽，果肉肉质肥厚，颜色淡黄，味道甘甜，口感清新，有香气。

府谷红枣可溶性固形物含量71.8%，维生素C含量为18.8mg/100g，蛋白质含量为3.92g/100g，钾含量为686mg/100g，钙含量为78.8mg/100g，硒含量为2.11 μg/100g，上述指标均优于同类参照值。

三、环境优势

府谷县位于陕西省最北端，气候属中温带半干旱大陆性季风气候，年均气温9.70℃，6—9月平均气温21.3℃。10℃以上年均活动积温3 444.1℃，年日照时数为2 808.10h。全年平均降水量411.80mm，降水主要集中在6—9月，相对湿度35%～65%，无霜期175天。府谷县土层深厚，光热资源充裕，雨热同季，与红枣的果实生长期水热需求相吻合，适宜红枣的生长。府谷红枣既耐旱又耐热，全县境内均能种植，有3 000年种植历史。

四、收获时间

9月下旬至10月下旬收获，最佳品质期为10月。

五、推荐贮藏保鲜和食用方法

【贮藏保鲜方法】鲜枣可低温冷藏，也可晒成干枣，或加工制成无核枣、紫晶枣、熏枣等产品，常温贮藏。

【食用方法】鲜食，或制成干枣、醉枣等食用。醉枣制作方法：玻璃瓶洗净晾干，用一点白酒涮一下备用。挑选饱满无损伤的鲜红枣，均匀喷洒适量白酒，让每一颗红枣沾满酒液。将沾满酒液的红枣装瓶密封，放在背阴处保存，半个月左右即可食用。

六、市场销售信息

府谷县郝家大寨红枣专业合作社　联系电话：13992259600

府谷县府洲源农产品开发专业合作社　联系电话：18891205738

供稿：府谷县农产品质量安全检测中心　尹俊霞、高　蓉

登录编号：CAQS-MTYX-20210507

府谷羊肉

一、主要产地

陕西省榆林市府谷县武家庄镇、田家寨镇、大昌汗镇、老高川镇、新民镇、三道沟镇、庙沟门镇、清水镇、黄甫镇、哈镇、古城镇、府谷镇、孤山镇。

二、品质特征

府谷羊肉色泽鲜红有光泽，肌肉红色分布均匀，脂肪乳白，层次分明，肉质细嫩，容易消化，高蛋白，低脂肪，含磷脂多。肌纤维清晰致密，有韧性和弹性，指压恢复快，外表有风干膜，切面湿润不黏手。有明显的羊肉味，入口香味浓郁鲜美。

府谷羊肉维生素 A 含量为 33.4μg/100g，硒含量为 9.47μg/100g，磷含量为 188mg/100g，维生素 B_1 含量为 0.083 4mg/100g，蛋白质含量为 21.7g/100g，上述指标均优于同类参照值。

三、环境优势

府谷县属黄土高原丘陵沟壑区，毗邻黄河，水资源丰富，水质好，植物种类繁多，丰富的饲草资源和良好的生态环境，使发展养羊业具有得天独厚的地理条件。山羊长期在石坡洼运动，肉纹理清晰，色泽鲜嫩，而且长期食用红枣、地椒、黄芩、细辛等中草药，以及富含蛋白质和微量元素的牛筋草、黄荆茬、酸枣等优质草料与灌木，饮用无污染的山泉水，其肉质香而无膻味。

四、收获时间

全年均有出栏，最佳品质期为 9 月。

五、推荐贮藏保鲜和食用方法

【贮藏保鲜方法】鲜羊肉洗净后，分块用保鲜袋包装，冷冻贮藏。

【食用方法】炖羊肉、葱爆羊肉等。

六、市场销售信息

府谷县王家墩野山坡养殖农民专业合作社　联系电话：13379123778

府谷县希望养殖有限责任公司　联系电话：13991072607

供稿：府谷县农产品质量安全检测中心　尹俊霞、高　蓉

户县葡萄

登录编号：CAQS-MTYX-20210926

一、主要产地

陕西省西安市鄠邑区余下、石井、蒋村、祖庵、玉蝉、甘河、涝店、渭丰、五竹、甘亭等街道。

二、品质特征

户县葡萄果穗圆锥形带副穗，松紧度中等偏紧，单穗 30cm × 18cm，穗重 600 ～ 1 000g，果粒近圆形，果粉厚，果皮中厚，顶端紫黑色，尾部紫红色，果粒大，单粒平均重 10.4g，酸甜可口，果皮与果肉易分离，果肉细脆，无肉囊，少籽，口感香甜，酸度较低。

户县葡萄可溶性固形物含量为 17.7%，总酸含量为 0.49g/kg，硒含量为 0.016 8mg/kg，总糖含量为 16.9g/100g，均优于同类参照值。

三、环境优势

户县葡萄保护区域自然生态环境优越，南依秦岭，北临渭水，雨量充沛，光热资源丰富。户县葡萄保护区属暖温带大陆性季风气候区，气候湿润，四季分明，昼夜温差大。年平均降水量 694mm，主要集中在 4—9 月（占全年的 86% 左右），为户县葡萄生长提供了充足水分。光照充足，年平均日照时数 1 983h，年平均气温 13℃，昼夜温差 13 ～ 17℃，利于糖分转化。土壤肥沃，富含多种矿物质。户县葡萄栽培区域南至秦岭北麓山基线，北至渭河河堤。土壤为砂质壤土，通透性好，中性微酸，高氮、中磷、低钾，富含钙、镁、硫、铁、锌、硼等多种矿物质，为户县葡萄生长提供了良好的土壤条件。保护区内有 36 条大小河流，水源丰富，水质清洁良好，均源出秦岭北麓，年径流量约 3 亿 m^3，为户县葡萄生长地下水补给的主要来源。

四、收获时间

每年 9—10 月收获，最佳品质期为 10 月。

五、推荐贮藏保鲜和食用方法

【贮藏保鲜方法】将整穗葡萄串中损坏的葡萄粒摘掉，用纸袋或保鲜膜包裹，存放到冰箱里冷藏。

【食用方法】鲜食。将葡萄放入容器中，撒适量淀粉或者面粉，加水漫过葡萄，静置几分钟，用流水洗净葡萄即可食用。

六、市场销售信息

西安毅朝种养殖专业合作社　联系电话：13659180378

西安天益美生态农业科技有限公司　联系电话：13324542056

户县紫钻缘葡萄专业合作社　联系电话：13991845652

供稿：鄠邑区农产品质量安全检验监测中心　曹攀峰

登录编号：CAQS-MTYX-20210928

耀州香菇

一、主要产地

陕西省铜川市耀州区庙湾镇蔡河村、柳林村，照金镇贺庄村，瑶曲镇瑶曲村，天宝路办事处崔兴村。

二、品质特征

耀州香菇外形圆整，肉质肥厚，自然清香；菌盖呈半球形，直径 3.0 ～ 3.6cm，边缘内卷，且贴近菌柄；菌盖呈淡褐色，菌褶、菌柄呈米白色；菌柄与菌盖持平。

耀州香菇的鲜菇蛋白质含量为 17.8g/100g，粗纤维含量为 4.6g/100g，钙含量为 7.26mg/100g，铁含量为 0.76mg/100g，上述指标均优于同类参照值。

三、环境优势

耀州香菇生产区域地处关中平原与渭北高原接壤地带，属暖温带大陆性半干旱、半湿润、易旱区气候；年均降水量 554.5mm，年平均日照时数 2 356.6h，四季分明。耀州区多山地峡谷、梁峁丘陵地貌，土层深厚，土质肥沃，土壤以黄绵土为主，排水性好，pH 值 6.5 ～ 8.1。气候温和，森林资源丰富，生态环境优良，适宜香菇产业发展。

四、收获时间

收获时间为 9 月至翌年 5 月，多批次采收。最佳品质期为 11 月。

五、推荐贮藏保鲜和食用方法

【贮藏保鲜方法】新鲜香菇不沾水，伞朝下柄朝上放在保鲜袋里，扎数个透气孔，放在冰箱里冷藏，可保鲜 1 周左右。

干香菇需要密封、避光、干燥保存。食品袋装好香菇，扎紧袋口，放入铁罐、陶瓷缸等可密封的容器内。

【食用方法】香菇鸡粥、蒸酿香菇豆腐、香菇烧肉等。

六、市场销售信息

铜川德祥实业有限公司　联系电话：18791499406

铜川市耀州区兴柳香菇种植合作社　联系电话：13571418756

供稿：耀州区农业农村局　夏国涛

永寿丹参

登录编号：CAQS-MTYX-20210931

一、主要产地

陕西省咸阳市永寿县马坊镇、常宁镇、渠子镇。

二、品质特征

永寿丹参根茎短粗，根数条，呈长圆柱形，略弯曲，有的分枝具有须状细根，长18cm左右，直径0.8cm左右，表皮呈棕红色，粗糙、纵皱纹。

永寿丹参的丹酚酸B实测值4.06，酮类实测值0.323，水分实测值8.82，优于类比参照值。

三、环境优势

永寿县位于陕西省中部偏西，地处东经107°56′～108°21′、北纬34°29′～34°85′。属暖温带大陆性气候，冬季长而干寒，夏季短而温和，全年总日照时数为2 166.2h。永寿县独特的自然环境、地形地貌、土壤条件，适合中药材的生长，全县中药材资源丰富，境内共有各种野生药材达277种，常用药材达134种。县委县政府重视中药材产业发展，加大了中药材引种、栽培力度，促进全县中药材生产面积逐年增加。

四、收获时间

一年采收一次，每年10—11月采收。最佳品质期为11月。

五、推荐贮藏保鲜和食用方法

【贮藏保鲜方法】丹参宜密封保存在干燥、避光通风的环境中，不能承压。

【食用方法】

丹参可和其他草药混合煎服，也可泡酒口服，用量每次15g以下，不能和藜芦一起应用。

六、市场销售信息

永寿县秦伟中药材专业合作社　联系电话：15829807111

咸阳谷瑞康源农业科技有限公司　联系电话：13020718885

陕西丰康农业发展有限公司　联系电话：15667223999

供稿：永寿县农产品质量安全检验检测站　刘　芳、孙丽丽

登录编号：CAQS-MTYX-20210933

甘泉小米

一、主要产地

陕西省延安市甘泉县道镇、美水街道、劳山乡、石门镇、下寺湾镇、桥镇乡共6个乡镇（街道）的63个行政村。

二、品质特征

甘泉小米颗粒均匀饱满，色泽金黄，晶透明亮，米粒呈半透明状，有米腻，具有小米固有的自然清香味。

甘泉小米营养丰富，脂肪含量为3.4g/100g，蛋白质含量为9.64g/100g，锌含量为2.14mg/100g、硒含量为5.8μg/100g，上述指标均优于同类参照值。

三、环境优势

甘泉县是陕北黄土高原低山丘陵沟壑区，属高原大陆性季风半湿润气候，气候差异明显，光能资源丰富，年平均日照时数2 326.5h，日平均日照时数为6.4h，年平均气温9.5℃，昼夜温差14.9℃，无霜期171天，年平均降水量516.8mm，一年四季空气较为干燥。产区地势陡峭、山大沟深，热光源比较充足，养分容易积累。小米俗称谷子，喜温怕涝，喜光，生育期短，耐旱耐贫瘠，陕北黄土高原独特的气候、土壤条件适宜小米生长，是小米优生区之一，产量高。

四、收获时间

每年10月采收，最佳品质期为10月。

五、推荐贮藏保鲜和食用方法

【贮藏保鲜方法】将小米放在阴凉、干燥、通风处储藏。可将透气的花椒包，放在小米袋里，起到防虫效果。还可将小米放进冰箱冷冻4h，取出装入干燥的塑料桶，密封保存。

【食用方法】

小米红枣粥、小米锅巴、小米发糕等。

六、市场销售信息

甘泉双裕养殖专业合作社　联系电话：18809110839

甘泉县米大嫂种质资源种植农民专业合作社　联系电话：13772257948

延安美水塬农副产品贸易有限责任公司　联系电话：15229118686

供稿：甘泉县农产品质量安全检验检测站　吴春梅

甘泉辣椒

登录编号：CAQS-MTYX-20210934

一、主要产地

陕西省延安市甘泉县道镇、美水街道、劳山乡、石门镇、下寺湾镇、桥镇乡共6个乡镇（街道）的63个行政村。

二、品质特征

甘泉辣椒成熟后果梗为鲜绿色，果面光滑，果实呈牛角形，果肩平，果尖钝，外形敦实，单果长度可达15～20cm，果肉致密且硬度高，辣感适中，辣香浓郁。

甘泉辣椒营养丰富，维生素C含量为86.0mg/100g，蛋白质含量为1.36g/100g，钙含量为12.0mg/100g，钾含量为239mg/100g。

三、环境优势

甘泉县属陕北黄土高原低山丘陵沟壑区，地势西北高、东南低，为高原大陆性季风半湿润气候，四季冷暖干湿分明，春天温暖多风，夏天较热且多雨，秋季凉爽空气湿润，冬天寒冷且少雪，气候差异明显；光能资源丰富，县域内年平均日照时数2 326.5h，日平均日照时数为6.4h，日照百分率为55%～66%，日照资源得天独厚；年平均气温9.5℃，昼夜温差14.9℃，无霜期171天，年平均降水量516.8mm，一年四季空气相对湿度较为干燥。县域境内林多草丰，土地肥沃，阳光充足，水资源丰富，交通便利，为蔬菜瓜果生长创造了有利条件，是辣椒优生区之一。

四、收获时间

每年9月至翌年5月收获，最佳品质期为3月。

五、推荐贮藏保鲜和食用方法

【贮藏保鲜方法】①冷藏法：将新鲜辣椒用塑料袋或保鲜膜包裹，放到冰箱保鲜，易于长久保存。②干制法：将辣椒用清水冲洗干净后，晒到九成干左右，放到干燥通风处保存。

【食用方法】辣椒酱、辣椒炒肉等。

六、市场销售信息

陕西甘农农业发展有限公司　联系电话：15319557172

甘泉龙湾生态农业农民专业合作社　联系电话：13809111076

甘泉兴隆蔬菜专业合作社　联系电话：13571123675

供稿：甘泉县农产品质量安全检验检测站　魏智超

登录编号：CAQS-MTYX-20210936

甘泉香菇

一、主要产地

陕西省延安市甘泉县道镇、美水街道、劳山乡、石门镇、下寺湾镇、桥镇乡共6个乡镇（街道）的63个行政村。

二、品质特征

甘泉香菇呈扁平至稍扁平，菌盖颜色呈褐色，表面有暗色纹、边缘常有乌白色毛状或絮状鳞片，菌肉组织致密，韧性好，菌盖直径5～12cm，菌盖下面有菌幕，后破裂，形成不完整的菌环。老熟后盖缘反卷、开裂。

甘泉香菇营养丰富，蛋白质含量为4.54g/100g，不溶性膳食纤维含量为5.02g/100g，矿物质钙含量为3.18mg/100g，铁含量为0.672mg/100g，上述指标均优于同类参照值。

三、环境优势

甘泉县属陕北黄土高原，地势陡峭、山大沟深，光能资源丰富，年平均日照时数2 326.5h，日平均日照时数为6.4h，年平均气温9.5℃，昼夜温差14.9℃，昼夜温差较大，养分容易积累。气候差异明显，光能资源丰富。县域内新建温室大棚，作物生长快，能有效提高产量，为甘泉香菇生长提供了适宜的环境。

四、收获时间

每年4—11月收获，最佳品质期为5月。

五、推荐贮藏保鲜和食用方法

【贮藏保鲜方法】香菇适宜在低温、干燥、通风、避光处贮存，也可将香菇密封后置于冰箱或冷库中贮存。

【食用方法】香菇油菜、香菇炖鸡肉等。

六、市场销售信息

甘泉嘉康食用菌农民专业合作社　联系电话：13992124720

甘泉白鹿农业科技农民专业合作社　联系电话：15029682687

甘泉新业通种养殖农民专业合作社　联系电话：13571152110

供稿：甘泉县农产品质量安全检验检测站　魏智超

黄龙蜂蜜

登录编号：CAQS-MTYX-20210941

一、主要产地

陕西省延安市黄龙县石堡镇、界头庙镇、三岔镇、白马滩镇、崾崄乡、圪台乡、瓦子街镇共7个乡镇的35个行政村。

二、品质特征

黄龙蜂蜜色泽呈特浅琥珀色，常温下呈黏稠流体状，口感甘甜、有中草药花香气，温度较低时会发生结晶现象，呈块状或雪花状固体，颜色金黄色，药食两用，长期服用健脾润肺、滋补养颜。

黄龙蜂蜜营养丰富，气味芳香，口感醇厚，营养丰富。其中淀粉酶值50.2mL/（g·h），果糖和葡萄糖含量为68.9g/100g，氨基酸总量为0.24g/100g，上述指标均优于同类指标参照值。

三、环境优势

黄龙县位于陕西省中北部、延安市东南缘，是陕北黄土高原与关中平原的结合部，林草覆盖率达91%，素有“黄河绿洲”“天然氧吧”之美称，被誉为“陕西的一叶肺”。据统计，黄龙境内蜜源植物达300余种，其中刺槐、狼牙刺和漆树等主要蜜源植物流蜜期长且流蜜量大，发展中蜂养殖的条件优越。

四、收获时间

每年6月收获，最佳品质期为6月。

五、推荐贮藏保鲜和食用方法

【贮藏保鲜方法】温度5～10℃、湿度75%环境下干燥、清洁、通风、密封保存。

【食用方法】①直接食用：蜂蜜可以搭配其他食物直接食用，如可以将蜂蜜抹在面包上。②温水冲饮：在杯中倒入温水，加适量的蜂蜜搅拌融化为蜂蜜水饮用。

六、市场销售信息

黄龙县利峰土特产品有限责任公司　联系电话：15129113050

黄龙县中蜂养殖农民专业合作社　联系电话：13379311004

供稿：黄龙县农产品质量安全检验检测站　李金峰

登录编号：CAQS-MTYX-20210944

府谷海红果

一、主要产地

陕西省榆林市府谷县黄甫镇、哈镇、清水镇、古城镇、府谷镇、木瓜镇、三道沟镇、老高川镇、大昌汗镇、庙沟门镇、孤山镇、新民镇、田家寨镇、武家庄镇、墙头农业园区、碛塄农业园区、麻镇便民服务中心、海则庙便民服务中心等。

二、品质特征

府谷海红果果形饱满，呈圆形，大小均匀，果面平整，果皮呈深红色，有光泽，果肉肉质肥厚，肉脆多汁，果味甜中带酸，美味可口。

府谷海红果可溶性固形物含量为 11.3%，可滴定酸含量为 0.36%，维生素 C 含量为 24.4mg/100g，钙含量为 346mg/100g，钾含量为 2 517mg/100g，硒含量为 0.67μg/100g，上述指标均优于同类指标参照值。

三、环境优势

府谷县位于陕西省最北端，气候属中温带半干旱大陆性季风气候，年均气温 9.7℃，6—9 月平均气温 21.3℃。10℃以上年均活动积温 3 444.1℃。年均日照时数为 2 808.10h。全年平均降水量 411.80mm，降水主要集中在 6—9 月，无霜期 175 天。府谷县土层深厚，雨热同季，温差适宜，光照充足，独特的地理和气候特征孕育出稀有的果树品种——海红果。府谷海红果抗寒、耐瘠薄、抗病虫害能力强，具有坐果率高、单株产量高、寿命长、盛果期长等特点，有 200 多年种植历史。

四、收获时间

每年 9 月下旬至 10 月下旬收获，最佳品质期为 10 月。

五、推荐贮藏保鲜和食用方法

【贮藏保鲜方法】清洗干净，晾干水分，放入冰柜冷冻保鲜。

【食用方法】鲜食，榨果汁，制作果酱、果脯、果丹皮，酿制果酒。

六、市场销售信息

府谷县聚金邦农产品开发公司　联系电话：13571213485

府谷县鼎丰海红果优化专业合作社　联系电话：18292271380

府谷县古城镇袁丰加工坊　联系电话：13847754234

供稿：府谷县农产品质量安全检测中心　尹俊霞、高　蓉

洛南西洋参

登录编号：CAQS-MTYX-20210948

一、主要产地

陕西省商洛市洛南县洛源镇龙潭村。

二、品质特征

洛南西洋参呈长圆柱形，形似人参，枝条较粗壮，表面浅黄褐色，有横向环纹和线形皮状突起，并有细密浅纵皱纹和须根，主根中下部有数条侧根，上端有根茎，环节明显，茎痕圆形。单体重，质坚实，不易折断，断面平坦，浅黄白色，略显粉性。西洋参气微而特异，味微而苦甘。

洛南西洋参含人参皂苷Re和人参皂苷Rb1总量为3.461%，浸出物含量为34.42%，主要指标均优于参照值。洛南西洋参具有健脾养心、补阴清火、生津止渴的功效。

三、环境优势

洛南县地处秦岭南麓，横跨长江、黄河两大流域，属暖温带和北亚热带过渡地带，半湿润山地气候，境内山脉连绵、广布森林。洛南西洋参产地平均海拔1 200～1 600m，气候冷凉，昼夜温差大，雨量充足，空气清新，土壤以腐殖质偏酸砂壤土为主，pH值5.5～6.4。独特的气候条件和良好的生态环境，孕育了丰富的中药材资源，特别适合西洋参生长。

四、收获时间

每年9—10月收获，最佳品质期为9月。

五、推荐贮藏保鲜和食用方法

【贮藏保鲜方法】将干透的西洋参用塑料袋装好，放入冰箱冷藏柜内，可保存2～3年。

【食用方法】①泡水：将西洋参切成薄片后泡水喝。②炖汤：将西洋参放入汤料中熬炖，滋补效果更好。

六、市场销售信息

洛南县闵农中药材专业合作社　联系电话：13991564998

洛南县秦岭西洋参种植专业合作社　联系电话：13991406108

洛南县秦源西洋参有限公司　联系电话：18740585880

供稿：洛南县农产品质量安全站　杨彩凤

登录编号：CAQS-MTYX-20210949

丹凤鸡蛋

一、主要产地

陕西省商洛市丹凤县商镇、龙驹寨街道、武关镇、棣花镇。

二、品质特征

丹凤鸡蛋呈规则卵圆形，大小均匀；蛋壳表面光滑、洁净，呈浅粉白色或浅棕色，坚韧厚实；蛋白澄清透明，稀稠分明，略带黄色；蛋黄色泽金黄，占比大。

丹凤鸡蛋品质上乘，蛋白质含量为13.2g/100g，铁含量为1.84mg/100g，锌含量为1.27mg/100g，硒含量为25μg/100g，维生素E总量含量为6.34mg/100g，以上指标均优于参照值。

三、环境优势

丹凤县位于秦岭南麓，地连秦楚、物兼南北，山高清明、水流秀长，资源富盈、人文蔚起。属亚热带半湿润与东部季风暖温带过渡性气候区，年均日照时间2 056h，年平均气温13.8℃，年降水量687.4mm，无霜期217天，冬无严寒、夏无酷暑，适宜各类动植物生长。丹凤鸡蛋生产基地生长着适宜作为鸡饲料的黄玉米、大豆、商山松针、大枣以及秦岭野艾等，为蛋鸡提供了良好的散养生活环境。

四、收获时间

全年均可生产，最佳品质期为全年。

五、推荐贮藏保鲜和食用方法

【贮藏保鲜方法】2～5℃下冷藏保鲜最佳，保存1个月左右。

【食用方法】①煎鸡蛋：用小火烧热锅，放入两汤匙油，打入蛋，煎至蛋凝结出锅。②煮鸡蛋：鸡蛋放进清水反复搓洗，然后放入锅中，加入清水没过鸡蛋，再加入食盐，浸泡2min，大火将水烧开后再小火煮8min即可。

六、市场销售信息

丹凤县山凹凹生态农牧业发展有限公司　联系电话：132991880382

丹凤县未来绿色农牧开发有限公司　联系电话：1320914438

供稿：丹凤县农业农村局　李云龙

山阳手工粉条

登录编号：CAQS-MTYX-20210951

一、主要产地

陕西省商洛市山阳县城关街道、十里街道、高坝店镇、两岭镇、天竺山镇、中村镇、银花镇、西照川镇、王闫镇等 18 个镇（街道）的 121 个行政村。

二、品质特征

山阳手工粉条采用山阳县优质番薯为原料，颜色呈黄褐色，条状，干燥，粗细较均匀。沸水煮后呈半透明状，弹性好，入口筋道，不黏牙，具有久煮不烂、清香可口的特点。

山阳手工粉条营养丰富，钙含量为 103mg/100g，钠含量为 9mg/100g，烟酸含量为 0.40mg/100g，内在品质指标均优于参照值，属于“高钙、低钠、高烟酸”食品。

三、环境优势

山阳县位于秦岭南麓，属长江流域汉江水系，亚热带向暖温带过渡季风性山地气候，年均气温 13.1℃，年均日照时数 2 155h，无霜期 207 天，年均降水量 709mm，地理坐标东经 109°56′～110°09′，北纬 33°11′～33°20′。山阳番薯主要产地平均海拔 1 100m，植被繁茂，气候温和湿润，雨量充沛，水质清冽。土壤类型以黄棕壤和棕壤为主，土层深厚，土壤自然肥力高，通透性能良好，不积水，营养元素丰富而平衡。优越的气候和土壤条件适宜番薯的生长，使其具有产量高、淀粉多、质量佳的特点。

四、收获时间

山阳番薯采收时间为每年 9 月，手工粉条全年加工。最佳品质期为全年。

五、推荐贮藏保鲜和食用方法

【贮藏保鲜方法】常温贮藏。

【食用方法】可凉拌、热炒、炖菜、涮锅等，可与各类食材搭配烹饪。

六、市场销售信息

山阳县山里人家农产品开发专业合作社　联系电话：13992481987

山阳县猛柱天健薯业有限公司　联系电话：13991461876

供稿：山阳县农业农村局　张　军

登录编号：CAQS-MTYX-20210952

山阳红茶

一、主要产地

陕西省商洛市山阳县漫川关镇、法官镇、延坪镇、南宽坪镇共4个镇的18个行政村。

二、品质特征

山阳红茶茶形条索紧细，锋苗显露，色泽棕润，多金豪，香气鲜嫩甜香，汤色红亮，滋味醇厚爽口、回甘悠长，叶底嫩匀红亮。

山阳红茶茶多酚含量为8.9%，锌含量为45.2mg/kg，水浸出物含量为34.5%，粗纤维含量为9.30%，主要指标均优于参照值。

三、环境优势

山阳县位于秦岭南麓，属长江流域汉江水系，平均海拔1 100m，年均气温13.1℃。气候温和湿润，冬无严寒，夏无酷暑，属亚热带向暖温带过渡季风性山地气候。茶产区地理坐标东经109°56′～110°09′，北纬33°11′～33°20′。境内山大沟深，植被繁茂，长年云雾缭绕，雨量充沛，水质清冽。土壤自然肥力高，土层深厚，土体疏松，质地砂壤，通透性能良好，不积水，营养元素丰富而平衡。优越的气候和土壤条件极适于茶叶种植，是中国北方的新兴茶区。

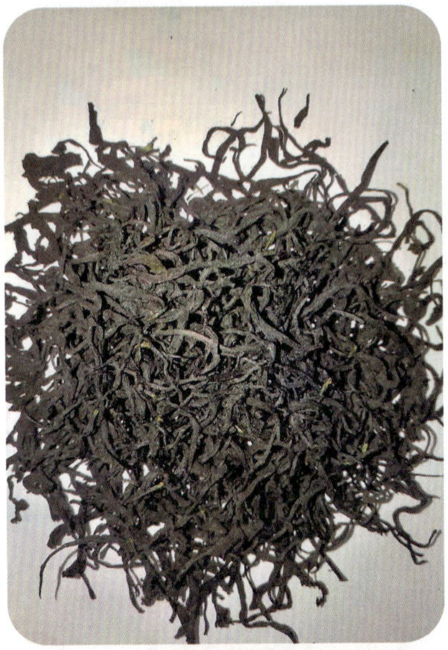

四、收获时间

每年3—4月为山阳茶叶的最佳采摘时间，最佳品质期为4月。

五、推荐贮藏保鲜和食用方法

【贮藏保鲜方法】山阳红茶保存于干燥、阴凉、清洁的环境，最好放于专用茶叶罐中，以保持茶叶的纯净。

【食用方法】即冲即饮，水温80～90℃，冲泡3～5次，第二泡口感最佳。

六、市场销售信息

山阳县金桥茶业有限公司　联系电话：15691666663

陕西福青山茶文化有限公司　联系电话：18991568098

山阳县万福茶业有限公司　联系电话：13909148046

供稿：山阳县农业农村局　张　军

柞水玄参

登录编号：CAQS-MTYX-20210954

一、主要产地

陕西省商洛市柞水县曹坪镇银碗村、东沟村，营盘镇曹店村、丰河村。

二、品质特征

柞水玄参呈类圆柱形，中间略粗，微弯曲，长 8 ～ 20cm，直径 1 ～ 3cm。表面灰褐色，有不规则的纵沟、横长皮孔样突起、稀疏的横裂纹和须根痕。质坚实，不易折，断面黑色，微有光泽。

柞水玄参总灰分含量为 4.71%，酸不溶性灰分为 1.98g/100g，浸出物含量为 70.89%，哈巴苷（$C_{15}H_{24}O_{10}$）和哈巴俄苷（$C_{24}H_{30}O_{11}$）的总量为 1.40%，内在品质中的主要指标均优于参照值。

三、环境优势

柞水县地处秦岭南坡、商洛西部，兼有南北气候带的特征，北部属暖温带，东南属北亚热带，植被繁衍群落差异明显，气候影响植物带垂直和平行分布特点明显。海拔高度在 541 ～ 2 802.1m，森林覆盖率达 68%，年均日照时数 1 860.2h，最冷平均气温 0.2℃，最热平均气温 23.6℃，无霜期 209 天，年均降水量 742mm，四季分明、温暖湿润、夏无酷暑、冬无严寒，是玄参的最优适生区，也是陕西省玄参主产地之一。

四、收获时间

最佳采挖时间为每年 10—11 月，最佳品质期为 10 月。

五、推荐贮藏保鲜和食用方法

【贮藏保鲜方法】 柞水玄参炮制后贮密闭容器内，置通风、干燥避光处，防霉，防蛀。

【食用方法】 柞水玄参属药食同源，能清营血分之热，常配生地、丹皮同用，如清营汤。

六、市场销售信息

柞水县世纪生态农业有限公司　联系电话：15691673130

柞水县凯祥源农业技术开发有限公司　联系电话：15029893926

柞水县林淙种植养殖农业专业合作社　联系电话：15691673130

供稿： 柞水县农产品质量安全站　刘秀芹

登录编号：CAQS-MTYX-20210955

柞水玉木耳

一、主要产地

陕西省商洛市柞水县营盘镇丰河村和北河村，下梁镇西川村、金盆村、老庵寺村，小岭镇金米村，曹坪镇马房子村。

二、品质特征

柞水玉木耳呈角质状，硬而脆性，表面米黄色，背面乳白色，腹面光滑，颜色喜人，手摸有干燥感，无颗粒感，复水后颜色雪白。

柞水玉木耳蛋白质含量为8.76g/100g，粗脂肪含量为0.4g/100g，膳食纤维含量为60.6g/100g，总糖（以葡萄糖计）含量为63.0g/100g，均优于参照值。

三、环境优势

柞水玉木耳产自终南首邑、山水画廊的柞水县，位于陕西省南部，秦岭南麓，因盛产木耳适生树种柞树而得名。境内层峦叠嶂，沟壑纵横，植被茂盛，水质优良，森林覆盖率68%，负氧离子含量位居陕西省前列，素有“天然氧吧”“城市之肺”之称。柞水玉木耳自2016年引进并大力推广以来，以独特的品相和品质，迅速成为柞水木耳的翘楚。主要产区平均海拔1 000m以上，四季分明，气候温和，是玉木耳的适生区域。

四、收获时间

最佳采收期是每年5—10月，最佳品质期为7月。

五、推荐贮藏保鲜和食用方法

【贮藏保鲜方法】在通风良好、阴凉干燥、清洁卫生的环境下贮存，保质期24个月。

【食用方法】①玉木耳炒肉：玉木耳提前泡发、撕成小朵，猪肉切成片，加入盐、小苏打、淀粉上浆，西芹切成片。玉木耳和芹菜焯水后沥干水分。起锅，注入油，下肉片，迅速滑散，至肉片变色，倒入芹菜和玉木耳继续翻炒均匀。②冰糖木耳羹：将泡发好的玉木耳、花生、枸杞、红枣放入加满水的养生壶中，用糖水模式慢煲1h，盛出前可加入少量冰糖。

六、市场销售信息

陕西秦峰农业股份有限公司　联系电话：13363988883

柞水秦岭天下电子商务有限公司　联系电话：18710710278

柞水县科技投资发展有限公司　联系电话：13991483728

供稿：柞水县农产品质量安全站　刘秀芹

永昌肉羊肉

登录编号：CAQS-MTYX-20210512

一、主要产地

甘肃省金昌市永昌县新城子、红山窑、焦家庄、城关、东寨、六坝、南坝、朱王堡、水源、河西堡共10个乡镇。

二、品质特征

永昌肉羊肉肉色鲜红，有光泽，脂肪呈乳白色；肌纤维致密，富有弹性；外表新鲜，切面湿润，不黏手。煮沸后肉汤透明澄清，脂肪团聚于液面，具有羊肉特有的香味。

永昌肉羊肉中含蛋白质19.41%，花生四烯酸占总脂肪酸的2.34%，DHA占总脂肪酸的0.38%，必需氨基酸占总氨基酸比例50.10%，均优于同类产品参照值。

三、环境优势

永昌县位于甘肃省河西走廊中东部，县境内地形复杂，平川山峦相间，戈壁绿洲相连，属温带大陆性气候。县域内光照充足，昼夜温差大，太阳辐射强，气候条件优越，为优质肉羊的生长发育提供了良好的生态环境。同时，永昌县是陕西省12个半农半牧县之一，草原面积442.46万亩，农作物种植面积85.6万亩，年产各类农作物秸秆80万t，全县以优质紫花苜蓿、燕麦草为主的优质牧草种植面积17万亩，年产优质牧草20万t。广阔的天然草场和大面积农作物优良种植区，为永昌县发展肉羊养殖业提供了得天独厚的条件。

四、收获时间

全年均可出栏，最佳品质期为全年。

五、推荐贮藏保鲜和食用方法

【贮藏保鲜方法】低温冷冻或冷藏。

【食用方法】焖羊肉等。

六、市场销售信息

金昌居佳生态农业有限公司永昌羊业分公司　联系电话：4006911808

甘肃锦天农牧科技发展有限公司　联系人：孙发斌　联系电话：18409455666

甘肃怡泉新禾农业科技发展有限公司　联系人：张　明　联系电话：13893311960

供稿：永昌县农业特色产业服务中心　付　杰

登录编号：CAQS-MTYX-20210513

秦安苹果

一、主要产地

甘肃省天水市秦安县兴国镇、西川镇、莲花镇、陇城镇、郭嘉镇、云山镇、刘坪镇、叶堡镇、安伏镇、魏店镇、王铺镇、王窑镇、千户镇、王尹镇、兴丰镇、中山镇、五营镇，共 17 个镇。

二、品质特征

秦安苹果果面色泽鲜红，着色面积 90% 以上；果实形状为圆柱形，果点小而疏，表面光滑、细腻；果肉颜色为白色，果皮薄，果心小。口感脆嫩，甘甜多汁。

秦安苹果维生素 C 含量 6.28mg/100g，可溶性固形物含量 14.3%，总酸含量（以苹果酸计）0.32%，可溶性糖含量 12.2g/100g，糖分高，酸度低。

三、环境优势

秦安苹果产区地处甘肃省东南部，渭河主要支流的葫芦河下游，位于东经 105°20′～106°20′，北纬 34°44′～35°11′，海拔 1 120～1 700m，属陇西黄土高原渭北梁峁沟壑山区。地势北高南低，西高东低，土壤深厚肥沃，属半干旱半湿润气候区，山区水源主要依靠集雨节水灌溉，区域内无工业污染，为天然绿色食品生产区，冬无严寒，夏无酷暑，四季分明，且土层深厚，光照充足，热量丰富，昼夜温差大，农作物生长期长，特别有利于各种水果、瓜类的生长，是中国北方落叶果树，尤其是苹果生产的黄金地域之一。

四、收获时间

每年 9 月 10 日至 10 月 30 日收获，最佳品质期为 11 月。

五、推荐贮藏保鲜和食用方法

【贮藏保鲜方法】苹果适宜冷藏，冷藏温度 0～3℃，贮藏的相对湿度可以保持在 90%～95%。

【食用方法】清洗干净直接食用，也可用于制作果汁、果酱等。

六、市场销售信息

秦安县雪原果品公司　联系人：蔡二成　联系电话：13893857217

天水勤丰果业有限责任公司　联系人：王国庆　联系电话：13679450567

秦安县一画农业发展有限公司　联系人：张君芳　联系电话：13893857383

天水梦源果品公司　联系人：王红芮　联系电话：18193816777

秦安县闫家沟农业专业合作社　联系人：闫来福　联系电话：13689383768

供稿：秦安县农业农村局　王志平、陈　玲

礼县大黄

登录编号：CAQS-MTYX-20210514

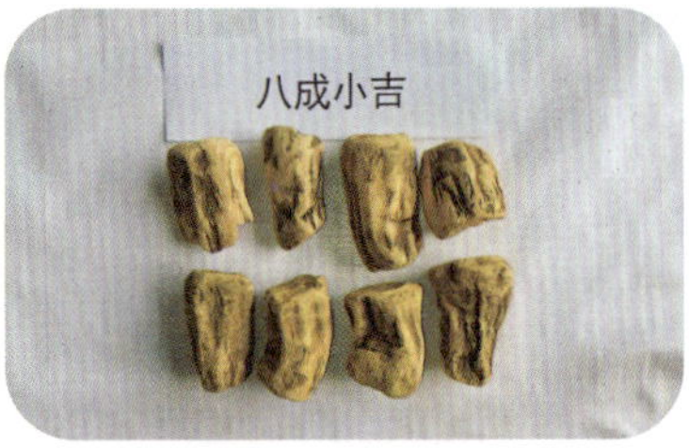

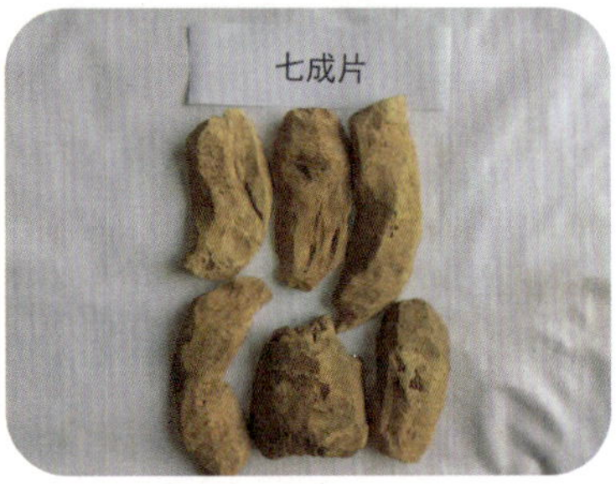

一、主要产地

甘肃省陇南市礼县草坪乡、白河镇、白关镇、桥头镇、沙金乡等乡镇。

二、品质特征

礼县大黄具有质地坚实、气味清香、朱砂点明显、绵纹清晰而不乱等特点。

礼县大黄为正宗掌叶大黄，大黄酸含量 820.58mg/kg，大黄酚含量 538.66mg/kg，大黄素含量 286.46mg/kg，芦荟大黄素含量 192.16mg/kg，大黄素甲醚含量 178.55mg/kg。

三、环境优势

礼县位于甘肃省东南部陇南山区，西汉水上游，属典型的温带大陆性季风气候区，年降水量 488.2mm，年平均气温 9.9℃，全年日照 1 968.1h，无霜期 183 天，平均海拔 1 825m。土层深厚、肥沃，为中性或微酸性的砂质黑壤土，非常适合大黄的生长。甘肃礼县是掌叶大黄的主要产区，至今已有 1 000 多年的种植历史，素有“中国大黄甲天下，铨水大黄最盛名”之美誉。

四、收获时间

大黄栽种 2 ～ 3 年后，在 10 月下旬至 11 月上旬，地上部枯萎时收获。最佳品质期为 11 月。

五、推荐贮藏保鲜和食用方法

【贮藏保鲜方法】熏干干燥后，储存于通风干燥避光处，适宜温度 30℃以下，相对湿度 70% ～ 75%。

【食用方法】药用。

六、市场销售信息

礼县春天药业有限责任公司　联系人：张雷雷　联系电话：18198048828

甘肃农韵电子商务有限公司　联系人：张　奎　联系电话：15193932216

供稿：礼县农产品质量安全监督管理站　王　焱、赵景琦

登录编号：CAQS-MTYX-20210515

东乡贡羊肉

一、主要产地

甘肃省临夏回族自治州东乡族自治县锁南、沿岭、汪集、凤山、车家湾、高山、达板、唐汪、坪庄、那勒寺、赵家、五家、果园、百和、春台、柳树、东塬、河滩、大树、北岭、龙泉、考勒、董岭等24个乡镇。

二、品质特征

东乡贡羊肉肉色鲜红，有光泽，脂肪呈乳白色；肌纤维致密，富有弹性；外表新鲜，切面湿润，不黏手。煮沸后肉汤透明澄清，脂肪团聚于液面，具有羊肉特有的香味。

东乡贡羊肉蛋白质含量为19.6g/100g，磷含量为218mg/100g，胆固醇含量为54.40mg/100g，苯丙氨酸含量为0.92g/100g，赖氨酸含量为1.97g/100g，营养丰富，易于被人体吸收，具有良好的营养保健作用。

三、环境优势

东乡贡羊产区位于兰州至临夏的交通要道上，地理坐标为东经103°10′～103°45′，北纬35°30′～35°56′，海拔1 735～2 664m。处于黄土高原之末和青藏高原之首的连接区，属黄土高原丘林沟壑区。境内群山起伏，地形呈“凸”字形，三面环水。属温带半干旱气候区，大陆性气候和山地垂直气候比较明显，冬长夏短，春秋相连，气候干燥，降水量少，蒸发量大，无霜期短。这些都为肉羊繁育生长提供了良好的条件。

四、收获时间

全年均可出栏，最佳品质期为全年。

五、推荐贮藏保鲜和食用方法

【贮藏保鲜方法】-18℃下冷冻。家庭保存如果在两天内吃完，可放在冰箱冷藏室保存；如果肉量较多，要冷冻，最好将羊肉切成小块，放入冷冻室保存，每次取出一小块解冻即可。

【食用方法】红烧羊肉、清炖羊肉等。

六、市场销售信息

甘肃优尔塔农牧业农民专业合作社　联系人：马成海　联系电话：13893337905

伊东羊业科技开发有限公司　联系人：马　庆　联系电话：18009468802

东乡族自治县西部数农生态农牧有限公司　联系人：常振文　联系电话：13041029233

东乡族自治县布楞沟养殖农民专业合作社　联系人：马大五德　联系电话：18394201116

东乡族自治县文奎养殖农民专业合作社　联系人：马文奎　联系电话：18919409555

东乡族自治县阿依莎种养殖农民专业合作社　联系人：李　艳　联系电话：18993150666

东乡族自治县泽民生态牧业农民专业合作社　联系人：郭通平　联系电话：13369305188

供稿：东乡族自治县农产品质量安全监督管理站　马文林
东乡族自治县农业农村局　马亚宁

玛曲牦牛肉

登录编号：CAQS-MTYX-20210516

一、主要产地

甘肃省甘南藏族自治州玛曲县全境。

二、品质特征

玛曲牦牛肉肉色鲜红，有光泽，脂肪呈乳白色；肌纤维致密，富有弹性；外表新鲜，切面湿润，不黏手。煮沸后肉汤透明澄清，脂肪团聚于液面，具有牛肉特有的香味。

玛曲牦牛肉营养丰富，其水分含量为75.21%，脂肪含量为1.02%，胆固醇含量为51mg/100g，脂肪酸总量为1.69g/100g，亚油酸占总脂肪酸含量的6.33%，丙氨酸含量为1 303mg/100g，丝氨酸含量为939mg/100g，铁含量为6.6mg/100g，镁含量为43.1mg/100g，优于同类产品参照值，玛曲牦牛肉可滋养脾胃、强健筋骨。

三、环境优势

玛曲县地处青藏高原东端，甘肃、青海、四川三省交汇处，位于东经100°45′45″～102°29′00″，北纬33°06′30″～34°30′15″。阿尼玛卿山由西向东贯穿全境，西顷山绵亘于县境北部。大部分地区海拔在3 500～3 800m。属黄河水系，黄河流经境内各乡，流程433km，黄河在玛曲境内支流众多。玛曲县是纯牧业县，全县有可利用草原面积85.867万hm^2，理论载畜量166.67万个羊单位，为发展畜牧业经济提供了得天独厚的条件，是甘肃省重要的畜牧业商品基地之一。

四、收获时间

每年8月到翌年2月出栏，最佳品质期为12月。

五、推荐贮藏保鲜和食用方法

【贮藏保鲜方法】冷藏、冷冻。牛肉如果在两天内吃完，可放在冰箱冷藏室保存；如果肉量较多，要冷冻，最好将牛肉切成小块，放入冷冻室保存，每次食用时取出一小块解冻即可。

【食用方法】纯牦牛肉干：挑选没有肥肉的新鲜牦牛肉，切条、去腥、腌制、风干水分，即可得到成品牦牛肉干。

六、市场销售信息

玛曲县昌翔清真肉业有限公司　联系人：马连昌　联系电话：13893945083

供稿：玛曲县农畜产品质量安全检测检验中心　王　振、赵文婷

登录编号：CAQS-MTYX-20210956

兰州百合

一、主要产地

甘肃省兰州市七里河区所辖阿干镇、魏岭乡、西果园镇、黄峪镇。

二、品质特征

兰州百合为“川百合”变种，有“单头”“双头”和“多头”等多种外形，肉质肥厚饱满、细腻无渣、香甜爽口，药食兼优，是四季皆可食用的滋补佳品，也是中国唯一的食用甜百合。

兰州百合的水分含量58.1g/100g，蛋白质含量3.42g/100g，粗多糖含量6.3g/100g，总糖（以葡萄糖计）含量75.9g/100g，锌含量0.60mg/100g，硒含量1.9 μg/100g，钙含量15.1mg/100g，均优于参照值。

三、环境优势

兰州百合主要产地分布在海拔1 800～2 600m的二阴山区，年平均气温7.8℃，无霜期133天，年降水量约380mm，全年日照时数2 476.4h左右，种植地多为15°～30°的梯田，土壤以黑麻土和大白土为主，pH值为7.73，有机质10.4g/kg，全氮852mg/kg，有效磷8.952mg/kg，速效钾87.7mg/kg，养分充足、易耕作、易排水，独特的自然环境造就了兰州百合优良的品质。

四、收获时间

每年3月初和10月中旬采收，最佳品质期为全年。

五、推荐贮藏保鲜和食用方法

【贮藏保鲜方法】在冰箱内2～4℃可冷藏3个月。

【食用方法】西芹百合、百合秋梨银耳羹等。

六、市场销售信息

兰州市七里河区宏瑞农产品专业合作社　联系人：陈得琴　联系电话：13919107018

甘肃爽口源生态科技股份有限公司　联系人：吕斐斌　联系电话：13893697176

七里河区鹏成百合加工厂　联系人：马培许　联系电话：13919099939

兰州市七里河区南山果蔬产销专业合作社　联系人：高连虎　联系电话：13519409021

供稿：兰州市七里河区农业技术推广站　吕志刚

永昌绵羊生乳

登录编号：CAQS-MTYX-20210957

一、主要产地

甘肃省金昌市永昌县东寨镇原红光园艺场。

二、品质特征

永昌绵羊生乳色泽呈微黄色；滋味、气味均具有乳固有香味；组织状态呈均匀一致的液体，无凝块、无沉淀。

永昌绵羊生乳营养丰富，蛋白质含量 6.84g/100g，精氨酸含量 0.97%，单不饱和脂肪酸含量 74.4%，亚麻酸占总脂肪酸的 1.2%，水分含量 79.6%，胆固醇含量 25.9mg/100g，均优于同类参照值。

三、环境优势

永昌绵羊生乳产地位于祁连山中段北部，自然环境良好，处于国际公认的北纬 38° 的黄金奶源带。产区属北方大陆性温带气候，全年温差大，光照充足，作物生长期长，是公认的全国最优质的苜蓿等牧草生产地，富产优质苜蓿草、玉米等牧草与饲料作物，为奶绵羊产业提供优质饲料保障。

四、收获时间

全年均可生产，最佳品质期为全年。

五、推荐贮藏保鲜和食用方法

【贮藏保鲜方法】低温冷藏。

【食用方法】①加热饮用：放在炉子上煮热，煮时用火要适当（较小），且须边煮边搅拌，以免锅底和锅边的奶受热过快而发生焦结。当煮至表面有热气时，即可关火不必煮沸。②低温预热饮用：用热水浸泡加热，将绵羊奶放入 50℃左右的温水中浸泡 5 ～ 10min 即可，热水温度不宜过高。③配合早餐食用：将新鲜绵羊奶打开倒入碗中微波炉加热数十秒搭配麦片一起食用，特别适宜高血脂的人早餐食用。

六、市场销售信息

甘肃元生农牧科技有限公司　联系人：张金生　联系电话：13993593669

元生爱特绵羊奶吧　联系人：杨　霞　联系电话：13993593669

永昌县农业特色产业服务中心　联系人：付　杰　联系电话：0935-7531519

供稿：永昌县农业特色产业服务中心 付 杰

登录编号：CAQS-MTYX-20210958

民勤蜜瓜

一、主要产地

甘肃省武威市民勤县收成镇、西渠镇、东湖镇、泉山镇、双茨科镇、大滩镇、昌宁镇、夹河镇、红沙梁镇、东坝镇。

二、品质特征

民勤蜜瓜果型端正，整齐均匀，网纹密集，立体感强，光泽艳丽，条带和网纹整齐一致且明显清晰。其品种种类丰富，有黄皮红肉金红宝系列、白皮绿肉白兰瓜系列、绿皮网纹哈密瓜系列、大果型黄河蜜瓜系列、小果型玉金香系列五大品系。果肉厚、果肉细嫩，甘甜爽口，香气浓，具有鲜有的芳香气味，耐贮运。

民勤蜜瓜可溶性固形物含量15%，可溶性糖含量12.3g/100g，总酸含量0.82g/kg，钙含量4mg/100g。

三、环境优势

民勤县地处甘肃河西走廊东北部，属温带大陆性干旱气候，是全国光热资源最丰富的区域之一，四季分明，冬寒夏暑，光照充足，气候干燥，无霜期长，昼夜温差大。全年日照时数超过3 000h，年均活动积温达3 641.2～3 873.5℃，无霜期162天，最大昼夜温差为15.5℃，年均降水量113mm，年均蒸发量2 623mm。县域地势平坦，土壤以砂壤土为主，石羊河流域水源和地下水灌溉，是生产蜜瓜的最佳区域。

四、收获时间

全年均可收获，最佳品质期为7月。

五、推荐贮藏保鲜和食用方法

【贮藏保鲜方法】室内常温保鲜。

【食用方法】直接食用，也可制成罐头、天然瓜粉等。

六、市场销售信息

民勤县农业发展有限责任公司　联系人：王英多　联系电话：13830516166

民勤县珍宝农林牧产销专业合作社　联系人：刘大忠　联系电话：13519353889

民勤县富丰甜瓜产销专业合作社　联系人：张　锋　联系电话：13893550294

民勤县多明黄白蜜瓜产销专业合作社　联系人：邸多明　联系电话：13639356728

民勤县瓜产业协会　联系人：甄世杰　联系电话：13909354311

北京麻子峪果蔬产销专业合作社　联系人：宋战胜　联系电话：13103593779

民勤县泉丰农牧产销专业合作社　联系人：丁丰万　联系电话：18293546160

民勤县荣峻农林牧产销专业合作社　联系人：胡开荣　联系电话：15193534808

供稿：民勤县农业技术推广中心　李政路
武威市农产品质量安全监督管理站　杨　晶

中甜30号

民勤羊肉

登录编号：CAQS-MTYX-20210959

一、主要产地

甘肃省民勤县昌宁镇、蔡旗镇、重兴镇、大坝镇、夹河镇、苏武镇、大滩镇、双茨科镇、泉山镇、薛百镇、三雷镇、东坝镇、红沙梁镇、西渠镇、东湖镇、收成镇、红沙岗镇、南湖镇共18个镇。

二、品质特征

民勤羊肉肉色鲜红，有大理石纹分布，脂肪呈乳白色，肌纤维致密，富有弹性，具有新鲜羊肉固有气味。煮沸后肉汤透明澄清，脂肪团聚于液面，无腥不膻，肉质鲜嫩，携香带咸，醇厚鲜美。

民勤羊肉含有丰富优质的蛋白质、不饱和脂肪酸，脂肪含量适中，其中蛋白质含量为20.8%，DHA占总脂肪酸的0.017%，亮氨酸含量为1.61g/100g，苯丙氨酸含量为0.85g/100g，组氨酸含量为2.70g/100g，脂肪含量为1.57%，优于一般同类羊肉。

三、环境优势

民勤肉羊产区集中于东经101°49′41″～104°12′10″，北纬38°3′45″～39°27′37″，东、西、北三面被腾格里和巴丹吉林两大沙漠包围，光照足、温差大、隔离好，区域内无重工业污染，土壤富含盐、碱、磷、铁、铜、钾等矿物质，水源来自祁连山脉雪水形成的地下矿物质水，孕育了苜蓿、沙葱、甘草、玉米、茴香等150多种耐盐碱、耐干寒的牧草与饲料作物，为民勤肉羊生长提供了丰富多样的优质饲料。采用标准化暖棚羊舍，配套大面积、全敞开、通透式的自由运动场，羊只饲养环境接近自然放牧。特殊的地理环境和水土条件，造就了民勤肉羊体质结实、骨骼粗壮、肌肉丰腴、精髓充盈、耐寒耐旱的优良品质。

四、收获时间

全年均可出栏，最佳品质期为12月。

五、推荐贮藏保鲜和食用方法

【贮藏保鲜方法】民勤羊肉以现购现烹为宜，如暂时吃不了，可以将羊肉分成小块冷藏或冷冻保存。

【食用方法】手抓羊肉、清炖羊肉、羊汤等。

六、市场销售信息

甘肃凯伟农牧业科技发展有限公司　联系人：赵红霞　联系电话：15095629520

民勤县农业发展有限责任公司　联系人：李开禧　联系电话：18893536444

民勤中天羊业有限公司　联系人：杨　艳　联系电话：13619354519

供稿： 民勤县畜牧兽医工作站　张　伟

武威市农产品质量安全监督管理站　杨　晶

登录编号：CAQS-MTYX-20210960

天祝白牦牛肉

一、主要产地

甘肃省武威市天祝藏族自治县西大滩镇西大滩村、上泉村，松山镇黑马圈河村、达隆村，安远镇乌鞘岭村、南泥湾村，打柴沟镇多隆村、下河东村，华藏寺镇周家窑村、野雉沟村，抓喜秀龙镇南泥沟村、代乾村，炭山岭镇四台沟村、阿沿沟村。

二、品质特征

天祝白牦牛肉肉色鲜红，有光泽，脂肪呈黄色；肌纤维致密，富有弹性；外表新鲜，切面湿润，不黏手。煮沸后肉汤透明澄清，脂肪团聚于液面，具有牛肉特有的香味。

天祝白牦牛肉富含人体必需氨基酸及不饱和脂肪酸，其中，组氨酸含量为3.02g/100g，亮氨酸含量为1.76g/100g，脂肪含量为1.26%、亚麻酸占总脂肪酸的2.83%，水分含量为74.5%，营养成分含量优于同类产品，可为人体提供优质的蛋白质和脂肪。

三、环境优势

天祝藏族自治县县域内生态条件好，水土资源清洁，草原辽阔无污染，牧草生长茂密，还有黄芪、党参、冬虫夏草、雪莲等天然中药材生长。境内南部有终年积雪的马雅雪山，东部有毛毛山，乌鞘岭横跨中部，地势复杂，地貌类型多样，沟谷长深，山系纵横交错，拥有天然草原39.14万hm^2，灌丛放牧林地11.42万hm^2，得天独厚的自然条件使当地白牦牛肉的养殖方式具有天然生态、绿色低碳、用兽药少的特点，在民间有天祝白牦牛“食冬虫夏草，饮矿泉水”之说法。

四、收获时间

全年均可出栏，最佳品质期为11月。

五、推荐贮藏保鲜和食用方法

【贮藏保鲜方法】冷藏、冷冻。牛肉如果在两天内吃完，可放在冰箱冷藏室保存；如果肉量较多，将牛肉切成小块，放入冷冻室保存，即吃即取。

【食用方法】手抓牦牛肉、水煮牛肉、土豆烧牛肉等。

六、市场销售信息

天祝华锐之星冷链物流有限公司　联系人：宋占功　联系电话：19993503020

天润白牦牛绿色食品开发有限公司　联系人：靳开祯　联系电话：18503012185

供稿：天祝藏族自治县农产品质量安全检测站　孙艳霞
武威市农产品质量安全监督管理站　杨　晶

定西马铃薯

登录编号：CAQS-MTYX-20210961

一、主要产地

甘肃省定西市安定区凤翔、巉口、内官营、李家堡、西巩驿、宁远、鲁家沟、称钩驿、团结、香泉、符家川、葛家岔、石峡湾、新集、青岚山、石泉、杏园、高峰、白碌共 19 个乡镇。

二、品质特征

定西马铃薯薯形呈圆形或椭圆形，表皮光滑呈浅黄色；芽眼浅且少，呈白色；薯肉呈白色。煮食时，表皮爆裂开花，薯香浓郁，口感绵沙，味道鲜美。

定西马铃薯营养丰富，每 100g 马铃薯含干物质 22.9g、淀粉 17.5g、维生素 C 25.9mg、还原糖 0.2g、蛋白质 2.1g、钾 385.6mg、铁 13.0mg、硒 0.75μg，品质优良。

三、环境优势

定西市安定区海拔 1 700 ~ 2 580m，属黄土高原丘陵沟壑区，地处高寒二阴区，气候凉爽，光照充足，昼夜温差大，无霜期长，土层深厚，肥力中上，土壤富含钾素，年平均降水量 380mm，降水总量虽然不足，但主要集中在 7—9 月，与马铃薯块茎膨大期吻合，雨热同期，发展马铃薯有着得天独厚的自然条件。

四、收获时间

每年 10—11 月收获，最佳品质期为 10 月。

五、推荐贮藏保鲜和食用方法

【贮藏保鲜方法】常温、避光，置于黑色塑料袋中，放在灶房或者贮物间；少量可在冰箱中冷藏，冷藏温度不低于 4℃。

【食用方法】煮土豆、土豆炖牛肉等。

六、市场销售信息

定西瑞源农产品农民专业合作社　联系人：张巧花　联系电话：13830246968、13830282818

定西鑫源马铃薯良种专业合作社　联系人：王永军　联系电话：13993248441

定西市铂源农产品农民专业合作社　联系人：田永霞　联系电话：18093229119

定西聚鑫牧草农民专业合作社　联系人：李聚东　联系电话：18093288122

定西三丰马铃薯农民专业合作社　联系人：张　寿　联系电话：13919688137

定西石源农业农民专业合作社　联系人：姚　明　联系电话：15101819406

定西薯之梦农产品农民专业合作社　联系人：贾彩娟　联系电话：19893275395

供稿： 安定区马铃薯产业开发办公室　屠伯平

安定区绿色食品办公室　曹举科

登录编号：CAQS-MTYX-20210962

陇西黄芪

一、主要产地

甘肃省定西市陇西县巩昌镇、文峰镇、首阳镇、菜子镇、福星镇、云田镇、通安驿镇、碧岩镇、马河镇、柯寨镇、双泉镇、权家湾镇、德兴乡、宏伟乡、渭阳乡、和平乡、永吉乡共17个乡镇的215个行政村。

二、品质特征

陇西黄芪根呈圆柱形，长直且分支少，表皮黄白色，有不整齐的纵皱纹或横沟。陇西黄芪直径0.8～1.4cm，质硬而韧，不易折断，断面外部呈黄白色，内部为淡黄色，粉性足，味甘，有豆腥味。

陇西黄芪含水分5.4%，总灰分4.05%，浸出物31.2%，黄芪甲苷0.126%，毛蕊异黄酮葡萄糖苷0.064%。

三、环境优势

陇西县海拔1 612～2 762m，年均气温8.1℃，属黄土高原地区，温带大陆性季风气候，自古盛产药材，素有“千年药乡”和“西部药都”之称，是我国黄芪的主要道地产区之一，先后被确定为“国家级中医药原料生产供应保障基地”“全国中药材（黄芪、党参）产业知名品牌示范区”。

四、收获时间

每年10月收获，最佳品质期为10月。

五、推荐贮藏保鲜和食用方法

【贮藏保鲜方法】温度-10～28℃，相对湿度30%～75%，处于阴凉、干燥、通风、避光的环境下贮存。

【食用方法】陇西黄芪代茶饮、陇西黄芪粥、陇西黄芪煲汤等。

六、市场销售信息

陇西奇正药材有限责任公司　联系人：宋宗孝　联系电话：13919146508

陇西保和堂药业有限责任公司　联系人：安莹娟　联系电话：13993288413

甘肃明治药业有限公司　联系人：裴建平　联系电话：15025852199

供稿：陇西县中医药研究院　陈卫宏

定西市农产品质量安全监测检测站　牟　龙

宁县苹果

登录编号：CAQS-MTYX-20210963

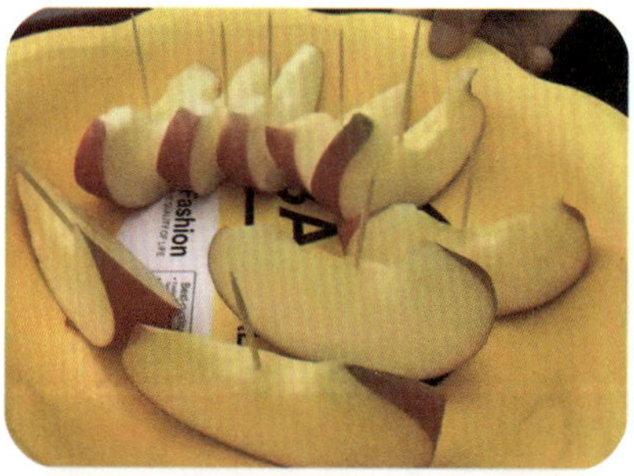

一、主要产地

甘肃省庆阳市宁县新庄镇、太昌镇、和盛镇、焦村镇、新宁镇、早胜镇、良平镇、平子镇、米桥镇、中村镇、春荣镇、盘克镇、南义乡、瓦斜乡、湘乐镇、金村乡共17个乡镇的114个行政村。

二、品质特征

宁县苹果果大，最大横断面直径70mm以上；果形呈扁圆形或圆形，基本端正；带果梗，果面光洁；着鲜红色条纹或晕，色泽鲜艳且富有光泽，红色品种着色面积在70%以上。果肉质脆，汁多无渣，食之沁心甜、口中久留浓香。

宁县苹果果实硬度7.3kg/cm²，可溶性固形物含量16%，维生素C含量6.2mg/100g，固酸比44.6。

三、环境优势

宁县地处北纬35°苹果黄金生长带之上，属暖温带大陆性高原气候。生产区域多为土层深厚、质地疏松、透气蓄水能力强的黄土塬面，土壤富含钾、钙、镁、锌、硒等多种微量元素。东部梁峁沟壑交错，中西部多川台河谷与高原沟壑相间。气候温和，四季分明，光照充足，十分适宜苹果树生长。年平均日照时数为2 352.4h，充足的光线加强了宁县苹果光合作用，利于果实蜡质层的生成，因而宁县苹果蜡质层较厚，果面洁净。在宁县苹果果实生长期，境内日均光照时数6～7h，充足的阳光照射可形成较多的花青苷，利于宁县苹果的上色，使宁县苹果色泽鲜艳且富有光泽。

四、收获时间

9月下旬至10月下旬收获，最佳品质期为10月。

五、推荐贮藏保鲜和食用方法

【贮藏保鲜方法】苹果采收后，先放在阴凉通风处短时间预贮，严格挑选，除去病果、裂果及伤果，分级包装存入冷库。

【食用方法】鲜食，也可用于制作酥炸苹果圈、苹果酱等。

六、市场销售信息

宁县金农农业扶贫开发有限公司　联系人：李俊强　联系电话：13195886621

庆阳正洋现代生态农业科技有限公司　联系人：郭起龙　联系电话：18993420009

庆阳兆丰农业发展有限公司　联系人：杨　果　联系电话：15209341189

庆阳海越农业有限公司　联系人：袁超斌　联系电话：13195886621

供稿：宁县果业发展中心　孙小芸

庆阳市农产品质量安全监督管理站　范雅丽

登录编号：CAQS-MTYX-20210517

青铜峡连湖西红柿

一、主要产地

宁夏回族自治区吴忠市青铜峡市连湖农场、邵岗镇邵岗村、叶盛镇五星村。

二、品质特征

青铜峡连湖西红柿（番茄）单果重125g左右，果型扁平，有鼓出的棱，呈粉红色或深红色。皮薄多汁，肉质细腻沙糯，口感酸甜。

青铜峡连湖西红柿的维生素C含量为19mg/100g，可溶性固形物含量为5.57%，总酸含量为3.1g/kg，钙含量为7.6mg/100g，品质优良。

三、环境优势

青铜峡连湖西红柿种植区属中温带大陆性季风气候，年平均气温9.2℃，最高气温37.7℃，日温差可达12～15℃。年均日照2 980.1h，日照率为68%，无霜期150～160天，年均降水量175.8mm，昼夜温差大，病虫害少；水源呈弱碱性；土壤属砂质土壤，透气性好；周围无工厂污染。当地特殊的自然环境下种植出的西红柿营养丰富，鲜食美味，在宁夏全域有非常高的知名度，深受广大消费者的喜爱。

四、收获时间

每年2—6月收获，最佳品质期为3月。

五、推荐贮藏保鲜和食用方法

【贮藏保鲜方法】鲜果可直接冷藏保存，亦可置于阴凉干燥处保存3～5天。

【食用方法】鲜食口感最佳；制作果蔬沙拉、榨汁、煨汤、炒制均可。

六、市场销售信息

宁夏农垦连湖农场有限公司　联系人：王建宏　联系电话：13895053996

青铜峡市连农种植专业合作社　联系人：刘云祥　联系电话：18695332939

宁夏农直通农业科技有限公司　联系人：张沛祥　联系电话：0953-3644444、15009532949

供稿：青铜峡市农业农村局　刘天意

海原小米

登录编号：CAQS-MTYX-20210518

一、主要产地

宁夏回族自治区中卫市海原县海城镇武塬村，贾塘乡王塘村、后塘村，郑旗乡郑旗村，关桥乡八斗村、王湾村，高崖乡高湾村，李旺镇二道村，七营镇砖窖村，曹洼乡脱烈村。

二、品质特征

海原小米色泽黄亮，颗粒均匀饱满，适合各种烹饪。煮熟后黏糯爽口，味微甜，有浓浓的清香味。

海原小米的蛋白质含量为10.8g/100g，脂肪含量为3.7g/100g，磷含量为286mg/100g，铁含量为6.76mg/100g，硒含量为5μg/100g。

三、环境优势

海原小米主要生产区域为东经105°24′～106°37′、北纬36°19′～36°83′，海拔1 400m以上。土壤类型以黄绵土为主，土层深厚，土质疏松，通透性好，有机质及速效养分含量高，pH值为8.0～8.5。气候属典型大陆性季风气候，春暖迟、夏热短、秋凉早、冬寒长。年均气温6.9～8.0℃，10℃以上年均活动积温2 398℃，无霜期149～171天，年日照时数约2 866.6h，年平均降水量362.6mm。海拔高、光照充足，昼夜温差大，降水大多集中在夏秋季，极适宜谷子的生长发育。

四、收获时间

每年10月收获，最佳品质期为全年。

五、推荐贮藏保鲜和食用方法

【贮藏保鲜方法】存放在阴凉、干燥、通风较好的地方。

【食用方法】小米枸杞粥、小米饭等。

六、市场销售信息

宁夏锦彩生态农业科技发展有限公司　联系电话：15121952888

宁夏老庄稼农业科技有限公司　联系电话：17811159555

供稿：海原县农业综合执法大队　肖宝清、王海佺

登录编号：CAQS-MTYX-20210519

海原香水梨

一、主要产地

宁夏回族自治区中卫市海原县关桥乡关桥村、张湾村、马湾村、方堡村、贺堡村、关桥村，海城镇王井村，史店乡羊坊村，树台乡树台村。

二、品质特征

海原香水梨果实近圆形，色泽金黄，肉软味美，香味浓郁，平均单果重120g左右。鲜梨清黄鲜亮，果皮薄。若藏至冬季，果皮变黑，果肉冻结，融化后果肉绵软，食用时撕破表皮，吸吮果肉，酸甜可口。

海原香水梨的可溶性糖含量为7.6g/100g，蛋白质含量为0.4g/100g，钙含量为10.5mg/100g，铁含量为0.85mg/100g。

三、环境优势

海原香水梨主要生产区域为东经105°24′～106°37′、北纬36°19′～36°83′，海拔1 400m以上。土壤类型以黄绵土为主，土层深厚，土质疏松，通透性好，有机质及速效养分含量高，pH值为8.0～8.5。气候属典型大陆性季风气候，春暖迟、夏热短、秋凉早、冬寒长。年均气温6.9～8.0℃，10℃以上年均活动积温2 398℃，无霜期149～171天，年日照时数约2 866.6h，年平均降水量362.6mm。海拔高、光照充足，昼夜温差大。

四、收获时间

每年10月中下旬收获，最佳品质期为6月。

五、推荐贮藏保鲜和食用方法

【贮藏保鲜方法】阴凉通风处存放，也可冷藏。

【食用方法】①鲜梨：清水冲洗后可直接食用。②冻梨：食用时拿出置于冷水之中，浸泡30min，果外褪出一层厚厚的冰壳，打碎冰壳，果子解冻即可食用。③梨汁、梨膏：利用现代生物低温技术压榨而成，原汁原味，酸甜可口。

六、市场销售信息

海原县关桥香水梨专业合作社

联系电话：18195596088

海原县建国种养殖专业合作社

联系电话：13209641954

供稿：海原县农业综合执法大队
肖宝清、王海佺

良田沙地吊瓜

登录编号：CAQS-MTYX-20210964

一、主要产地

宁夏回族自治区银川市金凤区良田镇。

二、品质特征

良田沙地吊瓜呈椭圆形，果面平滑，果皮绿色，有花纹。果肉红色，肉质细嫩多汁，沙瓤爽口。

良田沙地吊瓜的总糖含量为7.65%，总酸含量为0.03%，维生素C含量为8.53mg/100g，钙含量为10.8mg/100g，钾含量为102mg/100g。

三、环境优势

金凤区良田镇主要为沙地土壤，年平均降水量200mm左右，年平均气温8.5℃，日温差12～15℃，年平均日照时数2 800～3 000h，是全国太阳辐射和日照时数最多的地区之一。主要气候特点表现为春迟夏短、秋早冬长，春季风沙，夏季酷暑，秋凉较早，冬寒较长，昼夜温差大，年降水量少、日照充足，有利于有机物质的合成和积累，适合瓜菜作物生长。

四、收获时间

每年4—6月收获，最佳品质期为5月。

五、推荐贮藏保鲜和食用方法

【贮藏保鲜方法】置于阴凉通风处贮藏。

【食用方法】①鲜食。②制作西瓜沙拉：将西瓜切成小块，加入菠萝丁、黄瓜丁、洋葱粒、胡萝卜粒等，适量加入亚麻籽油、少许食盐和奶油，即可食用。

六、市场销售信息

宁夏聚百农农业种植联合社　联系人：汪洋　联系电话：18295285559

宁夏川上鲜物流配送有限公司　联系人：张亚东　联系电话：15009565558

供稿：金凤区农业农村和水务局　崔爱国

登录编号：CAQS-MTYX-20210965

闽宁镇双孢菇

一、主要产地

宁夏回族自治区银川市永宁县闽宁镇。

二、品质特征

闽宁镇双孢菇为白色，菇柄粗短，菇盖圆，色泽自然，菇形匀称，纹理清晰。菌肉厚实饱满，菌味浓郁，鲜嫩脆爽，美味可口。

闽宁镇双孢菇的蛋白质含量为3.66g/100g，维生素C含量为8.67mg/100g，钙含量为10.4mg/100g，磷含量为223mg/100g。

三、环境优势

闽宁镇位于宁夏中部永宁县，黄河中上游，地处银川平原引黄灌区，地势平坦，土壤肥沃，沟渠如织，日照长，光能资源丰富，可满足多数农作物的生长发育。种植双孢菇作为帮扶项目由福建省引进至闽宁镇，经过20余年的发展，通过利用现代高新技术，已经形成了一整套精湛的栽培技术体系。双孢菇生产车间常年保持恒温恒湿，具有充足的散射光照。有利的自然环境和成熟的栽培技术造就了双孢菇优良的品质和鲜明的地域特征。

四、收获时间

全年均可采收，最佳品质期为全年。

五、推荐贮藏保鲜和食用方法

【贮藏保鲜方法】0～5℃冷藏保鲜。

【食用方法】炒、煮、烤、煎、凉拌。

六、市场销售信息

永宁县宁闽合发生态农业科技发展有限公司　联系人：何　龙　联系电话：13209599996

宁夏地方特产淘宝网店

禾美永宁拼多多网店

供稿：永宁县农业农村局　何亮霞

永宁县宁闽合发生态农业科技发展有限公司　何　龙

闽宁镇鸡蛋

登录编号：CAQS-MTYX-20210966

一、主要产地

宁夏回族自治区银川市永宁县闽宁镇。

二、品质特征

闽宁镇鸡蛋蛋壳呈浅褐色，大小适中，蛋黄色泽金黄，蛋清浓稠并充满韧性，煮熟后的味道醇正，无腥味。

闽宁镇鸡蛋的蛋白质含量为12.6g/100g，脂肪含量为11.1g/100g，维生素E含量为2.69mg/100g，卵磷脂含量为6.26g/100g，硒含量为37μg/100g。

三、环境优势

闽宁镇位于宁夏中部永宁县，黄河中上游，地处银川平原引黄灌区，地势平坦，土壤肥沃，沟渠如织。蛋鸡养殖场周围10余千米无居民区和污染区，是天然的隔离屏障，养殖条件良好，非常适宜于建设现代化种鸡场。

四、收获时间

全年均有生产，最佳品质期为全年。

五、推荐贮藏保鲜和食用方法

【贮藏保鲜方法】在2～5℃（冰箱冷藏）时，鸡蛋的保质期为40天左右；冬季室温下可以存放15天，夏季室温下可以存放10天。

【食用方法】蒸、炒、煮等。

六、市场销售信息

宁夏晓鸣农牧股份有限公司 联系电话：4000-300967

供稿：永宁县农业农村局 何亮霞
宁夏晓鸣农牧股份有限公司 魏晓明

登录编号：CAQS-MTYX-20210967

贺兰线椒

一、主要产地

宁夏回族自治区银川市贺兰县南梁台子隆源村、常信乡张亮村、立岗镇兰光村。

二、品质特征

贺兰线椒长 30 ~ 40cm，横径 1.8 ~ 2.2cm，青果翠绿，红果鲜艳，光滑顺直，首尾匀称。用手轻轻一掰，声音清脆，皮薄肉厚，入口无渣，辣味适中，商品性好。

贺兰线椒的维生素 C 含量为 131mg/100g，蛋白质含量为 0.83g/100g，磷含量为 32.1mg/100g，铁含量为 1.22mg/100g。

三、环境优势

贺兰县地处银川平原中部，东邻黄河，西屏贺兰山。年降水量 200mm，年蒸发量 1 693.8mm，无霜期 158 天，年均气温 8.5℃，年均日照时数为 2 995.1h，日照充足。贺兰县属于引黄灌区，灌淤土层深厚，土壤有机质含量 13% ~ 16%，水解氮 50 ~ 70mg/kg，速效磷 30 ~ 50mg/kg，速效钾 160 ~ 200mg/kg，属中上肥沃土壤，适宜辣椒种植。

四、收获时间

每年 7—10 月收获，最佳品质期为 8 月。

五、推荐贮藏保鲜和食用方法

【贮藏保鲜方法】2 ~ 5℃冷藏保鲜。

【食用方法】清炒线椒、剁椒酱、腌制椒等。

六、市场销售信息

宁夏安品绿源农业科技有限公司　联系电话：15209693333

宁夏兴耘田现代农业开发有限公司　联系电话：18809602888

供稿：贺兰县农业农村局　李亚红

灵武沙坝头西瓜

登录编号：CAQS-MTYX-20210968

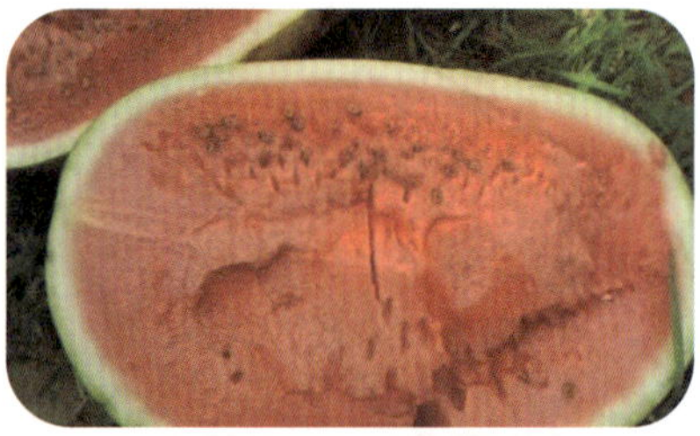

一、主要产地

宁夏回族自治区银川市灵武市梧桐树乡沙坝头村。

二、品质特征

灵武沙坝头西瓜呈椭圆形，果皮浅绿色，覆有深绿色条带。瓜大皮厚，果肉多汁，香甜可口，风味浓郁。

灵武沙坝头西瓜的总糖含量为 8.5%，总酸含量为 0.16%，维生素 C 含量为 10.2mg/100g。

三、环境优势

灵武市的气候特点为春迟秋早，四季分明、日照充足，热量丰富，蒸发强烈，气候干燥，晴天多，雨雷少。全年日照时数 3 080.2h，平均无霜期 157 天，植物生长期持续 170 天，年平均 10℃以上活动积温 3 351.3℃，年平均气温 8.8℃，年降水量 206.2 ～ 255.2mm。因为昼夜温差大、光照充足，有利于干物质蓄积，生长出来的瓜果香甜可口、风味浓郁、耐贮易运。

四、收获时间

每年 6—7 月收获，最佳品质期为 7 月。

五、推荐贮藏保鲜和食用方法

【贮藏保鲜方法】置于阴凉通风处贮藏。

【食用方法】鲜食，西瓜沙冰。

六、市场销售信息

灵武市梧桐树沙坝头西瓜专业种植合作社　联系电话：13995093696

灵武市农盛农业种植专业合作社　联系电话：18995164555

供稿：灵武市农业农村局　王美玲

登录编号：CAQS-MTYX-20210969

灵武蜜瓜

一、主要产地

宁夏回族自治区银川市灵武市郝家桥镇泾灵新村。

二、品质特征

灵武蜜瓜呈圆球形，顶部有新鲜绿色果藤，果皮翠绿，带有灰色或黄色条纹，酷似网状。果肉黄绿色或橘红色，口感脆甜爽口，有奶香味和果香味。

灵武蜜瓜的总糖含量为 8.32%，维生素 C 含量为 52.6mg/100g，钾含量为 338mg/100g。

三、环境优势

灵武市的气候特点为春迟秋早、四季分明、日照充足、热量丰富、蒸发强烈、气候干燥、晴天多、雨雷少。全年日照时数 3 080.2h，平均无霜期 157 天，植物生长期持续 170 天，年平均 10℃以上活动积温 3 351.3℃，年平均气温 8.8℃，年降水量 206.2 ～ 255.2mm。因为昼夜温差大、光照充足，有利于干物质蓄积，生长出来的瓜果香甜可口、风味浓郁、耐贮易运。

四、收获时间

每年 7—10 月收获，最佳品质期为 9 月。

五、推荐贮藏保鲜和食用方法

【贮藏保鲜方法】冷链运输，3 ～ 5℃贮藏。

【食用方法】鲜食。

六、市场销售信息

宁夏夏能生物科技有限公司

联系电话：13823338585

供稿：灵武市农业农村局　王美玲

李岗甜瓜

登录编号：CAQS-MTYX-20210970

一、主要产地

宁夏回族自治区石嘴山市惠农区庙台乡李岗村。

二、品质特征

李岗甜瓜呈椭圆形，大小均匀，外皮黄白色或有少许绿纹，果肉呈白色。果皮薄，果肉厚，肉质紧实，香味浓郁，口感香甜。

李岗甜瓜的总糖含量为11.1%，维生素C含量为35.3mg/100g，钙含量为23mg/100g，钾含量为338mg/100g。

三、环境优势

李岗甜瓜产地位于惠农区东南部，地理坐标为东经106°06′～106°08′，北纬38°25′～38°38′。东临黄河，西依贺兰山，属引黄灌区。夏季炎热，光照时间长，昼夜温差大，秋凉迟，无霜期长。土壤肥沃，有机质及微量元素含量高，病虫害少，适合瓜菜生长。生产的甜瓜品质佳，含糖量高，口感好。

四、收获时间

每年6—7月收获，最佳品质期为6月。

五、推荐贮藏保鲜和食用方法

【贮藏保鲜方法】3～5℃冷藏保鲜。

【食用方法】鲜食，榨汁。

六、市场销售信息

惠农区庙台乡李岗村股份经济合作社　联系人：邹金虎　联系电话：13895166491

惠农区绿康丰家庭农场　联系人：丁万平　联系电话：13209666999

供稿：惠农区农业农村和水务局　贺雅婷

登录编号：CAQS-MTYX-20210971

李岗西瓜

一、主要产地

宁夏回族自治区石嘴山市惠农区庙台乡李岗村、东永固村、通丰村、省嵬村。

二、品质特征

李岗西瓜呈椭圆形，瓜皮薄，果面平滑，果皮淡绿，覆有深绿色条带。果肉多汁，沙脆香甜，清爽可口。

李岗西瓜的总糖含量为9.35%，总酸含量为0.06%，维生素C含量为7.6mg/100g，钙含量为7.6mg/100g，钾含量为106mg/100g。

三、环境优势

李岗西瓜产地位于惠农区东南部，地理坐标为东经106°06′～106°08′，北纬38°25′～38°38′。东临黄河，西依贺兰山，属引黄灌区。夏季炎热，光照时间长，昼夜温差大，秋凉迟，无霜期长。土壤肥沃，有机质及微量元素含量高，病虫害少，适合瓜菜生长。生产的西瓜品质佳，含糖量高，口感好。

四、收获时间

每年6—7月收获，最佳品质期为6月。

五、推荐贮藏保鲜和食用方法

【贮藏保鲜方法】3～5℃冷藏保鲜。

【食用方法】鲜食，榨汁。

六、市场销售信息

石嘴山市惠农区庙台乡李岗村股份经济合作社　联系电话：13895166491

石嘴山市惠农区绿康丰家庭农场　联系电话：13209666999

供稿：惠农区农业农村和水务局　闫玉琴

盐池荞麦面

登录编号：CAQS-MTYX-20210972

一、主要产地

宁夏回族自治区吴忠市盐池县惠安堡镇、大水坑镇、麻黄山乡、王乐井乡。

二、品质特征

盐池荞麦面呈白色、略灰，粉质细腻。蒸煮食用时，麦香四溢，口感较滑嫩，香味浓郁，风味独特。

盐池荞麦面的总黄酮含量为1.08%，硒含量为3.8μg/100g，铁含量为4.98mg/100g。

三、环境优势

盐池县四季分明，寒冷期长，雨热同季，属于典型性大陆性季风气候。年平均气温9.2℃，年均日照时数3 124h，年降水量280mm左右，年蒸发量1 250～2 550mm，平均无霜期148天。荞麦成长季节7—9月日照充足，雨量适中，昼夜温差大，降水和热量条件可满足荞麦生长。

四、收获时间

每年9—10月收获，最佳品质期为9月。

五、推荐贮藏保鲜和食用方法

【贮藏保鲜方法】存放在通风、洁净、干爽的环境中。

【食用方法】①荞面饸烙：用羊肉或者猪肉炒成臊子汤，烧开水压饸烙。饸烙煮熟后，舀入臊子汤，撒葱花、韭菜、香菜。②荞面搅团：锅里加水烧开，改小火将荞麦面适量放入锅中，用擀杖顺时针搅拌，煮10min左右即熟。佐以酸菜和马铃薯炒制的汤料或羊杂碎食用，味道更佳。③荞面摊馍馍：将荞面粉和成硬面团，再加上冷水用手反复揉成稀糊状，把锅烧至七八成熟，抹上清油，再用勺子把面糊均匀地摊在锅里，烙熟后即可吃。搭配鸡肉或羊羔肉汤食用，风味独特。

六、市场销售信息

盐池县对了杂粮食品有限公司　联系电话：18161663659

盐池县山逗子绿色食品有限公司　联系电话：13895318150

盐池县湖生种养殖专业合作社　联系电话：13995350551

供稿：盐池县农业农村局　辛维丽

登录编号：CAQS-MTYX-20210973

青铜峡酿酒葡萄

一、主要产地

宁夏回族自治区吴忠市青铜峡市邵岗镇、树新林场、青铜峡镇。

二、品质特征

青铜峡酿酒葡萄颗粒小，圆形，紫黑色，果皮、果核较厚。果穗小，呈圆锥形，果粒着生中等密度。甘甜爽口，风味浓郁。

青铜峡酿酒葡萄的可溶性固形物含量为28.18%，可滴定酸含量为0.11%，钙含量为32.8mg/100g，钾含量为629mg/100g。

三、环境优势

青铜峡市地处贺兰山东麓，区域具有典型的大陆性季风气候特征，四季分明。日照充足，年均日照时数3 039.6h；热量丰富，10℃以上年均活动积温3 350℃左右；砂石土壤，透气性好，富含矿物质，昼夜温差大；年降水量不到200mm，黄河灌溉便利。这些独特的自然禀赋和特有生境条件，使产区的葡萄具有香气、发育完全、色素形成良好、糖酸度协调等特征，酿出的葡萄酒具有“甘润平衡”的典型东方风格。特别是甘城子地区生产的酿酒葡萄品质出众，已成为国内外不可多得的优质酿酒葡萄核心产区。

四、收获时间

每年9—10月收获，最佳品质期为9月。

五、推荐贮藏保鲜和食用方法

【贮藏保鲜方法】3～5℃冷藏保鲜。

【食用方法】鲜食、酿制葡萄酒。

六、市场销售信息

宁夏西鸽酒庄有限公司　联系电话：19995319145

宁夏皇蔻酒庄有限公司　联系电话：0951-6982222、13619558869

宁夏青铜峡市维加妮酒庄有限公司　联系电话：0953-3965918、18995142058

供稿：青铜峡市农业农村局　刘天意

青铜峡鸡蛋

登录编号：CAQS-MTYX-20210974

一、主要产地

宁夏回族自治区吴忠市青铜峡市邵岗镇甘城子村。

二、品质特征

青铜峡鸡蛋蛋壳呈浅褐色，大小适中，蛋形规则，蛋黄大，色泽金黄，蛋清浓稠并充满韧性，煮熟后的味道醇正，无腥味。

青铜峡鸡蛋的蛋白质含量为12.2g/100g，蛋黄比率为30.2%，胆固醇含量为238mg/100g，硒含量为20μg/100g。

三、环境优势

青铜峡鸡蛋养殖场地处贺兰山东麓，地势开阔，气候干爽，温度适宜，水源纯净，远离工业污染和交通枢纽，半径10km范围内无污染源，有利于外来病源隔离防控，从而有效降低疫病发生风险。青铜峡地区每千克土壤含硒量达0.222mg以上，被称为“塞上硒都”，蛋鸡养殖所需的饮水和玉米原料全部取之于当地富硒生产区，鸡蛋与鸡肉产品硒含量远高于普通蛋肉产品。

四、收获时间

全年均可生产，最佳品质期为全年。

五、推荐贮藏保鲜和食用方法

【贮藏保鲜方法】放置通风阴凉处常温保存，或放于冰箱保存。保存时间应不超过30天。摆放时应大头朝上，防止变质和营养流失。

【食用方法】煮、蒸、炸、炒均可。就鸡蛋营养的吸收和消化率来讲，煮鸡蛋、蒸鸡蛋是最佳的吃法。

六、市场销售信息

宁夏顺宝现代农业股份有限公司　　联系电话：18995138602

供稿：青铜峡市农业农村局　刘天意

登录编号：CAQS-MTYX-20210977

原州宋洼藜麦

一、主要产地

宁夏回族自治区固原市原州区张易镇。

二、品质特征

原州宋洼藜麦呈小圆药片状，淡棕色，微黄。籽粒饱满均匀，色泽鲜亮，完整度好，闻起来有淡淡的藜麦香气。

原州宋洼藜麦的蛋白质含量为13.1g/100g，钙含量为39.8mg/100g，铁含量为3.94mg/100g，锌含量为1.88mg/100g。

三、环境优势

原州宋洼藜麦产地位于六盘山下，海拔2 100～2 400m，属于阴湿半阴湿地区。年均气温6～6.2℃，气候凉爽、湿润，无霜期120～145天，年均日照时数2 518.2h，年日照百分率为57.3%；年平均降水量200～400mm，大部分降雨在7—9月；土质为浅黑垆土，pH值7.6～8.6，有机质含量2.69%，水解氮96.6mg/kg，有效磷34.9mg/kg，有效钾202mg/kg。因为海拔较高，病虫害较少，种植过程中不打农药，撒施有机肥。

四、收获时间

每年11月收获，最佳品质期为11月。

五、推荐贮藏保鲜和食用方法

【贮藏保鲜方法】在通风、透气、干燥、凉爽的地方保存，保质期可达24个月。

【食用方法】①煮粥：在滚水中煮沸15min左右，令其膨胀、籽粒变半透明后即可食用。②焖饭：火力不宜太高，如使用电饭煲，水量要稍多些。③煮汤：藜麦有清香味道，很适宜与其他材料搭配做汤，还可去除鱼类及肉类的腥味。④藜麦茶：将藜麦炒熟至金黄色且有香味，放入杯中，用开水冲饮。

六、市场销售信息

固原市原州区张易镇宋洼村土地股份专业合作社　联系电话：13995441100

固原市七彩花艺有限公司　联系电话：0954-2031183

供稿：原州区农业农村局　蒲振庭

安宁渠鲜果番茄

登录编号：CAQS-MTYX-20210210

一、主要产地

新疆维吾尔自治区乌鲁木齐市新市区正扬路600号。

二、品质特征

安宁渠鲜果番茄微扁圆形，均匀周正，单果重140～170g，外表圆润饱满、果色鲜红、有光泽，内外颜色通红；果萼鲜绿，萼片长且各自分离，果肉厚实，沙瓤多汁，质地细腻柔韧，口感微甜、爽口，风味清香。

安宁渠鲜果番茄维生素C含量为14.6mg/100g，番茄红素含量为6.4mg/100g，可溶性固形物含量为4.8%，总酸（以柠檬酸计）含量为3.84g/kg，品质优良。

三、环境优势

乌鲁木齐高新技术产业开发区（新市区）是乌鲁木齐重要的菜篮子基地，地处亚欧大陆腹地，属温带大陆性干旱气候，昼夜温差大，寒暑明显，日照长，光热资源充足，是个环境优美、科技发达、一二三产业充分融合发展的新型城区。高新植物工厂为国内首个智能一体化双层膜温室，使用法国智能温室系统，实现温、光、水、气、肥全环境自动控制。智能系统全天候科学监控，根据番茄生长过程中的不同需求，对温室内部的环境参数进行调节，如对温度、相对湿度、二氧化碳浓度等进行设定和调整，使番茄一直处于最适宜的生长环境，真正实现农业工业化生产。

四、收获时间

每年11月下旬至翌年7月中旬采摘，最佳品质期为2月。

五、推荐贮藏保鲜和食用方法

【贮藏保鲜方法】①常温贮藏：新鲜采摘的番茄常温下能保鲜7～8天。②冷藏：2～4℃可保存两周。③冷冻：将新鲜的番茄清洗干净，表面晾干之后放到食品袋里，然后再放到冰箱的冷冻室里，3h后就会完全被冻结，可长期保存。

【食用方法】鲜食、番茄炒鸡蛋、番茄酱等。

六、市场销售信息

新疆高新植物工厂科技开发股份有限公司　联系人：马志桥　联系电话：15026032520

供稿：乌鲁木齐高新技术产业开发区（乌鲁木齐市新市区）农业农村局　向　丹

登录编号：CAQS-MTYX-20210212

阿克苏苹果

一、主要产地

新疆维吾尔自治区阿克苏地区阿克苏市喀勒塔勒镇、阿依库勒镇、依干其乡、拜什吐格曼乡、托普鲁克乡、库木巴希乡、实验林场片区、柳源农场片区、西城片区、纺织工业城片区、红旗坡片区、多浪片区 12 个乡镇（片区）170 个行政村（社区、委员会），温宿县吐木秀克镇、克孜勒镇、阿热勒镇、托甫汗管理区、共青团管理区、柯柯牙管理区、托乎拉乡、恰格拉克乡、佳木镇、依希来木其乡、古勒阿瓦提乡、博孜墩柯尔克孜族乡 12 个行政乡镇（管理区）140 个行政村（社区、委员会）。

二、品质特征

阿克苏苹果多呈卵圆形，平均单果重 220 ～ 350g。果面光洁，富有天然果蜡，色泽鲜红，多有条纹；果肉淡黄，肉质细脆多汁，皮薄无渣，甜中微酸，酥脆爽口；果核较小，有清香气味、横切面多有雪花状冰糖心。

阿克苏苹果营养价值较高，其中可溶性固形物含量为 13% ～ 17%，可滴定酸含量为 0.18g/100g，维生素 C 含量不低于 10mg/100g。

三、环境优势

阿克苏地区属温带大陆性干旱气候，年日照时数 2 600h 以上，年平均气温 9.9 ～ 11.5℃，从 10 月上旬开始，日最低温度多在 -6℃以上，可持续 40 余天，让阿克苏苹果的果核部分糖分堆积成透明状，形成“冰糖心”，被称为新疆的“水果皇后”。

四、收获时间

一年采收一次，每年 10 月 25 日以后采收，最佳品质期为 11 月。

五、推荐贮藏保鲜和食用方法

【贮藏保鲜方法】①放在冰箱冷藏。②应季的富士苹果适合长期保存，控制冷库贮藏温度在 -1℃，相对湿度 85% ～ 90%。

【食用方法】直接食用，或制成苹果酱。

六、市场销售信息

新疆红旗坡农业发展集团有限公司　联系人：王俊博　电话：15026355555

阿克苏市信康农副产品专业合作社　联系人：朱学森　电话：13565169996

阿克苏市多浪红果品农民专业合作社　联系人：赵浩绅　电话：15770071111

阿克苏市红旗坡喜盛祥果品农民专业合作社　联系人：荣继薇　电话：18909978237

供稿：阿克苏地区农业农村局　叶玉福

阿克苏核桃

登录编号：CAQS-MTYX-20210213

一、主要产地

新疆维吾尔自治区阿克苏地区红旗坡农场，阿克苏地区实验林场，拜城县赛里木镇、托克逊乡、康其乡、米吉克乡、温巴什乡，乌什县阿合雅镇、阿恰塔格乡、依麻木镇、英阿瓦提乡、亚科瑞克乡、阿克托海乡、奥特贝希乡、亚曼苏乡、乌什镇，阿克苏市拜什吐格曼乡、喀拉塔勒镇、托普鲁克乡、库木巴什乡，温宿县佳木镇、依希来木其乡、克孜勒镇、古勒阿瓦提乡、恰格拉克乡、阿热勒镇、托乎拉乡、吐木秀克镇、托甫汗镇、木本粮油林场、塔格拉克牧场、红沙漠生态园林开发有限公司、昆托河水管站，阿瓦提县乌鲁却勒镇、拜什艾日克镇、阿依巴格乡、巴格托格拉克乡、多浪乡、塔木托格拉克镇、英艾日克镇、阿瓦提镇，沙雅县红旗镇、古勒巴格镇、英买力镇、托依堡勒迪镇、努尔巴克乡、央塔克协海尔乡、海楼镇。

二、品质特征

阿克苏核桃外观呈自然黄白色，壳面洁净，缝合线紧密；果仁较饱满，呈黄白色或浅琥珀色，味有果香稍涩。

阿克苏核桃可食率64.85%，蛋白质含量为12.49%，粗脂肪含量为59.1%，钙含量为595mg/kg，磷含量为391mg/kg，出仁率58%～67%。

三、环境优势

阿克苏地区位于塔里木盆地北缘、天山南麓的渭干河流域、阿克苏河流域，属温带大陆性干旱气候。阿克苏栽培核桃具有悠久的历史，并且是世界核桃原产中心之一。丰富的光热和水土资源，独特的气候，外加先进的种植管理技术，造就了阿克苏核桃优良的品质。

四、收获时间

185品种在8月底至9月初收获，最佳品质期为9月；新2品种在9月底至10月初收获，最佳品质期为10月。

五、推荐贮藏保鲜和食用方法

【贮藏保鲜方法】①晾干的核桃用布袋装好，放干燥通风处贮藏。②新鲜核桃放到冰箱冷藏室贮藏。

【食用方法】直接去壳食用，或烘炒后食用。

六、市场销售信息

温宿县木本粮油林场　联系人：田先凯　联系电话：13070028518

温宿县天山红林果业农民专业合作社　联系人：孟杨博　联系电话：15699002611

库车县阿克吾斯塘乡博斯坦核桃专业合作社　联系人：阿不都热合曼·克比尔　联系电话：18963885050

阿克苏市天泉有机农业专业合作社　联系人：梁晓军　联系电话：13909978778

供稿：阿克苏地区农业农村局　叶玉福

登录编号：CAQS-MTYX-20210521

阜康西葫芦籽

一、主要产地

新疆维吾尔自治区昌吉回族自治州阜康市黄山村上户沟乡。

二、品质特征

阜康西葫芦籽呈扁椭圆形，一端略尖，一端钝圆，长1.2～1.8cm，宽0.8～1.0cm；种皮呈乳白色，脆、薄，边缘镶金丝绒状物。种仁小，外皮呈绿色，仁奶白色，香味纯正。

阜康西葫芦籽中含有丰富的营养物质，其中钙含量35.4mg/100g、铁含量9.5mg/100g、钾含量644mg/100g、赖氨酸含量1 070mg/100g，均优于同类参照值。

三、环境优势

阜康市地处天山东段（博格达山）北麓、准噶尔盆地南缘。地理位置为北纬43°45′～45°30′、东经87°46′～88°44′。阜康市地处中温带大陆性干旱气候区，四季分明，光照充足，昼夜温差大，年均气温6.7℃，年日照时数2 931.3h，年活动积温35 551.5℃，无霜期174天，年均降水量205mm，年平均风力2.4m/s，非常适合农作物生长。

四、收获时间

每年10月收获，最佳品质期为12月。

五、推荐贮藏保鲜和食用方法

【贮藏保鲜方法】阴凉干燥处储存。

【食用方法】炒制后去壳食用。

六、市场销售信息

新疆源森农业开发有限公司　联系人：童莲花　联系电话：18699001806

供稿：阜康市农业农村局　刘　珍

老龙河菜籽油

登录编号：CAQS-MTYX-20210522

一、主要产地

新疆维吾尔自治区昌吉回族自治州昌吉国家农业科技园区大西渠乡老龙河。

二、品质特征

老龙河菜籽油呈淡黄色，具有菜籽油固有的气味和滋味。

老龙河菜籽油钾含量为9.96mg/100g，棕榈酸含量为4.62%，硬脂酸含量为2.14%，油酸含量为54.9%，亚油酸含量为26.5%，亚麻酸含量为8.39%，花生酸含量为0.578%。

三、环境优势

老龙河菜籽油，精选优质原料，采用传统方法加工，保留原料原有的香味及营养物质。油菜籽产地位于新疆昌吉，天山融雪灌溉，充足的阳光，优沃的土地，种植出品质优良的油菜籽。菜籽油全生产过程严格按照国家食品标准种植、生产、包装，力求为消费者提供更加绿色健康的食品，同时秉承着老龙河淳朴、诚信、务实的理念，推广真正的健康食品，以诚信务实铸造健康品质。老龙河系列产品，积极打造农田到餐桌的一体化产业链，注重源头管理，让每一份食品都可以追溯源头，让每一位消费者的健康都有保障。

四、收获时间

菜籽油全年均有生产，最佳品质期为全年。

五、推荐贮藏保鲜和食用方法

【贮藏保鲜方法】储存于阴凉干燥、避光处。

【食用方法】烹制菜肴，也可用于制作葱花饼、千层锅盔等面点。

六、市场销售信息

昌吉润兴农业发展有限责任公司　联系人：余　洋　联系电话：15099166791、400-880-6355

供稿：昌吉国家农业科技园区农业科技创新局

登录编号：CAQS-MTYX-20210523

老龙河红花籽油

一、主要产地

新疆维吾尔自治区昌吉回族自治州昌吉国家农业科技园区大西渠乡老龙河。

二、品质特征

老龙河红花籽油呈亮黄色，具有红花籽油固有的气味和滋味。

老龙河红花籽油棕榈酸含量为 6.05%，硬脂酸含量为 2.82%，亚油酸含量为 77.6%，过氧化值 3.2mmol/kg，指标均优于参照值。

三、环境优势

老龙河红花籽油，精选优质原料，传统方法加工，保留原料原有的香味及营养物质。红花籽产地位于新疆昌吉，天山融雪灌溉，充足的阳光，优沃的土地，种植出品质优良的红花籽。红花籽油全生产过程严格按照国家食品标准种植、生产、包装，力求为消费者提供更加绿色健康的食品，同时秉承着老龙江淳朴、诚信、务实的理念，推广真正的健康食品，以诚信务实铸造健康品质。老龙河系列产品，积极打造农田到餐桌的一体化产业链，注重源头管理，让每一份食品都可以追溯源头，让每一位消费者的健康都有保障。

四、收获时间

红花籽油全年均有生产，最佳品质期为全年。

五、推荐贮藏保鲜和食用方法

【贮藏保鲜方法】储存于避光、阴凉干燥处。

【食用方法】可用于凉拌苦菊等凉拌菜，也可用于鸡蛋炒丝瓜等炒菜。

六、市场销售信息

昌吉润兴农业发展有限责任公司　联系人：余　洋　联系电话：15099166791、400-880-6355

供稿：新疆昌吉国家农业科技园区农业科技创新局

沙雅罗布麻茶

登录编号：CAQS-MTYX-20210527

一、主要产地

新疆维吾尔自治区阿克苏地区沙雅县塔河管理委员会、盖孜库木乡、哈德墩镇。

二、品质特征

沙雅罗布麻茶外形紧结卷曲，颗粒状，呈深灰绿色，质地脆，有青草香气。冲泡后叶片缓慢舒展，叶底肥厚整齐，茶汤显淡黄绿色，汤味较淡薄，入口清香、微咸。

沙雅罗布麻茶总黄酮含量为 2 120mg/100g，钠含量为 7 930mg/kg，铁含量为 342mg/kg，锌含量为 24.4mg/kg，上述指标均优于同类产品参照值，具有较高的药用价值。

三、环境优势

沙雅县地处塔里木盆地北部，渭干河绿洲平原的南端，属暖温带沙漠边缘气候区，日照充足，热量充沛，降水稀少，气候干燥，昼夜温差大，常年主风向为北风或东北风；年均日照时数 3 031.2h，平均气温 10.7℃，极端最高气温 41.6℃，最低气温 –28.7℃；年均降水 47.3mm，年均蒸发量 2 000.7mm，蒸发量是降水量的 42.3 倍。周边戈壁荒漠为生产优质罗布麻创造了得天独厚的自然地理环境。

四、收获时间

每年 5 月 20 日至 7 月 20 日收获，最佳品质期为 6 月。

五、推荐贮藏保鲜和食用方法

【贮藏保鲜方法】常温贮藏。

【食用方法】①沸水冲泡：取适量的罗布麻茶放入茶杯中用沸水冲泡就可以饮用，注意一定要用沸腾的开水冲泡。②煎煮法：取罗布麻茶 15 ～ 20g 放入炖煮容器中加入水 500 ～ 600mL，炖煮 10min 左右，滤出茶汁盛放在容器中，再加水 300 ～ 400mL 煎煮 3 ～ 5min，滤出茶汁盛放在容器中，可以再加水 300 ～ 400mL 煎煮一次，把 3 次的茶汁一起烧开放在保温杯中代茶频饮。③罗布麻蜜枣茶：取罗布麻茶 3g、蜜枣 2g，沸水泡茶饮用。

六、市场销售信息

大漠胡杨韵旗舰店　联系人：叶亭君　联系电话：13399053678

沙雅县国税局对面大漠胡杨韵专营店　联系人：叶亭君　联系电话：13399053678

浙江省嘉兴市南湖区花园路 747 号　联系人：姜乃君　联系电话：13456327751

供稿：沙雅县农业检验检测中心　娄　艳

登录编号：CAQS-MTYX-20210528

沙雅罗布麻蜂蜜

一、主要产地

新疆维吾尔自治区阿克苏地区沙雅县塔河管理委员会、盖孜库木乡、哈德墩镇。

二、品质特征

沙雅罗布麻蜂蜜为浅琥珀色，常温条件下极易形成乳白色结晶，且结晶颗粒细腻，口感绵软，有淡淡的蜜源罗布麻花特有的香味，气味略带酸味，在温水中极易溶解，化开后口感甜润，冲调性佳。

沙雅罗布麻蜂蜜钙含量为37.8mg/100g，镁含量为7.46mg/100g，脯氨酸含量为230mg/100g，果糖含量为40.8g/100g，葡萄糖含量为37.9g/100g，上述指标均优于同类产品参照值。

三、环境优势

沙雅县地处于塔里木盆地北部，渭干河绿洲平原的南端，属暖温带沙漠边缘气候区，日照充足，热量充沛，降水稀少，气候干燥，昼夜温差大，常年主风向为北风或东北风；年平均日照时数3 031.2h，平均气温10.7℃，极端最高气温41.6℃，最低气温-28.7℃；年均降水47.3mm，年均蒸发量2 000.7mm，蒸发量是降水量的42.3倍。周边戈壁荒漠为生产优质罗布麻创造了得天独厚的自然地理环境。

四、收获时间

每年5—8月收获，最佳品质期为6月。

五、推荐贮藏保鲜和食用方法

【贮藏保鲜方法】常温贮藏。

【食用方法】①温水冲饮：在40℃左右的温水中加入适量罗布麻蜂蜜即可饮用。②生姜罗布麻蜂蜜水：将适量生姜清洗干净后小火煮成姜汤，等姜汤温度降到40℃时加入适量罗布麻蜂蜜即可饮用，也可用开水将生姜片泡成生姜水后再加入适量蜂蜜。③红枣罗布麻蜂蜜水：将适量红枣洗干净后切成两半并加开水冲泡，等水温降到40℃时加入适量罗布麻蜂蜜即可饮用，也可小火将红枣煮至烂软并放温后加入适量蜂蜜。

六、市场销售信息

大漠胡杨韵旗舰店　联系人：叶亭君　联系电话：13399053678

沙雅县国税局对面大漠胡杨韵专营店　联系人：叶亭君　联系电话：13399053678

浙江省嘉兴市南湖区花园路747号　联系人：姜乃君　联系电话：13456327751

供稿：沙雅县农业检验检测中心　娄　艳

昌吉葵花子

登录编号：CAQS-MTYX-20210979

一、主要产地

新疆维吾尔自治区昌吉回族自治州昌吉市大西渠镇老龙河村。

二、品质特征

昌吉葵花子籽实主色为黑色，两侧有白色条纹，长卵形，顶端稍尖，基部较宽，颗粒饱满，籽壳长2.0～2.5cm，千粒重252g，形状均整，籽仁呈灰白色，具有典型的葵花子香味，滋味纯正。

昌吉葵花子含有丰富的蛋白质、多种矿物元素和不饱和脂肪酸，其中蛋白质含量24.2g/100g、铁含量3.44g/100g、钾含量775g/100g、油酸含量占脂肪酸总量的59%，上述指标高于参照值；脂肪含量47.7g/100g，低于参照值。

三、环境优势

昌吉市位于天山北麓、亚欧大陆腹地、准噶尔盆地南缘，属大陆性干旱气候，冬季寒冷漫长，夏季短暂炎热，气候干燥，四季分明，积温高，热量资源丰富，年平均气温6.6℃，年活动积温3 400～3 584℃，无霜期166～180天，年均日照时数2 833h，年均降水量180mm，冬季积雪12～14mm。光热同步，日温差较大，特有的环境为食葵生产提供了得天独厚的条件，所生产的昌吉葵花子果壳油亮光滑、个大皮薄、肉厚酥脆、颗粒饱满。

四、收获时间

每年8月下旬收获，最佳品质期为8月。

五、推荐贮藏保鲜和食用方法

【贮藏保鲜方法】存放于阴凉、干燥、通风处。

【食用方法】①去壳取仁直接食用。②榨油：油脂含量高的品种适合用于榨油。

六、市场销售信息

新疆老炒坊食品科技开发有限责任公司

联系电话：0994-2527000

供稿：昌吉市农业农村局　赵　瑜

登录编号：CAQS-MTYX-20210980

昌吉红瓜子

一、主要产地

新疆维吾尔自治区昌吉回族自治州奇台县西北湾乡西湾村等，吉木萨尔县红旗农场，阜康市滋泥泉子等。

二、品质特征

昌吉红瓜子个体较大，形如西瓜子，呈扁平椭圆形，籽实大小约 1cm×1.7cm，百粒重约 22.3g，大小均一，呈砖红色，有光泽，外壳较薄且硬；颗粒饱满，籽仁厚实，呈奶白色，生食口感油香微甜。

昌吉红瓜子蛋白质含量 34.9g/100g，赖氨酸含量 1 080mg/100g，钙含量 46.2mg/100g，脂肪含量 48.6g/100g，亚油酸占总脂肪酸含量的 70.6%，均高于类比参照值。

三、环境优势

昌吉地属半干旱大陆性气候，年平均气温 6.6℃，年均日照时数 2 833h，活动积温 3 400 ~ 3 584℃，年降水量 183 ~ 200mm，年均蒸发量 1 787mm，蒸发量是降水量的 9.77 倍，无霜期 166 ~ 180 天；土壤有机质含量 3.32% ~ 5.51%，独特的光热水土条件使昌吉成为最适宜种植打瓜等农作物地区之一。

四、收获时间

每年 8—10 月收获，最佳品质期为 9 月。

五、推荐贮藏保鲜和食用方法

【贮藏保鲜方法】常规储藏。

【食用方法】①水煮：红瓜子放进煮锅里，加盐，加水没过红瓜子表面一点。大火烧开后继续煮 20 ~ 30min，关火泡 30min 左右。取出煮好的红瓜子沥干水分，平铺在垫纸上晾晒。彻底晾干后，放罐子里密封保存好，随时食用。②炒制：可以用十三香配食盐、甜蜜素煮至入味，然后晾至半干。锅里放入食用盐，把盐的水分炒干后，加入瓜子，炒至瓜子仁微黄时出锅。

六、市场销售信息

昌吉市建国路办事处中沟村二组 71 号小区　联系人：徐长江、金传立　联系电话：0994-2716658

供稿：昌吉市农业农村局　赵　瑜

玛纳斯锦绣海棠果

登录编号：CAQS-MTYX-20210982

一、主要产地

新疆维吾尔自治区昌吉回族自治州玛纳斯县黑梁湾村。

二、品质特征

玛纳斯锦绣海棠果果实形状呈卵圆形，大小均匀，平均横纵径4.5cm×4.8cm，平均单果重约为54g，果实色泽鲜艳诱人，果面鲜红色，着色面积95%，果核小，果肉呈浅黄色，肉质细脆多汁，皮薄无渣，酸甜可口，伴有浓郁果香味。

玛纳斯锦绣海棠果总糖含量14.7g/100g，可溶性固形物含量20.8%，维生素C含量10.8mg/100g，固酸比26.7，均优于参照值；可滴定酸0.78%，稍高于参照值。

三、环境优势

玛纳斯县位于天山北坡经济带中段玛纳斯县乌伊路沿线，县域境内有塔西河纵贯南北，土地肥沃，水土光热资源丰富，气候干燥，无病虫害，活动积温高，日照充足，昼夜温差大，给果树提供了绝佳的生长环境。玛纳斯县属于温带大陆性气候，冬季长而严寒，夏季短而酷热，年平均气温7.2℃，无霜期165～172天，年平均降水量173.3mm，全年主导风向为西南风。

四、收获时间

每年8—10月采收，最佳品质期为9月。

五、推荐贮藏保鲜和食用方法

【贮藏保鲜方法】①刚摘下来的海棠果可以直接放入冰箱或者冷库储存。②海棠果可以装入真空袋子中，保存的时间会更长，还不会影响口感。

【食用方法】直接食用，还可用来制作果干、果酱、罐头、果醋、果酒、果丹皮等。

六、市场销售信息

玛纳斯县建昌保鲜专业合作社　联系人：姜建昌　联系电话：13579612186

新疆农梦生态农业科技开发有限公司　联系人：姜薛米佳　联系电话：15199420919

玛纳斯县建昌保鲜专业合作社　联系人：马　艳　联系电话：15299687588

供稿：玛纳斯县农业农村局　孙国华

玛纳斯县建昌保鲜专业合作社　姜建昌

登录编号：CAQS-MTYX-20210986

库车小白杏

一、主要产地

新疆维吾尔自治区库车市乌恰镇、伊西哈拉镇、玉奇吾斯塘乡、阿拉哈格镇、比西巴格乡、齐满镇、哈尼喀塔木乡、墩阔坦镇、牙哈镇、吾尊镇、阿克吾斯塘乡、二八台镇。

二、品质特征

库车小白杏外形饱满近圆形，两半部基本对称；果皮白黄色，着色均匀，光滑油亮；皮薄肉厚，核易剥离；果肉淡黄色，细腻脆韧，粗纤维少，汁液丰满，酸甜可口，杏香浓郁；果仁香甜。

库车小白杏总糖含量为 14.2g/100g，总酸含量为 0.91g/100g，可溶性固形物含量为 20.8%，磷含量为 37.0mg/100g。

三、环境优势

库车位于新疆天山中段南麓，塔里木盆地北缘，地处暖温带，热量丰富，气候干燥，降水量少，夏季炎热，平均气温日较差多在 10℃以上，属暖温带大陆性干旱气候。农业土壤中潮土占到总耕地面积的 70.83%，土质中铜、铁、锰、锌等微量元素及速效钾含量丰富，非常适合小白杏生长。库车河和渭干河发源于天山山脉，优质天山雪水的灌溉，造就了库车小白杏的独特品质。

四、收获时间

每年的 6 月 10 日左右采收，最佳品质期为 6 月。

五、推荐贮藏保鲜和食用方法

【贮藏保鲜方法】①冷库存放。②略显青涩的果实可以常温存放几日，果皮泛黄后甜度会增加。

【食用方法】鲜食或晒制杏干。

六、市场销售信息

库车绿源珍果农业有限责任公司　联系人：王　超　联系电话：15599909188

库车扎帕尔林果农民专业合作社　联系人：牙生・马木提　联系电话：13999664124

库车中合联供销果业有限公司　联系人：赵景远　联系电话：13899256913

库车米克那提果品种植农民专业合作社　联系人：衣米提・买买提　联系电话：15999207315

库车纯然农业科技发展有限公司　联系人：鹿小飞　联系电话：15701909991

库车果兰果树种植农民专业合作社　联系人：亚森・艾什　联系电话：13657594085

库车县乌恰镇亚克西果品农民专业合作社　联系人：艾则孜・塞买提　联系电话：18997866180

库车县乌恰镇渴望白杏农民专业合作社　联系人：肉孜・尼牙孜　联系电话：13364722202

库车广新果品专业合作社　联系人：坎班沙・依米提　联系电话：15292576735

库车县巧手林果业服务专业合作社　联系人：阿不来提・吾守尔　联系电话：13239867488

供稿：库车市农业农村局　杨　俊

疏附油蟠桃

登录编号：CAQS-MTYX-20210987

一、主要产地

新疆维吾尔自治区喀什地区疏附县兰干镇巴扎村。

二、品质特征

疏附油蟠桃个小，单果均重67.4g，扁圆形，果形指数达1.0；果皮红色且有少量麻点，光滑油亮，无茸毛；皮薄肉厚，核小易剥离，可食率达94.3%；果肉白黄色，细腻脆韧，粗纤维少，汁液丰满，酸甜可口，桃味浓郁。

疏附油蟠桃总糖含量为10.3g/100g，总酸含量为0.44g/100g，可溶性固形物含量为14.6%，钙含量为15.7mg/100g，糖酸比为23.4。

三、环境优势

兰干镇位于疏附县西北部，远离工业污染，所有农田灌溉靠冰川水、泉水，是全县林果业尤其是桃树种植位居前列的乡镇。疏附油蟠桃生长在地处帕米尔高原东麓，塔里木盆地西缘的喀什噶尔绿洲上，地处暖温带，热量丰富，气候干燥，降水量少，夏季炎热，平均气温日较差多在13℃以上，属暖温带大陆干旱荒漠气候。独特的地理环境，优质的帕米尔高原雪水，给疏附油蟠桃提供了优越的自然条件，浇灌出了这一独有的地方名品。

四、收获时间

每年7月采收，最佳品质期为7月。

五、推荐贮藏保鲜和食用方法

【贮藏保鲜方法】不易贮藏，采摘及时预冷。

【食用方法】清洗后即可食用。

六、市场销售信息

疏附县优滋果香林果业农民专业合作社　联系人：南巧云　联系电话：13899175208

供稿：疏附县农业农村局　阿地力·尼扎木丁
疏附县优滋果香林果业农民专业合作社　王勤生

附录　部分全国名特优新农产品营养品质评价鉴定机构

浙江省农业科学院农产品质量安全与营养研究所

（机构编码：CAQS-PJ-0001）

浙江省农业科学院农产品质量安全与营养研究所是一家集农产品质量安全与营养领域科学研究、标准制定及农业检测与农业投入品应用评价等技术服务于一体的专业性研究机构，于2002年10月在全国率先成立。目前，拥有国家农业检测基准实验室、农业农村部农产品质检中心、质量安全风险评估实验室、农药残留重点实验室和省部共建农产品质量安全国家重点实验室培育基地等九大国家和部省级科技创新和服务平台。现有职工208人，其中具有高级职称人员55人、具有博士学位62人；实验室和办公用房14 900m²，仪器设备价值达9 866万元，试验基地167亩。

该所根据国家科技创新要求，围绕产前、产中、产后环节，开展农产品产地环境监测与评价、农业投入品应用技术与安全性评价、农产品安全生产与质量控制、农产品质量安全标准与农业农村标准化、农产品品质营养与安全、质量安全检测与溯源技术、风险评估与预警技术等研究。截至2021年年底，到位科研项目经费共48 338.89万元，主持国际合作和国家、部省级科研项目1919项；获省科技奖10项和中国商业联合会科技奖4项，全国农牧渔业丰收奖1项，神农中华农业科技奖1项，中国分析测试协会科学技术奖（CAIA奖）2项。制定国际标准2项、国家标准15项、行业标准44项、省市地方标准24项和团体标准80项，获国家发明专利98项；发表论文1 222篇，其中SCI论文455篇，出版专著56本。

研究所响应国家乡村振兴计划和质量兴农、绿色兴农、品牌强农的号召，根据“三农”和产业、市场及政府监管需要，开展农产品和农业投入品及产地环境检测、农药和新化学品登记试验、农产品标准化安全生产与质量控制等技术服务。具有152个产品2 140个参数的法定检测资质，每年承检2.5万个样品45万项次以上；具有农药登记药效、产品化学、残留、环境试验资质，完成1 000余份农药和新化学品登记试验报告。技术服务范围以本省11个地市所有区县市为主，辐射到全国多个省（区、市），并拓展到国外。

为深入挖掘保护、培育宣传、推介展示全国名特优新农产品，该所于2018年被农业农村部农产品质量安全中心评定为第一批“全国名特优新农产品营养品质评价鉴定机构”（机构编码：CAQS-PJ-0001）。该平台专门负责名特优新农产品评价工作的团队成员15名，其中高级职称3名，中级职称7名，具有博士学位5人，硕士学位4人。拥有三重四极杆液质联用仪、气质联用仪、高效液相色谱仪、气相色谱仪、氨基酸分析仪、压力溶剂萃取仪、自动定氮仪、脂肪测定仪、近红外光谱仪、离子色谱仪等，可开展农产品中维生素、氨基酸、膳食纤维、β-胡萝卜素、卵磷脂、多糖、多酚、黄酮、花青素、皂苷、萜类化合物等营养成分的检测服务。已完成评价鉴定的产品包括蔬菜类、果品类、粮油类、畜产品、水产品类、加工品、药食同源及其部分初级加工品，具备坚实的名特优新农产品评鉴基础和丰富的评价鉴定经验。

团队全体人员将围绕农产品高质量供给，立足浙江产业需求、面向全国市场，对标世界一流，攻关检测技术及营养因子代谢机理机制，阐释大健康理念，为农业产业提质增效、营养健康品牌创建及农业高质量发展做好重要技术支撑。

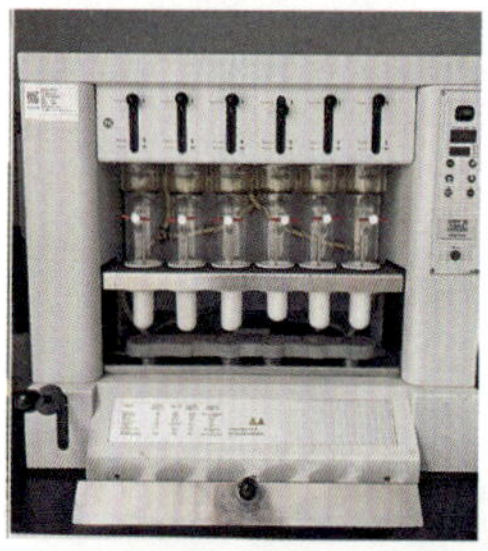

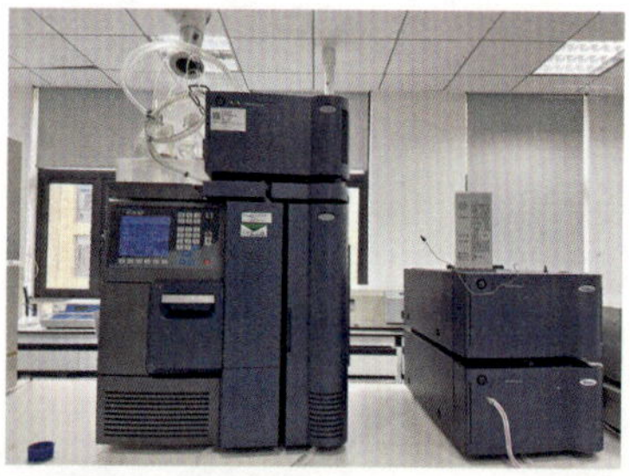

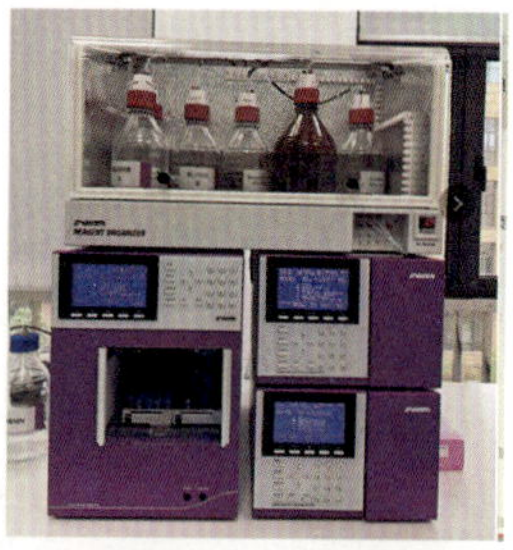

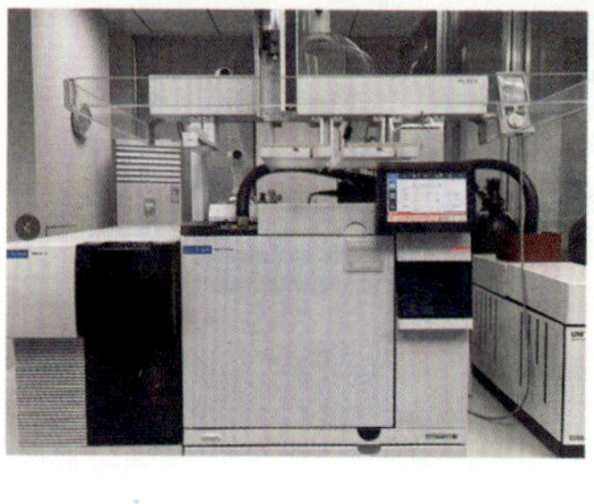

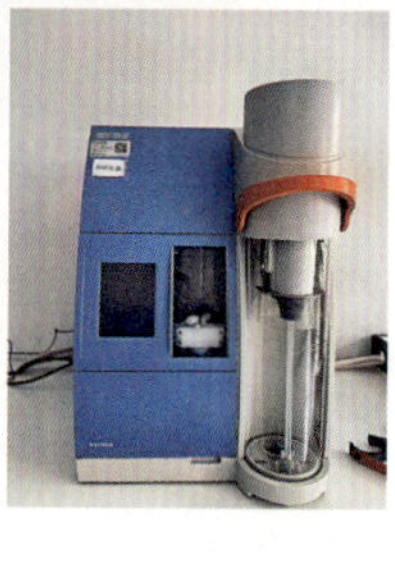

山东省农业科学院农业质量标准与检测技术研究所

（机构编码：CAQS-PJ-0006）

山东省农业科学院农业质量标准与检测技术研究所（前身中心实验室）成立于1981年，建有农业农村部食品质量监督检验测试中心（济南）、国家农业检测基准实验室（农药残留）、农业农村部农产品质量安全风险评估实验室（济南）、山东省食品质量安全检测技术重点实验室等24个省部级科研检测平台，以及中美农产品检测技术和风险评估等4个联合实验室。

该所现有在职在编职工55人，其中高级专业技术人员26人，博士22人，硕士18人；省级突出贡献专家1人，泰山产业领军人才1人，特聘研究员4人（其中院士1人）。先后主持承担国家、部省级科研项目300余项，包括国家重点研发计划政府间国际科技创新合作重点专项、国家自然科学基金、国家科技支撑计划子课题、农业农村部“948”计划项目、公益性行业（农业）科研专项子课题、山东省自主创新与成果转化专项、财政重大专项等。获得省部级科技成果奖励15项；制修订标准113项，其中国家和行业标准37项。发表论文280余篇，SCI收录70余篇；授权专利160余项，其中发明专利72项；出版学术专著12部。

依托国家基准实验室功能定位，认真履行农产品质量安全技术支撑的职责。发挥山东省农产品质量安全专家指导组作用，牵头组织实施全省农产品质量安全监测和风险评估以及标准化推进工作。承担全省农产品检测机构遴选与管理，组织全省农产品质检机构考核及能力验证；负责国家对山东省例行监测、监督抽查、专项监测任务的对接和协调，牵头组织全省农产品质量安全例行监测任务；拟定山东省年度农业地方标准制修订计划及立项评审，组织编制全省农业技术操作规程，审查标准化基地申报材料并组织现场认定，负责种植业标准化技术委员会日常工作。

获批全国名特优新农产品全程质量控制技术济南中心以来，主要负责山东省名特优新农产品登记申报与评价鉴定工作，截至目前，山东省内已有100余个产品纳入全国名特优新农产品名录。同时，在名特优新农产品挖掘的过程中，针对山东省特色优势农产品开展品质评价，制定相关产品标准，支撑潍县萝卜、昌乐西瓜、烟台苹果、曹县芦笋、黄河口大米等产品开展品牌创建与提升。为立足特色资源发展优势产业、提升产品质量、做强农业品牌、提升农业质量效益和竞争力提供强有力的支撑。

中国农业科学院草原研究所牧草与草产品质量检测与分析测试中心

（机构编码：CAQS-PJ-0039）

中国农业科学院草原研究所牧草与草产品质量检测与分析测试中心是为所内外提供分析测试服务的公共大平台，也是分析测试技术、特色优质农畜产品品质评价方法的研发中心，又是全国第三次土壤普查检测实验室。实验室面积 1 850m^2，各类仪器 140 多台（套），总价值约 2 500 多万元，该中心现已发展为仪器设备先进、设施配套齐全、运转高效、公正权威的现代实验室，通过“农产品质量安全机构考核”和“检验检测机构资质认定”。

该中心共有工作人员 22 人，其中博士 5 人，硕士 11 人，本科 2 人，专业涉及大数据信息工程，动物营养与科学，食品科学，食品安全，化学，分析化学，生物技术，生物工程及环境等是一个专业齐备、结构合理、年轻且具有活力的人才团队。

该中心拥有“农业农村部草产品安全风险评估实验室”“全国名特优新农产品营养品质评价鉴定机构”及“农产品安全科谱示范基地”“全国名特优新农产品全程质量控制中心”四个平台。

该中心主要工作进展：① 抽检与监测工作。承担地区草产品、饲料产品、农畜产品等抽查工作；承担地区土壤及优质牧草营养品质等监测工作。② 优质农畜产品品牌培育工作。依托“全国名特优新农产品品质评价鉴定机构”资质平台，完成内蒙古地区 448 个农畜产品的营养品质鉴定评价报告，其中共有 428 个农畜产品申报成功，列入全国名特优新农产品名录。③ 农畜产品品质评价模式的研究。开展赤峰小米、巴盟小麦、草原羊肉等内蒙古特色农畜产品的评价模式研究，从营养品质、加工品质、食用品质、安全品质等方面挖掘优势品质指标，探索产地因素对优势指标及风味特征的影响机制，回答内蒙古特色农畜产品“好在哪，为什么好”的科学问题，诠释其“口感好、品质佳”的科学内涵，相关工作得到了内蒙古自治区原主席布小林的肯定。④ 牧草及草产品评价体系构建工作。围绕草产业化发展重点，构建草产品品质与安全检测标准体系，拓展与牧草品质相关的检测参数与指标，对 41 项牧草品质检测方法进行验证与汇编，研制牧草品质检测与评价标准 12 项，实现了优质牧草苜蓿与羊草的快速检测评价，国内首次建立苜蓿除草剂咪草烟残留检测方法。⑤ 牧草中功能性成分提取纯化技术与利用的研究。通过对牧草中功能性物质提取工艺的研发，对其进行纯化及单体分离，开展动物验证实验，评价其对动物生产性能，抗氧化性能、免疫性能及脂类代谢等功能的影响，形成可开发的“减抗替抗”的绿色添加剂产品。本技术共发表相关学术论文 25 篇，授权国家发明专利 4 项，完成国内领先成果 1 项；已分离并鉴定达里乌胡枝子 10 种黄酮单体及紫花苜蓿中 15 种黄酮单体。

该中心提供如下支撑服务：① 检测服务。检测样品范围包括牧草、饲料、土壤、农产品、食品、水质以及有毒有害植物等；主要检测指标包括常规营养成分、次生代谢成分、矿物质元素、重金属残留、农兽药残留等。② 快速检测技术研发。优质牧草、草产品及农畜产品的快速检测方法与技术的研发。③ 仪器共享服务。为绿色高质量发展提供大型仪器设备共享服务。④ 培训及联合培养。农畜产品安全科普及相关培训；与企业、高校与科研院所开展合作研究及联合培养研究生等。

新疆农垦科学院分析测试中心

农业农村部食品质量监督检验测试中心（石河子）

（机构编码：CAQS-PJ-0042）

新疆农垦科学院分析测试中心是新疆农垦科学院下属的可对外开展法定证明性质检工作的公益类综合性食品质检机构，该中心于 1993 年 10 月取得资质，多次通过国家资质认证和农产品质量安全检测机构考核，承检范围涉及农产品、食品、农业投入品及产地环境等领域，已达到能够承检 528 个产品，875 个参数范围内的检测能力。

以该中心为依托，先后承建了农业部无公害农产品定点检测机构、有机食品监测机构、农业部农产品储藏保鲜质量安全风险评估实验室（石河子）、新疆兵团粮油产品质量监督检验机构、新疆兵团国家粮食监测中心、新疆兵团农产品质量安全监督检验测试中心、新疆农垦科学院质量与标准研究所、中国农业科学院培训中心培训基地、全国农产品质量安全检验检测技术培训基地、全国农产品质量安全科普基地、全国名优特新农产品营养品质评价鉴定机构、全国名优特新特质农产品营养品质评价鉴定机构等平台。

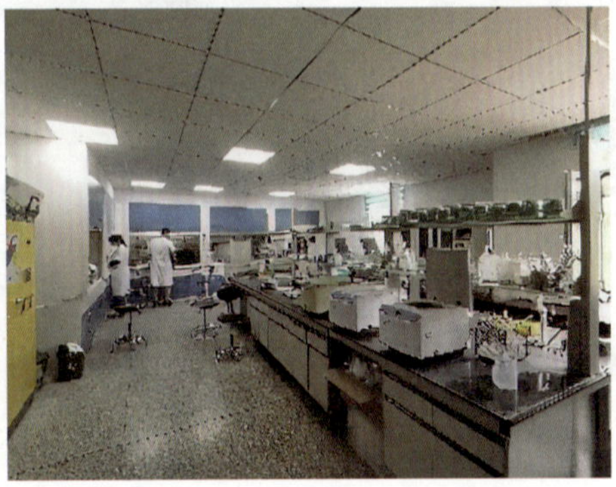

该机构拥有 4 000m^2 实验场所，配备有国内外先进测试仪器设备 370 台（套），固定资产 4 000 多万元。该机构现有人员 49 人，副高级以上职称 23 人，中级职称 8 人，中级以上职称人员占 63.3%。博士 3 人，硕士 13 人。设有农产品营养与健康、农药残留检测技术、畜产品质量安全、产地环境监测与评价、农产品产地溯源等检测科室。

为深入挖掘保护、培育宣传、推介展示全国名特优新农产品，该中心于 2018 年被农业农村部农产品质量安全中心评定为第一批“全国名特优新农产品营养品质评价鉴定机构”。该平台专门负责名特优新农产品评价工作的团队有 15 人，其中博士 1 人，硕士 5 人。迄今为止，该中心已开展多个包括蔬菜类、果品类、粮油类、植物油类等名特优新农产品的营养品质评价鉴定工作，具有坚实的名特优新农产品营养品质评鉴基础和丰富的评价鉴定经验。2019 年、2020 年、2021 年连续 3 年被农业农村部农产品质量安全中心评选为年度农产品质量安全（优质农产品）业务技术优秀工作机构。

新疆农垦科学院分析测试中心全体人员将持续秉承“励精图治，争创一流”的信念，在服务全国名特优新农产品、全国名优特新特质农产品评鉴领域，为农业产业提质增效、营养健康品牌创建而努力奋斗！

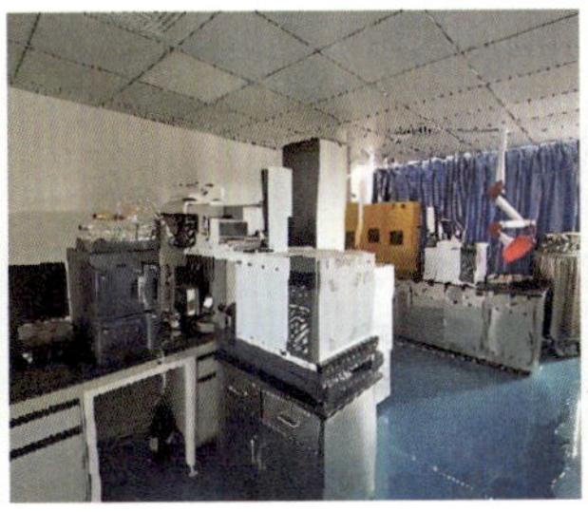

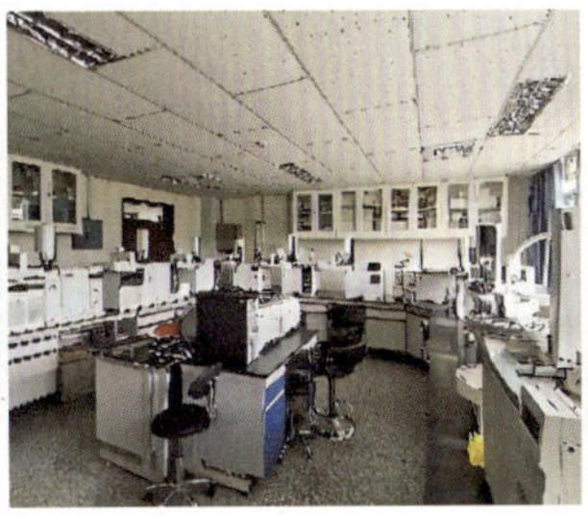

广东省农业科学院农业质量标准与监测技术研究所

（机构编码：CAQS-PJ-0048）

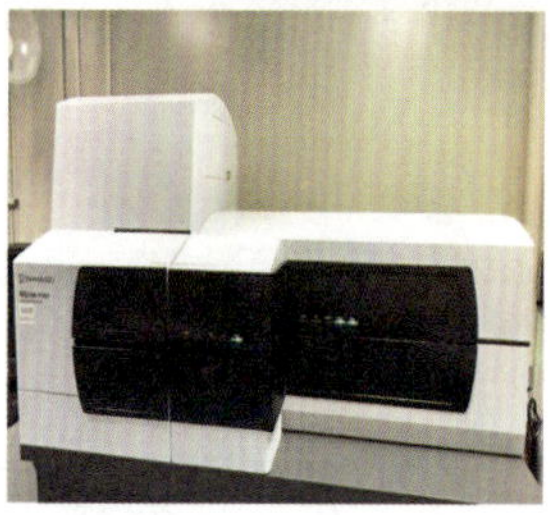

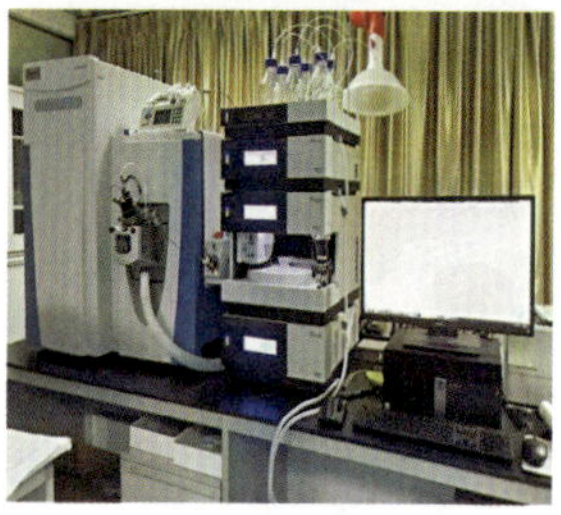

广东省农业科学院农业质量标准与监测技术研究所是公益一类事业法人单位，从事农产品、产地环境及农业投入品质量安全相关研究和检测工作，授权建有国家农业检测基准实验室（农药残留）、农业农村部农产品质量安全检测与评价重点实验室、农业农村部农产品质量安全风险评估实验室（广州）、农业农村部农产品及加工品质量监督检测测试中心（广州）等40个条件平台。该所已通过国家级和省级计量认证（CMA），国家级或省级农产品质量安全检测机构考核（CATL），作为绿色食品、有机食品、名特优新农产品及地理标志产品/认证和环境监测的定点检测机构，具备承担农产品、投入品及农业环境等74类产品中农药残留、兽药残留、重金属等3 780个参数的检测能力。

该所现有科技人员86人，其中高级职称19名，中级职称33名，具有博士学位25人，硕士学位30人。博士、博士后导师6名，硕士生导师10名，广东省产业技术体系岗位专家3名。现有实验室2 800m^2，配备有成像质谱显微镜、高分辨质谱仪、液质联用仪、同位素质谱仪、电感耦合等离子体质谱仪、三重串联四极杆气质联用仪等仪器设备100余台（套）。

该所先后主持国家科技支撑、国家科技攻关计划、农业农村部“948”计划、国家自然科学基金、国家星火计划、农业农村部公益行业（农业）科研专项、省重大和重点科技攻关以及各级标准制修订项目等560余项。在农产品中污染物快速检测技术、风险评估与控制、高质量农产品特征物质挖掘等方面取得显著成效。获得科技成果23项，其中中华农业科技奖二等奖2项、广东省科学技术奖二等奖2项、广东省科学技术奖三等奖1项、广东省农业技术推广奖一等奖3项等；制修订国家、农业行业、广东省地方标准等共190余项；撰写著作47部；获批国家专利62项；发表论文436篇。

该所结合服务“三农”工作，熟化5项主推技术开展相关科技服务，包括农产品质量安全检验检测技术服务、农产品品质无损检测与分级技术服务、农产品质量安全风险评估技术服务、产地环境与农产品质量安全控制技术服务、农产品品质鉴定评价与品牌标准提升技术服务，为促进乡村振兴发展、农业现代化产业发展贡献科技力量。

2018年，该所经农业农村部农产品质量安全中心确认为“全国名特优新农产品营养品质评价鉴定机构”，并以广东省“一村一品、一镇一业”乡村振兴项目为支撑，开展广东省优质特色农产品营养品质评价鉴定工作。迄今为止，该所已出具全国名特优新农产品营养品质评价鉴定报告485份，评价产品包括种植业的蔬菜、水果、茶叶、粮食作物（大米、红米、玉米）、油料作物（花生、芝麻），养殖业的鸡、鸭、鹅、牛、羊、鸽、蜂蜜及蛋类，水产类的鱼、虾、蚝等，以及部分加工品，如茶油、米粉、梅菜、桂圆干、荔枝干等。协助广东省347个优质农产品成功确认为“全国名特优新农产品”公共品牌，确保广东省入选“全国名特优新农产品”数量稳居全国前三位。

河南中标检测服务有限公司

农业农村部禽类产品质量安全控制重点实验室

（机构编码：CAQS-PJ-0086）

河南中标检测服务有限公司位于郑州市高新技术开发区，是中标检测认证集团下属企业之一、郑州大学校属企业、全国绿色食品科技成果转化试验站（河南）、国家高新技术企业、国家科技型中小企业、河南省专精特新中小企业、全国名特优新农产品营养品质评价鉴定机构、全国农产品质量安全与营养健康科普基地、河南省食品安全风险监控工程研究中心、郑州市食品安全风险监控技术工程研究中心。是经国家认可的第三方检验检测及认证服务权威机构、德国莱茵TÜV大中华区认可实验室、农业农村部指定检验机构。主持和参与制定标准10余项，获得国家授权专利34项。该企业集产品质量检验检测、咨询鉴定及认证服务为一体，拥有国内外一流的技术团队、先进的仪器设备、完善的质量管理体系，先后通过CMA、CATL、CNAS、ISO9001、ISO14001、ISO45001、AAA信用等资质认定，可承担产品质量安全检测与评价、检测新技术的研发、实验室认证、技术培训、食品安全溯源等服务。

该企业拥有一支以国内知名高校毕业的博士、硕士组成的研发团队，其中博士6人、硕士研究生39人、本科学历人员96人。拥有国际先进的、大型精密检验检测仪器设备1 100余台（套），建成具有国际标准的检测实验室，面积12 000m^2，固定资产9 000多万元。

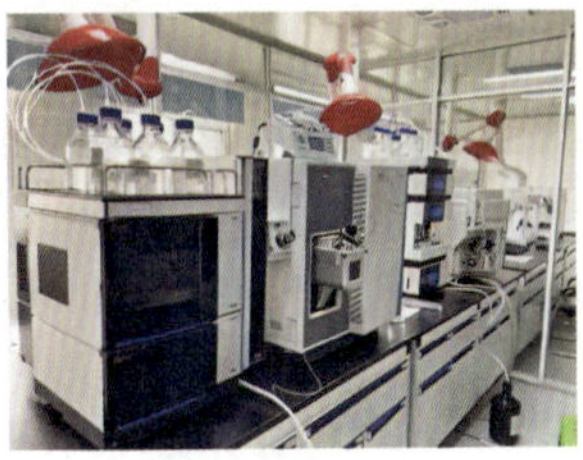
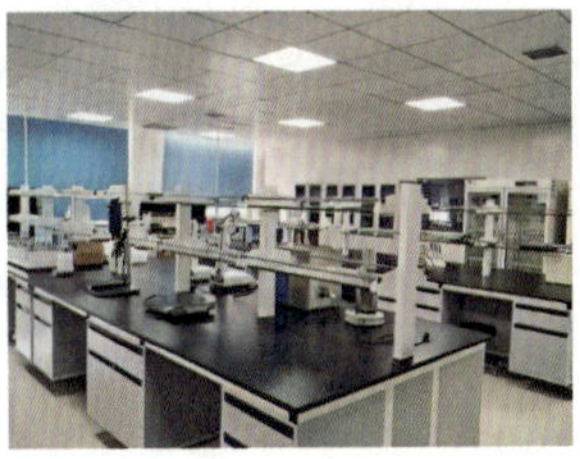

截至目前，中标检测认证集团产品及服务的用户已遍布全国近30个省份、80个县市。在国家重大政治活动中，先后为2017年“一带一路”国际合作高峰论坛、2017年建军90周年大阅兵、2019年博鳌亚洲论坛、2019年国庆70周年大阅兵等国家重大政治活动提供了食品饮水安全保障。

奋楫扬帆，砥砺前行。河南中标检测服务有限公司将坚持“诚信、创新、进取、担当”的经营理念，秉持“对国家负责、对社会负责、对企业负责、对自己负责”的质量方针，实现“坚定创新研发，实现团队价值；坚守人文担当，注重社会效益；坚持实业道路，打造民族品牌；坚信合作共赢，致力人类健康”的企业愿景。

江苏华测品标检测认证技术有限公司

（机构编码：CAQS-PJ-0100）

华测检测认证集团股份有限公司成立于2003年，总部位于深圳，是第三方检测与认证服务的开拓者和领先者，中国检测认证行业首家上市公司（股票代码：300012），为全球客户提供一站式测试、检验、认证、计量、审核、培训及技术服务，致力于在政府、企业和消费者之间传递信任，以“为品质生活传递信任”为使命，全面保障品质与安全，推动合规与创新，实现更健康、更安全、更环保的高质量发展。食农及健康食品事业部是华测检测集团核心事业部之一，专注食品、农产品安全领域，完成从农田到餐桌全供应链的专业技术服务。事业部目前已经完成全国实验室建设布局，实现独立专业、门类齐全、覆盖全国、整齐划一的实验室服务网络，为政府监管、企业服务提供全方位就近服务。

江苏华测品标检测认证技术有限公司（以下简称江苏华测）作为华测检测认证集团的全资子公司，坚信作为一家专业、独立的第三方检测机构，品牌和公信力是企业生存发展的关键所在，该公司作为江苏地区的检测、研发及认证基地，借助华东地区的产业和高等人才优势，将逐步形成以南京为中心，逐渐辐射覆盖全国的检测网络。

江苏华测总面积为5 715m^2，其中检验检测场地面积4 300m^2。实验室共有设备861台（套），设备资产4 000余万元，实验设备高端，场所环境优良，并配备了独立的冷冻及冷藏系统，有效保障检测结果的准确性。

江苏华测依据RB/T 214、ISO/IEC 17025等法律法规建立实验室管理体系，2016年成立至2018年期间，依次取得检验检测机构资质认定（CMA资质）、中国合格评定国家认可委员会CNAS认可及农产品质量安全检测机构资质（CATL），于2020年7月1日通过ISO9001：2015质量管理体系认证、ISO 45001：2018职业健康安全管理体系认证、ISO 14001：2015环境管理体系认证。全方位的检测能力保障，不仅保证了机构出具的检测报告的社会公信力，更为委托方提供一站式综合的检测服务。

江苏华测不断提升自身的管理水平，2021年11月被评定为全国名特优新农产品营养品质评价鉴定机构（CAQS-PJ-0100），拥有了粮油及油料、畜禽产品、水产品、水果、蔬菜、食用菌、坚果、茶叶等品类可评价鉴定的产品和感官、常规理化、元素类、微生物、安全及各类食品添加剂等参数指标。

通过不断改进创新，江苏华测以食品、农产品及产地环境、环境、农业环境、水质检测、肥料产品等检测项目为核心，逐步完善认证、审核、培训等一站式服务，增强了市场竞争力，并取得了食品检测、环境检测江苏市场占有率前三、农产品检测市场占有率第一的好成绩。在完善自身的同时，也积极致力于挖掘社会价值。近几年全面开展与相关方的合作，助力院校、协会、主管单位等共同发展。

华测检测认证集团股份有限公司，根植中国沃土，深耕第三方领域。该机构将提供全球化的检测认证服务，为品质生活传递信任为使命。